# 명리학 연구

## 권중주 權中周

동국대학교 정치외교학과 졸업
전북대학교 정치학 석·박사
현재 전북대, 전주대, 원광대 등에서 강의
저서 『政治敎育』(1995)과 『北韓과 統一』(1998)이 있고
다수의 논문이 있음

연락처 018-606-3079

---

## 명리학 연구

1판 1쇄 발행일 ｜ 2004년 8월 16일
1판 3쇄 발행일 ｜ 2017년 6월  6일

발행처 ｜ 삼한출판사
발행인 ｜ 김충호
지은이 ｜ 권중주

신고년월일 ｜ 1975년 10월 18일
신고번호 ｜ 제305-1975-000001호

10354 경기도 고양시 일산서구 고양대로 724-17호
      (304동 2001호)

대표전화 (031) 921-0441
팩시밀리 (031) 925-2647

값 39,000원
ISBN 978-89-7460-097-6   03180

신비한 동양철학 · 59

# 명리학 연구

권중주 지음

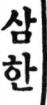

■ 머리말

 내가 대학원 1학년때인 1981년 말(末)에 큰 충격을 받은 적이 있
다. 그 이후로 약(藥)을 먹지 않으면 어지러워서 서있을 수가 없었
고, 물체가 이중(二重)으로 보여서 책을 볼 수가 없었다. 나이가 27
이고 대학을 졸업했으니 취직, 결혼 등 할 일이 많은데 몸이 아파
아무것도 할 수 없으니 그 심정이 어떠했겠는가. 더구나 고향인 시
골에는 80이 넘으신 할아버지와 할머니 그리고 어머니와 여동생이
있었는데 아버지가 안계시니 모두가 내가 부양(扶養)하고 책임을
져야 할 형편이었다.  그 당시만 해도 시골에서 대학졸업자는 드물
었던 때이므로 내가 대학을 졸업하고 취직하기를 얼마나 기대했겠
으며, 가장(家長)으로서의 역할을 해주기를 얼마나 고대했겠는가.
 병원에 입원해 있었으면 오히려 마음은 편안했을 것이다. 왜냐하
면 입원해 있으면 내가 아프다는 것이 확연하게 드러나기 때문이
다. 그러나 약(藥)을 먹으며 산사(山寺)에서 요양을 했는데, 겉모
습은 평상시 건강할 때와 다르지 않다. 대학을 졸업했으니 취직을
하고 집안의 가장(家長)역할을 하여야 하는데, 얼굴은 멀쩡한데 몸
이 아프다고 절에 있으니, 조그만 시골마을에서 사람들은 어떻게
생각을 했겠으며 또한 나에 대한 말들이 얼마나 많았겠는가.
 그 기간이 4년여가 되었는데 그 기간에 할아버지와 할머니가 돌
아가시고 동생이 결혼을 했다. 집안의 중대사에 가장(家長)인 내가
할 수 있는 일은 하나도 없었다. 약을 먹으며 요양을 하지 않으면

안되지만 외모는 멀쩡하니 대사(大事)에 빠질 수는 없다. 사람 만나는 것이 그렇게 싫었지만 어쩔 수 없이 만나야 했으니 나의 심적 정신적 고통은 이루 형언할 수가 없었다.

시간이 가면서 몸이 좋아지고 책을 볼 수있게 되었다. 책을 보게 된 것이 너무나 기뻐 공부에 열중했고, 박사과정에 진학하여 학위를 받았다. 학위만 받으면 자리를 곧 잡을 것으로 생각했지만 교수 되기가 그렇게 쉽지 않았다. 몇 번의 기회가 있었지만 이상하리 만치 성사(成事)되지 않았다. 백퍼센트 될 것으로 확신이 있었는데, 되지 않는 경우도 있었다. 기대와 좌절, 희망의 시간이 어떻게 지나갔는지 모른다. 단지 그 암울했던 시간에 내가 관심을 갖게 된 것이 명리학(命理學)이었다.

내가 명리학에 관심을 갖고 깊이 빠져든 계기가 또 하나 있으니 그것은 '고(孤)'라는 화두(話頭)였다. 결혼을 할때 처의 사주를 보았는데 처의 사주에 고(孤)가 있다고 했다. 그 말을 들을 때는 '처의 여자형제가 없으니(남자형제는 있지만) 외롭다'는 정도로 단순하게 생각했다. 왜냐하면 그 당시 처는 직장생활을 하고 있었기 때문에 '외롭다(孤)'고는 생각할 수가 없었다. 그러나 결혼하여 살면서 처에게 느끼는 것은 성격적으로 심히 '외롭다'(孤)는 것이었다.

내가 명리학을 공부하게 된 것은 위에서와 같은 굴곡 많은 나의 삶 때문일 것이다. 공부는 힘들었지만 지금 공부한 것을 후회하지 않는다. 왜냐하면 인생의 천기(天機)를 조금이라도 알게 된 것 같고 또한 명리학이 심오(深奧)한 철학으로 지적(知的) 욕구(欲求)

를 충족시켜주기 때문이다.

 명리학 공부를 하면서 아쉬웠던 점은 시중에 나와 있는 많은 책들이 이론적인 일관성(一貫性)과 실제적으로 응용할 수 있는 핵심내용이 부족하다는 점이었다. 특히 문제가 되는 것은 이론을 설명하기 위하여 예(例)로든 사주의 해설이 이론과 맞지 않거나 잘못 해설된 부분이 많아 그 부분에서 막히는 경우가 많았다. 명리학 공부는 독학(獨學)을 하는 경우가 많기 때문에 막히면 헤어 나오지 못하게 된다. 문제가 된 사주들은 저자들이 직접 증험(證驗)한 것이 아니고 중국의 고서(古書)를 인용한 것들이 많았다.

 또 하나는 시중의 거의 모든 책들이 책의 후반부에 사주감정의 실례(實例)를 들었는데 그 내용이 단편적이고 부실(不實)하여 실제 감정하는데 도움이 되지 못하는 경우가 많았다. 이러한 문제점을 인식하고 명리학 연구에 조금이라도 도움이 되고자 책을 만들게 되었다. 본 서는 다음과 같은 특징이 있다.

 첫째, 이론을 설명하면서 예(例)로든 명조(命造)는 대부분이 필자가 증험(證驗)하여 확신을 갖는 것들이다. 따라서 명조의 해설이 명확하며 이론적 일관성(一貫性)이 있다. 초학자들이 공부하는데 일관성 부족으로 헤메거나 또는 잘못된 해설로 막히는 일은 없을 것이다.

 둘째, 명리학 연구에 핵심적인 내용만을 모아서 하나의 독립된 장(章)을 만들었다. 명리학은 분야가 넓어, 공부를 하다보면 주변(周邊)에 머무르는 경우가 많아 주요내용을 잃어버리고 헤메는 경우가 많다. 그러므로 뼈대를 잡는 것이 중요한데 여기에서는 (17장 명리대요)에 핵심적인 내용만을 모아 한 곳에 둠으로서, 학문의 체계를 잡는데 용이하게 하고자 하였다.

셋째는 육신의 운성(運性)과 작용(作用)을 분리하여 이 부분을 강화하였다. 근래의 일반적 경향은 육신의 오행상의 운행작용만을 강조하여 육신의 성정(性情)을 무시하는 경우가 많은데 전통적으로 내려온 육신의 성정은 실증적(實證的)인 타당성이 있다. 따라서 전통적인 이론을 취사선택하고 나의 경험을 부가하여 완전한 이론이 되도록 하였다.

넷째는 조후를 중시하여 기상과 기후분야에 많은 부분을 할애하였다. 역학은 자연의 원리를 인간사에 적용한 것이므로 대자연의 운행원리를 정확히 아는 것이 역학을 이해하는 지름길이다. 근래에 나온 역학책을 보면 이 부분이 약하거나 심지어 취급하지도 않은 경우도 있었다.

다섯째는 마지막 장에 추명(推命)의 실례(實例)를 들었는데 여기에 나오는 명조들은 대부분 내가 증험(證驗)을 했거나 또는 일반적으로 확증되어 통용되는 것들이다. 그러므로 구체적이며 상세한 설명을 할 수 있었는데 이로 말미암아 공부하는 사람들에게는 참 공부를 할 수 있는 터전이 될 수 있을 것이다. 아무쪼록 이 책으로 말미암아 명리학 연구자에게 조금의 도움이라도 있기를 바란다.

2003. 11. 회양당(會陽堂)에서

# 차례

# 제1장. 음양오행(陰陽五行)

## 1. 음양(陰陽)

　인간(人間)의 우주본질(宇宙本質)에 대한 규명은 인류의 원초적 소망(所望)이자 영원한 과제(課題)이다. 고대 중국에서는 음양(陰陽)과 목화토금수(木火土金水)의 오행(五行)으로 우주의 발생에서부터 자연계(自然界)의 모든 현상에 대한 본질규명(本質糾明)을 하고자 하였다. 음양은 변증법(辨證法)적으로, 오행은 소재론(素材論)으로 대두되며 상보적(相補的) 관계를 가지고 융합 발전하였다. 음양(陰陽)이론은 오행(五行)의 원리와 더불어 고대 동양의 우주관 및 세계관을 나타내는 우주본체론(宇宙本體論)을 형성하였다.

　주역(周易)에는, 태극(太極)은 음양(陰陽)을 낳고 음양은 사상(四象)을 낳고 사상은 팔괘(八卦)를 낳고 팔괘는 64괘를 낳았으며 이것이 우주와 자연의 진화(進化)에 대한 본질(本質)이라고 하였다.

하늘은 양(陽)이요 땅은 음(陰)이며, 해는 양(陽)이고 달은 음(陰)이다. 남(男)은 양이며 녀(女)는 음이다. 양은 기(氣)를 말하고 음은 질(質)을 말한다. 기(氣)는 가볍고 형체가 없으며 질(質)은 무겁고 형체가 있다. 노출된 것, 활동적인 것, 적극적인 것은 양(陽)이고, 감추어진 것, 정적(靜的)인 것, 소극적인 것은 음(陰)이다.

양은 기(氣)로서 화(火)요, 음은 질(質)로서 수(水)이니, 기를 대표하는 것은 화(火)요, 질의 대표는 수(水)다. 화(火)는 빛이 있어도 형체는 없고, 수(水)는 형체는 있어도 빛은 없다. 기(氣)는 상공에 차있고 질(質)은 땅에 차있다. 그래서 하늘은 양(陽)이요 땅은 음(陰)이다. 기(氣)는 질을 만남으로서 생명(生命)이 변하고, 질(質)은 기를 얻음으로서 호흡(呼吸)할 수 있으니 기(氣)와 질(質)은 서로 하나요 둘이 아니다.

양(陽)이 있는 곳에 음(陰)이 있고 음(陰)이 있는 곳에 양(陽)이 있으므로 모든 만물(萬物)은 반듯이 양(陽)과 음(陰)을 겸유(兼有)한다. 음양(陰陽)은 일정한 주기(週期)를 가지고 서로를 보완(補完)시키거나 또는 약화(弱化)시켜 지배(支配)하기도 하는데 그 상호(相互) 보완작용(補完作用)에 의해 우주만상은 변화(變化)하고 또 질서(秩序)를 유지(維持)하면서 진화(進化)한다.

춘하(春夏)는 양(陽)이고 추동(秋冬)은 음(陰)이며 목화(木火)는 양(陽)이고 금수(金水)는 음(陰)이다. 일양(一陽)은 만물이 한동(寒凍)하는 11월 동지(冬至)에서 시생(始生)하고, 2음(二陰)은 5월

염하(炎夏)의 하지(夏至)에서 발(發)한다. 11월 동지(冬至)는 음(陰)이 극(極)에 달한 시기로 낮의 길이가 가장 짧지만 이때부터 낮시간이 차츰 길어지기 시작하므로 이에 양(陽)이 발한다고 하는 것이고, 5월 하지(夏至)부터 밤의 시간이 차츰 길어지므로 이에 음(陰)이 시생(始生)된다고 하는 것이다.

따라서 음극(陰極)한 즉 양(陽)이 발하고 양극(陽極)한 즉 음(陰)이 시생한다. 이를 동정(動靜)으로 논하면 동(動)이 극에 달하면 정(靜)이 되고, 정(靜)이 극(極)에 달하면 동(動)이 됨과 같다. 이를 '일음일양지위도(一陰一陽之謂道)'라고 하였는데 이는 음(陰)중에 양(陽)이 있고 양(陽)중에 음(陰)이 있으며, 동(動)중에 정(靜)이 있고 정(靜)중에 동(動)이 있다는 의미이다. 음과 양은 서로 별개의 배타적개념(排他的槪念)이 아니고 상호포용개념(相互包容槪念)이라는 것을 나타낸 것이다.

땅과 하늘이 있음으로서 우주(宇宙)가 형성되고, 밤과 낮이 있음으로서 일일(一日)이 진행되며, 남녀(男女)가 교태(交泰)하므로 인류(人類)가 존속되어 나간다. 화염(火炎)이 치열한 여름에는 우로(雨露)의 수(水)로 해갈(解渴)하고, 한동(寒凍)이 지극한 겨울에는 태양의 양화(陽火)로 천지를 화양(和陽)케 함으로 음양이 교태(交泰)되어 만물이 생기(生氣)를 발하게 된다. 수화(水火)는 비록 상극(相剋)이나 상제(相濟)를 이루니 음양이 조화(調和)되어 비로소 그 공(功)을 이루게 된다.

## 2. 오행(五行)

5행은 목(木), 화(火), 토(土), 금(金), 수(水)를 말하는 것으로 삼라만상의 생명체(生命體)들의 본질적(本質的)인 기(氣)를 지칭한다. 5행의 행(行)은 원래 도(道)를 의미하였던 바 5도, 5덕이라고도 했다. 행(行)을 5개로 구분하는 의미는 우리 인간을 포함한 모든 생명체(生命體)의 작용(作用)과 우주(宇宙)의 변화(變化)가 5단계를 거쳐 이루어지기 때문이다.

즉 시작(始作)단계, 전개(展開)단계, 활동유지(活動維持)단계, 절정발전(絶頂發展)단계, 소멸도약(消滅跳躍)단계이다. 없어지고(消), 생겨나며(長), 왕성해지고(盛), 쇠약해지는(衰)단계를 거쳐 우주는 멈추지 않고 유지(維持)되고 발전(發展)한다. 그러므로 5행은 나무, 불, 흙, 쇠, 물이라는 단순한 자연물(自然物)의 개념(槪念)이 아니고 연속적(連續的)으로 변화(變化) 발전(發展)하는 시간개념(時間槪念)으로 보아야 한다.

5행의 첫째인 목(木)은 시작(始作)에 해당하므로 목표(目標)를 설정(設定)하고 추진방향(推進方向)을 정해야 한다. 따라서 미래(未來)에 대한 강한 비전이 있으며 지도자(指導者)가 되어 앞장서려는 성질이 있다. 방각(方角)은 동(東)에 해당하고, 계절은 봄, 하루의 아침에 해당한다. 기(氣)는 생기(生氣)이고, 색은 청색(靑色), 성질은 인(仁)이다.

둘째단계인 화(火)는 시작한 다음 추진(推進)하고 전개(展開)하는 단계이므로 만물을 성장(成長)시키는 속성이 있다. 즉 화(火)는 성장력(成長力)을 의미하므로 급(急)하고 바쁜 면이 있다. 방각(方角)은 남(南), 계절은 여름, 하루 중 낮에 해당한다. 기는 왕기(旺氣)이고 색은 적(赤)이고 성질은 예(禮)이다.

셋째단계인 토(土)는 본 단계에 온 것으로 내면(內面)에 충실(充實)을 기하고 생명체(生命體)나 조직(組織)이 왕성한 활동(活動)을 보일 때이다. 그러므로 세심(細心)하고 치밀(緻密)한 성격이다. 방각(方角)은 목화금수 사방(四方)의 중앙(中央)이며, 계절도 각 계절의 중앙(中央)이며, 하루로 치면 해가 중천에 와 있는 대낮이다. 기(氣)는 둔하고 색은 황색(黃色)이며 성질은 신(信)이다.

금(金)은 인간관계(人間關係) 사회현상(社會現象)을 포함한 삼라만상의 모든 생명력(生命力)이 결실(結實)을 맺어가는 단계로 통제(統制)와 절정(絶頂)의 단계이기도 하다. 그러므로 속이 꽉차고 실속이 있고 실리적(實利的)이며, 단단한 성격이다. 방각은 서(西), 계절은 가을, 하루 중 저녁에 해당하고, 기(氣)는 숙살지기(肅殺之氣)이고, 색(色)은 백(白)이며, 성질은 의(義)이다.

수(水)는 마지막 단계로서 에너지와 자본이 축적(蓄積)되고 소멸(消滅)되는 동시에 새로운 시작(始作)을 준비(準備)하는 단계이다. 그러므로 수(水)의 속성은 새로운 시작, 도약(跳躍)을 위하여 자기를 희생(犧牲)하고 봉사(奉仕)한다. 방각은 북(北), 계절은 겨울, 하루로 치면 밤이고, 기(氣)는 사기(死氣)이며, 색(色)은 흑(黑)이고, 성질은 지(智)이다.

## 3. 오행(五行)의 상생상극(相生相剋)

### 1) 상생(相生)

| 木生火 | 火生土 | 土生金 | 金生水 | 水生木 |
|--------|--------|--------|--------|--------|

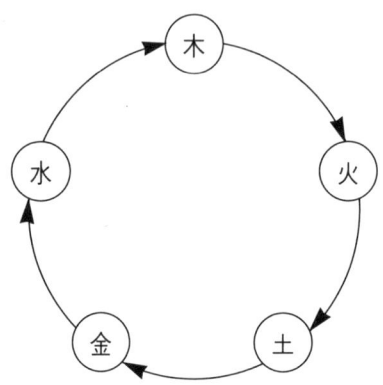

5행 간에는 그 성질작용이 서로 친화(親和), 상생(相生)의 관계에 있는 것과 배반(背反), 상극(相剋)되는 것이 있다. 전자를 상생(相生)의 법칙(法則)이라고 하고, 후자를 상극(相剋)의 법칙(法則)이라고 한다. 상생(相生)의 법칙이란 5행 가운데 하나의 행(行)이 다른 하나의 행(行)을 생기게 하는 것이다. 목(木) 화(火) 토(土) 금(金) 수(水)의 5행이 순행(順行)하여 앞뒤의 5행이 서로 상생(相生)한다는 법칙(法則)이다.

불은 나무가 탐으로서 발하고(목생화 木生火), 불이 꺼지면 물질이 연소(燃燒)되어 쌓인 것이 흙이 되고(화생토 火生土), 금은 흙이 축적된 곳에서 생성되며(토생금 土生金), 물은 금석(金石)사이

24

에서 솟아나며(금생수 金生水), 나무는 물의 자양(滋養)에 의지해 생육(수생목 水生木)된다. 그러므로 상생관계(相生關係)는 순리적 (順理的)인 관계로서 장구(長久)히 발영(發榮)하게 된다.

그런데 목생화(木生火)의 경우 목(木)이 타버려 목(木)이 약화 (弱化)되는데 어찌 상생(相生)이라고 하여 좋다고 하는가. 이는 화 (火)가 목(木)의 생부(生扶)를 받아 발영(發榮)하는 반면에 화(火) 는 목(木)의 적살(敵殺)인 금(金)을 억제(抑制)하여 목(木)을 보호 (保護)하기 때문이다. 따라서 목(木)과 화(火)가 상부상조(相扶相 助)하고 나아가 서로 공조(共助)하게 되는 것이다.

## 2) 상극(相剋)

| 木剋土 | 土剋水 | 水剋火 | 火剋金 | 金剋木 |
|--------|--------|--------|--------|--------|

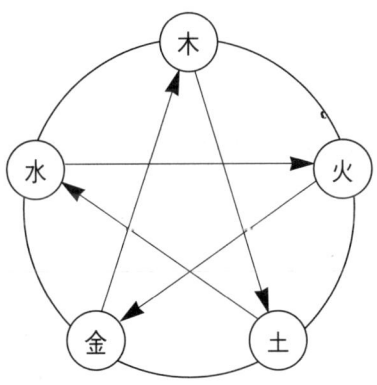

상극(相剋)의 법칙(法則)이란 5행 가운데 하나의 행(行)이 다른 행(行)을 극(剋)한다는 것으로 곧 이기고 통제(統制)한다는 것이

다. 즉 나무는 흙을 뚫는다(목극토 木剋土), 흙은 물의 흐름을 막는다(토극수 土剋水), 물은 불을 끈다(수극화 水剋火), 불은 쇠를 녹인다(화극금 火剋金), 쇠는 나무를 자른다(금극목 金剋木)는 관계이다.

이것은 목화토금수 5행의 순서(順序)를 어기고 한자리씩 건너뛰어 진행되려 할 때, 반발(反撥)하고 상극(相剋)한다는 것이다. 이것은 또한 견제(牽制)하고 억제(抑制)하는 뜻도 있어 5행의 과부족(過不足)을 중화(中和)시키는 데 중요한 역할을 한다.

일반적으로 상극(相剋)은 흉하다고 하지만 알맞은 극(剋)은 생하는 것보다 더 좋을 수 있다. 야성적인 통나무를 알맞은 도끼 등으로 잘 다듬으면 동량(棟梁)이 될 수 있다. 쓸모 없는 광석(鑛石)도 적당한 불로 녹이고 다듬으면 보석(寶石)과 같은 귀중품(貴重品)이 된다. 사람에게도 격려(激勵)가 필요하지만 때로는 꾸짖음, 매질이 있어야 올바른 인격(人格)이 형성되는 것과 같다.

목(木)인 갑(甲)과 을(乙)은 금(金)인 경(庚)과 신(辛)에 의해 극(剋)을 당한다. 갑(甲)과 경(庚)의 상극(相剋)은 강(强)하지만 갑(甲)과 신(辛)과의 상극(相剋)은 약(弱)하다. 왜냐하면 갑(甲)은 양목(陽木)이고, 경(庚)도 양금(陽金)이므로 음양(陰陽)의 조화(調和)가 안되니 강(强)하고, 갑(甲)과 신(辛)은 음양의 조화(調和)가 되어 남녀(男女)의 처지와 같으므로 약(弱)하다.

## 3) 반생(反生)과 반극(反剋)

반생(反生)과 반극(反剋)이란 상생(相生)이 오히려 상극(相剋)이 되고 상극(相剋)이 오히려 상생(相生)이 됨을 말한다. 이는 대상이 되는 양개체가 균형(均衡)을 이루지 않고 과부족(過不足)이 심한 상태에서 발생한다. 예컨대 나무가 성장(成長)함에는 물이 필요하지만 (水生木), 물이 너무 많으면 습해(濕害)를 받아 뿌리가 물에 뜨고 (浮木) 썩어 생명자체가 소멸(消滅)된다. 또한 불이 타는데 나무가 도움이 되지만(木生火), 너무 많은 나무를 한꺼번에 불 속에 넣으면 불이 꺼져버린다.

마찬가지로 쇠는 나무를 자를 수 있지만(金剋木), 아름드리 나무를 조그마한 실톱이나 과도로 밴다면 나무가 배어지기 전에 톱이나 과도가 망가질 것이다. 이 경우에는 화(火)로서 왕목(旺木)의 수기(秀氣)를 누설(漏泄)하고 금(金)을 억제(抑制)함으로서 반순(反順)이 되어 평화롭게 되는 것이다.

또 화(火)가 왕(旺)하여 토(土)가 조열(燥熱)할 때는 수(水)로서 화(火)를 억제하고 윤토(潤土)케 해야 하며, 엄동지절(嚴冬之節)의 수(水)는 병화(丙火)로 해동(解凍)해야 만물이 생기(生氣)를 얻게 된다. 생조(生助)가 비록 좋은 것이나 지나치면 도리어 반극(反剋)하게 되고, 상극(相剋)은 비록 흉하나 적절하면 도리어 생조(生助)가 되는 것이다.

## 4) 오행(五行)의 왕쇠(旺衰)

오행은 사계(四季)에 걸쳐 주류불식(周流不息)한다. 계절 중에 5행의 동기(同氣)이거나 5행을 생(生)하는 계절을 만나면 왕(旺)하고, 5행의 기(氣)를 설(洩)하거나 극(剋)하는 계절을 만나면 쇠(衰)한다.

① 목(木) : 봄(寅卯辰월)은 목(木)의 동기(同氣)이므로 봄에 가장 왕(旺)하다. 겨울(亥子丑월)에도 수생목(水生木)하여 생(生)하는 계절이므로 왕성하다. 여름(巳午未월)에는 목의 기운을 설기(洩氣)함으로 쇠(衰)하며, 가을(申酉戌월)에는 목을 극(剋)하는 금(金)의 계절이므로 가장 쇠약(衰弱)하다.

② 화(火) : 여름은 동기(同氣)이므로 가장 왕(旺)하며, 봄에도 목생화(木生火)하여 생하므로 왕(旺)하다. 가을에는 설기(洩氣)하여 쇠(衰)하며, 겨울에는 수극화(水剋火)하여 가장 쇠약(衰弱)하다.

③ 토(土) : 사계절(辰戌丑未월)에 가장 왕(旺)하며 여름에도 왕(旺)하다. 가을과 겨울에는 쇠(衰)하며 봄에는 목극토(木剋土)하여 가장 쇠약(衰弱)하다.

④ 금(金) : 가을인 금(金)의 계절에 가장 왕(旺)하며, 토(土)가 성

하는 사계절(진술축미월)에도 왕(旺)하다. 겨울과 봄에는 쇠(衰)하며 여름에는 화극금(火剋金)하여 가장 쇠약(衰弱)하다.

⑤ 수(水) : 겨울에 가장 왕(旺)하며, 가을에도 왕(旺)하다. 봄에는 설기(洩氣)하여 쇠하며, 여름과 진술축미(辰戌丑未)월에는 가장 쇠약(衰弱)하다.

# 제2장. 간지론(干支論) Ⅰ

## 1. 천간(天干)

| 甲 | 乙 | 丙 | 丁 | 戊 | 己 | 庚 | 辛 | 壬 | 癸 |
|---|---|---|---|---|---|---|---|---|---|

　간지의 생성기원(生成起源)에 관하여 연해자평(淵海子平)에는, 중국의 황제(黃帝)가 전란(戰亂)을 마치고 전후(戰後)의 어려움을 하늘에 비니 하늘에서 십간(十干)과 십이지(十二支)를 내렸다고 한다. 황제(黃帝)는 십간을 원(圓)으로 포(布)하여 천형(天形)을 상징하게 하고, 십이지(十二支)는 방(方, 모나게)으로 포(布)하여 지형(地形)을 상징하게 하였다.

① 갑(甲)은 터진다(折)는 뜻으로 만물이 껍질을 터뜨리고 나오는 것을 말한다.
② 을(乙)은 만물이 처음 태어나 싹이 뻗어 나감을 나타낸다.

③ 병(丙)은 만물이 완연히 모습을 드러내 보이는 것을 말한다.

④ 정(丁)은 만물의 장실(壯實)한 형태를

⑤ 무(戊)는 만물이 무성하게 성장하는 것을

⑥ 기(己)는 표한다(紀)는 뜻으로 만물은 형상이 있으면 표하여 안다는 것을 말한다. 즉 만물의 성장이 완전하게 되어 외형적인 성물이 완성단계에 이르렀음을 뜻한다.

⑦ 경(庚)은 건강한 모양을 뜻하니 만물이 내적으로 충실해져서 거의 완성된 것을 말한다.

⑧ 신(辛)은 만물이 모든 성장과 결실을 완수하여 열매가 모체로부터 떨어지는 것을 말한다. 그러므로 신은 아픔이라고도 한다.

⑨ 임(壬)은 잉태를 뜻한다. 음양의 교접으로 만물이 자맹(子萌)을 잉태한다는 것을 말한다.

⑩ 계(癸)는 임에서 회임 잉태한 일양(一陽)이 성장하여 점차적으로 내부 이면(裏面)에서 양(陽)의 존재가 확실해졌음을 나타낸다. 따라서 겨울이 얼마 남지 않았으며, 새로운 세계가 성장하고 있음을 알 수 있다는 뜻이다.

## 2. 지지(地支)

| 子 | 丑 | 寅 | 卯 | 辰 | 巳 | 午 | 未 | 申 | 酉 | 戌 | 亥 |
|---|---|---|---|---|---|---|---|---|---|---|---|
| 쥐 | 소 | 범 | 토끼 | 용 | 뱀 | 말 | 양 | 원숭이 | 닭 | 개 | 돼지 |
| 貴 | 厄 | 權 | 破 | 奸 | 文 | 福 | 驛 | 孤 | 刃 | 藝 | 壽 |

지지(地支)는 땅의 원리이다. 간(干)과 지(支)를 통틀어서 논하면 간(干)은 양(陽)이 되고, 지(支)는 음(陰)이 되며, 간(干)은 천(天)이 되고 지(支)는 지(地)가 된다. 천간(天干)은 동(動)함이 강하고, 지(支)는 오로지 정(靜)한 것이며, 간(干)은 성질이 단순하나 지(支)는 성질이 복잡하다.

다음은 한지(漢志)에 있는 지지(地支)의 의미이다.

① 자(子)는 낳는 것이다. 양기(陽氣)가 싹을 틔우므로 아래로부터 생명이 태어난다.

② 축(丑)은 굴종(屈從)을 뜻하며 한기(寒氣)가 스스로 굴복함을 의미한다.

③ 인(寅)은 종지뼈이다. 양기(陽氣)가 나와 만물이 활동하려는 의욕이 강함을 뜻한다.

④ 묘(卯)는 쓰개(冒)이다. 만물이 땅을 뚫고 나온다는 뜻이다.

⑤ 진(辰)은 편다(伸)는 것이다. 만물이 활짝 펴서 나온다는 뜻이다.

⑥ 사(巳)는 이미(已)라는 뜻이다. 만물이 이미 완전히 퍼졌다는 의미이다.

⑦ 오(午)는 짝(伍)을 뜻한다. 음양의 교접(交接)으로 서로 놀라는 짝을 말한 것이다.

⑧ 미(未)는 흐리다(昧)는 뜻으로 양기가 쇠잔(衰殘)하기 시작한

것을 의미한다.

⑨ 신(申)은 편다는 것으로 펴인 것은 묶음으로서 결실(結實)을 이룬다는 뜻이다.

⑩ 유(酉)는 이룬다(就)는 것으로 만물이 성숙(成熟)하여 결실을 완료(完了)한 것이다.

⑪ 술(戌)은 멸(滅)이니 만물의 생성일대가 진멸(盡滅)했음을 의미한다.

⑫ 해(亥)는 씨앗(核)으로 만물이 씨앗으로 수장(收藏)된 것을 말한다.

## 3. 간지(干支)의 음양(陰陽)

### 1) 천간(天干)의 음양(陰陽)

| 陽 | | | | | 陰 | | | | |
|---|---|---|---|---|---|---|---|---|---|
| 甲 | 丙 | 戊 | 庚 | 壬 | 乙 | 丁 | 己 | 辛 | 癸 |

### 2) 지지(地支)의 음양(陰陽)

| 陽 | | | | | | 陰 | | | | | |
|---|---|---|---|---|---|---|---|---|---|---|---|
| 子 | 寅 | 辰 | 午 | 申 | 戌 | 丑 | 卯 | 巳 | 未 | 酉 | 亥 |

12지 중에는 본래의 음양과 그 쓰임(用)이 다른 경우가 있다. 자(子)수와 사(巳)화와 오(午)화와 해(亥)수이다.

◎ 자(子)는 지지의 첫째이니 양수(陽數)이고 자위(子位)의 절기인 동지(冬至)에 일양(一陽)이 시생(始生)하여 천도가 열리니 양(陽)이다. 그러나 지지의 12자를 지도에 맞추어 운행(運行)시킬 때는 해수(亥水)가 먼저 오게 되므로 그 운용(運用)에 있어서 자수(子水)는 음(陰)이 된다.(北方-亥子丑, 子에는 陰인 癸水가 本氣이다)

◎ 해수(亥水)는 체(體)는 음(陰)이지만 그 용(用)은 양수(陽水)로 된다. 북방(北方) 해자축(亥子丑) 중에서 해(亥)가 제일 먼저 오며, 해(亥)중에 임수(壬水)가 주권(主權)을 가지고 있기 때문이다.

◎ 사(巳)는 체(體)는 음(陰)이지만 그 용(用)은 양화(陽火)로 운용된다. 남방(南方) 사오미(巳午未) 중에서 사(巳)가 제일 먼저 오며, 사(巳) 중에 병화(丙火)가 주권(主權)을 가지고 있기 때문이다.

◎ 오화(午火)는 위와 같은 원리에 의하여 체(體)는 양(陽)이지만 그 용(用)은 음(陰)이다.

## 4. 간지(干支)의 오행(五行)

### 1) 천간(天干)의 5행(行)

| 天干 | 甲乙 | 丙丁 | 戊己 | 庚辛 | 壬癸 |
|------|------|------|------|------|------|
| 五行 | 木 | 火 | 土 | 金 | 水 |

## 2) 지지(地支)의 5행(行)

| 地支 | 寅卯 | 巳午 | 辰戌丑未 | 申酉 | 亥子 |
|------|------|------|----------|------|------|
| 五行 | 木 | 火 | 土 | 金 | 水 |

# 5. 간지(干支)의 방각(方角)과 색(色)

| 干支 | 甲乙寅卯 | 丙丁巳午 | 庚辛申酉 | 壬癸亥子 | 戊己辰戌丑未 |
|------|----------|----------|----------|----------|--------------|
| 方角 | 東方 | 南方 | 西方 | 北方 | 中央 |
| 色 | 靑 | 赤 | 白 | 黑 | 黃 |

# 6. 간지(干支)의 선후천수(先後天數)

간(干)과 지(支)에는 선천수(先天數)와 후천수(後天數)가 있다.

## 1) 천간(天干)의 선후천수(先後天數)

| 天干 | 甲 | 乙 | 丙 | 丁 | 戊 | 己 | 庚 | 辛 | 壬 | 癸 |
|------|----|----|----|----|----|----|----|----|----|----|
| 先天數 | 9 | 8 | 7 | 6 | 5 | 9 | 8 | 7 | 6 | 5 |
| 後天數 | 3 | 8 | 7 | 2 | 5 | 百 | 9 | 4 | 1 | 6 |

## 2) 지지(地支)의 선후천수(先後天數)

| 地支 | 子 | 丑 | 寅 | 卯 | 辰 | 巳 | 午 | 未 | 申 | 酉 | 戌 | 亥 |
|------|----|----|----|----|----|----|----|----|----|----|----|----|
| 先天數 | 9 | 8 | 7 | 6 | 5 | 4 | 9 | 8 | 7 | 6 | 5 | 4 |
| 後天數 | 1 | 10 | 3 | 8 | 5 | 2 | 7 | 10 | 9 | 4 | 5 | 6 |

간지의 방각과 후천수와 오행을 합하여 암기하기 쉽게 합칭한 것이 있다.

동방갑을38목(東方甲乙三八木), 남방병정27화(南方丙丁二七火), 서방경신49금(西方庚辛四九金), 북방임계16수(北方壬癸一六水), 중앙무기5십토(中央戊己五十土)이다. 이치는 東자를 파자하면 甲과 乙과 3과 8과 木이 합하여 이루어진 것이니, 동방은 목운이므로 갑을목이 동방이 되고, 3은 갑의 數요 8은 을의 數이며, 갑을은 5행으로 木이 된다.

남(南)자 역시 파자하면 남방병정27화가 합성한 자이다.

# 7. 양조(陽燥)와 음습(陰濕)

## 1) 천간(天干)의 양조(陽燥)와 음습(陰濕)

| 陽燥 | | | | | 陰濕 | | | | |
|---|---|---|---|---|---|---|---|---|---|
| 甲 | 乙 | 丙 | 丁 | 戊 | 己 | 庚 | 辛 | 壬 | 癸 |

## 2) 지지(地支)의 양조(陽燥)와 음습(陰濕)

| 陽燥 | | | | | | 陰濕 | | | | | |
|---|---|---|---|---|---|---|---|---|---|---|---|
| 寅 | 卯 | 巳 | 午 | 未 | 戌 | 申 | 酉 | 亥 | 子 | 丑 | 辰 |

 지리(地理)는 순역(順逆)과 한열(寒熱)이 요소요, 의학(醫學)은 허실(虛實)과 한열(寒熱)이 요소요, 사주(四柱)는 왕약(旺弱)과 한열(寒熱)이 요소이다. 그러므로 사주학상의 제일의 요소는 천간과 지지의 양조(陽燥)와 한습(寒濕)이다.

 갑(甲) 을(乙) 병(丙) 정(丁) 무(戊)는 태양의 기운이 왕성한 춘하절(春夏節)의 정기를 표하므로 양조(陽燥)하고, 기(己) 경(庚) 신(辛) 임(壬) 계(癸)는 음기(陰氣)가 성하는 추동(秋冬)의 정기를 뜻하므로 음습(陰濕)하다.

 지지의 경우에는 인(寅) 묘(卯) 사(巳) 오(午) 미(未)는 춘하절(春夏節)이므로 양조(陽燥)하고, 신(申) 유(酉) 해(亥) 자(子) 축(丑)은 추동절(秋冬節)이므로 음습(陰濕)하다. 술(戌)은 9월의 가을이지만 술 중에 정화(丁火)가 암장되어 있으니 양조(陽燥)하고,

진(辰)은 3월의 봄이지만 진(辰) 중에 계수(癸水)가 암장되어 있어 음습(陰濕)하다.

## 8. 간오행(干五行)의 질(質)

천간(天干)은 오행(五行)이 하늘에서 흐르는 기(氣)요, 지지는 사시(四時)가 유행(流行)하는 순서(順序)이다.

목(木)은 생명체(生命體)이며, 화(火)는 만물을 성장시키는 성장력(成長力)이며, 수(水)는 생명을 잉태(孕胎)하고, 금(金)은 생명을 억제(抑制)하여 결실(結實)을 맺게 하며, 토(土)는 바탕이 된다.

천간은 5행의 기(氣)이므로 물질로 형상화(形象化)하는 것은 무리이지만 이해하기 쉽게 비유를 하면 다음과 같다.

| 甲木 | 乙木 | 丙火 | 丁火 | 戊土 | 己土 | 庚金 | 辛金 | 壬水 | 癸水 |
|------|------|------|------|------|------|------|------|------|------|
| 大林 | 草木 | 太陽 | 燈燭 | 城垣 | 田園 | 劍戟 | 珠玉 | 江湖 | 雨露 |

일반적으로 양간(陽干)의 성질은 남성(男性)과 같은 것으로서 성질이 강(强)하고 독립적(獨立的)이며 사절(死絶)지에 이르더라도 절처봉생(絶處逢生)하여 자기의 곤궁(困窮)함을 나타내지 않고 분투노력(奮鬪努力)하여 다른 세력에 종(從)하지 않는다. 음간(陰干)은 이와 반대로 여성적이며 유약(柔弱)하여 독립성이 없고 타세력에 종세(從勢)한다.

# 9. 오행(五行)의 유상(類象)

| 五行 | 木 | 火 | 土 | 金 | 水 |
|---|---|---|---|---|---|
| 五方 | 東 | 南 | 中央 | 西 | 北 |
| 五季 | 春 | 夏 | 四季 | 秋 | 冬 |
| 五色 | 靑 | 赤 | 黃 | 白 | 黑 |
| 五性 | 仁 | 禮 | 信 | 義 | 智 |
| 五味 | 酸 | 苦 | 甘 | 辛 | 鹹 |
| 五氣 | 生 | 旺 | 鈍 | 殺 | 死 |
| 臟腑 | 肝·膽 | 心臟·小腸 | 脾臟·胃臟 | 肺·大腸 | 腎臟·膀胱 |
| 五形 | 曲直 | 上 | 殖 | 革 | 下 |

# 10. 육십갑자(六十甲子)와 공망(空亡)

육십갑자는 천간의 십간(十干)과 지지의 십이지(十二支)를 양간(陽干)은 양지(陽支)와 음간(陰干)은 음지(陰支)와 순서대로 배열한 것이다. 지지가 천간보다 2개 더 많으니 천간은 부동(不動)이고 지지가 바뀜으로서 만들어진다. 즉 하늘은 그대로 있는데 땅이 농(動)하여 이루어짐을 나타낸 것이다.

육십갑자를 다시 열흘단위로 나누면 육순(六旬)이 된다. 지지가 천간보다 많으니 일순(一旬)에 끼지 못하는 지지가 있다. 이것을 공망(空亡)이라고 한다. 각 순(旬)의 공망은 다음과 같다.

# 六十甲子와 空亡

|  |  |  |  |  |  |  |  |  |  | 空亡 |
|---|---|---|---|---|---|---|---|---|---|---|
| 甲子 | 乙丑 | 丙寅 | 丁卯 | 戊辰 | 己巳 | 庚午 | 辛未 | 壬申 | 癸酉 | 戌亥 |
| 甲戌 | 乙亥 | 丙子 | 丁丑 | 戊寅 | 己卯 | 庚辰 | 辛巳 | 壬午 | 癸未 | 申酉 |
| 甲申 | 乙酉 | 丙戌 | 丁亥 | 戊子 | 己丑 | 庚寅 | 辛卯 | 壬辰 | 癸巳 | 午未 |
| 甲午 | 乙未 | 丙申 | 丁酉 | 戊戌 | 己亥 | 庚子 | 辛丑 | 壬寅 | 癸卯 | 辰巳 |
| 甲辰 | 乙巳 | 丙午 | 丁未 | 戊申 | 己酉 | 庚戌 | 辛亥 | 壬子 | 癸丑 | 寅卯 |
| 甲寅 | 乙卯 | 丙辰 | 丁巳 | 戊午 | 己未 | 庚申 | 辛酉 | 壬戌 | 癸亥 | 子丑 |

# 六十甲子 納音五行表

| 甲子乙丑<br>海中金 | 甲戌乙亥<br>山頭火 | 甲申乙酉<br>泉中水 | 甲午乙未<br>沙中金 | 甲辰乙巳<br>覆燈火 | 甲寅乙卯<br>大溪水 |
|---|---|---|---|---|---|
| 丙寅丁卯<br>爐中火 | 丙子丁丑<br>澗下水 | 丙戌丁亥<br>屋上土 | 丙申丁酉<br>山下火 | 丙午丁未<br>天河水 | 丙辰丁巳<br>沙中土 |
| 戊辰己巳<br>大林木 | 戊寅己卯<br>城頭土 | 戊子己丑<br>霹靂火 | 戊戌己亥<br>平地木 | 戊申己酉<br>大驛土 | 戊午己未<br>天上火 |
| 庚午辛未<br>路傍土 | 庚辰辛巳<br>白蠟金 | 庚寅辛卯<br>松柏木 | 庚子辛丑<br>壁上土 | 庚戌辛亥<br>叉釧金 | 庚申辛酉<br>石榴木 |
| 壬申癸酉<br>劍鋒金 | 壬午癸未<br>楊柳木 | 壬辰癸巳<br>長流水 | 壬寅癸卯<br>金箔金 | 壬子癸丑<br>桑紫木 | 壬戌癸亥<br>大海水 |

◎ 갑자(甲子)순중 술해(戌亥)

◎ 갑술(甲戌)순중 신유(申酉)

◎ 갑신(甲申)순중 오미(午未)

◎ 갑오(甲午)순중 진사(辰巳)

◎ 갑진(甲辰)순중 인묘(寅卯)

◎ 갑인(甲寅)순중 자축(子丑)


공망의 의미는 사주상의 숙명(宿命)이 헛되게 되는 것을 말한다. 즉 길성(吉星)이 공망되면 그 길한 작용을 못하게 되며, 반대로 흉성(凶星)이 공망되면 흉조(凶兆)가 사라지며 때로는 길조(吉兆)조차 나타나게 된다.

# 제3장. 사주(四柱)의 정립(定立)

## 1. 근묘화실(根苗花實)

| 年 | 月 | 日 | 時 |
|---|---|---|---|
| 根 | 苗 | 花 | 實 |
| 元 | 亨 | 利 | 貞 |
| 太歲 | 提綱 | 日柱 | 時柱 |
| 초년<br>20세 | 청년<br>35세 | 장년<br>50세 | 노년<br>50세 이후 |
| 선대·조부모<br>가통 | 부모·형제<br>직장 | 주체·배우자<br>심복·참모 | 자식·자손<br>부하 |
| 전생<br>과거 | 현재<br>가문의 환경 | 가정<br>현실 | 미래 |

근묘화실(根苗花實)은 사주를 하나의 나무로 볼 때 년주(年柱)는 뿌리(근), 월주(月柱)는 싹(묘), 일주(日柱)는 꽃(화) 그리고 시주

(時柱)는 열매(실)가 된다는 의미이다.

년주(年柱)는 뿌리이므로 조상(祖上)을 의미하고 15세 또는 20세 까지의 초년운(初年運)을 지배한다. 태세(太歲)라고도 하는데 희용신(喜用神)이 년주(年柱)에 있으면 조상(祖上)의 덕이 있어 훌륭한 가정에서 자라게 된다. 그러나 흉신(凶神)이 있다면 고향을 등지게 된다.

월주(月柱)는 뻗어나는 싹(묘)으로 제강(提綱)이라고도 한다. 부모, 형제를 의미하는데 흔히 월간(月干)은 부(父), 월지(月支)는 모(母)라고 한다. 20세에서 35세 또는 40세 까지의 청년기(靑年期)를 지배하는데 특히 월지(月支)는 계절을 나타내므로 사주에서 중추적 역할을 한다.

일주(日柱)는 자기를 나타내는데 나무에 비유하면 꽃이다. 일간(日干)이 나이고 일지(日支)는 배우자(配偶者)이므로 일주로서 가정생활과 부부관계(夫婦關係)를 알 수 있다. 일지(日支)에 희용신이 있으면 훌륭한 배우자를 만난다. 45세 또는 50세 까지의 장년기(長年期)를 지배한다.

시주(時柱)는 열매(실)로서 일생의 결실(結實)이다. 50세 이후 말년(末年)의 운과 자손(子孫)의 일을 나타낸다. 무슨 일이든 처음보다는 끝이 좋아야 하듯이 인생(人生)에서는 말년과 자손이 좋아야 좋다. 그러므로 시(時)를 제왕(帝王)의 자리라고 한다. 일주(日柱)와 시주(時柱)가 상생(相生)하여 조화(調和)를 이루고 천간(天干)도 합(合)을 하고, 지지(地支)도 합(合)을 하면 록마복귀(祿馬福

貴)의 기운이 시상(時上)에 모인다. 이렇게 되면 훌륭한 자녀(子女)를 두고 말년(末年)에 크게 행복하다.

## 2. 년주(年柱)의 정립(定立)

사주란 네 기둥이라는 뜻으로 사람이 출생한 년 월 일 시를 말한다. 각주가 간지 2자로 되어 있으니 모두 8자가 되므로 통칭하여 사주팔자(四柱八字)라고 한다. 사주는 명조(命造), 명국(命局)이라고도 하며 행운(行運)과 대비하여 원국(原局)이라고도 한다.

년주(年柱)는 생년(生年)의 간지(干支)를 말하는 것이다. 만일 1955년 기해(己亥)년생이면 기해가 년주(年柱)가 된다. 여기서 주의해야 할 것은 년(年)의 구분은 정월(正月)초하루가 아니고 입춘(立春) 절입(節入) 시각을 기준으로 한다는 것이다.

즉 입춘(立春) 전에 태어났으면 전 해의 년주를 쓰고, 입춘 후에 태어났으면 다음 해의 년주를 쓴다. 그리고 입춘 당일에 태어났으면 입춘 절입(節入) 시각을 기준으로 한다. 절입시각 이전이면 전 해의 간지를 쓰고, 절입시각 이후이면 새해의 간지가 년주다.

예컨대 1955년 음력 정월 12일 입춘(立春) 절입(節入) 당일(當日)에 출생한 경우, 절입(節入) 시각이 23시 18분이므로 23시 18분 이전(以前)에 출생했다면 전년도(前年度)의 간지인 갑오(甲午)가 년주가 되고, 그 이후(以後)에 출생했다면 신년도(新年度)의 간지인 을미(乙未)가 년주가 된다.

# 3. 월주(月柱)의 정립(定立)

월주는 출생(出生)한 달의 간지를 말하는데 월건(月建)이라고도 한다. 월주 또한 년주(年柱)와 마찬가지로 절입(節入) 시간을 기준으로 정한다. 가령 1955년 음력 6월 19일생인 경우 6월의 절기인 소서(小暑)의 절입(節入)이 음력 5월 19일이므로 6월의 간지인 계미(癸未)가 월주가 된다. 또한 1971년 음력 3월 10일생인 경우, 3월의 절기인 청명(淸明)의 절입(節入) 시간이 출생 당일(當日) 오전 7시 36분이 되므로 그 이전(以前)에 출생했다면 2월의 간지인 신묘(辛卯)가 월주가 되고, 그 이후(以後)에 출생했다면 3월의 간지인 임진(壬辰)이 월주가 된다.

각 월의 절입시기는 다음과 같다.

| 정월 | 2월 | 3월 | 4월 | 5월 | 6월 | 7월 | 8월 | 9월 | 10월 | 11월 | 12월 |
|------|-----|-----|-----|-----|-----|-----|-----|-----|------|------|------|
| 입춘 | 경칩 | 청명 | 입하 | 망종 | 소서 | 입추 | 백로 | 한로 | 입동 | 대설 | 소한 |

월지는 사시(四時)의 순서이므로 고정(固定)되어 있다.

| 정월 | 2월 | 3월 | 4월 | 5월 | 6월 | 7월 | 8월 | 9월 | 10월 | 11월 | 12월 |
|------|-----|-----|-----|-----|-----|-----|-----|-----|------|------|------|
| 寅月 | 卯月 | 辰月 | 巳月 | 午月 | 未月 | 申月 | 酉月 | 戌月 | 亥月 | 子月 | 丑月 |

## 4. 일주(日柱)의 정립(定立)

일주(日柱)는 태어난 날의 간지로 출생(出生) 당일(當日)의 일진 (日辰)이다. 이는 만세력에 의한다.

## 5. 시주(時柱)의 정립(定立)

시주는 출생한 시간(時間)의 간지이다. 일일(一日)을 12지지에 따라 12등분한 것이 역학에서의 시각(時刻)이다. 그러므로 일각(一刻)은 2시간이 된다. 월지(月支)가 정해져 있듯이 시지(時支)도 정해져 있다.

| 子時 | 전일 오후 11시~당일 오전 1시 전 | 午時 | 오전 11시~오후 1시 전 |
|------|-------------------------------|------|----------------------|
| 丑時 | 오전 1시~오전 3시 전 | 未時 | 오후 1시~오후 3시 전 |
| 寅時 | 오전 3시~오전 5시 전 | 申時 | 오후 3시~오후 5시 전 |
| 卯時 | 오전 5시~오전 7시 전 | 酉時 | 오후 5시~오후 7시 전 |
| 辰時 | 오전 7시~오전 9시 전 | 戌時 | 오후 7시~오후 9시 전 |
| 巳時 | 오전 9시~오전 11시 전 | 亥時 | 오후 9시~오후 11시 전 |

시지(時支)는 정해져 있으므로 시주(時柱)를 정하는 법은 시지 (時支)에 시간(時干)을 붙이면 된다. 월간(月干)이 년주(年柱)의 천간(天干)에 의하여 변화하듯이 시간(時干)은 일주(日柱)의 천간 (天干)에 의하여 정하여진다. 용이하게 하기 위하여 다음과 같은

시두법(時頭法)이 있다.

시두법(時頭法)

◎ 甲己일은 甲子시

◎ 乙庚일은 丙子시

◎ 丙辛일은 戊子시

◎ 丁壬일은 庚子시

◎ 戊癸일은 壬子시

## 時干支早見表

| 生時 ＼ 生日 | 甲己日 | 乙庚日 | 丙辛日 | 丁壬日 | 戊癸日 |
|---|---|---|---|---|---|
| 子 | 甲子 | 丙子 | 戊子 | 庚子 | 壬子 |
| 丑 | 乙丑 | 丁丑 | 己丑 | 辛丑 | 癸丑 |
| 寅 | 丙寅 | 戊寅 | 庚寅 | 壬寅 | 甲寅 |
| 卯 | 丁卯 | 己卯 | 辛卯 | 癸卯 | 乙卯 |
| 辰 | 戊辰 | 庚辰 | 壬辰 | 甲辰 | 丙辰 |
| 巳 | 己巳 | 辛巳 | 癸巳 | 乙巳 | 丁巳 |
| 午 | 庚午 | 壬午 | 甲午 | 丙午 | 戊午 |
| 未 | 辛未 | 癸未 | 乙未 | 丁未 | 己未 |
| 申 | 壬申 | 甲申 | 丙申 | 戊申 | 庚申 |
| 酉 | 癸酉 | 乙酉 | 丁酉 | 己酉 | 辛酉 |
| 戌 | 甲戌 | 丙戌 | 戊戌 | 庚戌 | 壬戌 |
| 亥 | 乙亥 | 丁亥 | 己亥 | 辛亥 | 癸亥 |

갑(甲)일이나 기(己)일생은 갑자시(甲子時)부터 시작하여 을축 (乙丑)시, 병인(丙寅)시의 순으로 나아가고, 을(乙)일이나 경(庚)일 생은 병자(丙子)시부터 시작하여 정축(丁丑)시, 무인(戊寅)시로 나 간다. 다음은 시주(時柱)를 정하는 조견표이다.

# 6. 대운(大運)

부귀(富貴)는 명(命)에 정해져 있고, 궁통(窮通)은 운(運)에 의하 여 결정된다고 한다. 명(命)을 식물의 종자(種子)라고 한다면 운 (運)은 꽃이 피고 낙엽이 지는 계절(季節)이다. 비록 좋은 명(命) 이라고 해도 때를 만나지 못하면 영웅이 무예를 쓰지 못함과 같고, 반대로 팔자가 평범(平凡)해도 운(運)에서 그 결점을 보완(補完) 하면 역시 때를 만나 일어남과 같다. 이것을 가리켜 명(命)이 좋은 것이 운(運)이 좋은 것보다 못하다고 한다.

## 1) 대운(大運)의 정립(定立)

출생 년 월 일 시를 사주의 명국(命局)이라고 하면, 명국이 흘러 가는 운세(運勢)를 행운(行運) 또는 대운(大運)이라고 한다. 대운 은 월주(월건)을 위주로 하여 남녀(男女) 생년(生年)의 음양(陰 陽)에 따라 순행(順行) 또는 역행(逆行)한다.
월주(月柱)를 기준으로 하는 것은 월주는 부모궁(父母宮)이요, 모태(母胎)에서 내가 태어난 궁이 되므로 내가 이 세상에 시발(始發)한 기점이 되기 때문이다.

◎ 양남 음녀는 월주(월건)로부터 순행(順行)하고
◎ 음남 양녀는 월주(월건)로부터 역행(逆行)한다.

대운의 흐름이 남(南) 녀(女)가 다른 이유는 음양(陰陽)이 다르기 때문이다. 남자는 양(陽)이고 여자는 음(陰)이므로 남자가 양년(陽年)에 태어나고 여자가 음년(陰年)에 태어나는 것은 음양의 이법(理法)에 순응(順應)하는 것이므로 월주로부터 순행(順行)하고, 남자가 음년(陰年)에 그리고 여자가 양년(陽年)에 태어나는 것은 이법에 거역(拒逆)하는 것이므로 대운 역시 월주로부터 역행(逆行)하는 것이다.

여기서 양남(陽男).음녀(陰女)라 함은 생년(生年)의 천간이 양간(陽干)인가 음간(陰干)인가를 말하는 것이다. 생년(生年)의 천간(天干)이 갑(甲). 병(丙). 무(戊). 경(庚). 임(壬)년은 양년(陽年)이고, 을(乙). 정(丁). 기(己). 신(辛). 계(癸)년은 음년(陰年)이다.

또한 순행(順行)이라 함은 월주에서부터 미래(未來)절기로 향하여 나아가는 것을 말하며, 역행(逆行)이라 함은 월주에서부터 과거(過去)절로 후퇴해 뒷걸음치는 것을 말한다.

예컨대 무인(戊寅)년 신유(辛酉)월 생 남자라면, 양남(陽男)이므로 월주인 신유(辛酉)월의 일위로부터 순행(順行)하게 되므로 임술(壬戌). 계해(癸亥). 갑자(甲子). 을축(乙丑)의 순으로 나가게 된다. 그런데 여자가 무인(戊寅)년 신유(辛酉)월에 태어났다면 양녀(陽女)가 되어 음양(陰陽)의 이법(理法)에 어긋난다. 그러므로 월주로부터 역행(逆行)하니 경신(庚申). 기미(己未). 무오(戊午). 정사(丁巳)의 순이 되는 것이다.

(예) 甲子년 3월(戊辰)생 남자 (순행) -- 己巳. 庚午. 辛未. 壬申--
甲子년 3월(戊辰)생 여자 (역행) -- 丁卯. 丙寅. 乙丑. 甲子--

## 2) 대운(大運)의 수(數)

◎ 양남음녀(陽男陰女) : 미래절(未來節)
◎ 음남양녀(陰男陽女) : 과거절(過去節)

대운은 순행(順行) 또는 역행(逆行)하면서 십년마다 변화한다. 이 대운에는 길(吉)한 운과 흉(凶)한 운이 있게 되는 것이니, 운명(運命)의 길과 흉의 작용은 이 대운(大運)과 더불어 작용된다. 대운이 몇 살 때마다 변(變)하는가는 행운세수(行運歲數, 대운의 수)에 의하는데 행운세수는 다음과 같이 구한다.

◎ 양남(陽男). 음녀(陰女)는 순행(順行)하므로 생일(生日)부터 다음 달의 절입(節入) 날자까지의 일수(日數)를 3분한다.

◎ 음남(陰男). 양녀(陽女)는 역행(逆行)하므로 생일(生日)부터 그 달의 절입(節入) 날자까지의 일수(日數)를 3분한다.

일수(日數)계산에 있어서는, 생일 및 절입(節入)의 시간(時間)까지 정확히 계산하여 정하는 것이 원칙이겠지만 편의상 시간(時間)은 계산하지 않고, 생일(生日)을 가산하면 절입일(節入日)은 빼고, 절입일(節入日)을 가산하면 생일(生日)은 뺀다. 그리고 일수(日數)를 삼분(三分)함에 있어서 정수를 얻을 수 없을 때에는 일사이입(一捨二入)의 원칙에 의하여 1일이 남으면 그것을 버리고, 2일이 남으면 그것을 정수에 가산한다. 예컨대 일수가 3이면 행운세수(대운의 수)는 1이고, 일수가 4이면 3으로 나눈 나머지 1을 버리므로 1이며, 일수가 5이면 행운세수는 2가된다. 그리고 행운세수(行運歲數)가 5이면 5세. 15세. 25세. 35세. 45세--- 마다 대운(大運)이 변(變)한다.

## 7. 사주정립(四柱定立)의 예(例)

(예1) 음력 1954년 11월 5일 未時생 남명(男命)

만세력에 의해 1954년의 태세(太歲)가 갑오(甲午)이므로 년주는 갑오(甲午)가 된다. 11월의 절기인 입동(立冬)이 10월 13일이므로, 생일이 절입(節入) 이후(以後)가 되어 월주는 을해(乙亥, 만세력

참조)가 된다. 일주(日柱)는 만세력에 나와있는 일진(日辰)인 기축(己丑)이 된다. 또한 출생시가 기(己)일 미(未)시가 되므로 갑기(甲己)일 갑자(甲子)두하여 을축(乙丑), 병인(丙寅), 정묘(丁卯)--로 나가니 미시(未時)는 신미(辛未)시가 된다.

갑오(甲午)생 남자 즉 양남(陽男)이므로 대운은 순행(順行)하여 미래(未來)절을 향하여 나아간다. 월주(月柱)인 을해(乙亥)를 기점으로 병자(丙子). 정축(丁丑). 무인(戊寅). 기묘(己卯)--로 수목(水木)운으로 향한다.

대운의 수(數)는 양남(陽男) 음녀(陰女)는 순행(順行)하므로 생일부터 다음 절입(節入)까지의 일수를 3분하는데 11월 5일 생일로부터 다음 절입인 11월 14일까지는 9일이 된다. 이를 3분하면 정수가 3이 되어 3이 대운의 수가 된다. 그러므로 병자(丙子)운은 3세에서 12세까지, 정축(丁丑)운은 13세에서 22세까지 그리고 무인(戊寅)운은 23세에서 32세까지 각 10년의 운(運)을 지배하는 것이다.

| 時 | 日 | 月 | 年 |
|---|---|---|---|
| 辛 | 己 | 乙 | 甲 |
| 未 | 丑 | 亥 | 午 |

| 53 | 43 | 33 | 23 | 13 | 3 |
|---|---|---|---|---|---|
| 辛 | 庚 | 己 | 戊 | 丁 | 丙 |
| 巳 | 辰 | 卯 | 寅 | 丑 | 子 |

(예2) 음력 1966년 정월 25일 진시(辰時)생인 여명(女命)


  1966년이므로 병오(丙午)년이다. 정월의 절입(節入)일인 입춘(1월 14일)을 지났으므로 병오(丙午)가 년주가 된다. 월주는 경인(庚寅)이다(월주도 만세력에 의한다). 일주(日柱)는 만세력에 나와있는 일진(日辰)인 을사(乙巳)가 된다. 출생시가 을(乙)일 진(辰)시이므로 을경(乙庚)일 병자(丙子)두하여 경진(庚辰)이 되므로 경진이 시주가 된다.

  병오(丙午)생 여명 즉 양녀(陽女)이므로 대운은 역행(逆行)한다. 즉 월주인 경인(庚寅)을 기점으로 기축(己丑). 무자(戊子). 정해(丁亥). 병술(丙戌)--로 과거(過去)절을 향한다.

  대운의 수는 양녀(陽女)는 역행(逆行)하므로 생일인 1월 25일부터 이 달의 절입일인 1월 14일까지를 계산하여 3분한다. 일수가 11일이므로 3분하면 3의 정수와 나머지가 2가 되는데 일사이입(一捨二入)의 원칙에 의하여 4가 된다. 4가 대운의 수가 되고 기축(己丑)운은 4세에서 13세, 무자(戊子)운은 14세에서 23세, 정해(丁亥)운은 24세에서 33세로 각 10년의 운(運)을 주관하는 것이다.


時　日　月　年

庚　乙　庚　丙

辰　巳　寅　午

54 44 34 24 14 4

甲 乙 丙 丁 戊 己

申 酉 戌 亥 子 丑

## 8. 소운(小運)

소운(小運)은 대운이 들기 이전(以前)의 운을 말한다. 따라서 초년(初年)에만 참고한다.

대운은 월주를 기점으로 시작하지만 소운은 시주(時柱)를 기점으로 시작한다. 대운에서와 마찬가지로 양남(陽男). 음녀(陰女)는 순행(順行)하고, 음남(陰男). 양녀(陽女)는 역행(逆行)한다. 대운(大運)은 10년간의 운세이지만 소운(小運)은 1년간의 운세이다. 위의 사주를 예로 들어 설명해 보자.

1954년 11월 5일 미시(未時)생 남명(男命)의 사주는 위에서와 같이 甲午(년주), 乙亥(월주), 己丑(일주), 辛未(시주)로 구성되어 있다. 양남(陽男)이므로 순행(順行)하는데 대운은 월주를 기점으로 하는데 반하여 소운은 시주(時柱)를 기점으로 하여 순행한다. 대운이 3세부터 들어오므로 소운은 3세 이전 즉 1세 2세까지의 운이다. 1세는 임신(壬申). 2세는 계유(癸酉)가 소운이다.

1966년 정월 25일 진시(辰時)에 출생한 여명(女命)의 사주는 丙午

(년주). 庚寅(월주). 乙巳(일주). 庚辰(시주)이다. 양녀(陽女)이므로 역행(逆行)한다. 시주(時柱)인 경진(庚辰)을 기점으로 기묘(己卯). 무인(戊寅). 정축(丁丑)으로 뒷걸음 친다. 대운이 4세에 들어오므로 소운은 3세까지의 운세이다.

1세는 기묘(己卯). 2세는 무인(戊寅). 3세는 정축(丁丑)이 소운이 된다.

# 제4장. 회합형충(會合刑沖)

## 1. 천간합(天干合)

| 甲己 合 土 | 乙庚 合 金 | 丙辛 合 水 | 丁壬 合 木 | 戊癸 合 火 |
|---|---|---|---|---|

천간합은 상호 극(剋)하는 관계이면서도 음양(陰陽)이 조화(調和)를 이루어 합(合)하여 일체(一體)가 되는 것을 말한다. 다시 말하면 음양(陰陽)의 화합(和合)에 의하여 만물이 생성(生成)하니 남녀(男女) 간의 부부화합(夫婦和合)으로 일체(一體)가 되는 것과 같다.

천간합은 천간의 배열상 6번째 끼리의 합(合)으로 갑(甲)과 기(己). 을(乙)과 경(庚)---의 경우이다. 합(合)하여 화(化)하지만 모두가 화(化)하는 것은 아니다. 월령(月令), 합이되는 천간의 통근(通根)여부 그리고 일간(日干)의 합인지 아닌지를 잘 고려하여야 한다.

일간(日干)의 합인 경우에는 일간의 정(情)이 합하는 천간에 있다는 것을 의미한다. 합이 일간(日干) 이외의 다른 간(干)에 있다면 탐합망극생(貪合忘克生)이라 하여 합을 탐(貪)하여 자기의 역할을 잊어버리게 된다.

따라서 기신(忌神).흉신(凶神)은 합거(合去)되는 것이 좋으나 길신(吉神)은 합거되는 것이 불리하며, 화(化)한 5행이 길신(吉神)을 생부(生扶)하는 것은 좋으나, 길신을 극(剋)하거나 흉신을 생(生)하는 것은 좋지 않다.

(1) 갑기합(甲己合) : 중정지합(中正之合)이다. 치우침이 없이 올바르게 맺어진 합으로 이 간합(干合)이 있는 사주는 그 분수를 지키며, 마음이 넓어 타인과 다투지 아니하고 세상 사람들의 존경(尊敬)을 받는다.

(2) 을경합(乙庚合) : 인의지합(仁義之合)이다. 인(仁)과 의리(義理)로 맺어진 합으로 이 간합이 있는 사주는 성격이 굳세고, 용감하며, 의리(義理)심이 많다.

(3) 병신합(丙辛合) : 강압지합(强壓之合)이다. 강제(强制)로 위협에 의하여 맺어진 합으로 이 간합이 있는 사주는 사람됨이 위엄(威嚴)이 있어 보이나, 성질이 냉정(冷情)하고 편굴(偏屈)적이다.

(4) 정임합(丁壬合) : 음란지합(淫亂之合)이다. 음탕하고 난잡한 합이므로 이 간합이 있는 사주는 성질이 예민하고 감정적(感情的)이며 질투심이 많으며 호색(好色)한다.

(5) 무계합(戊癸合) : 무정지합(無情之合)이다. 정(情)이 없이 맺어진 합으로 이 간합이 있는 사주는 성질이 박정(薄情)하여 남자일 경우 결혼운이 좋지 않다.

## 2 지지육합(地支六合)

| 子丑 合 土 | 寅亥 合 木 | 卯戌 合 火 | 辰酉 合 金 | 巳申 合 水 | 午未 合 |
|---|---|---|---|---|---|

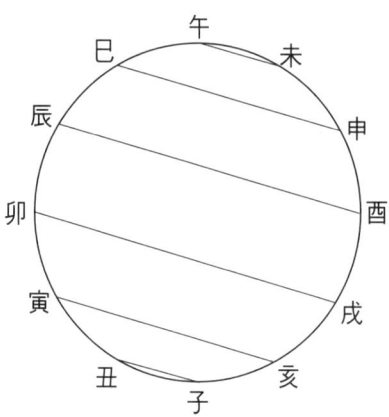

지지합은 지지가 음양(陰陽)을 만나 합(合)이 되는 것으로 6종이므로 6합이라고 한다. 이 원리는 육임합(六壬合)에서 나온 것으로 월령(月令)과 월장(月將)과의 합을 말한다.

동지(冬至)에서 일양(一陽)이 발하기 시작하여 해(亥). 자(子). 축(丑). 인(寅). 묘(卯). 진(辰) -- 방(方)으로 순회하는 것을 양(陽), 즉 천월장(天月將)이라고 하고, 해(亥). 술(戌). 유(酉). 신(申) -- 방(方)으로 역회하는 것을 음(陰) 즉 지월장(地月將)이라고 하는데 이러한 천지월장의 음양(陰陽) 2기가 합심하여 사상(四象)을 화출(化出)한다는 원리이다.

앞의 그림처럼 지지의 12자를 원상으로 표시했을 때 상대위치에 가장 가깝게 있는 지지와 만나면 친(親)하여 합(合)이 된다는 것이다. 그러나 문제가 있으니 북방(北方)의 자축(子丑)이 만나면 수왕(水旺)해져 토(土)보다는 수(水)로서의 기능이 강할 것이며, 사신(巳申)이 합하면 수(水)보다는 금(金)의 성질이 강해질 것이다. 또한 묘술(卯戌) 합은 실제 응용면에서 합하여 화(化)로 변화하는 작용은 거의 없다.

이와 같은 6합이 사주에 있을 때, 사주 속에 길성(吉星)이 있으면 그것이 6합이 되면 더욱 길(吉)하고 흉성(凶星)이면 더욱 흉(凶)해진다. 또한 왕쇠(旺衰) 그리고 주위의 기세(氣勢) 등을 잘 살펴야 한다.

## 月將法

| 月 | 1 | 2 | 3 | 4 | 5 | 6 | 7 | 8 | 9 | 10 | 11 | 12 |
|---|---|---|---|---|---|---|---|---|---|---|---|---|
| 天月將 | 寅 | 卯 | 辰 | 巳 | 午 | 未 | 申 | 酉 | 戌 | 亥 | 子 | 丑 |
| 地月將 | 亥 | 戌 | 酉 | 申 | 未 | 午 | 巳 | 辰 | 卯 | 寅 | 丑 | 子 |
| 五行 | 木 | 火 | 金 | 水 | 0 | 0 | 水 | 金 | 火 | 木 | 土 | 土 |

# 3. 지지3합(地支三合)

| 寅午戌 火局 | 申子辰 水局 | 巳酉丑 金局 | 亥卯未 木局 |
|---|---|---|---|

　지지삼합이란 지지 중 동일한 성격(性格)을 가지고 있는 3개의 지지가 모여서 하나의 국(局)을 이루는 것을 말한다. 3개의 지지란 5행의 성쇠(盛衰)과정을 나타내는 장생(長生), 제왕(帝旺), 묘고(墓庫)의 지지이다. 예를 들어 해묘미(亥卯未) 목국(木局)의 경우, 해(亥)는 목(木)의 장생지(長生地)가 되고, 묘(卯)는 목의 제왕(帝旺)지 그리고 미(未)는 목의 묘고(墓庫)이다. 이로서 해묘미(亥卯未)는 목의 일생(一生)을 집약한 것으로 3자가 응집하여 목의 일기(一氣)를 이루는 것이다. 다시 목의 원기(元氣)인 갑(甲) 또는 을(乙)이 천간에 투출하면 천지가 교태(交泰)하여 당왕(當旺)하게 된다.

　만일 지지육합(地支六合)이 이웃의 합이라면 이 삼합(三合)은 친구들의 합이므로 작용하는 힘이 강하다. 특히 대운(大運) 및 세운(歲運)에서 삼합(三合)의 작용에 의해 운명상의 길흉이 확연히 드러나므로 대단히 중요한 것으로 간주된다.

삼합은 삼자(三字)가 모두 있는 것을 원칙으로 하지만 2자만 있어도 반회국(半會局)이라 하여 영향력을 갖는다. 그러나 3자가 다 갖추어진 것보다는 역량이 떨어진다.

역량면에서는 자오묘유(子午卯酉)의 제왕(帝旺)이 월지(月支)에 있는 것이 제일이고, 장생(長生)이 월지(月支)에 있는 것이 다음이다. 진술축미(辰戌丑未)의 토가 월지(月支)에 있으면, 토(土)가 사령(司令)하는 때이므로 비록 삼합이 된다하나 토(土)의 성질을 버리지 않는다. 그러나 월지(月支)가 제왕(帝旺)이나 장생(長生)이라면 토는 화(化)하는 오행을 따라가게 된다.

## 4. 지지방합(地支方合)

지지방합은 방위(方位)를 나타내는 것으로 봄. 여름. 가을. 겨울의 계절을 의미한다. 지지육합(地支六合)이 이웃의 합이고, 지지삼합(地支三合)이 친구의 합이라면, 지지방합(地支方合)은 친척끼리의 합이다.

따라서 삼방(三方)의 삼자가 구비되면 록(祿)과 왕(旺)과 여기(餘氣)가 모여있는 것이 되므로 삼합국(三合局)보다 기세가 더 왕(旺)하게 된다. 예컨대 사주중에 인묘진(寅卯辰) 3자 모두 있으면

| 寅卯辰 東方木局 | 巳午未 南方火局 | 申酉戌 西方金局 | 亥子丑 北方水局 |
|---|---|---|---|

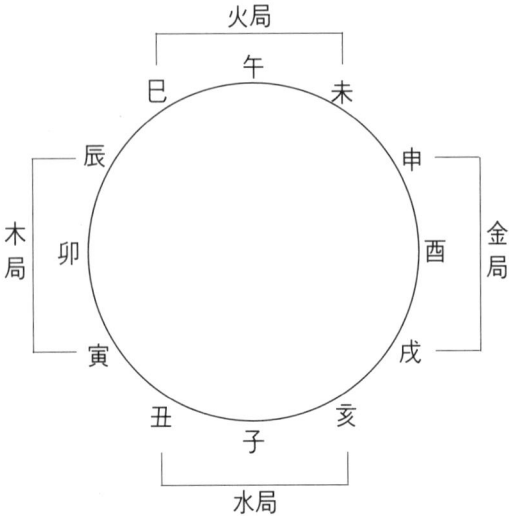

목기(木氣)가 태왕(太旺)한 것으로 본다. 다시 방합(方合)의 원신(原神)이 천간에 투출하여 천지(天地)가 상통(相通)하면 그 기세가 마치 하늘을 찌르는 것과 같이 강왕(康旺)하게 된다.

삼합(三合)과 방합(方合)은 모두 5행의 기가 왕성(旺盛)함을 뜻한다는 점에서는 같다. 다른 점은 삼합(三合)의 기세는 전(專)하고, 방합(方合)의 기세는 광(廣)하다는 것이다. 예를 들면 해묘미(亥卯未)의 삼합(三合)은 오로지 목기(木氣)만을 가지고 있는 데에 비하여, 인묘진(寅卯辰)의 방합(方合)은 목기(木氣)와 더불어 동방(東方)의 온난(溫暖)한 기운을 가지고 있기 때문이다.

# 5. 충(沖)

## 1) 천간충(天干沖)

| 甲庚 沖 | 乙辛 沖 | 丙壬 沖 | 丁癸 沖 |
|---|---|---|---|

| 東 西 | 甲乙 庚辛 | 南 北 | 丙丁 壬癸 | 戊 己 |
|---|---|---|---|---|
| | 沖 沖 | | 沖 沖 | 中央 |

충이란 마주쳐서 화(化)하게 된다는 뜻으로, 실질적인 의미는 극(剋)이다. 따라서 충과 극은 같은 의미인데 이를 구분하는 것은 충(沖)이 극(剋)보다 인간의 길흉화복에 미치는 영향이 더욱 크기 때문이다.

극(剋)으로만 말하면 위의 네가지 경우 외에도 많다. 병(丙)이 경(庚)을 극하고 정(丁)이 신(辛)을 극한다. 그러나 위의 네가지 경우만을 충(沖)이라 하는 것은 십간을 방위(方位)로 배열할 경우 위의 도표에서와 같이 갑경(甲庚)이나 을신(乙辛)은 동(東)과 서(西)로, 병임(丙壬)이나 정계(丁癸)는 남(南)과 북(北)으로 서로 대치하고 있기 때문이다. 무토(戊土)와 기토(己土)는 중앙(中央)에 위치하고 있어 충으로 논하지 않는다.

## 2) 지지충(地支沖)

| 子午 沖 | 丑未 沖 | 寅申 沖 | 卯酉 沖 | 辰戌 沖 | 巳亥 沖 |
|---|---|---|---|---|---|

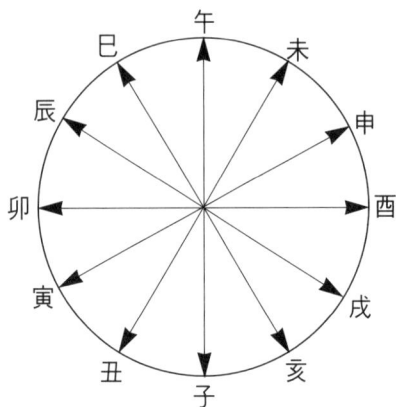

12지지에서 6번째의 지지는 위의 도표와 같이 상호 정면 대치하고 있다. 이들은 편양(偏陽) 편음(偏陰)이며, 계절과 방위(方位)에서도 극(極)이다.

지지충은 지지의 본기(本氣) 뿐만 아니라 암장된 지장간(地藏干) 상호간에 서로 전극(戰剋)이 이루어진다. 예를 들면 인신(寅申)충의 경우, 인(寅)중에는 무(戊)토. 병(丙)화. 갑(甲)목이 내장되어 있으며, 신(申)에는 무(戊)토. 임(壬)수. 경(庚)금이 들어 있다.

외형상 인신(寅申)충은 신(申)금의 본기인 경금(庚金)이 인(寅)목의 본기인 갑목(甲木)을 극하는 것이지만 내적으로는 인중의 병(丙)화가 신중의 경(庚)금을 억제하고, 신중의 임(壬)수가 인중의 병(丙)화를 극하며, 인중 무(戊)토가 신중 임(壬)수를 억제하는 등

64

장간(藏干) 상호간에 전투(戰鬪)가 끊임없이 이루어저서 천간의 뿌리인 지지(地支)가 흔들리고 심한 경우에는 뽑히게 되는 것이다. 그러므로 오행상극(五行相剋)의 극해(克害) 중에서 극해의 정도가 가장 심한 것이 충(沖)이다.

충의 작용은 충이 되는 지지(地支)의 궁(宮)에 의한다. 년지는 선조(先祖)궁, 월지는 부모(父母)궁, 일지는 부부(夫婦)궁이며 시지(時支)는 자녀(子女)궁이 된다. 만일 년월(年月)이 충되면 조상(祖上) 부모대(父母代)가 화합(和合)하지 못하고 서로 전극(戰剋)하는 꼴이니 조상 부모와 연(緣)이 없고, 고향(故鄕)을 일찍 떠나 객지(客地)생활을 하게 될 것이다.

나머지도 이와 같은 이치로 길흉을 판단한다. 그러나 사주에는 길신(吉神)과 흉신(凶神)이 있으니 사주의 희기(喜忌)를 잘 살펴야 한다.

또한 충하는 지지의 위치(位置)에 따라서 그 작용이 다르다. 즉 년월(年月)이나 일시(日時)처럼 가까이에서 충하는 것(近沖)은 전투가 치열하므로 영향력이 크고, 년일(年日)이나 월시(月時)처럼 멀리에서 충되는 것(遠沖)은 비록 충전(沖戰)이 되나 미약하여 동요(動搖)의 뜻으로 본다.

지지의 충 가운데 인신사해(寅申巳亥)의 충이 가장 격렬하고 복잡하다. 왜냐하면 인신사해는 오행의 생지(生地)이고 또한 사방(四方)의 시작이므로 투쟁적이고 미래지향적인 속성이 있기 때문이다. 장간(藏干)에 몇 개의 천간이 숨어 있어 간(干)간의 상전(相

戰)이 심하다. 고로 충동(沖動)을 꺼린다. 사생(四生)이 충되면 길흉간에 변화이동(變化移動)이 많게 된다.

자오묘유(子午卯酉)의 충은 승패(勝敗)가 확실하니 이는 4개지지 모두 잡기(雜氣)가 섞이지 않은 본기(本氣)이기 때문이다. 그러므로 자오묘유의 충은 희(喜)한 것과 기(忌)한 것이 있으니 희자(喜者)를 충함을 기(忌)하고, 기자(忌者)를 충하면 길(吉)하다. 또한 자오(子午)는 천지의 자오선이 되고, 묘유(卯酉)는 일월이 뜨고 지는 길이 된다.

고로 4왕이 충되면 동분서주하는 꼴이니 신변이동이 많으며 심신도 안정되지 못한다. 신살(神殺)로는 도화(桃花)에 해당하므로 이성(異性)문제가 많이 발생하기도 한다.

진술축미(辰戌丑未)의 충은 같은 동기(토)의 충이라 하여 붕충(朋沖)이라고 하는데 본기(本氣)가 모두 같은 토(土) 오행이므로 충을 해도 토가 파손되지 않는다. 또한 진술축미는 오행의 묘고(墓庫)에 해당하므로 정(靜)하려는 성질이 강하여 비록 충동되드래도 변화이동이 심하지 아니한다. 일반적으로 지지(地支)의 충(沖)의 작용은 다음과 같다.


1. 년지와 월지가 충되면 조업(祖業)을 파하고 생가를 떠난다.
2. 일지와 시지가 충되면 처자를 극하거나 자식과 화목치 못하다.
3. 월지를 다른 지(支)가 충하면 부모와 별거(別居)하게 된다.
4. 일지와 년지가 충하면 부모에게 불효(不孝)한다.

5. 자(子)와 오(午)의 충은 항상 일신이 불안전(不安全)하다.

6. 인신(寅申)충은 다정다감(多情多感)하다.

7. 사해(巳亥)충은 소식통(消息通)이 열린다.


그러나 쇠신충왕(衰神沖旺)이라 하여 쇠약(衰弱)한 것이 왕(旺)한 것을 충하면, 왕신(旺神)이 발동하여 오히려 쇠(衰)한 것이 도리어 반극(反剋)을 당하게 된다. 따라서 충의 작용은 오행의 희기(喜忌)와 왕쇠(旺衰)를 잘 살펴야 한다.


## 6. 형(刑)

| 三刑 : 寅巳申, 丑戌未, 子卯 |
| --- |

| 自刑 : 辰辰, 午午, 酉酉, 亥亥 |
| --- |

| 寅卯辰 東方木局<br>申子辰 三合水局 | 巳午未 南方火局<br>寅午戌 三合火局 | 申酉戌 西方金局<br>巳酉丑 三合金局 | 亥子丑 北方木局<br>亥卯未 三合木局 |
| --- | --- | --- | --- |

형은 수(數)가 극(極)에 이른 것으로 너무 많으면 오히려 손해(損害)가 되는 원리이다. 즉 삼합(三合)과 방합(方合)이 만나면 그 기세(氣勢)가 너무 왕(旺)하여 오히려 형(刑)하게 된다는 것이다.

음부경(陰符經)에는 형(刑)의 원리에 관하여 다음과 같이 논하고 있다.

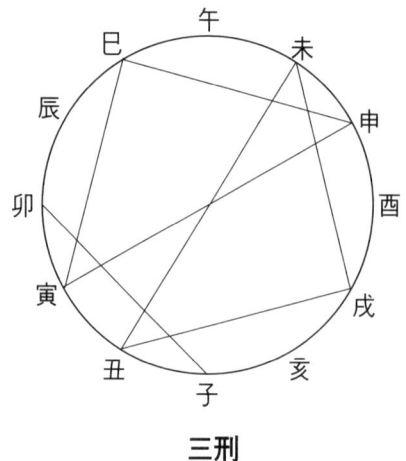

三刑

◎ 인묘진(寅卯辰) 동방의 목(木)은 신자진(申子辰) 삼합의 수 (水)를 만나면 수생목(水生木)하여 왕성한 목(木)이 더욱 강해지 고 중화(中和)의 도를 잃게 되므로 인(寅)은 신(申)을 형하고, 자 (子)는 묘(卯)를 형하며, 진(辰)은 진(辰)을 스스로 형한다.

◎ 사오미(巳午未) 남방 화(火)가 인오술(寅午戌)의 화(火)를 만 나면 화(火)가 더욱 강해져 중화를 잃게 되므로 인(寅)은 사(巳) 를 형하고, 오(午)는 오(午)를 형하며, 술(戌)은 미(未)를 형한다.

◎ 신유술(申酉戌) 서방 금(金)이 사유축(巳酉丑) 삼합 금(金)을 만나면 금(金)이 더욱 강해져 중화를 잃으니 사(巳)가 신(申)을 형하고, 유(酉)가 유(酉)를 형하고, 축(丑)이 술(戌)을 형한다.

◎ 해자축(亥子丑) 북방의 수(水)가 해묘미(亥卯未) 삼합의 목 (木)을 만나면 목(木)이 더욱 왕해져 중화를 잃게 되므로 해(亥) 는 해(亥)를 형하고, 자(子)는 묘(卯)를 형하고, 축(丑)은 미(未)를

형한다.

이 삼형이 사주 중에 있으면 주로 형액(刑厄)과 관재(官災). 구설(口舌) 등의 피해를 입게 된다. 그러나 이 형이 사주 중에 길신(吉神)으로 용(用)이 될 때에는 권위(權威)의 길신(吉神)이 된다.

## 1) 인사신(寅巳申) 형(刑) : 지세지형(持勢之刑)

형(刑)중에서 가장 작용이 강하다. 이 형이 있으면 자기의 세력을 믿고 오만방자한 경향이 있으니 매사 다툼이 많고 이로 말미암아 일에 좌절(挫折)됨이 많다. 특히 여자는 가정운이 불길하다. 시기. 질투. 승부근성. 세력과의 갈등. 구설시비. 송사. 반목 등이 따른다.

## 2) 축술미(丑戌未) 형(刑) : 무은지형(無恩之刑)

먼저 축술형은, 술(戌)중 무(戊)토가 축(丑)중 계(癸)수를 합하려고 하는데, 술중 정(丁)화가 계(癸)수를 괴롭히고 있어 무계합을 할 수 없다. 이때 계(癸)수의 입장에서 보면 무(戊)토를 믿었건만 무토가 합해주지 않으니 배신(背信)당한 것과 같아 형(刑)이 된다.

또한 술미(戌未)형은, 술(戌)중 신(辛)금이 미(未)중 을(乙)목을 극하는데 미(未)중 정(丁)화가 신(辛)금을 괴롭히고 있어 만들어진 형이다. 그러므로 이 형이 있으면 성질이 냉혹하여 형제나 친구와 불화(不和)하고 배신(背信)을 잘하며 당하기도 한다. 기만. 배신. 시기. 구설. 모략. 사기 등이 따른다.

### 3) 자묘(子卯) 형(刑) : 무례지형(無禮之刑)

자(子)수가 묘(卯)목을 생하니 묘목(卯木)이 왕(旺)해진다고 하나, 자월(子月) 빙수(氷水)가 생목(묘목)을 얼어죽게 하므로 이에 자묘(子卯)가 만나면 서로 무정(無情)하게 된다고 하여 무례지형(無禮之刑)이라 한다.

이 형이 있으면 성격이 횡폭하고 냉혹하여 예의를 무시하고, 타인과 화합함이 없이 불쾌감을 준다. 특히 여성은 육친(六親)을 해(害)치고 불화(不和)를 가져올 수 있다.

### 4) 자형(自刑) : 辰辰. 午午. 酉酉. 亥亥

자형은 같은 방합(方合)에 삼합(三合)이 들어가 같은 오행끼리 만나 세력다툼을 하는 형이다. 그러므로 자형은 질투의 형으로 내부적으로(심적으로) 들들끌는 상이다.

특히 오화(午火)는 화기(火氣)의 양인(羊刃)으로 오화가 겹치면 화(火)가 발광하므로 화기(火氣)로 인한 사건이 생길 수 있으며, 유금(酉金)은 금기(金氣)의 양인(羊刃)으로 도검에 비유되는데, 사주 또는 행운에서 겹치면 쌍칼이 춤추는 격이므로 금속(金屬)에 의한 사건이 발생할 수 있다.

이상은 사주 속에 형(刑)이 있는 경우의 운명판단방법이나 이것은 어디까지나 형 하나만이 운명에 작용하는 영향력을 판단한 것이다. 운명은 사주전체의 오행(五行)의 작용에 의하여 이루어지므로 형의 작용이 오히려 길(吉)이 될 수가 있다.

## 7. 공망(空亡)

| | | |
|---|---|---|
| 甲子旬中 戌亥空 | 甲戌旬中 申酉空 | 甲申旬中 午未空 |
| 甲午旬中 辰巳空 | 甲辰旬中 寅卯空 | 甲寅旬中 子丑空 |

공망의 구성에 대해서는 위의 '육십갑자(六十甲子)와 공망(空亡)'에서 알아보았으므로 여기에서는 작용(作用)에 대해서만 논하고자 한다.

공망이 있으면 흔히 '위(位)는 있으나 록(祿)이 없다'고 한다.

공망은 '비었다' '없다' 또는 '효력(效力)이 상실(喪失)되었다'라는 뜻이니 존재하고 있는 것이 없어졌거나, 존재하고 있어도 효력이 상실되어 있으나 마나하는 존재가 되었음을 의미한다. 그러므로 길신(吉神)이 공망이 되면 길한 기운이 무기(無氣)해지므로 불리(不利)하고, 흉신(凶神)인 경우에는 흉한 기운이 제거(除去)되어 좋다.

◎ 년지가 공망이면 조상 및 부모의 덕이 없어 초년(初年)에 고생한다.

◎ 월지가 공망이면 부모(父母)나 형제(兄弟)의 덕이 없다.

◎ 일지가 공망이면 배우자(配偶者)의 덕이 없다.

◎ 시지가 공망이면 자식(子息)복이 없다.

◎ 공망이 합(合)이 되면 공망으로서의 작용을 하지 못하며, 상충(相沖)이 될 때 그 하나가 공망이면 충하는 작용이 상실(喪失)되어 좋다.

## 8. 원진살(怨嗔殺)

| 子未 | 丑午 | 寅酉 | 卯申 | 辰亥 | 巳戌 |
|------|------|------|------|------|------|

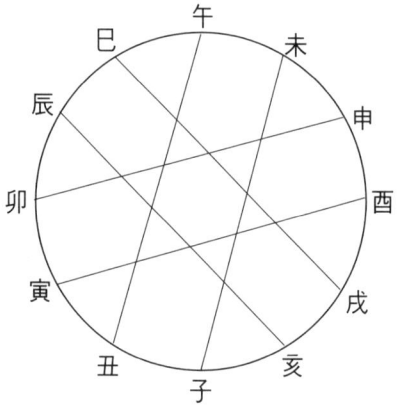

원진의 구성은 충돌(衝突)하고 나면 서로 미워하고 증오(憎惡)하는 감정(感情)을 갖게 된다는 데서 비롯한다. 지지충을 기준하여 자(子)와 오(午)가 충돌하고 나면, 서로 미워하고 증오하는 감정을 갖게 되는데 자(子)와 오(午)는 양(陽)이므로 순행(順行)하여 오다음인 미(未)는 자(子)의 원진이 되고, 축(丑)과 미(未)는 충으로

충돌한 다음 서로 미워하고 증오하는 감정을 갖게 되는데, 축(丑)
과 미(未)는 음(陰)이므로 역행(逆行)하여 축(丑)과 오(午)가 원진
이 된다는 것이다.

또한 쥐(子)는 양(未)이 뿔로 받는다고 양을 미워하고, 소(丑)는
말(午)이 논밭갈이를 아니한다 해서 미워하고, 범(寅)은 닭(酉)이
아침 홰를 친다고 미워하고(홰를 치면 산으로 돌아가야 하니까),
토끼(卯)는 원숭이(申)가 자기 흉내를 낸다고 미워한다. 뱀(巳)은
개(戌)가 자기처럼 앞으로만 간다고 미워하고, 용(辰)은 돼지(亥)
의 안면(顏面)이 자기와 비슷하다고 하여 돼지를 미워한다.

이 원진살의 작용은 서로 미워하고 증오(憎惡)하는 감정을 갖는
것이므로 불화(不和), 반목, 증오를 낳는다. 이 살은 궁합을 볼 때
가장 나쁘다고 하는 살이다.

구체적으로 보면, 일(日)과 시(時)가 원진이면 배우자와 자식이
인연이 없고, 일(日)과 월(月)이 원진이면 부모, 형제, 고부(姑婦)
간에 불화하고, 년(年)과 월(月)이 원진이면 조(祖)부(父)간에 불
화(不和)하여 조상과 부모의 덕이 없다.

## 9. 백호대살(白虎大殺)

| 甲辰 | 丙戌 | 壬戌 | 戊辰 | 丁丑 | 乙未 | 癸丑 |
|------|------|------|------|------|------|------|

백호살은 혈광지신(血光之神)이라고 하여 사주에 이 살이 있으면
해당 육친(六親)이 피를 보고 죽는다는 살이다. 주로 차량사고, 총

상, 횡사 그리고 뜻밖에 닥쳐오는 흉사(凶事), 재앙으로 인한 급사, 횡액 등이 여기에 속한다.

이 살은 사주의 연월일시에 모두 작용하여 육친(六親)법에 따라 활용된다. 즉 편재(偏財)가 이 살(殺)이면 부친(父親) 또는 처첩(妻妾)에 흉사가 있는 것이고, 인수(印綬)가 이 살이면 모친(母親)이나 조부가 흉사나 횡액을 당한다.

또한 여명에서 관성(官星)에 이 살이 들면 남편(男便)이 흉사하며, 식신 상관에 이 살이 있으면 자식이 비명횡사(非命橫死)한다.

이 살은 천간이 갑을병정무임계(甲乙丙丁戊壬癸)이며 지지는 진술축미(辰戌丑未)의 묘고(墓庫)로 되어 있다.

## 10. 고신(孤辰) 과숙(寡宿)

| 年支 또는 日支 | 寅卯辰 | 巳午未 | 申酉戌 | 亥子丑 |
|---|---|---|---|---|
| 孤辰 | 巳 | 申 | 亥 | 寅 |
| 寡宿 | 丑 | 辰 | 未 | 戌 |

이 살은 년지(年支)를 위주로 보나 일지도 참고로 본다. 이 살은 고독(孤獨)의 살로 부부이별하고 부부(夫婦)운이 불길하다. 남명은 고신(孤辰)을 꺼리고, 여명은 과숙(寡宿)을 꺼린다. 일반적으로 고신(孤辰)은 남명에서 처(妻)를 극(剋)하고, 과숙(寡宿)은 여명에서 부(夫)를 극(剋)한다.

또한 이 살이 있으면 육친(六親)과 인연이 박(薄)하고, 과숙(寡

宿)이 역마(驛馬)와 동주하면 타향(他鄉)에 나가 방탕(放蕩)하게
지낸다.

## 11. 도화살(桃花殺)

| 年支 또는 日支 | 寅午戌 | 亥卯未 | 巳酉丑 | 申子辰 |
|---|---|---|---|---|
| 桃花 | 卯 | 子 | 午 | 酉 |

도화는 년지를 위주로 보나 일지를 참고하여 본다. 년지 또는 일
지가 인오술(寅午戌)이면 묘(卯)가 도화이고, 해묘미(亥卯未)이면
자(子)가 도화이다. 그러나 일반적으로 지지에 자오묘유(子午卯酉)
가 있으면 년지 일지를 불문하고 도화로 본다.

도화살이 있으면 음란(淫亂)하여 방탕(放蕩)하기 쉽고 따라서 낭
비(浪費)가 심하여 재산을 탕진할 수 있으므로 함지(咸池)살, 패
(敗)살이라고도 한다. 또한 도화는 12운성의 욕(浴)에 해당하므로
욕(浴)살이라고 한다.

사주에 도화살이 있으면 언제나 바람을 핀다고 생각해서는 안된
다. 음란(淫亂)하고 호색(好色)하다 히더리도 일주가 신강(身强)해
야 자기가 바람을 피우지 신약(身弱)하면, 특히 여성의 경우에 따
라다니다가 강간을 당하는 수가 많다.

도화살의 작용은 년지나 월지 보다 일지(日支)와 시지(時支)의
작용력이 강하다.

도화는 형(刑)이나 합(合)이 되는 것을 꺼리며, 공망(空亡)이 되

면 오히려 길(吉)하다.

도화에 해당하는 지(支) 위에 있는 간이 편관(偏官)이면 박복(薄福)하고, 정관(正官)이면 복(福)을 누린다.

특히 여자의 경우 도화(桃花)와 역마(驛馬)가 동주하면 음란하여 수치를 모를 정도이며 정부(情夫)와 타향으로 도망갈 수 있다. 남성의 경우에 일지(日支)가 도화이고 관성에 해당하면 처가의 덕으로 재산을 모은다.

도화의 종류는 많이 있는데 특히 지지(地支)에서는 도화(桃花)이면서 형(刑)이 되고, 천간에서는 합(合)이 되면 이를 곤랑도화라고 한다. 기묘(己卯)일에 갑자(甲子)시, 병자(丙子)일에 신묘(辛卯)시 등이다. 곤랑도화가 있으면 호색(好色)하는 정도가 심하여 따라서는 정사(情死)하는 수도 있다.

도화는 흉적인 측면이 다분하지만 좋게 보면, 도화있는 남자는 강개(慷慨)지심이 있고, 도화있는 여자는 미모(美貌)가 있고 풍류(風流)를 아는 측면이 있다.


시　일　　　시　일

甲　己　　　辛　丙

子　卯　　　卯　子

　　곤 랑 도 화

## 12. 홍염살(紅艶殺)

| 日干 | 甲乙 | 丙 | 丁 | 戊己 | 庚 | 辛 | 壬 | 癸 |
|---|---|---|---|---|---|---|---|---|
| 紅艶 | 午 | 寅 | 未 | 辰 | 戌 | 酉 | 子 | 申 |

홍염살은 이성(異性)을 끄는 매력이 있다. 성격이 다정다감(多情多感)하고 요염(妖艶)하여 상대방의 마음을 사로잡는다. 애교(愛嬌)가 있어 눈웃음을 치고 추파를 잘 던지며 희희낙락하고 외정(外情)을 즐긴다.

여명의 경우에는 만인(萬人)의 처(妻)가 되니 남편궁이 나쁘며 탈선(脫線)하여 기생이 되는 경우도 있다. 도화살은 호색(好色)하여 육체적(肉體的)인 쾌락이 특징이고, 홍염살은 요염(妖艶)하고 애교가 있어 눈웃음과 추파(秋波)가 특징이다.

## 13. 역마(驛馬)

| 日支 | 申子辰 | 寅午戌 | 巳酉丑 | 亥卯未 |
|---|---|---|---|---|
| 驛馬 | 寅 | 申 | 亥 | 巳 |

역마는 귀한 신분을 태우고 달리는 말이니 이동(移動), 타향(他鄉), 분주(奔走)함이라는 함의가 있다. 또한 출세(出世), 적극성(積極性), 활동적(活動的)이라는 의미도 내포하고 있다.

따라서 역마가 길신(吉神)에 해당하면 비약적으로 발전(發展)하지만, 역마가 흉신(凶神)에 해당하면 평생에 분주(奔走) 다사(多

事)하여 곤고(困苦)하다. 역마는 주로 일지(日支)를 중심으로 하나 년주를 중심으로 보기도 한다.

◎ 역마가 충(沖)될 때 역마가 길신이면 더욱 길하고, 흉신이면 더욱 흉하다.
◎ 일지(日支)가 역마이면 항상 분주(奔走) 다사(多事)하다.
◎ 역마가 공망(空亡)되면 주거(住居)가 불안(不安)하다.
◎ 역마와 정재(正財)가 동주하면 현처를 얻는다.
◎ 역마가 합(合)이 되면 매사가 더디다.

## 14. 양인(羊刃)

| 日干 | 甲 | 乙 | 丙 | 丁 | 戊 | 己 | 庚 | 辛 | 壬 | 癸 |
|------|----|----|----|----|----|----|----|----|----|----|
| 羊刃 | 卯 | 辰 | 午 | 未 | 午 | 未 | 酉 | 戌 | 子 | 丑 |

양인은 12지 상의 건록(建祿) 다음이다. 대체로 양(陽)일간(日干)만을 양인으로 간주한다.

고서에는 '양인은 권력(權力)이고 형(刑)을 주재하는 기상인데, 군자는 위권(威權)이 되고 소인은 기술과 살벌(殺伐)에 종사하게 된다. 양인은 칠살(七殺)의 합(合)함을 기뻐한다'라고 하였다

양인은 비겁(比劫)이므로 지나치게 강(强)하여 문제가 된다. 그러므로 강렬, 황폭, 성급 등의 의미를 갖고 있다. 인(刃)은 날카로운 칼날을 의미한다.

양인은 형충(刑沖)을 꺼리며, 관살(官殺)로 제(制)하면 오히려 길하다. 또한 식상으로 설기(洩氣)하여도 좋다. 양인이 합살(合殺)되고 호운(好運)이 올 때 명이 좋으면, 권세(權勢)를 얻거나 법관 의사 또는 불세출의 열사 등이 될 수 있다.

이상은 일주가 신강(身强)할 때의 경우이고, 만일 일주가 신약(身弱)하다면 양인이 일주를 생조(生助)하는 희용신(喜用神)이 될 수 있다. 그러므로 오행(五行)의 구조를 잘 살펴서 판단해야 한다.


◎ 년지(年支)에 양인이 있으면 조업(祖業)을 파하고, 시지(時支)에 있으면 처자(妻子)를 해치고 만년(晩年)에 재화(災禍)를 만나기 쉽다.

◎ 사주에 양인이 많으면 벙어리 또는 장님이 되는 수가 있으며 남자는 처궁(妻宮)이 불리하고 여자는 고독(孤獨)하고 음란(淫亂)하다.

◎ 정재(正財)와 양인이 동주(同柱)하면 재물로 인하여 사회적 오욕(汚辱)을 입는 수가 있다.

◎ 겁재(劫財)와 양인이 동주(同柱)하면 고향을 떠나며 또한 외면은 겸양(謙讓)유화(柔和)한 듯 하더라도 내심은 무자비(無慈悲)한 성질인 경우가 많으며 가정도 적막하다.

## 15. 삼재팔난(三災八難)

| 年支 | 亥卯未 | 寅午戌 | 巳酉丑 | 申子辰 |
|------|--------|--------|--------|--------|
| 三災年 | 巳午未 | 申酉戌 | 亥子丑 | 寅卯辰 |

삼재는 년지(年支)를 기준으로 하여 연이은 3년이 삼재의 해가 된다. 예를 들면 해묘미(亥卯未)의 해에 태어난 사람은 사오미(巳午未)의 3년이 삼재이다. 처음의 해를 들어오는 삼재 그리고 마지막 해를 나가는 삼재라고 한다.

삼재(三災)란 수재, 화재, 풍재를 말하고 팔난(八難)이란 손재난, 주색난, 질병난, 부모난, 형제난, 부부난, 관재난, 실직난을 말한다. 대운, 세운 등이 좋을 때 들어오면 복삼재(福三災), 운이 불길할 때 들어오면 악삼재(惡三災)라 한다. 악삼재일 때는 관재구설, 파재, 상복, 병액 등 흉액을 겪는다.

용신(用神)삼재법이 있는데 이것은 용신(用神)을 통해 삼재를 보는 방법이다. 즉 목(木)을 용신으로 하는 자(者)만 년지 해묘미(亥卯未)에 사오미(巳午未)년에 나쁘다고 보는 것이다.

## 16. 귀문관살(鬼門關殺)

| 子酉 | 丑午 | 寅未 | 卯申 | 辰亥 | 巳戌 |
|------|------|------|------|------|------|

이 살은 원진살과 子酉와 寅未만 다를 뿐 같다.

◎ 이 살이 사주에 있으면 신경(神經)이 예민하고, 두뇌가 명석하

며 사리에 밝은 반면, 일주가 태약(太弱)할 때는 정신이상(精神異常) 또는 신경쇠약(神經衰弱) 증세가 나타난다.

◎ 여명에서 관성(官星)이 귀문관살에 임하면 남편(男便)이 변태, 정신이상, 신경쇠약일 수 있다.

◎ 기토(己土)일주가 태약(太弱)한 경우에 정신이상 증세가 나타난다. 운(運)에 의해서 일주가 생조(生助)를 받으면 그 증세가 없어진다.

## 17. 천을귀인(天乙貴人)

| 日干 | 甲戊庚 | 乙己 | 丙丁 | 壬癸 | 辛 |
|------|--------|------|------|------|-----|
| 貴人 | 丑未 | 子申 | 亥酉 | 巳卯 | 寅午 |

천을귀인을 놓은 자는 옥계단에 걸음을 걷게 된다고 하여 옥당귀인(玉堂貴人)이라고도 한다. 즉 주요 관직(官職)에서 근무하며 명예(名譽)를 얻게 된다는 길성이다.

◎ 사주 중에 이 귀인이 있으면 주위에서 도와주는 사람이 많아, 어려운 처지에 있을지라도 도움을 받아 전화위복(轉禍爲福)이 된다.

◎ 사주에 이 귀인이 있으면 지혜가 있고 총명(聰明)하며, 흉이 변하여 길하여진다.

◎ 귀인이 생왕(生旺)하면 정대(正大)한 인격자이고, 귀인은 합

(合)을 좋아한다.

◎ 귀인이 녹(祿), 왕(旺)과 같이 왕성한 12운성에 해당하면 평생에 복(福)이 많고, 관운(官運)도 좋다.

◎ 귀인이 공망(空亡)에 들면 길이 감소(減少)되며, 사(死), 절(絶)에 해당하면 귀인의 효력이 없다.

◎ 귀인을 형(刑), 충(沖), 파(破), 해(害) 등이 범하면 평생에 고생(苦生)이 많다.

◎ 귀인이 건록(建祿)에 해당하면, 총명(聰明)하여 글을 잘하며 관록(官祿)을 얻게 된다.

◎ 귀인이 있는 천간이 간합(干合)되거나, 귀인이 합(合)이 되면 널리 사회의 신용(信用)을 얻으며, 출세(出世)가 빠르고, 한평생 형벌을 받지 아니한다.

◎ 궁으로 귀인을 보면 귀인이 년지(年支)에 있으면 조상덕이 있고, 월지(月支)에 있으면 부모나 형제덕이 있으며 일지(日支)에 있으면 배우자덕 그리고 시지(時支)에 있으면 자손덕이 있고 자녀가 귀하게 된다.

◎ 여자의 경우에는 귀인(貴人)이 하나 이상이면 오히려 좋지 못하다고 한다. 여자가 여기 저기에서 귀여움을 받는 것은 바람직하지 못하기 때문이다.

# 18. 천덕귀인(天德貴人)과 월덕귀인(月德貴人)

| 月支 | 寅 | 卯 | 辰 | 巳 | 午 | 未 | 申 | 酉 | 戌 | 亥 | 子 | 丑 |
|---|---|---|---|---|---|---|---|---|---|---|---|---|
| 天德 | 丁 | 申 | 壬 | 辛 | 亥 | 甲 | 癸 | 寅 | 丙 | 乙 | 巳 | 庚 |

| 月支 | 亥卯未 | 寅午戌 | 巳酉丑 | 申子辰 |
|---|---|---|---|---|
| 月德 | 甲 | 丙 | 庚 | 壬 |

천월 이덕은 천을귀인과 같이 나를 돕는 신이다. 사주 중에 천월 이덕이 있으면 길한 사주는 더욱 길해지고, 흉한 사주는 그 흉이 감해진다.

◎ 선조(先祖)의 유덕(遺德)이 있고 하늘의 도움으로 재앙이 스스로 소멸한다.

◎ 관작(官爵)이 높고 병이 적으며 자선심(慈善心)이 있다. 그러나 이덕(二德)이 형충(刑沖)되면 무력(無力)해져서 이와 같은 길조는 사라진다.

◎ 일주(日柱)나 시주(時柱)에 이덕(二德)이 있고 형(刑), 충(沖), 파(破), 해(害) 되지 아니하면 한 평생 형벌(刑罰)이나 도난(盜難)을 당하지 아니한다.

◎ 여자가 이덕을 구비하면 현모양처(賢母良妻)가 된다.

## 19. 건록(建祿)

| 日干 | 甲 | 乙 | 丙 | 丁 | 戊 | 己 | 庚 | 辛 | 壬 | 癸 |
|------|----|----|----|----|----|----|----|----|----|----|
| 建祿 | 寅 | 卯 | 巳 | 午 | 巳 | 午 | 申 | 酉 | 亥 | 子 |

건록은 12운성 중의 임관(臨官)에 해당한다. 벼슬을 얻었으니 부귀(富貴)하고 형통(亨通)하는 것은 당연하다. 건록은 일간과 음양 오행이 같은 지지이므로 자기의 진정한 뿌리이다.


◎ 뿌리가 튼튼하니 신강(身强)하여 건강(健康)하고 질병이 따르지 아니한다.

◎ 의지(意志)가 굳고 주관력(主觀力)이 뚜렷하여 처세가 명백하다.

◎ 건록은 정록(正祿)이라고도 하는데 양명(養命)의 근원이다. 의미하는 것은 복록(福祿)으로 관록(官祿), 의식(衣食)의 록(祿)이다.

◎ 격국이 좋고 희신(喜神)과 동주하면 복록(福祿)이 왕성하고 관운(官運)이 좋으며 일생 안일하다.

◎ 월지(月支)가 건록이면 부모의 유산 등으로 인해 생활 및 사업의 기반이 튼튼하다.

◎ 건록도 공망(空亡)을 맞거나 형(刑). 충(沖)이 되면 길신의 효력이 상실(喪失)되는데 특히 충(沖)을 꺼린다.

## 20. 금여(金輿)

| 日干 | 甲 | 乙 | 丙戊 | 丁己 | 庚 | 辛 | 壬 | 癸 |
|---|---|---|---|---|---|---|---|---|
| 金輿 | 辰 | 巳 | 未 | 申 | 戌 | 亥 | 丑 | 寅 |

금여란 금(金)으로 만든 수레라는 뜻이다. 금수레를 타는 사람은 왕족(王族)이나 귀족(貴族), 고급관리(高級官吏)이니 금여란 부귀공명(富貴功名)을 의미하는 길신이다. 옛날 황족(皇族)의 사주에 금여가 많았다.

◎ 금여가 사주에 있으면 성질이 온후(溫厚)하며 용모가 단정(端正)하고 재주가 뛰어나서 세인의 존경(尊敬)을 받는다. 남녀를 막론하고 좋은 배우자(配偶者)를 만나게 된다.
◎ 특히 시지(時支)에 금여가 있으면 친근자(親近者)들의 도움을 많이 받고 자손(子孫)들이 번창한다.
◎ 금여가 공망(空亡)이거나 형(刑), 충(沖)을 당하면 길한 효력이 감소(減少)된다.

## 21. 문창(文昌)

| 日干 | 甲 | 乙 | 丙戊 | 丁己 | 庚 | 辛 | 壬 | 癸 |
|---|---|---|---|---|---|---|---|---|
| 文昌 | 巳 | 午 | 申 | 酉 | 亥 | 子 | 寅 | 卯 |

문창은 학자(學者)의 별로 총명(聰明)하고 글재주가 있으며 풍류

(風流)를 즐긴다. 또한 흉신을 제화(制化)하여 길(吉)하게 만들므로 문창이 있으면 한 평생 큰 액을 당하지 않는다. 그러나 문창이 충(沖)되거나 합(合)이나 공망(空亡)이 되면 그 작용을 못한다.

문창성이 비겁(比劫)에 해당하면 형제가, 식상(食傷)에 해당하면 자식이, 재성(財星)에 해당하면 처나 부친이, 관성(官星)에 해당하면 남편이나 자식이, 인성(印星)에 해당하면 모친이 글재주가 있고, 학문(學問)에 능하다고 본다.

## 22. 삼기법(三奇法)

| 天上三奇 | 甲 | 戊 | 庚 |
|---|---|---|---|
| 地下三奇 | 乙 | 丙 | 丁 |
| 人中三奇 | 壬 | 癸 | 辛 |

삼기는 세개 모두 있어야 하며 년, 월, 일, 시 순으로 나열되어야 성격(成格)이 된다. 삼기가 성격이 되면 인품(人品)과 정기(精氣)가 기이(奇異)하여 박학다능(博學多能)하고 모든 분야에서 뛰어난 재능을 갖는다. 또한 사회적으로 일찍 관록(官祿)을 받거나 특이한 능력으로 국가의 동량(棟梁)이 될 수도 있다.

이 삼기법은 지지에 술해(戌亥)의 천문(天門)이 있어야 기귀(奇貴)의 본격이 된다. 그러나 삼기가 공망(空亡)되면 오히려 더욱 곤고(困苦)하고 고독하게 된다.

## 23. 급각살(急脚殺)

| 春生亥子 | 夏卯未 | 秋寅戌 | 冬丑辰 |
|---|---|---|---|

| 月支 | 寅卯辰 | 巳午未 | 申酉戌 | 亥子丑 |
|---|---|---|---|---|
| 急脚 | 亥子 | 卯未 | 寅戌 | 丑辰 |

급각살이 있으면 낙상(落傷)으로 인한 절골, 상치(傷齒), 수족이상(手足異常), 신경통 등 액운이 있게 된다. 운에서 신약(身弱)해져 기(氣)가 허(虛)할 때 흉신(凶神)을 만나면 그 작용이 나타날 수 있다.

또한 해당된 육친(六親)도 함께 보는데 예컨대 자손(子孫)궁에 급각살이 놓이면 수족(手足)에 이상(異常)있는 자손(子孫)을 두기 쉽다.

## 24. 격각살(隔角殺)

| 月支 | 寅 | 卯 | 辰 | 巳 | 午 | 未 | 申 | 酉 | 戌 | 亥 | 子 | 丑 |
|---|---|---|---|---|---|---|---|---|---|---|---|---|
| 斷橋 | 寅 | 卯 | 申 | 丑 | 戌 | 酉 | 辰 | 巳 | 午 | 未 | 亥 | 子 |

격각살은 일지(日支)와 시지(時支)사이를 격(隔)하고 있는 일자(一字)를 말한다. 예컨대 자일(子日) 인시(寅時)라면 그 가운데를 격하고 있는 것은 축(丑)자이다.

이와 같이 일시(日時)를 격하고 있는 자(字)가 있다는 것은 좋은 의미로 볼 수 없다. 따라서 명국(命局)이 이것을 만나면 형옥(刑

獄)의 재앙이 있게 된다고 본다.

## 25. 단교관살(斷橋關殺)

| 年支·日支 | 亥卯未 | 寅午戌 | 巳酉丑 | 申子辰 |
|----------|--------|--------|--------|--------|
| 地支 | 未 | 戌 | 丑 | 辰 |

　단교관살의 작용은 급각살(急脚殺)의 작용과 흡사하다. 행운(行運)에서 기(氣)가 쇠약(衰弱)해질 때와, 단교관살과 액운(厄運)이 겹쳤을 때, 낙상(落傷)으로 인한 골절(骨折), 상치(傷齒), 수족이상, 신경통, 심하면 다리를 저는 불구(不具)가 된다. 육친에 이 살이 임하면 해당된 육친(六親)이 단교관살의 작용을 받는다.

　단교관살이나 급각살이 일지(日支)와 시지(時支)에 있고, 이 살이 형(刑)을 만나면 당사자가 다리를 절고, 신약(身弱)하고 사주가 냉한(冷寒)하여 수목이 응결(凝結)되면 다리를 저는 불구가 된다.

## 26. 화개(華蓋)

　화개의 중요한 의미는 '총명(聰明)과 고독(孤獨)'이다. 그러므로 화개가 길신(吉神)으로 작용하면 총명문사(聰明文士)로 문장과 예술에 뛰어나다. 그러나 공망(空亡)이 되거나 너무 많아서(셋이상) 흉신(凶神)이 되면 중이 될 수 있으며 한평생 고독(孤獨)함을 벗어나지 못한다.

이상으로 신살(神殺)을 알아보았는데 신살의 종류는 이상의 것보다 훨씬 많다. 여기에 실은 것은 비교적 근거와 징험이 있다고 일반적으로 통용(通用)되는 것들이다.

그러나 인간의 운명은 오행(五行)의 배합(配合)과 행운(行運)에 있는 것이지 결코 신살의 희기(喜忌)에 의하여 결정되는 것은 아니다. 다만 신살은 추명(推命)하는데 보조의 수단으로는 이용할 수 있을 것이다.

# 제5장. 12운성(運星)과 지장간(地藏干)

## 1. 12운성법(運星法)

12운성법은 천간(天干)의 오행이 지지(地支)를 흐를 때 나타나는 기(氣)의 왕쇠(旺衰)를 말한다. 지지는 계절이므로 계절에 따른 오행의 기(氣)의 변화이다.

나무는 봄에 싹이 나고, 여름에 꽃이 피고, 가을에 열매를 맺고, 겨울에 지는 것처럼 인생은 생(生) 노(老) 병(病) 사(死)의 과정을 거치게 된다. 12운성은 오행(五行)의 기(氣)의 흐름을 인생의 생노병사(生老病死)의 과정에 비유한 것이다. 그 과정은 다음과 같다

長生 - 沐浴 - 冠帶 - 建祿 - 帝旺 - 衰 - 病 - 死 - 墓 - 絶 - 胎
(生)　(浴)　(帶)　(官)　(旺)
- 養

◎ 생(生)은 모태(母胎)에서 태어나는 것을 말한다.

◎ 욕(浴)은 유아기 때 부모가 목욕(沐浴)시키는 것을 말하며

◎ 대(帶)는 의관(衣冠)을 정재(옷을 입고 띠를 매는)하는 소년기이며

◎ 관(官)은 성장하여 학문을 이루고 벼슬길에 나아가는 것이며

◎ 왕(旺)은 일생에서 가장 왕성한 장년기(長年期)를 말하고

◎ 쇠(衰)는 인생이 노쇠기(老衰期)에 접어든 시기이며

◎ 병(病)은 쇠가 심해져서 시들고 병(病)들었음을 의미하고

◎ 사(死)는 병들어 생명이 끊어진 상태이고

◎ 묘(墓)는 죽어서 땅에 묻힌 것이니 일생일대가 끝났음을 말한다.

◎ 절(絶)은 사람이 죽으면 모든 것이 끊어진다는 뜻이다. 그러나 다시 재생(再生)한다는 의미가 있으므로 인간의 생명이 모태에 입태하기 직전의 부모결합(父母結合)의 시기에 해당된다.

◎ 태(胎)는 한 생명이 모체에 입태(入胎)된 단계이며

◎ 양(養)은 모태(母胎)에서 태아가 자라나는 과정을 말한다.


 12운성의 배열하는 법은 양순(陽順) 음역(陰逆)과 양극(陽極)하면 음사(陰死)하고, 음극(陰極)하면 양사(陽死)한다는 원리에 의해서이다. 즉 오행 중에서 양오행(陽五行)은 순행(順行)을 하고, 음오행(陰五行)은 역행(逆行)을 한다. 양(陽)이 생(生)하면 음(陰)은 사(死)하고 음(陰)이 생(生)하면 양(陽)이 사(死)한다는 원리이다.

이 원리에 의하여 천간의 장생지는 다음과 같다.


◎ 갑(甲)은 해(亥)궁이 장생지요

◎ 을(乙)은 오(午)궁이 장생지요

◎ 병무(丙戊)는 인(寅)궁이 장생지요

◎ 정기(丁己)는 유(酉)궁이 장생지요

◎ 경(庚)은 사(巳)궁이 장생지요

◎ 신(辛)은 자(子)궁이 장생지요

◎ 임(壬)은 신(申)궁이 장생지요

◎ 계(癸)는 묘(卯)궁이 장생지다.


## 十二運星早見表

| 오행＼운성 | 絶 | 胎 | 養 | 生 | 浴 | 帶 | 官 | 旺 | 衰 | 病 | 死 | 墓 |
|---|---|---|---|---|---|---|---|---|---|---|---|---|
| 甲 | 申 | 酉 | 戌 | 亥 | 子 | 丑 | 寅 | 卯 | 辰 | 巳 | 午 | 未 |
| 乙 | 酉 | 申 | 未 | 午 | 巳 | 辰 | 卯 | 寅 | 丑 | 子 | 亥 | 戌 |
| 丙 | 亥 | 子 | 丑 | 寅 | 卯 | 辰 | 巳 | 午 | 未 | 申 | 酉 | 戌 |
| 丁 | 子 | 亥 | 戌 | 酉 | 申 | 未 | 午 | 巳 | 辰 | 卯 | 寅 | 丑 |
| 戊 | 亥 | 子 | 丑 | 寅 | 卯 | 辰 | 巳 | 午 | 未 | 申 | 酉 | 戌 |
| 己 | 子 | 亥 | 戌 | 酉 | 申 | 未 | 午 | 巳 | 辰 | 卯 | 寅 | 丑 |
| 庚 | 寅 | 卯 | 辰 | 巳 | 午 | 未 | 申 | 酉 | 戌 | 亥 | 子 | 丑 |
| 辛 | 卯 | 寅 | 丑 | 子 | 亥 | 戌 | 酉 | 申 | 未 | 午 | 巳 | 辰 |
| 壬 | 巳 | 午 | 未 | 申 | 酉 | 戌 | 亥 | 子 | 丑 | 寅 | 卯 | 辰 |
| 癸 | 午 | 巳 | 辰 | 卯 | 寅 | 丑 | 子 | 亥 | 戌 | 酉 | 申 | 未 |

그러나 음양은 오행(五行)이지 십행(十行)이 아니며, 음양은 동생
동사(同生同死)하므로 기를 음양으로 나누는 것은 불가(不可)하다
라는 말도 있으므로 참고해야 한다. 오행 중에서 특히 무기토(戊己
土)는 병정화(丙丁火)에 기생하여 병정화(丙丁火)와 같은 운성(運
星)배열을 하고 있는데 그 이유는 화(火)가 왕(旺)하는 사오미(巳
午未)에 무기토(戊己土)가 암장되어 왕기(旺氣)를 띠고 있으며 또
한 화기(火氣)에 의해 생왕(生旺)되기 때문이다.

## 2. 지장간(地藏干)

### 1) 장간분야(藏干分野)

우주 삼라만상의 작용에는 세가지의 근원(根源)이 있으니 그것이
삼원(三元)이다. 삼원은 천원(天元), 지원(地元), 인원(人元)으로
간(干)은 천원(天元)이 되고, 지(支)는 지원(地元)이 되며, 지(支)
중에 소장되어 있는 것이 인원(人元)이다. 여기에서 인(人)이라 함
은 만물(萬物)을 뜻한다.

다시 말하면 간(干)은 하늘을 상징하고, 지(支)는 땅을 상징하는
데, 대지가 만물을 성장(成長)시키고 결실(結實)을 맺게 하는 것은
땅이 하늘의 기(氣)를 받아들였기 때문이다. 그러므로 땅의 상징인
지(支) 속에는 하늘의 상징인 간(干)이 포함되어 있다. 이것이 지
장간(地藏干)이다.

지지(地支)에는 각지(各支)마다 2개 내지 4개까지의 간(干)을 보유하고 있는데 이들 장간(藏干)은 월(月)의 심천(深淺)에 따라 사령(司令)하여 기세(氣勢)를 발하게 된다. 장간은 여기(餘氣), 중기(中氣), 정기(正氣)로 삼분된다. 여기(餘氣)는 전지(前支)의 오행의 기(氣)이다. 지(支)의 절기(節氣)는 변하였으나 앞 절기의 오행(五行)이 아직도 영향력을 행사하고 있음을 의미한다.

중기(中氣)는 여기(餘氣)부터 정기(正氣)에 이르는 중간의 기(氣)로서 그 월지(月支)가 삼합(三合)하여 다른 오행으로 변(變)한 즉 월지(月支)의 삼합(三合) 화오행(化五行)의 기(氣)이다. 정기(正氣)는 본기(本氣)로서 그 지(支)가 보유하고 있는 오행과 동일(同一)한 간오행이며 장간(藏干) 중에서 사령(司令)하는 기간이 가장 길다.

장간(藏干)의 사령(司令)하는 기간은 본기(本氣)인 정기(正氣)가 가장 길지만 오행마다 다르다. 각지에서 장간(藏干)이 사령(司令)하는 구간을 장간분야(藏干分野)라고 하는데 다음과 같다.

예를 들어 정월인 인월(寅月)의 경우를 보면 입춘(立春) 후 7일간은 축월(丑月)의 본기(本氣)인 무토(戊土)가 사령을 한다. 인(寅)월은 축(丑)월의 계속월로서 축토 본기(本氣)가 넘어온 것인데, 인(寅)월은 양월(陽月)이므로 축월의 본기인 기토(己土)가 양(陽)을 따라 무토(戊土)로 변화한 것이다.

인(寅)월 중기인 7일 간은 병화(丙火)가 사령(司令)을 하는데 병

## 藏干分野表

| 地支 | 餘氣 | 中氣 | 正氣 |
|------|------|------|------|
| 子 | 壬 10일 | | 癸 20일 |
| 丑 | 癸 9일 | 辛 3일 | 己 18일 |
| 寅 | 戊 7일 | 丙 7일 | 甲 16일 |
| 卯 | 甲 10일 | | 乙 20일 |
| 辰 | 乙 9일 | 癸 3일 | 戊 18일 |
| 巳 | 戊 7일 | 庚 7일 | 丙 16일 |
| 午 | 丙 10일 | 己 9일 | 丁 11일 |
| 未 | 丁 9일 | 乙 3일 | 己 18일 |
| 申 | 戊 7일 | 壬 7일 | 庚 16일 |
| 酉 | 庚 10일 | | 辛 20일 |
| 戌 | 辛 9일 | 丁 3일 | 戊 18일 |
| 亥 | 戊 7일 | 甲 7일 | 壬 16일 |

화(丙火)는 월지(인)의 삼합(三合) 화(化)5행이 된다. 즉 인(寅)이 오술(午戌)과 합하면 병화(丙火)가 된다. 나머지 16일은 월지 인(寅)의 본기인 갑목(甲木)이 사령을 한다. 본기인 정기(正氣)의 기간이 가장 길므로 일반적으로 인(寅)을 갑목(甲木)이라고 하는 것이다.

장간분야(藏干分野)는 인신사해(寅申巳亥)의 장생지(長生地)와 자오묘유(子午卯酉)의 전왕지(專旺地) 그리고 진술축미(辰戌丑未)의 묘고지(墓庫地)에 따라 분류하면 다음과 같다.

|  | 餘氣 | 中氣 | 正氣 |
|---|---|---|---|
| 子午卯酉 | 10일 | | 20일 |
| 寅申巳亥 | 7일 | 7일 | 16일 |
| 辰戌丑未 | 9일 | 3일 | 18일 |

자오묘유(子午卯酉)는 전왕지(專旺地)로서 잡기(雜氣)가 섞이지 않은 지지인데 오화(午火)만이 중기(中氣)에 기토(己土)가 있다. 그 이유는 화(火)와 토(土)는 원래 동근(同根)으로 토가 화에 의지하고 화가 토에 의지하기 때문이다.

장간(藏干)은 사령(司令)하는 기간에 한하여 각각 그 기세(氣勢)를 발하게 되는데 진술축미(辰戌丑未)의 중기(中氣)는 미약하나마 한달동안 계속하여 작용한다고 본다. 중기(中氣)로서의 진술축미는 3일에 불과하지만 오기(五氣)의 남은 기운을 저장하는 묘고(墓庫)이기 때문이다. 진토(辰土)는 중기에 계수(癸水)를 3일동안 가지고 있지만 연중 습토(濕土)의 기능을 하며, 술토는 정화(丁火)를 암장하여 조토(燥土)가 되기 때문이다.

## 2) 장간(藏干)의 작용(作用)

천간은 우주(宇宙)에서 흐르는 기(氣)이므로 동적(動的)이고, 지지에 숨어 있는 장간(藏干)은 고요하게 쓰일 때를 기다리고 있으므로 정적(靜的)이다. 지지의 장간(藏干)은 쓰일 때를 기다리므로 천간에 투출(透出)하면 작용이 클 것이다. 그러므로 천간은 지지에 통근(通根)해야 좋고, 지장간은 천간에 투출(透出)해야 귀하게 된다.

천간이 지지에 통근(通根)한다는 것은 천간이 지지의 인원(人元) 중에서 동기(同氣)를 얻음이니, 나무가 마치 땅속에 뿌리를 단단하게 내린 것과 같다. 반면에 통근하지 못한 천간은 뿌리 없는 나무와 같아서 무기(無氣) 청고(淸枯)하여 생기(生氣)가 없다. 흔히 뿌리 없는 사람을 근본(根本)이 없다고 하여 업수히 여기는 것은 그 때문이다.

적천수(滴天髓)에서는 '천전일기(天全一氣)는 지지에 통근(通根)해야 하고, 지전삼물(地全三物)은 천간에 투출(透出)하지 않으면 아니 된다' 라고 하였다. 천전일기(天全一氣)는 천간이 한가지 오행으로 되어 있는 사주를 말하는데, 만일 사주가 4신묘(辛卯) 또는 4병신(丙申)으로 되어 있다면 천전일기에 해당된다. 그러나 지지에 통근(通根)하지 않았으므로 귀하게 되지 못한다. 위에서 지전삼물(地全三物)은 지장간(地藏干)을 의미한다.

천간(天干)에 투출하지 않은 장간(藏干)은 깊이 숨어 있는 것이므로 홀로 발현(發顯)하기 어렵다. 그러므로 투출하지 않은 장간(藏干)이 용신(用神)인 사람은 순발력이 부족(不足)하여 두뇌회전이나 행동이 신속 명쾌하지 못하므로 대개 대기만성(大器晩成)인 경우가 많다.

지지(地支)는 고요하게 쓰일 때를 기다리고 있지만 지지에서 회합(會合)하여 국(局)을 이루면 세력이 강(强)해져서 능히 쓸 수가 있다. 그러므로 행운(行運)에 의하여 지지가 삼합(三合)을 이루면 운명(運命)의 작용(作用)이 반드시 있게 된다. 또한 지지가 충(沖)이 되면 지지 속의 장간(藏干)이 서로 동요(動搖)하고 파극(破克)되니 운명의 작용이 있게 된다.

# 제6장. 간지론(干支論) Ⅱ

## 1. 천간론(天干論)

하늘에는 하나의 기(氣)가 있는데 이것이 음양(陰陽)으로 나뉘고, 음양이 사상(四象)으로 나뉘어서 목화토금수(木火土金水)의 5행이 생겼다. 천간(天干)은 오행이 하늘에서 흐르는 기(氣)다. 음양(陰陽)이 있고 나서 오행(五行)이 생긴 것이니 어떤 오행이든 음양이 존재한다. 기(氣)를 가지고 논한다면, 오행 중의 양(陽)이 왕(旺)하고, 질(質)을 가지고 논한다면, 오행 중의 음(陰)이 더욱 견고(堅固)하다.

일반적으로 오행 중의 목(木)은 생명체(生命體)를 의미하고, 화(火)는 만물을 성장시키는 성장력(成長力)이며, 수(水)는 생명을 잉태(孕胎)하고, 금(金)은 생명을 억제(抑制)하여 결실(結實)을 맺게 하고, 토(土)는 바탕을 이룬다.

오행의 기(氣)를 비유하여 형상화(形象化)하면 다음과 같다.

갑목(甲木)은 대림(大林)과 같고, 을목(乙木)은 초목(草木)과 같으며, 병화(丙火)는 태양(太陽)과 같은 왕화(旺火)이고, 정화(丁火)는 등촉(燈燭)과 같다. 무토(戊土)는 성원(城垣)의 토이고, 기토(己土)는 전원(田園)의 토이며, 경금(庚金)은 검극(劍戟)이요, 신금(辛金)은 주옥(珠玉)과 같다. 임수(壬水)는 강호(江湖)의 물이며, 계수(癸水)는 우로(雨露)와 같다.

간(干)의 오양(五陽) 중에서 병화(丙火)가 으뜸이고, 오음(五陰) 중에서 가장 음적인 것은 계수(癸水)이다.

## 1) 양간(陽干)과 음간(陰干)

오행 중에서 갑(甲), 병(丙), 무(戊), 경(庚), 임(壬)은 양간(陽干)이고, 을(乙), 정(丁), 기(己), 신(辛), 계(癸)는 음간(陰干)이다. 갑을(甲乙)은 동일한 목(木)이고, 병정(丙丁)은 동일한 화(火)이다. 갑을(甲乙)은 목이라는 오행이 하늘에서 음양(陰陽)으로 나뉜 것이다. 갑(甲)은 양화(陽和)의 기(氣)로서 그 기세를 뻗치는 속성이 있고, 을(乙)은 생기(生氣)로서 초목(草木)의 싹과 같다. 같은 목이지만 그 성질은 이처럼 판이하다.

적천수(滴天髓)에서는 '오양간(五陽干)은 기(氣)를 좇을 뿐 세(勢)를 좇지 않고, 오음간(五陰干)은 세(勢)를 좇아 정의(情義)가 없다'라고 하였다. 양간(陽干)은 군자와 같아서 양강(陽剛)한 성품이므로 세력(勢力)을 좇지 않으며, 음간(陰干)은 유약(柔弱)하여 어떠한 세력이 편승(偏勝)해 있으면 그 세력을 좇는다는 것이다.

즉 양간(陽干)은 성질이 강(强)하고, 독립적인 성질을 갖고 있으므로 본기(本氣)가 사절지(死絶地)에 이르지 않으면 타(他)에 복종하지 아니한다. 만일 사절(死絶)지에 이르더라도 인수(印綬)를 만나면 상생(相生)되어 절처봉생(絶處逢生)하게 되니 역시 남을 따르지 않는다. 결국 양간(陽干)은 남성(男性)과 같아서 자기의 처지가 아무리 어렵고 힘들어도, 자기의 의지(意志)로 노력분투(努力奮鬪)하여 곤경(困境)을 헤쳐나가지, 쉽게 다른 세력을 따르지 아니한다.

음간(陰干)은 이와 반대로 그 성질이 여성적(女性的)이어서 유약(柔弱)하고 독립성이 없다. 만일 음간(陰干)의 뿌리가 튼튼하지 못하다면 자기의 본질(本質)을 버리고 특정 세력에 편승(便乘)하는데 예를 들면 관살(官殺)의 세력이 강하면 그 세력에 따르고, 재(財)가 많아서 강하면 그 세력을 좇아서 종(從)한다.

그러나 이러한 경우는 음간(陰干)이 지지에 통근(通根)하지 못하여(통근했다 하더라도 미약한 경우) 신약(身弱)한 경우이며, 약간의 뿌리만 있으면 일반적으로는 종(從)하지 않는다.

이와 같이 양간(陽干)은 자존(自存) 독립성(獨立性)이 있는 반면에 음간(陰干)은 자존 독립성이 없고, 양간은 성질이 강(强)한 반면에 음간은 성질이 유약(柔弱)하다.

## 2) 갑목참천(甲木參天)

갑목은 대림목(大林木)으로 하늘을 찌르는 기세(氣勢)가 있다. 초춘(初春)에는 싹이 연약하고 기후가 차니 화(火)를 얻으면 발영(發榮)하고, 중춘(仲春)에는 목(木)의 기세가 극왕하니 화(火)로서 설(洩)해야 한다. 그러므로 목(木)이 성장하기 위해서는 화(火)가 필요하다.

초춘(初春)에는 나무의 싹이 연약하므로 금(金)으로 극함이 불의(不宜)하고, 중춘(仲春)에는 쇠금(衰金)으로 왕목(旺木)을 극(剋)하면 목이 견고하여 금(金)이 이그러지므로 봄에는 금(金)을 불용(不容)하는 것이다.

여름에 생하여 화기(火氣)가 치열하면 목(木)이 타게 된다. 이런 경우에 진토(辰土)가 있으면 좋은데 그 이유는 진토(辰土)는 습토(濕土)로서 목(木)을 배양(培養)하고 화기(火氣)를 흡수하여 설(洩)하기 때문이다.

겨울에 생하여 지지에 수기(水氣)가 많아 물이 범람하면 부목(浮木)이 된다. 이 때에는 인(寅)이 있으면 좋은데 그 이유는 인(寅)은 목(木)이 녹왕(祿旺)하는 지지이면서 화토(火土)가 저장되어 있어서, 수기(水氣)를 빨아들이는 동시에 나무가 물위에 뜨는 것을 방지하기 때문이다.

가을에는 목기(木氣)가 휴수(休囚)하고 금(金)이 당령(當令)한다. 토(土)는 금(金)을 생하게 되어 허(虛)해지므로 목(木)을 배양하지 못한다. 그러므로 토(土)를 불용(不容)하게 된다.

갑목은 참천(參天)이라 지기가 윤습(潤濕)하고 천기(天氣)가 온화(溫和)하면 천추(千秋)에 크게 자랄 것이다. 왕목(旺木)은 금(金)으로 쓰는 것보다는 화(火)를 써서 설기(洩氣)하는 것이 순세(順勢)되어 더욱 길하다.

## 3) 을목유약(乙木柔弱)

을목은 초목(草木)과 같아 유약(柔弱)하다. 그러나 축(丑)미(未)(12. 6)월을 만나도 뿌리를 내릴 수 있는데 그 이유는 미(未)는 목고(木庫)이고, 축(丑)은 습토(濕土)로서 을목(乙木)의 뿌리를 배양(培養)할 수 있기 때문이다.

가을(申酉월)에는 금(金)이 왕하므로, 천간(天干)에 병정(丙丁)화가 있어야 한다. 이렇게 되면 금왕(金旺)함을 두려워 하지 않는다.

겨울(亥子월)에는 수왕목부(水旺木浮)(수가 많으면 나무가 뜬다)이니 비록 지지에 오(午)가 있다 하더라도 생기(生氣)를 얻기가 어렵다. 만일 천간에 갑목(甲木)이 있든지, 지지에 인(寅)이 있으면 보호가 되어, 사계(四季)를 막론하고 태약(太弱)하지 않다. 이것을 등라계갑(藤蘿繫甲)이라고 한다.

## 4) 병화맹렬(丙火猛烈)

병화는 태양(太陽)의 정기(精氣)로 오양 중의 으뜸이다. 눈과 서리를 녹여버리고 수(水)의 극(剋)함을 두려워 하지 않는다. 경금(庚金)이 비록 군세지만 능히 녹여서 단련할 수 있다.

신금(辛金)은 연약(軟弱)하지만 병화가 오히려 두려워한다. 그 이유는 병신(丙辛)이 합하면 수(水)가 되어 병화가 약(弱)해지기 때문이다.

임수(壬水)를 보면 태양이 작렬(炸裂)한 중에 소낙비를 만나는 격이니 맹렬한 태양의 빛이 더욱 반짝이며 빛이 난다. 계수(癸水)를 만나면 서리와 눈이 태양을 본 것과 같다. 그러므로 병화는 수(水)의 극(剋)을 두려워하지 않고 수(水)를 만날수록 그 강렬한 속성을 잘 드러내게 된다.

토(土)를 보면 화(火)의 열기가 토를 건조(乾燥)시키므로 화(火)의 기운이 진멸(盡滅)하게 된다. 그러므로 토가 능히 화를 어둡게 한다. 기토(己土)는 그래도 덜한 편이나 무토(戊土)는 더욱 꺼린다.

춘하(春夏)에 생하여 지지로 인오술(寅午戌) 화국(火局)이 되고 갑목(甲木)이 투출하면 화왕(火旺)하여 스스로 타버린다.

## 5) 정화불궁(丁火不窮)

정화는 등잔불이나 화롯불에 해당한다. 정화의 속성은 양(陽) 중의 음(陰)이므로, 안은 음(陰)이고 밖은 양(陽)이다. 비록 유약(柔弱)하지만 내성은 밝게 비춘다. 그러므로 정화는 용금(鎔金)(금을 녹이는 것)의 기능을 지닌다. 금(金)을 녹이는 데는 병화보다 정화(丁火)가 오히려 용이하다. 그러나 화광(火光)이 유약(柔弱)하여 천지(天地)를 향양(向陽)케 할 때에는 병화(丙火)에 미치지 못하고, 습목(濕木, 을묘목)이 왕하면 도리어 꺼지고 만다.

그러므로 한동(寒冬)에 조후를 써야 하는데 병화(丙火)가 없어 정화(丁火)로 대신 쓴다거나, 금왕(金旺)하여 용금(鎔金)하는데 정화 대신 병화를 쓴다면 혹 유부(有富)나 무귀(無貴)하게 된다.

정화는 비록 득시(得時)하고 당왕(當旺)하여 왕성할지라도 치열함에 이르지 않고, 실시(失時)하여 쇠약(衰弱)하다고 해도 꺼지지 않는다. 왜냐하면 유(酉)는 화(火)의 사지(死地)이지만 정화(丁火)는 유(酉)에서 장생(長生)하기 때문이다.

천간에 갑을(甲乙)이 투출하면 가을에 생했어도 금(金)을 두려워하지 않고, 지지에서 인묘(寅卯)를 가지고 있으면 겨울에 수(水)가 왕하여도 수(水)를 꺼리지 않는다.

병정화(丙丁火)가 조토(燥土 : 戊.未戌)를 보면 화염토조(火炎土燥)하여 생기(生氣)를 잃게 되나, 습토(濕土 : 己.丑辰)를 보면 정령(精靈)을 누설하여 회화무광(晦火無光)케 된다.

## 6) 무토고중(戊土固重)

무토는 광야(廣野)의 토로 견고(堅固)하고 무게가 있다. 중앙(中央)에 위치하여 중용지도(中庸之道)를 이루며 중정(中正)을 지키니 중후(重厚)의 기상이다.

무토는 만물의 사령(司令)이며 오행의 원기(元氣)인 바 모든 생물이 토(土)를 의지하지 않고는 생성(生成)할 수 없다. 무토는 높고 굳은 흙이니 봄, 여름에는 물이 있어 지기(地氣)가 윤습(潤濕)하면 만물이 생장(生長)할 것이며, 메마르게 되면 만물은 고사(枯死)하게 된다.

가을과 겨울에는 물이 많아 지기(地氣)가 과습(過濕)하므로 화기(火氣)로서 온난하게 하면 만물이 잘 성숙할 것이다. 지기(地氣)가 과습(過濕)하면 만물이 병(病)들게 된다.

토(土)는 인(寅)과 신(申)에 기생하면서 사해(巳亥)에 녹(祿)을 얻게 되는데 인신(寅申)상충(相沖)이 있으면 불길하다. 왜냐하면 토의 장생지(長生地)가 파손되기 때문이다.

무토는 광야의 토(土)라 갑목(甲木)으로 개간해 줌을 기뻐하고, 수(水)의 범람을 제방(堤防)하는 공(功)이 있다.

## 7) 기토비습(己土卑濕)

기토는 전원(田園)의 토이니 유약(柔弱)하고 비습(卑濕)하다. 비습(卑濕)하므로 나무의 뿌리를 배양(培養)할 수있고, 설화(洩火, 화의 기운을 누설시키는 것)할 수 있으며, 생금(生金)의 기능이 있다.

갑목(甲木)을 만나면 합하여 유정(有情)하므로 목(木)의 왕(旺)함을 근심하지 않으며, 진흙과 같으니 물을 만나면 받아들여 저장(貯藏)하므로 수왕(水旺)함을 두려워하지 않으나, 지수(止水)의 공은 없다.

화기(火氣)를 설하여 회화(晦火)하기에 화(火)가 적으면 화의 광채(光彩)를 잃게 한다. 금(金)을 윤택하게 하고 생금(生金)하는 까닭에 금이 많으면 빛을 발하게 된다.

만물을 자양(滋養)하게 하고 성장시키려면 병화(丙火)가 기토(己土) 의 비습(卑濕)한 기운을 제거하고, 무토(戊土)가 그 생장력(生長力)을 도와야 한다.

기토는 특히 병화(丙火)를 좋아하고, 향양(向陽)을 좋아한다.

## 8) 경금대살(庚金帶殺)

경금은 서방(西方)의 숙살지기(肅殺之氣)로서 강건한 창검에 비유된다. 습토(濕土)에 의지하여 수원(水源)의 기능을 가지나 조토(燥土)를 만나면 도리어 부스러진다.

임수(壬水)를 만나면 그 강건(剛健)한 성질을 설(洩)하여 기(氣)가 유통되니 청(淸)하게 된다. 정화(丁火)는 강건하지만 무딘 경금을 연단(鍊鍛)하여 예리(銳利)하게 하여 준다. 그러므로 경금은 정화(丁火)를 만나 용금(鎔金)됨을 기뻐한다.

춘하(春夏)의 경금이 진(辰)이나 축(丑)같은 습토(濕土)를 만나면 생조를 받지만, 술미(戌未) 같은 조토(燥土)를 만나면 조열(燥熱)하므로 경금을 무르게 한다.

갑목(甲木)이 비록 굳세지만 작벌(斫伐)하여 재목(材木)을 만들며, 을목(乙木)은 비록 유(柔)하나 합이 되니 유정(有情)하다. 하절(夏節)에 생하면 윤습(潤濕)함이 필요하고 동절(冬節)에 생하면 온난(溫暖)함이 필요하다.

## 9) 신금연약(辛金軟弱)

신금은 금은(金銀)이나 주옥(珠玉)과 같은 연금(軟金)에 비유된다. 신금은 연금이므로 억제(抑制)됨(단련하는 것)을 싫어하고, 수기유행(秀氣流行) 즉 설기(洩氣)됨을 좋아한다. 그러므로 신금이 왕하면 화(火)로 억제하는 것보다는 임수(壬水)로 수기유행(秀氣流行)함이 좋은데 신금은 임수(壬水)가 있으면 청광(淸光)을 발휘하여 귀(貴)하게 된다.

토(특히 무토)가 많으면 물이 고갈되고 금(金)이 묻히게 되어, 토(土)가 많음을 두려워 한다. 임수(壬水)가 많으면 흙을 윤택(潤澤)하게 하면서 금(金)을 씻어 주므로, 임수(壬水)를 좋아한다. 신금은 단련(鍛鍊)되어 완성된 하나의 용기(容器)이므로 임수로 씻어 줌을 기뻐한다.

여름에 나면 국세(局勢)가 조열(燥熱)하니, 습(濕)한 기토(己土)가 있으면 화기(火氣)를 잠재우면서 금(金)을 생하게 한다. 한랭(寒冷)하면 정화(丁火)를 기뻐한다.

## 10) 임수통하(壬水通河)

임수는 강이나 바다의 수(水)로 양강(陽剛)하다. 열화(熱火)를 해소하고 경신(庚辛)금을 씻어 청광(淸光)을 발하게 한다. 북방(北方)의 수(水)로 태음(太陰)에 속하며 성정은 지(智)로서 지혜총명의 상이다. 왕(旺)하거나 금한수냉(金寒水冷)하여 편고(偏枯)하면 이색(利色)을 탐하는 경우가 있다.

수(水)의 성질은 두루 흘러서 막힘이 없으니 강(剛)한 가운데 덕(德)을 지니고 있다. 지지에 수국(水局)이 있고 계수(癸水)가 천간에 투출하면, 물이 범람하여 비록 무기토(戊己土)가 있어도 그 흐름을 막지 못한다. 이렇게 되면 왕(旺)한 기운을 거슬리는 것보다 순기(順氣)하여 목(木)으로 설기(洩氣)하는 것이 길(吉)하다. 왕수(旺水)는 토(土)를 만나 제방(堤防)을 해야 길하고, 정화(丁火)를 만나서 합(合)하는 것도 길하다.

임수는 도도히 흐르는 통하(通河)이므로 수원(水源: 경신금)을 겸비하고, 제방(戊土)에 따라 범람치 아니하고, 태양의 병화(丙火)로 따뜻함을 얻으면 크게 발영(發榮)하게 된다.

## 11) 계수지약(癸水至弱)

계수는 우로(雨露), 안개 등의 수(水)인데, 우로(雨露)의 습윤(濕潤)한 것이 기(氣)로 화(化)하여 다시 강호(江湖)가 된 것이 임수(壬水)이다.

계수는 음(陰) 중의 음(陰)으로 오음간(五陰干) 가운데서 가장 음(陰)하며, 발원(發源)하는 곳은 비록 길지만, 그 성질은 고요하고 지극히 약(弱)하다. 약(弱)하므로 뿌리인 금(金)은 언제나 있는 것이 좋다.

열화(熱火)를 만나면 증발되기 쉬우며, 무토(戊土)를 만나면 무계(戊癸) 합화(合火)가 되어 또한 증발하기 쉽다. 안개나 구름같은 수(水)이므로 병화(丙火)의 빛을 가리지만, 만물을 자윤(滋潤)하고 자양(滋養)하는 기능을 지니고 있다.

# 2. 지지론(地支論)

지지 중에서 자(子)인(寅)진(辰)오(午)신(申)술(戌)은 양지(陽支)이고 축(丑)묘(卯)사(巳)미(未)유(酉)해(亥)는 음지(陰支)이다. 간과 지를 통틀어서 말하면 간(干)은 양(陽)이고 지(支)는 음(陰)이며, 간(干)은 하늘이고 지(支)는 땅이다.

간(干)은 성질이 단순하나, 지(支)는 성질이 복잡하다. 간(干)은 밖으로 그 한가지의 질(質)을 나타내어 길흉의 작용을 하므로 간단하나, 지(支)는 그 속에 길흉의 암신(暗神)을 간직하여 얼핏 보아서는 그 화복(禍福)을 판단하기 어렵다.

천간은 동(動)함이 강하고, 지(支)는 오로지 정(靜)하다. 지지(地支) 속에 감추어져 있는 천간(天干)은 고요하게 쓰일 때를 기다리고 있다. 그러므로 지장간이 천간에 투출(透出)하면 청수(淸秀)해져서 족히 쓸 수가 있고, 또한 지지에서 회합(會合)하여 국(局)을 이루면 세력이 강(强)해져서 능히 쓸 수 있다.

지지는 천간의 생지(生地)이고 천간은 지지의 발용(發用)이다.

12지지를 형상화(形象化)하면 다음과 같다.

신(申)은 생수(生水)　　인(寅)은 생화(生火)

자(子)는 유수(流水)　　오(午)는 중화(中火)(중천에 떠 있는 화)

진(辰)은 장수(藏水)　　술(戌)은 노을(저녁에 지는 화)


사(巳)는 연금(煉金)　　해(亥)는 돋해(돋는 해, 물 속에 잠긴 목)

유(酉)는 옥금(玉金)　　묘(卯)는 묘목(苗木)

축(丑)은 폐철(廢鐵)　　미(未)는 휴목(休木)


## 1) 인신사해(寅申巳亥)

12지지 중에서 인신사해(寅申巳亥)는 12운성 중의 장생지(長生地)이다. 나무로 비유하면 이제 막 싹이 난 묘목(卯木)에 해당하므로 충동(沖動)을 꺼린다.

인(寅)은 입춘이 지난 정월(正月)의 생화(生火)로서 화와 토가 장생(長生)하는 곳이다. 일양(一陽)이 동지(冬至)에서 시생(始生) 된다고 하나, 실제로 화기(火氣)가 발하게 되는 때는 입춘(立春) 후(後)라고 할 것이니 이로서 인(寅)목은 병화(丙火)를 암장하여 화(火)의 장생(長生)이 되는 것이다.

사(巳)는 남동(南東)쪽에 위치하여 화기(火氣)가 치열할 때이다. 밖으로는 화기가 그득한 중에 내부에는 경금(庚金)이라는 둔탁한 금(金)이 있어 금을 녹이고 있다. 그러므로 사화(巳火)를 연금(煉 金)이라고 한다.

사월(四月)은 화왕(火旺)하기 시작하고 또 금(金)이 진기(進氣) 하기 시작할 때이니 사(巳) 중에 경금(庚金)을 암장하여 경금(庚 金)의 장생(長生)이 된다.

신(申)은 서남방(西南方)에 위치하여 화기(火氣)가 물러가고 금 수(金水)가 발하기 시작하는 때이다. 신(申)은 가을의 시작이므로 경금(庚金)의 녹(祿)이 되고, 수기(水氣)가 진기(進氣)하기 시작하 는 때이므로 임수(壬水)의 장생지(長生地)가 된다. 따라서 신금(申 金)을 생수(生水)라고 한다.

해(亥)는 시월의 한기(寒氣)가 시작되는 때로 하늘의 기(氣)가 열린다고 하여 돋해(돋는해)라고 한다. 음(陰)이 극왕(極旺)하면 양(陽)이 생(生)하므로, 자월(子月)의 중기인 동지(冬至)에서 일양 (一陽)이 시생(始生)한다고 한다. 그러나 원래 양(陽)의 기틀은 하늘의 기(氣)가 열리는 시월 상달인 해(亥)에서 일어난다. 그러므로 해수(亥水)의 체(體)는 음(陰)이나, 본질은 임수(壬水)로 양(陽)이 되니 이에 시월을 상(上)달이라고 한다.

갑을(甲乙)목의 생기(生氣)도 하늘의 기(氣)가 열리는 시월의 해(亥)에서 일어난다. 그러므로 해(亥)가 갑목(甲木)의 장생지(長生地)가 되는 것이며, 해(亥)를 물 속에 잠긴 목(木)이라고도 하는 것이다.

인신사해(寅申巳亥)는 바로 그 방위와 계절이 시작되는 지지이다. 시작을 맞는 준비를 하느라 바쁘고 분주하다. 그래서 신살(神殺)로는 역마(驛馬). 지살(地殺)이라고 한다. 또한 주관이 되고 중심이 되는 자오묘유(子午卯酉)를 위하여 노력하고 봉사한다. 마치 제왕(帝王)을 보필하는 장수와 같다. 그러므로 인신사해는 강인(强忍)하고 근성(根性)이 있다.

봄은 인묘진(寅卯辰) 석달인데 인(寅)이 봄을 대표한다. 봄을 대표하는 우두머리가 인(寅)이며, 인(寅)은 만물을 대표하니 자존심(自尊心)이 강하다. 사(巳)는 여름의 시작이고 신(申)은 가을의 시작이며 해(亥)는 겨울의 시작이다. 시작이니 분주(奔走)하고 처음 부딪치니 투쟁적이고 미래지향(未來指向)적이다.

## 2) 자오묘유(子午卯酉)

자오묘유의 지(支)에는 본기(本氣)만이 들어 있다고 하여 전기

(專氣), 또는 정기(正氣)라고 한다. 자(子)는 수(水), 묘(卯)는 목(木), 유(酉)는 금(金)만이 내장되어 있는데 오직 오(午)에만 본기(本氣)인 정화(丁火) 이외에 기토(己土)가 있다. 그것은 원래 토(土)는 장생지(長生地)가 없어서 화(火)에 의탁하여 살기 때문이다.

묘(卯)는 2월로 정동(正東)이며, 오(午)는 정남(正南), 유(酉)는 정서(正西) 그리고 자(子)는 정북(正北)이다. 계절 중에서 완연한 계절이므로 그 계절을 주관(主管)한다. 만일 인생으로 비유하면 인신사해(寅申巳亥)가 어린애과 같은 유년기(幼年期)라면, 자오묘유(子午卯酉)는 성장하여 가장 역동적(力動的)으로 활동하는 장년기(長年期)라고 할 수 있다.

각 계절 중에서 중심(中心)이 되고 완전(完全)한 계절이므로, 고려시대나 조선시대에 이 네 지지에 해당되던 해에 과거시험을 보았다. 네(四) 해마다 과거시험이 있다고 하여 식년(式年)이라고 한 것이다.

신살(神殺)로 자오묘유(子午卯酉)는 도화살(桃花殺), 함지살(咸池殺)에 해당한다. 일반적으로 도화살을 흉살(凶殺)로 알지만, 도화(桃花)는 인간의 가장 원초적(原初的)인 본능(本能)을 발휘하는 능력이다. 그러므로 도화가 있는 사람은 생명(生命)에 혼(魂)이 있는 사람이며, 끼(氣)가 있는 사람이다.

## 3) 진술축미(辰戌丑未)

대자연은 생장소멸(生長消滅)의 법칙에 의하여 그 질서가 유지된다. 성장하여 극왕(極旺)한 상태에 이르면 동시에 쇠(衰)하여 멸(滅)하여 진다. 진술축미(辰戌丑未)는 오행의 12운성 중에서 입묘(入墓)의 단계를 말한다. 그러므로 사고(四庫), 사묘고(四墓庫)라고 한다.

이 네 지지는 계절의 마지막으로 계절의 기(氣)를 저장(貯藏)하여 지키는 작용을 한다. 목(木)은 미(未)에서, 화(火)는 술(戌)에서, 토(土)는 화와 같은 술(戌)에서 그리고 수(水)는 진(辰)에서, 금(金)은 축(丑)에서 입묘(入墓)되어 저장되는 것이다.

묘고(墓庫)인 진술축미(辰戌丑未)는 오행상 모두 토(土)이다. 사람이 죽으면 흙으로 가는 것에 합당하다. 토(土)는 만물의 근본(根本)이며 토(土) 속에는 생장멸(生長滅)의 혼(魂)이 들어 있다. 그러므로 토(土)는 인(仁)이며 중용(中庸)의 도를 지키는 것이다.

## 3. 간전(干戰)과 지전(地戰)

간전(干戰)은 천간끼리의 충(沖)이니 갑경(甲庚), 을신(乙辛), 병임(丙壬), 정계(丁癸)의 상전(相戰)을 말한다. 천간(天干)의 충은 밖에 드러난 것이므로 다른 간(干)이 중재(仲裁)하여 화해(和解)할 수 있으며, 화해(和解)의 신이 없을 때에는 극(剋)하는 간(干)

을 다른 간(干)으로 제지(制止)하면 역시 충이 해소(解消)된다. 그러므로 천간의 충은 단순(單純)하고 경(輕)하다.

지전(支戰)은 지지상충(地支相沖)을 의미하는데 천간에 비하여 복잡하고 중(重)하다. 땅 속에 숨어 있으므로 드러나지 않고, 하나의 지지(地支)에 여러 개의 천간(天干)이 있기 때문이다.

지(支)는 간(干)의 뿌리가 되고, 간(干)은 지(支)의 싹이다. 싹에 결함이 있어도 뿌리가 손상(損傷)되지 않으면 언젠가는 싹이 다시 돋아날 것이지만, 뿌리에 이상이 있으면 싹은 마르고 고사(枯死)할 것이다. 그러므로 천간충(天干沖)은 지지가 모여서 합력(合力)하면 그 싸움을 말릴 수 있지만, 지지전(地支戰)은 간(干)으로서는 말릴 수 없다.

# 제7장. 육신론(六神論)

육신은 오행(五行)의 전환된 표현으로, 광범하고 복잡 다단한 인간사를 더 포괄적이고, 구체적으로 나타내고자 하는 시도이다. 즉 일간(日干)을 각주의 간지(干支)와 대조하여 그 사이에서 일어나는 운명(運命)에 대한 작용을 성명(星名)으로 추상(抽象)한 것이다.

육신이란 비견(比肩), 겁재(劫財), 편인(偏印), 인수(印綬), 정재(正財), 편재(偏財), 정관(正官), 편관(偏官), 식신(食神), 상관(傷官)이다. 모두 십신(十神)이지만 이 중에서 인수와 편인을 합하여 인성(印星), 정재와 편재를 합하여 재성(財星)으로 하고 비견과 겁재를 제외한 것이다. 그 이유는 비견(比肩)과 겁재(劫財)는 일간과 동일(同一)한 오행으로 격(格)을 이루지 못하고, 인성(印星)의 인수와 편인, 재성(財星)의 정재와 편재는 작용이 같기 때문이다.

# 1. 육신표출법(六神表出法)

 육신은 일간(日干)을 기준으로 하여 이것을 사주의 천간(天干)과 지지(地支)를 대조하여 그 대조에 의하여 일어나는 운명적 작용을 표시한 것이다. 그러므로 육신은 음양(陰陽)을 내재한 오행(五行)의 상호배합(相互配合), 상생(相生), 상극(相剋)하는 원리를 기본으로 한다.

사주의 팔자 중에서 日干(日元 또는 日主라고도 함)은 나(자기)를 가리키는 것으로 아신(我神)이라고 한다. 일간을 제외한 일곱자는 모두 나와 관련이 있는 신(神)으로 나의 주위에서 작용하여 나에게 영향을 미친다. 작용은 각기 다르기 때문에 각기 다른 명칭이 부여되는데, 그 작용의 근본은 오행(五行)의 상생상극원리(相生相剋原理)이다.

 육신을 표출하면 다음과 같다.

◎ 비견(比肩) - 일간과 오행이 같고 음양도 같은 것

◎ 겁재(劫財) - 일간과 오행이 같고 음양이 다른 것

◎ 식신(食神) - 일간이 생하는 것으로 음양이 같은 것

◎ 상관(傷官) - 일간이 생하는 것으로 음양이 다른 것

◎ 편재(偏財) - 일간이 극하는 것으로 음양이 같은 것

◎ 정재(正財) - 일간이 극하는 것으로 음양이 다른 것

◎ 편관(偏官) - 일간을 극하는 것으로 음양이 같은 것

118

◎ 정관(正官) - 일간을 극하는 것으로 음양이 다른 것

◎ 편인(偏印) - 일간을 생하는 것으로 음양이 같은 것

◎ 인수(印綬) - 일간을 생하는 것으로 음양이 다른 것

이상과 같이 일간을 각주의 천간과 지지에 비교하여 그 작용을 오행의 상생상극(相生相剋)의 원리에 따라 표시한 것이다. 만일 일간이 갑(甲)이라면 육신은 다음과 같다.

◎ 일간 甲과 甲 - 일간과 오행이 같고 음양이 같으므로 비견이다

◎ 일간 甲과 乙 - 일간과 오행이 같고 음양이 다르므로 겁재이다

◎ 일간 甲과 丙 - 일간이 생하고 음양이 같으므로 식신이다

◎ 일간 甲과 丁 - 일간이 생하고 음양이 다르므로 상관이다

◎ 일간 甲과 戊 - 일간이 극하고 음양이 같으므로 편재이다

◎ 일간 甲과 己 - 일간이 극하고 음양이 다르므로 정재이다

◎ 일간 甲과 庚 - 일간을 극하고 음양이 같으므로 편관이다

◎ 일간 甲과 辛 - 일간을 극하고 음양이 다르므로 정관이다

◎ 일간 甲과 壬 - 일간을 생하고 음양이 같으므로 편인이다

◎ 일간 甲과 癸 - 일간을 생하고 음양이 다르므로 인수이다

위의 육신 표출법을 요약하여 암기하기 쉽게 만든 것이 있다. 여기에서 아(我)는 일간(日干)이고 다른 간(干)을 타(他)로 하여 대조하여 만든 것이다.

◎ 아생자손(我生者孫) - 내가 낳은 자는 자손이요(食神과 傷官). 식신은 음양이 같고, 상관은 음양이 다르다.

◎ 생아자부모(生我者父母) - 나를 낳은 자는 부모요(偏印과 印綬). 편인은 음양이 같고, 인수는 음양이 다르다.

◎ 아극자처재(我剋者妻財) - 내가 극하는 자는 처재요(偏財와 正財). 편재는 음양이 같고, 정재는 음양이 다르다.

◎ 극아자관귀(剋我者官鬼) - 나를 극하는 자는 관귀요(偏官과 正官). 편관은 음양이 같고, 정관은 음양이 다르다.

◎ 비화자형제(比和者兄弟) - 나와 같은 자는 형제이다(比肩과 劫財). 비견은 음양이 같고, 겁재는 음양이 다르다.


육신을 표출(表出)할 때 일간(日干)을 기준으로 하여 일간과 천간(天干)을 대조하여 표출하는 육신을 천성(天星)이라고 하고, 일간과 지지(地支)를 대조하여 표출하는 육신을 지성(地星)이라고 한다. 지성(地星)을 표출할 때는 일간과 지장간(地藏干) 중의 본기(本氣)를 대조하여 표출한다.

육신을 표출하면 다음과 같다.

# 天干六神 早見表

| 日干＼六神 | 比肩 | 劫財 | 食神 | 傷官 | 偏財 | 正財 | 偏官 | 正官 | 偏印 | 印綬 |
|---|---|---|---|---|---|---|---|---|---|---|
| 甲 | 甲 | 乙 | 丙 | 丁 | 戊 | 己 | 庚 | 辛 | 壬 | 癸 |
| 乙 | 乙 | 甲 | 丁 | 丙 | 己 | 戊 | 辛 | 庚 | 癸 | 壬 |
| 丙 | 丙 | 丁 | 戊 | 己 | 庚 | 辛 | 壬 | 癸 | 甲 | 乙 |
| 丁 | 丁 | 丙 | 己 | 戊 | 辛 | 庚 | 癸 | 壬 | 乙 | 甲 |
| 戊 | 戊 | 己 | 庚 | 辛 | 壬 | 癸 | 甲 | 乙 | 丙 | 丁 |
| 己 | 己 | 戊 | 辛 | 庚 | 癸 | 壬 | 乙 | 甲 | 丁 | 丙 |
| 庚 | 庚 | 辛 | 壬 | 癸 | 甲 | 乙 | 丙 | 丁 | 戊 | 己 |
| 辛 | 辛 | 庚 | 癸 | 壬 | 乙 | 甲 | 丁 | 丙 | 己 | 戊 |
| 壬 | 壬 | 癸 | 甲 | 乙 | 丙 | 丁 | 戊 | 己 | 庚 | 辛 |
| 癸 | 癸 | 壬 | 乙 | 甲 | 丁 | 丙 | 己 | 戊 | 辛 | 庚 |

# 地支六神 早見表

| 日干＼六神 | 比肩 | 劫財 | 食神 | 傷官 | 偏財 | 正財 | 偏官 | 正官 | 偏印 | 印綬 |
|---|---|---|---|---|---|---|---|---|---|---|
| 甲 | 寅 | 卯 | 巳 | 午 | 辰戌 | 丑未 | 申 | 酉 | 亥 | 子 |
| 乙 | 卯 | 寅 | 午 | 巳 | 丑未 | 辰戌 | 酉 | 申 | 子 | 亥 |
| 丙 | 巳 | 午 | 辰戌 | 丑未 | 申 | 酉 | 亥 | 子 | 寅 | 卯 |
| 丁 | 午 | 巳 | 丑未 | 辰戌 | 酉 | 申 | 子 | 亥 | 卯 | 寅 |
| 戊 | 辰戌 | 丑未 | 申 | 酉 | 亥 | 子 | 寅 | 卯 | 巳 | 午 |
| 己 | 丑未 | 辰戌 | 酉 | 申 | 子 | 亥 | 卯 | 寅 | 午 | 巳 |
| 庚 | 申 | 酉 | 亥 | 子 | 寅 | 卯 | 巳 | 午 | 辰戌 | 丑未 |
| 辛 | 酉 | 申 | 子 | 亥 | 卯 | 寅 | 午 | 巳 | 丑未 | 辰戌 |
| 壬 | 亥 | 子 | 寅 | 卯 | 巳 | 午 | 辰戌 | 丑未 | 申 | 酉 |
| 癸 | 子 | 亥 | 卯 | 寅 | 午 | 巳 | 丑未 | 辰戌 | 酉 | 申 |

## 육신(六神)의 인간관계

|     | 남       자             | 여       자                     |
| --- | ---------------------- | ------------------------------- |
| 比肩 | 형제, 친구              | 형제, 친구, 남편의 첩            |
| 劫財 | 이복형제, 나쁜 친구     | 이복형제, 나쁜 친구, 남편의 첩   |
| 食神 | 장인, 장모, 자식        | 자식                            |
| 傷官 | 조모                   | 자식                            |
| 偏財 | 아버지, 첩             | 아버지, 시어머니                |
| 正財 | 아내                   | 시어머니                        |
| 偏官 | 자식, 조부             | 혼외 남편(정부)                 |
| 正官 | 자식                   | 남편                            |
| 偏印 | 계모, 조부             | 계모                            |
| 印綬 | 어머니, 장모           | 어머니                          |

# 2 육신의 운성(運性)

## 1) 비견(比肩)

비견은 일간과 음양오행(陰陽五行)이 동일(同一)한 육신이다. 비견(比肩)은 어깨를 나란히 한다는 의미이므로 형제(兄弟)의 의미가 강하다. 일반적으로 비견은 남녀 공히 형제(兄弟)와 친구(親舊)를 나타내고 특히 여자의 경우에는 남편의 첩 또는 시부(媤父), 동서 등으로 본다.

운질(運質)의 특성은 분가(分家), 양자(養子), 독립, 이별(離別),

분리(分離) 등이다. 자존심이 강하고 과단독행(果斷獨行)하여 자기의 주장을 고집하여, 타인과 불화쟁론(不和爭論)에 빠지고, 나아가 비방불리(誹謗不利)를 초래하기 쉽다.


◎ 비견이 과다하면 심성이 고독(孤獨)하여 사회에서 교제(交際)하기를 꺼린다. 동업(同業), 합자, 주식회사, 금전대여업, 투기성있는 사업은 불리(不利)하다.

◎ 비견과 겁재가 같은 기둥에 있으면 형제, 부부간에 구설(口舌)과 고정(苦情)이 있으며, 친척 또는 타인으로 인하여 손해(損害)보기 쉽고, 부친(父親)과 사별하며, 결혼(結婚)이 늦는 경향이 있다.

◎ 비견이 공망(空亡) 또는 형(刑).충(沖)되면 독신(獨身)인 경우가 많으며, 형제(兄弟)가 있어도 불화(不和)하고, 형제 친구의 도움을 얻을 수 없다.

◎ 여명의 경우에는 타(他)여성에게 남편(男便)을 탈취 당하는 것이 되어 유부별거(有夫別居) 또는 평생독신(平生獨身)으로 지내거나 혹은 첩(妾)이 되기도 한다.

◎ 비견이 많은 여명은 색정(色情)으로 인한 번뇌가 많으며, 천간에 다집(多集)하면 다정(多情)하여 실정(失情)하며 부정(不貞)한다.

◎ 비견이 지살(地殺), 역마(驛馬)에 임하면 형제자매가 원행(遠行)한다.

◎ 시간(時干)이 비견이면 자식(子息)과 인연이 없고, 재산 상속자

가 타인(他人)이 된다.

## 2) 겁재(劫財)

겁재는 일간과 오행(五行)이 같으나 음양(陰陽)이 다르다. 정재(正財)를 겁탈하는 신이라는 뜻으로 양인(洋刃) 또는 탈재지신(奪財之神)이라고도 하며 이복형제의 뜻이 강하다.

겁재는 비견과 같이 형제, 친구, 이복형제, 남편의 첩을 나타내며, 그 특성은 교만불손하고 기만쟁투를 의미한다. 타인(他人)을 낮춰 보는 버릇이 있으며, 부부가 상극(相剋)하고, 배우자가 잘 변(變)한다. 특히 야망(野望)만 커서 투기와 요행을 바라고 그것으로 인하여 손재(損財), 파산(破産)하고, 옥고를 초래한다.

◎ 사주에 겁재가 많으면 부부(夫婦)간에 이별(離別)수가 많고, 형제, 친우 간에도 불화(不和)한다. 만일 편인(偏印)이 있으면 이와 같은 특성은 더욱 강해지나, 정관(正官)이 있으면 특성이 제압(制壓)되어 손실이 이익(利益)이 되고, 불손이 고매(高邁)로 변한다. 그러나 본성은 저바릴 수 없다. 겁재는 타인(他人)과 공동사업(共同事業)을 경영하면 필시 실패(失敗)를 초래한다.

◎ 겁재가 많으면 외화내허(外華內虛)하고 가정이 적막(寂寞)하다. 재물(財物)로 인하여 화(禍)를 입는 경우가 있고, 혼담이 파하기 쉽고, 약혼 후에도 파혼(破婚)이 잘된다.

◎ 비견과 겁재가 동주(同柱)하면 부부가 불목(不睦)한다.

◎ 겁재가 인성, 재와 삼합 또는 육합이면 십중 팔구는 이복형제가 있다.

◎ 사주 중에 겁재가 특히 많으면 남자는 처를, 여자는 남편을 극(剋)하고 구설수가 많다. 특히 남자는 비견. 겁재가 사주의 대부분을 차지하면 화류계(花柳界) 여자와 결혼 또는 정처(正妻)로 삼는 경우가 많다.

◎ 사주 중의 어느 기둥의 간지(干支)가 모두 겁재면 부친(父親)을 일찍 사별(死別)하고 부부(夫婦) 또한 이별(離別)할 수가 있으며, 타인과 공동사업(共同事業)을 경영하면 반드시 파탄(破綻)을 초래한다.

◎ 겁재와 상관이 동주(同柱)하면 무뢰한(無賴漢)이 되기 쉬우며, 또 이것이 시주(時柱)에 있으면 자손(子孫)에게 해(害)로운 일이 있다.

## 3) 식신(食神)

식신은 일간이 생(生)하는 육신으로 일간과 음양이 동일하다. 식신은 나의 기운을 설기(洩氣)하는 신이므로 탈식(奪食)이 되어야 하는데 왜 식신(食神)이라고 했을까. 그것은 나의 재물이 되는 재성(財星)을 생(生)해주는 원신이 되기 때문이다. 그러므로 식신은 복덕지신(福德之神), 문창성(文昌星), 약신(藥神), 풍류지신(風流之

神) 등으로 불려진다.

식신은 일주(日主)가 생하는 것이므로 자녀성(子女星)이 된다. 또한 일간의 수기(秀氣)를 유행(流行)시키므로 총명, 준수의 상이다. 식신이 사주에 길신(吉神)으로 유기(有氣) 유정(有情)하면 총명 준수하여 창작(創作), 발명, 문학, 예능(藝能), 기예, 언론 등에 재능(才能)이 뛰어나며, 또 베풀기를 좋아하여 교육(敎育)방면이나 출판, 의료, 식품, 무역, 생산, 목축업 방면에 모두 좋다.

식신은 남자(男子)에게는 장인, 장모, 손자로 보고, 여자(女子)에게는 자녀(子女), 자궁(子宮), 유방(乳房), 유도(乳道), 식기(食器)로 본다. 그러나 일반적으로 남녀 공히 자식(子息)으로 보며 부하(部下)로도 본다. 또한 식신은 내 몸이며 나의 언권(言權)이다. 그러므로 식신이 왕(旺)하면 말이 유창하고 자기의 주장을 확실하게 한다.

특성은 의식주(衣食住)가 풍부하고 소득(所得), 봉록(俸祿), 자산, 가재 등이 윤택함을 나타낸다. 또 신체가 풍비(豊肥)하고 성질이 명랑화창(明朗和暢)하다. 자식의 공양을 받지만 반면에 적극적인 사업은 불리한 경향이 있다.

인의도덕(仁義道德)의 이념이 깊고 자녀(子女)와의 인연이 많은 것은 식신의 장점이지만 반면에 미적(美的)인 성능을 가지고 가무(歌舞)를 즐기며, 색정(色情)에 빠지기 쉬운 결점도 있다.

◎ 사주에 식신이 있고 비견과 겁재가 이를 생(生)하며, 편인이 없

거나 식신이 형충파해 되지 아니하면 부귀(富貴)하고 덕망(德望)이 있으며 신체 건강하여 한 평생을 행복(幸福)하게 지낼 수 있다. 고로 고서(古書)에도 식신유기(食神有氣)면 승재관(勝財官)이라고 하여 식신이 아름다운 사주가 재관(財官)이 있는 사주보다 더 좋다고 하였다.

◎ 신왕(身旺)이고 식신과 재(財)가 있으면 여러 사람의 애고(愛顧)를 받아 매사를 성공시키며 또 염복(艶福)이 있다. 여자는 자식 중에 효자(孝子)가 있다.

◎ 사주에 식신이 너무 많으면 자식복이 없다. 남명에 식신이 많으면 자식(子息)이 희소(稀少)하고 소실(小室)에서 득자(得子)하는 경우가 많다. 여명에 식신이 많으면 무자(無子), 유산(流産)하는 경우가 많다. 또한 호색(好色)하여 과부가 되거나 첩노릇을 한다. 특히 양일(陽日)생은 창녀가 되기 쉬우며, 음일(陰日)생은 기생, 여급이 되는 수도 있다.

◎ 사주에 식신이 하나만 있으면 좋으며, 일지에 정관(正官)이 있거나 월지 또는 시지에 건록(建祿)이 있으면 크게 발달한다.

◎ 신왕(身旺)사주로 월지(月支)에 식신이 있으면 신체가 비대하고, 성품이 명랑하며, 음식을 좋아한다.

◎ 식신이 편인(偏印)에 의하여 극(剋)을 당하면 다음과 같은 작용이 있다.

1. 신체가 왜소하고 추하며 단명(短命)한다.

2. 음식물이나 약물에 의한 중독 또는 아사(餓死: 굶어 죽는 것)한

다.

3. 여명은 자식들이 질병을 자주 앓든지, 자녀 중에 불구자 자손이 있을 수 있다.

4. 젖이 부족한 경향이 있는데 만일 유족(乳足)하면 유종병(乳腫病)이 있을 수 있다.

◎ 식신이 다봉인성(多逢印星)(많은 인성을 만나면)이면 군인쟁식(群印爭食)하여 자손궁에 공(空)이 가는데 만약 봉재(逢財)하여 인성을 제거하면 자식을 얻게 된다.

◎ 충관합식(沖官合食)은 남편덕은 없으나 자식덕은 있고
  합관충식(合官沖食)은 남편덕은 있으나 자식덕은 없다.

◎ 식신에 급각살(急脚殺)이 있거나 형(刑). 충(沖). 공망(空亡)을 만난 자는 소아마비 자녀를 두게 되니 예방주사를 놓아주어라.

◎ 식신이 인성(印星)과 형(刑). 충(沖)된 자는 친정에 와서 초산(初産)을 하지마라. 두 생명이 같이 갔다가 한 생명을 잃고, 밤길에 홀로 슬픈 눈물을 뿌리게 될 수 있다.

◎ 갑을(甲乙)일생 화(火)식신이 주중(柱中)에 다봉수성(多逢水星)이면 자손 중에 시력(視力)이 약하여 안경을 쓰게 되니 보안(補眼)하여야 한다.

◎ 여명의 시주(時柱)에 식신과 건록(建祿) 또는 제왕(帝旺)이 같이 있으면 그 자식이 반드시 크게 발달한다.

◎ 여명에 관(官)과 식상(食傷)이 동림합신(同臨合身) 하면 호색다음(好色多淫)하며 부정(不正)포태(胞胎)하게 된다.

◎ 여명에 양(陽)식신이 작합(作合) 암합(暗合)되면 아들놈이 바람나고, 음(陰)식신이 작합 암합되면 여식이 연애한다.

◎ 여명에 식신(食神)이 충(沖). 형(刑)되면 유산하거나 산후득병하고, 나팔관 임신, 나팔관 수술, 자궁외 임신, 자궁수술을 하게 된다. 그렇지 않으면 유종병 앓아본다.

## 4) 상관(傷官)

상관은 남녀 공히 조모(祖母)를 나타내고 남자(男子)에게는 손자, 여자(女子)에게는 자식, 자궁(子宮), 유방(乳房), 유도(乳道), 식기(食器)를 나타낸다. 또한 상관은 식신과 마찬가지로 자기의 몸이며 자기의 언권(言權)이며 또한 성기(性器)로도 본다.

상관은 일간의 기(氣)를 설(洩)하므로 수기유통(秀氣流通)이 되어 총명준수의 신이지만 정관(正官)을 극상(剋傷)하므로 흉신으로 불려진다. 정관(正官)은 바른 법, 올바른 길인데 상관은 정관(正官)을 극하므로 사회의 법도(法度)와 질서(秩序)를 무시(無視)하지만 만일 상관이 사주에서 희용신(喜用神)이 되면 오히려 뛰어난 재능(才能)을 발휘하여 복(福)이 되게 한다.

성정은 대담(大膽)하고 오만방자하며 교만(驕慢)하여 사람을 얕보는 특성이 있다. 그러므로 타인의 오해(誤解)와 비방(誹謗)을 받기 쉬우며 세인(世人)의 방해, 경쟁, 실권(失權), 소송(訴訟) 등을 야기하기 쉽다. 만약 인성(印星)이 있어 극(剋)상관하면 흉조가 제거되지만, 만약 비겁(比劫)이 있어 상관을 생하면 상관은 득세(得勢)하여 특성이 가일층 증가된다.

◎ 신왕(身旺)에 상관이 왕(旺)하면 미술, 음악 등 예술가(藝術家)로서 이름을 얻으며 언변(言辯)이 유창하고, 재주가 많다. 상관은 두뇌가 명석(明晳)하고 감정이 예민(銳敏)하여 다방면(多方面)에 걸쳐 두각(頭角)을 드러낸다.

◎ 사주에 상관이 많으면 남명은 자식을 극해하고, 여명은 남편을 극해한다.

◎ 사주에 상관만 있고 인수가 없으면 욕심(慾心)이 많고, 정관(正官)이 없으면 재주는 있으나 교만(驕慢)하고, 재(財)가 없으면 빈천(貧賤)하다.

◎ 년간이 상관이면 부모덕이 많지 아니하며 생가(生家)에 오래 머물지 아니한다.

◎ 년간과 년지가 모두 상관이면 단명(短命)하며 부귀하더라도 길지 못한 경향이 있다.

◎ 월간과 월지가 모두 상관이면 형제의 버림을 받고 부부이별(夫婦離別) 수가 있다.

◎ 시주에 상관이 있으면 자손(子孫)이 해롭다.(시상상관)

◎ 상관과 정관(正官)이 같이 있으면 호색(好色)다음(多淫)한 경향이 있다.

◎ 여자의 경우에는 상관은 남편을 상(傷)하게 하므로 상관이 왕

한 것을 흉(凶)하게 본다. 특히 상관이 왕한 중에 천간에 투출해 있으면 자식이 둘될 때부터 자식에게 치우쳐 남편을 소홀히 한다. 따라서 남편에게 쫓겨나거나 남편을 극하고 달아나는 일이 생긴다. 그러나 신왕(身旺)하고, 재(財)가 있어 왕한 상관을 잘 설기(洩氣)하면 그러한 흉조는 감소되나 상관 원래의 성정은 간직한다.
◎ 상관만 있고 관성(官星)이 없는 여자는 정조관념이 강하며, 그 남편이 죽은 후에도 수절(守節)하는 경우가 많다.

## 5) 편재(偏財)

재성은 일간이 극(剋)하는 것으로, 일간이 그 정기를 소모하여 획득한 전리품이 해당한다. 따라서 재물, 여자, 자산, 일용품 등이 편재에 해당된다. 정재(正財)는 음양이 유정(有情)하여 전리품을 정당한 방법으로 확득한 것이지만, 편재(偏財)는 음양이 무정(無情)하여 의롭지 못하고 부당(不當)하게 모은 재물(財物)이다. 그러므로 횡재, 투기, 밀수, 뒷거래로 얻은 재물 또는 뭇사람의 재물(중인의 재물)이 해당된다.

편재는 남녀 공히 아버지로 보고, 남자에게는 첩이나 애인, 여자에게는 시어머니로 보는데 특히 시주(時柱)에 있는 편재는 손자를 의미한다.

편재의 성정은 강개지심(慷慨之心)이 있고 꾸밈이 없으며 담백하다. 재물(財物)의 출납이 빈번하여 잘 벌기도 하지만 잘 쓰기도 한다. 재복(財福)이 있으나 그 대신 재화(災禍)가 많아 속성속패하는 경향이 있다.

　남자는 풍류심(風流心)이 있어 외첩을 두거나 여난(女難)을 당하기 쉽다. 남녀 공히 타향(他鄕)에 나가 출세(出世)하는 경향이 있다.


◎ 편재는 월주(月柱)에 있는 것이 제일 좋다.

◎ 신왕(身旺)에 편재가 왕(旺)하면 실업가(實業家)로 대성공한다.

◎ 편재가 왕한데 신약이면 재다신약(財多身弱)이 되어 부옥빈인(富屋貧人)으로 돈복이 없다.

◎ 편재가 천간(天干)에만 있으면 경재호의지심(輕財好義之心)이 있어 의로운 일에 재산을 희사(喜捨)하며 술 혹은 여자를 좋아한다.

◎ 편재가 많으면 다욕(多欲)다정(多情)하고 주색(酒色)을 좋아하며, 처보다 첩을 더 사랑한다. 그리고 양자(養子)로 가거나 타향(他鄕)에 나가 성공하는 수가 많다.

◎ 년간, 년지가 모두 편재면 양자(養子)로 간다.

◎ 년주(年柱)에 편재가 있으면 집안 재산이 반드시 자기 소유(所有)로 돌아오며, 능히 조업(祖業)을 계승한다.

◎ 편재와 편관(偏官)이 동주(同柱 - 천간이 편관이고 지지가 편재. 편재가 편관을 생하므로)하면 부모덕이 없고 여자(女子)로 인해 손재(損財)가 많으니 여자를 조심하라.

◎ 편재와 비견(比肩)이 동주(천간이 편재이고 지지가 비견. 비견이 편재를 극하므로)면 부모유산을 물려 받지 못하고, 만약 물려 받아도 가산(家産)을 탕진(蕩盡)하며, 상처(喪妻)하고 여자로 인하여 손재(損財)가 많다. 재가 지지에 있으면 숨어 있는 것이 되므로 쟁탈되지 않는다.

◎ 남명에 편재가 공망(空亡)들면 부친덕이 없고, 여자관계가 오래 가지 못한다.

◎ 간지(干支)가 모두 편재(偏財)면 재복과 여복이 많고 경제적 수완이 좋다.

◎ 사주에 정편재(正偏財)가 혼잡되어 있으면 조부(祖父)가 바람을 피워 부친에게 이복형제가 있다.

◎ 편재가 장생(長生)에 해당되면 부자(父子)가 화목(和睦)하고, 도화. 목욕에 해당되면 부친이 풍류를 즐긴다.

◎ 여자 사주에 편재가 많으면 재복이 없다. 재다신약이므로

## 6) 정재(正財)

정재란 자기가 얻은 재물(財物) 중에서 정당(正當)하게 노력하여 얻은 것이다. 봉급(俸給)이나 저축(貯蓄)하여 모은 돈, 사업하여 정당하게 모은 돈, 유산(遺産), 고정자산(固定資産) 등이 여기에 해당된다. 대인관계로는 남자는 처, 여자에게는 시어머니로 보며 남녀 공히 백부, 백모로도 본다.

성정은 정의(正義)와 공론(公論)을 존중하고, 시비(是非)를 분명히 하며 의협심이 강하다. 명예, 번영(繁榮), 자산(資産), 신용(信用)을 의미하고, 복록(福祿)과 길상(吉祥)을 나타낸다. 명랑하고 결혼운이 좋은 반면 주색(酒色)을 좋아하여 색정(色情)에 빠질 우려가 있다.

◎ 정재가 있으면 양처(良妻)를 얻어 복록(福祿)을 누리나, 정재가 많으면 오히려 여색(女色)으로 인하여 파재(破財)하고, 극(剋)인수로 생모를 극하고 생가(生家)를 계승하지 못한다.

◎ 사주 중에 겁재가 있으면 겁재가 정재를 극(剋)하여 길상이 허무하게 되며, 식신(食神)이 있으면 생기(生氣)하여 경복(慶福)이 더욱 증가된다.

◎ 정재는 지지(地支)에 암장되어 있는 것이 좋고, 지지 중에도 월지(月支)에 있는 것이 제일 좋다. 천간(天干)의 재는 노출(露出)되어 쟁탈(爭奪)의 대상이 된다.

◎ 월지에 정재가 있으면 사회적으로 인망(人望)이 높으며, 성격도 온후단정하고, 검소하다.

◎ 월지에 정재가 있으면 명문(名門)집의 딸과 결혼한다.

◎ 월간에 정재가 있으면 부지런하다.

◎ 년간에 정재가 있으면 대체적으로 조부(祖父)가 부귀한 사람이다.

◎ 년과 월주에 정재와 정관이 있으면 부귀(富貴)한 집에서 출생

한다.

◎ 일지(日支)에 정재가 있으면 처(妻)의 내조가 있다.

◎ 시간(時干)에 정재가 있으면 자수성가하나 처자가 길하다.

◎ 천간이 정관(正官)이고 지지가 정재(正財)이면 고귀(高貴)하다. 정재가 정관을 생하므로.

◎ 정재가 식신(食神)을 보면 처의 내조가 있고 가정이 행복(幸福)하다.

◎ 정재가 있고 비겁이 좌우상하에 가까이 있는데, 정재가 목욕. 도화살에 해당하면, 그 처가 다정하여 부정(不貞)하다. 정재가 쇠, 병, 사, 묘, 절에 해당하면 처의 신체가 허약하거나 우매(愚昧)하며, 그렇지 않으면 반드시 재가(再嫁)한다.

◎ 정재가 공망(空亡)되면 처덕이 없고, 재화(財貨)를 얻기 힘들다.

◎ 정재와 겁재(劫財)가 동주(同柱)하면 부친과 처덕이 없거나 빈곤하다.

◎ 여명에 정관, 정재, 정인이 있으면 재색(才色)을 겸비한다.

◎ 여명에 정재와 인수가 서로 파(破)가 되면 시어머니와 사이가 좋지 않다.

◎ 여명에 정재와 인수가 너무 많으면 음란(淫亂)하거나 천부(賤婦)가 된다.

◎ 정재가 많으면 다음과 같은 작용이 있다.

(1) 정(情)으로 인하여 손재(損財)하기 쉽다.

(2) 처(妻)가 가정의 주도권을 가지며

(3) 모친과 일찍 이별하든지, 모친이 병약하다.

(4) 신약(身弱)이면 재산을 모으기 힘들다.

(5) 비록 배운 것이 있어도 빈한(貧寒)하게 산다.


## 7) 편관(偏官)

편관은 일간을 극(剋)하는 신(神) 중에서 음양(陰陽)이 일간과 동일(同一)한 신이다. 음양이 동일하여 일간을 무정(無情)하게 극제(剋制)하므로 칠살(七殺), 관귀(官鬼), 살성이라 하여 도적, 불량배, 흉괴 등으로 본다.

대인관계에 있어서 편관은 남자는 자식(子息)으로 보고, 여자는 정혼(正婚) 외(外)의 남편(男便)으로 보며 벼슬로는 무관(武官), 사법관(司法官) 또는 선출직, 비정규직으로 본다.

편관의 성정은 권력, 투쟁(鬪爭), 횡포(橫暴), 성급, 협기, 고독 등의 흉성(凶性)이 내포되어 있으나 일면 협기(俠氣)가 있어 여러 사람의 두목, 군인 또는 협객이 될 가능성이 많다. 또한 대귀(大貴), 대부(大富) 하는 사람 중에는 편관이 있는 사람이 많다.

반면에 권력(權力)을 남용하여 중인(衆人)의 비난을 받는 경우가 많은데, 사주 중 식신(食神)이 있으면 극편관하여 성급(性急) 횡포(橫暴) 등의 편관의 특성이 억제(抑制)되어 길상(吉祥)을 초래하나, 편재가 있으면 재생관(財生官)하여 억제되지 않고 더욱 증가한다.

◎ 칠살은 식상(食傷)으로 억제되어야 한다. 그러나 과다억제면 좋지 않다.

◎ 편관과 식신(食神)이 있고 신왕(身旺)이면 대귀 대부한다.

◎ 년주에 편관이 있고 장남이면 부모에게 불리하다.

◎ 월주에 편관과 양인이 동주하면 일찍 모친과 이별한다.

◎ 일지(日支)에 편관이 있으면 성질이 조급하나 총명영리하다.

◎ 시주(時柱)에 편관이 있으면 성질이 강직하고, 불굴의 기상이 있다. 그러나 자식을 늦게 본다.

◎ 시상편관은 일장당권(一將當權)이라고 하여 일생 한번 권력(權力)을 잡아본다.

◎ 신약(身弱)에 편관이 왕(旺)하면 고독하고, 반면 편관이 극히 약하고 다시 합(合)이 되어 타육신으로 화(化)하면 천격(賤格)이다.

◎ 편관과 인수(印綬)가 사주에 있으면 큰 일을 할 팔자로서 때때로 자기를 중심으로 큰 세력을 만드는데, 양신(兩神) 중에 인수가 왕하면 무관(武官)으로 출세하고, 편관이 왕하면 문관(文官)으로 출세하는 경향이 있다.

◎ 편관, 양인 및 괴강이 동주면 군인(軍人)으로 크게 공명을 세운다.

◎ 여명에 편관이 목욕. 도화이면 남편이 풍류호색(風流好色)하고,

장생(長生)이면 배우자가 학식이 풍부하고 귀부(貴夫)와 인연이 있고, 건록(建祿)이면 배우자의 신체가 건강하고, 묘(墓)에 해당하면 사별한다.

◎ 편관과 편인이 동주면 외국편력(外國遍歷) 아니면 행상인이다.

◎ 병오(丙午), 무오(戊午), 임자(壬子) 일생으로 편관(偏官)이 있으면 남편과 이별하기 쉬우며, 첩(妾)이 되기 쉽다.

◎ 여명에 지지 편관이 충(沖)되면 부부 불화한다.

◎ 정. 편관이 동주하고 비견과 겁재가 많으면 자매 또는 친구간에 한 남자를 두고 서로 다투고, 이녀동부격(二女同夫格)으로 남편이 축첩(蓄妾)한다.

◎ 여명에 편관이 하나 있고, 식신(食神)과 양인(羊刃)이 있으면 팔자가 좋으나 그 성질이 강강하여 남편을 고히 시중하지 못하므로, 남편과 화합(和合)을 상실(喪失)하게 되는데 이러한 팔자를 타고난 여명은 교육과 덕망(德望)을 길러 여자다운 처세, 제반사에 대응해야 귀하게 되는 것이다.(사주에 양인이 있으면 신강인데, 편관과 식신이 있어 신살양정(身殺兩停)으로 중화되었다)

◎ 여명에 정관이나 편관은 남편을 의미하므로 정관이나 편관이 하나만 있는 것이 가장 좋으며, 관살혼잡(官殺混雜)이 되면 남편이 여럿이라는 의미이므로 중혼(重婚)하거나 음란(淫亂)하게 된다. 또한 관살혼잡에 다시 삼합(三合)이 있으면 음란하여 그 정부(正夫)를 알아 보지 못할 정도라고 한다.(합은 다정하다)

◎ 사주에 편관이 많고, 다시 정재와 편재가 있으면 남편 외에 밀

부(密夫)를 둔다.

◎ 여명에 편관이 많고 다시 정관이 있으면 반드시 재가(再嫁)한다. 사주에 편관이 다섯개 있으면 창부가 된다고 한다.

◎ 편관이 공망(空亡)이 되면 웃사람의 사랑을 받기 힘들며, 여자는 남편과 인연이 박하다.

◎ 사주에 정관과 편관이 같이 있으면 관살혼잡(官殺混雜)이라 하여, 남자는 좋은 관(官)을 먹지 못하고, 여자는 두 남편을 섬길 팔자라 관살혼잡됨을 꺼린다. 그러나 합관유살(合官有殺) 또는 합살유관(合殺有官)이 되면 오히려 귀격(貴格)이 된다.

## 8) 정관(正官)

정관은 일간을 극하는 것이나 음양(陰陽)이 유정(有情)하여 일간과 상합(相合)한다. 정도(正道)에 의해 일간을 제(制)하므로, 일간이 바른 길을 가게 되어 화평(和平)하게 되고 발달(發達)한다.

정관은 남자에게는 자식(子息)과 조카 또는 관록(官祿)으로 보며, 여자에게는 정식남편(正夫)으로 본다. 벼슬로는 행정관(行政官)으로 본다.

성정은 가계(家系)가 정통이며, 인품이 단정(端正)하고, 지혜와 재주가 있으며, 명예와 신용이 있고 자비심(慈悲心)이 많으며, 사회에 명망(名望)이 있는 등의 길상(吉祥)을 나타낸다.

◎ 정관이 너무 많으면 해(害)가 되어 곤궁(困窮)을 면치 못하고,

여명은 일부종사(一夫從事)가 어렵다.

◎ 재성이 있으면 생(生)정관하여 정관의 길조가 증가하나, 상관이 있으면 극(剋)정관하여 억제하므로 권위와 명예가 손상(損傷)되고 상속 및 자식에게 해로운 일이 있다.(관은 자식)

◎ 사주에 정관이 투출해 있으면 그 용자(容姿)가 아름답고 음성이 명랑하다.

◎ 정관이 있어도 인수(印綬)가 없으면 명리(名利)를 얻기 힘들다.

◎ 정관이 하나만 있고 편관 및 상관이 없으면, 독후강직(篤厚剛直)한 군자(君子)가 된다.

◎ 정관이 년주(年柱)에 있으면 장남으로 태어나거나, 차남으로 태어나더라도 일가(一家)의 후계자(後繼者)가 되며, 초년부터 발달한다.

◎ 정관이 월주(月柱)에 있고 인수(印綬)가 있으면 부귀한데, 다시 정관운이 오면 대부대귀한다.

◎ 월주 정관은 장남이 아닌 경우가 많으며 의지가 견고하고 온후독실하다. 정직하고 인자관대하며 화평을 좋아한다. 인격자로서 풍모가 미려하다.

◎ 정관이 일지(日支)에 있으면 자수성가하며 성질이 명민(明敏)하여 임기응변하는 재주가 있고, 현처(賢妻)와 인연이 있다.

◎ 정관이 시주(時柱)에 있으면 만년(晩年)에 발달하고 효순(孝順)하고 현량(賢良)한 아들을 둔다.

◎ 정관이 장생(長生)과 동주면 학식이 있다.

◎ 여명에 형.충.파.해와 상관 및 편관이 없고, 정관(正官)과 재(財)만 있으면 남편덕이 있다.

◎ 여명에 정관과 장생(長生)이 동주하면 훌륭한 남편을 얻으며, 목욕. 도화와 동주하면 남편이 호색(好色)이며, 사. 묘. 절 및 공망과 동주하면 남편덕이 없다.

◎ 정관이 너무 많으면 부부가 불화(不和)하며, 독신 아니면 무기(舞妓)가 되거나 심하면 여급 또는 창녀가 된다.

◎ 정관이 합(合)이 되면 애교가 있으며 다정(多情)하다.

◎ 여명에 정관과 도화(桃花)가 같이 있으면 남편이 온순하다.

◎ 여명에 정관이 있고 인수가 많으면 공방살이를 한다.

◎ 정관이 역마와 동주하면 이동(移動)이 많다.


## 9) 편인(偏印)

인성은 나를 생하는 부모나 존상을 의미한다. 인수에 비해 음양(陰陽)이 무정(無情)하므로 일관성이 없고 편파적(偏頗的)이다. 그러므로 편인을 계모, 서모로 보는 것이다.

성정은 파재(破財), 실권(失權), 병재(病災), 이별, 고독, 박명(薄命), 색난(色難) 등을 의미한다. 특히 길성(吉星)인 식신(食神)을 무정하게 파극하므로 도식(倒食) 또는 효신(梟神)이라고 한다. 성정이 맑은 듯하나 탁(濁)하고, 조급하면서도 완고(頑固)하는 등 시종 여일치 못하는 성향이 있다.

또한 인수와 비교하여 편(偏)된 학문, 편된 교육, 편된 수양(修養), 편된 기예(技藝)가 된다.

편파적(偏頗的)인 성격이 농후하고 변덕(變德)이 심하며 권태증이 있어 매사에 시종일관하지 못하는 흠이 있다.

◎ 편업(偏業)에 유리하여 학자, 예술가, 의사, 배우 등에 종사하는 이가 많다.

◎ 사주에 편인과 인수가 혼잡(混雜)하면 두 종의 직업을 갖는 경우가 많다. 또한 정편인이 혼잡하면 어머니가 여러분 있는 것이 된다.

◎ 사주에 편인과 식신(食神)이 있으면 복(福)이 적고 수(壽)는 짧아진다. 또한 왜소(矮小)하다. 편인이 식신을 극하기 때문이다.

◎ 사주에 편인이 많으면 재난(災難)이 많고, 조별부모(早別父母)하며, 처자와 인연이 박하다. 특히 여자의 경우에는 더욱 심하다.

◎ 년주(年柱)에 편인이 있으면 조업(祖業)을 파하는 경우가 있으며, 양(養)과 동주하면 계모에 의하여 양육된다.

◎ 월지(月支)에 편인이 있으면 의사, 배우, 이발사, 운명가 등 편업(偏業)이 적합하다. 그러나 쇠. 병. 사. 절에 해당하면 인기(人氣)가 없다.

◎ 일지(日支)에 편인이 있으면 남녀 공히 결혼운이 나쁘다.

◎ 여명에 일지나 시지에 편인이 있으면 산액(産厄)이 있다.

◎ 여명에 편인이 많고, 다시 식신이 있으면 자식(子息)에게 해

(害)가 많다. 그리고 유산(流産) 등 산액(産厄)이 있다.

◎ 사주에 재성과 관살이있고 편인이 있으면 부귀한다.

◎ 편인과 비견(比肩)이 동주하면 양자가 되거나 계모가 있으며

◎ 편인과 겁재(劫財)가 동주하면 타인으로 인하여 실패가 잦고, 혼담에 장해가 있다.

◎ 편인과 장생(長生)이 동주하면 생모(生母)와 인연이 약하다

◎ 편인과 목욕이 동주하면 계모의 양육을 받는데, 계모가 부정(不貞)한 경향이 있다.

◎ 편인과 관대(冠帶)가 동주면 양일생(陽日生)은 어릴 때 아버지와 이별하고 음일생(陰日生)은 계모의 양육을 받는다.

◎ 편인과 건록(建祿)이 동주면 비록 부귀의 집에서 태어났어도 십삼세를 전후하여 부친과 이별한다. 그리고 생가(生家)가 영락(零落)된다.

◎ 편인과 제왕(帝旺)이 동주하면 계모로 인하여 고생하며, 쇠. 병. 사. 절. 묘 등과 동주하여도 편친과 이별한다.


## 10) 인수(印綬)

인수는 나를 생하는 것으로 음양(陰陽)이 유정(有情)한 신이다. 인수의 뜻은 옛날에 관리가 몸에 지니고 있던 도장과 그 끈이라는 뜻이다. 인간만사에 필요조건이 다 갖추어 있어도 도장(직인)이 없으면 효력이 없다. 인수는 효력(效力)을 발생시키는 결정적인 역할

을 한다. 따라서 문서(文書), 도장, 명예(名譽), 간판 등을 나타낸다.

대인관계에서 인수는 남자에게는 어머니 또는 장모를 의미하고, 여자에게는 어머니 그리고 남녀공히 손자를 의미한다.

인수의 성정은 지혜(智慧)가 있고 총명하여 학문(學問)이 출중하다. 온후단정(溫厚端正)하여 타인으로부터 신망(信望)을 얻으며 인의(仁義)를 알고 자비심이 있으며, 종교를 경신한다. 그러므로 군자 및 대인의 풍격(風格)이 있다. 또한 재산(財産)의 풍부, 수복쌍전(壽福雙全), 무병식재(無病息災), 산업진흥, 가도번영(家道繁榮), 생애안락 등의 경향이 있다.

인수는 나를 생하는 자이므로 성장(成長)하는데 원동력이 되고, 활동을 조장(助長)시켜 주며, 후원(後援)하여 주는 것이 된다. 그러므로 원동력, 활동력, 후원자 등도 해당된다.

모친은 육체적으로 생(生)할 뿐만 아니라 정신적으로도 항상 나에게 교양을 준다. 그러므로 인수는 교육(敎育), 교양(敎養), 학문에도 해당되고 명성(名聲), 예술에도 해당된다.


◎ 년간에 인수가 있고 초년(初年) 대운이 양호하면 양가(良家)의 자손이다.

◎ 인수가 년월(年月)에 있으면 선조 부모의 음덕이 많음을 의미하며, 사회적으로는 직장관계에서 년월이 웃사람 즉 직장상관이 됨으로 그분들로부터 사랑을 많이 받게 된다.

◎ 월주에 인수가 있고 형충되지 아니하면 문장(文章)으로 이름을

떨친다. 또한 총명하고 말이 적으며 용모와 인격이 고상(高尙)하다.

◎ 인수가 너무 많으면 남자는 처와 이별하며, 자식이 적거나 불효한다. 여자는 어머니와 이별하며 자식 덕이 없다.

◎ 인수가 많고 관살이 없으면 예술(藝術)로서 이름을 떨치나 고독(孤獨)한 경향이 있다.

◎ 신왕(身旺)한 사주에 인수가 많으면 자식이 적고 빈고(貧苦)하다.

◎ 인수가 있는 사주에 정재(正財)가 많으면 어머니와 이별 수가 있으며 매사에 막힘이 많다.

◎ 관과 인수가 함께 있으면 고관이 직인(職印)을 구비하여 가지고 있는 형상이다.

◎ 년에 인수가 있으면 조상의 음덕(蔭德)을 얻은 것이며, 월에 인수가 있으면 부모의 덕이 있는 것이고, 시(時)에 인수가 있으면 자식복이 있으며 수(壽)도 장수하고 만년(晩年)이 대길(大吉)하다.

◎ 인수와 비견(比肩)이 동주하면 형제 또는 친구를 위하여 진력하는 일이 많고, 인수와 겁재(劫財)가 동주하면 형제나 친구를 위하여 진력하나 결과가 좋지 않다.

◎ 인수가 왕성하고 신왕(身旺)이면 주색을 좋아한다.

◎ 여명에 인수와 정재(正財)가 있으면 시모(媤母)와 불화한다.

◎여명에 관성이 약하고 인수가 왕성하면 남편 덕이 없다.(관이 인수로 가버리니까) 따라서 남편 대신에 생존경쟁에 시달리며 늙어

서 남의 집살이 한다.

◎ 인수가 장생(長生)과 동주하면 모친이 단정하고 현명하다. 타인의 은애(恩愛)를 많이 받는다.

◎ 인수가 관대(冠帶)와 동주하면 양가(良家)의 자손이며

◎ 인수가 목욕과 동주하면 모(母)가 부정(不貞)하거나 청상과부인 경우가 많다.

◎ 인수가 제왕(帝旺)과 동주면 가운(家運)이 좋은 때 출생한다.

◎ 인수가 묘와 동주면 모친이 일찍 별세

◎ 인수가 쇠. 병. 사. 묘. 절과 동주면 모(母)의 건강이 좋지 않다.

◎ 여명에 인수가 있고 정재(正財)가 너무 많으면 음란하거나 천부(賤婦)가 된다.


## 3. 육신(六神)의 작용(作用)

### 1) 인성(印星)

인성은 인수와 편인을 통칭한 것인데 나를 생(生)해주고 식상(食傷)을 극(剋)해주며 관살(官殺)의 생(生)을 받아 관살의 기(氣)를 유행(流行)시킨다.

인수와 편인으로 나누는 것은 음양(陰陽)의 만남이 다르기 때문인데 일반적으로 인수의 기는 순(純)하여 진퇴를 알고, 편인의 기는 비뚤어져 이른바 생(生)하는 것만 좋아할 뿐 죽는 것은 싫어하

여 진퇴(進退)를 알지 못한다.

인수와 편인의 또 다른 비교는 인수는 군자애인이덕(君子愛人以德)이라고 하여 "군자는 덕으로 사람들을 사랑한다"이고 편인은 소인애인이고식(小人愛人以姑息)이라고 하여 "소인은 안일(安逸)하게 사는 것으로 사람들을 사랑한다"이다.

그러므로 만일 일간(日干)이 왕하여 인성이 필요하지 않는 경우에, 인수가 있다면 해(害)는 되겠지만 큰 피해는 되지 않을 것이다. 그러나 이 경우에 편인(偏印)이 있다면 커다란 해가 될 것이다. 인수의 기는 순(純)하고 편인의 기는 비뚤어져 진퇴(進退)를 모르기 때문이다.

비유하자면 이미 음식을 배부르게 먹었는데 자꾸 음식을 더 먹이면서 그것이 사랑임을 강조한다면 이것을 진정한 사랑이라고 할 수 없다.

신왕한 사주는 설(洩)해주어야 중화(中和)가 되어 좋은데 편인(偏印)은 설해주는 식신을 극하므로 일간에게 불리하다. 예를 들면 포식으로 배가 부를 때는 배설(排泄)해야 하는데 편인이 배설통로를 막아버린다면(偏人克食傷) 난감할 것이다. 이와 같은 상황을 효신탈식(梟神奪食)이라고 부르는데, 하는 일마다 화(禍)를 일으키지 않는 것이 없다.

인성의 작용은 일간이 신약(身弱)한 경우와 신강(身强)한 경우에 따라 다르다.

일간이 신약(身弱)하다면 인성은 절대적으로 필요하다. 이 때는 인수나 편인이나 가리지 않는다. 오히려 인수가 편인의 강력한 작용에 미치지 못하므로 이 경우에는 편인(偏印)이 더욱 유효(有效)할 수도 있다. 이 때에 관성이나 인성운을 만나면 부귀(富貴)할 것이고 반대로 재운(財運)을 만나면 재가 인성을 극하므로 많은 재난(災難)이 닥쳐오게 된다. 이 경우에 재성(財星)이 왕하면 비겁(比劫)으로 재성을 억제하여야 한다.

관살이 왕하여 일간이 신약(身弱)한 경우에는 인성이 있어 살인상생(殺印相生)하면 좋다. 관살은 인성을 생해주고, 인성은 일간을 생하므로, 관살은 생(生)에 탐(貪)이 나서 일간을 극하지 않으니 관살은 오히려 더욱 좋은 작용을 하는 것이다.

신약(身弱)하여 인성(印星)을 용신으로 쓸 때 재성(財星)이 있으면 재성이 인성을 극하여 큰 화(禍)를 입게 된다. 이 때는 관살(官殺)이 있으면 관살이 재성을 유통(流通)하여 재성이 관살을 생하고 관살이 인성을 생하면 재생살(財生殺) 살생인(殺生印) 인생신(印生身)이 되어 좋다.

관살이 인화(印化)되어 관인(官印) 또는 살인(殺印)이 쌍청(雙淸)하면 사람이 온순화평하여 처세가 방정(方正)하고 학구(學究)심과 문장이 뛰어나며 기획(企劃)하는 일 등에 재능이 우수하여 관료(官僚)나 교직(教職) 또는 연구직 계통에서 명성을 얻게 된다. 특히 살인쌍청(殺印雙淸)한 자는 군경(軍警)이나 법조계, 의업계(醫業界) 등에서 두각을 나타낸다.

일반적으로 인성(印星)이 길신으로 유기(有氣)한 자는 성정이 근면 검소하고 방정(方正)하여 주위로부터 애호(愛護)를 받게 되고 학문(學問)을 잘하지만, 인성이 무력(無力)하면 부모나 학문이 미천하다. 다시 인성이 파극(破剋)되면 의지와 추진력이 약하고 학문을 중단하며 육친이 무덕(無德)하게 된다. 그러나 비겁(比劫)이 재성을 억제하거나, 관살이 유통하면 길(吉)하다.

식상이 왕하여 신약(身弱)한 경우에는 인성이 있어 식상을 제어(制御)하면 좋다. 인성이 식상을 극(剋)하여 설기를 막고, 인성이 일간을 생(生)하므로 이중으로 유리하다.

반면에 식신(食神)이 왕살(旺殺)을 제압하고 있는데 인성을 만나 파식(破食)되면 요절(夭折)한다. 이 경우에는 식상(食傷)운이나 식상을 생해주는 비겁(比劫)운을 만나야 발신(發身)하고 발복(發福)한다.

재다신약(財多身弱)한 사주에서 인성(印星)을 만나면 천관득길(遷官得吉)한다. 인성은 명예, 문서, 도장이므로 직장에서 승진(昇進)하거나 더 좋은 자리로 옮기는 등 길(吉)한 작용이 생긴다.

인성이 필요한 사주에서 재(財)를 만나면 재를 탐(貪)하여 인성을 극하므로 탐재괴인(貪財壞印)이 된다. 재는 재물(財物)과 여자(女子)이므로 이들로 인해 불미(不美)한 일이 생길 수 있으며, 또한 직장변동이 있게 된다.

또한 재(財)가 인성을 극(剋)하면 학문(學問)에 취미가 없고 공부를 못한다. 그러나 대운에서 비겁(比劫)운을 만나 병(病)이 되는 재(財)를 제거(除去)하면 공부에 열중하여 우수한 성적을 나타낸다.

일간이 신왕(身旺)하다면 인성은 불필요하며 오히려 일간에게 해(害)가 된다. 사주에서는 중화(中和)됨이 제일이므로 일간이 신왕이면 재관(財官)으로 제어(制御)하든지 식상으로 설기(洩氣)하여야 한다. 이 경우에 인성은 설기구(洩氣口)가 되는 식상(食傷)을 파괴하므로 백화(百禍)를 자초하여 흉(凶)한 작용을 한다.

일반적으로 인성이 기신(忌神)인 사람은 부모, 상사 등 윗사람이 무덕(無德)하므로 부모와 인연이 없고, 학문에 취미가 없다. 특히 인성이 태왕(太旺)한데, 재성(財星)이 없거나 무력하면 심신의 동요(動搖)가 많으며 부모 또는 고향과 인연이 부족하여 타향(他鄕)살이를 하는 경우가 많다. 또한 끈기가 부족하여 매사 용두사미(龍頭蛇尾)가 되기 쉽고 일사무성(一事無成)하게 된다.

인수에 형살(刑殺)을 만나면 모친(母親)이 질병이 있거나 수술을 하고 심하면 불구가 될 수 있다.

인수에 백호살(白虎殺)이 임하고 형살(刑殺)을 만나면 모친이 흉사(凶死)하게 된다.


## 2) 관성(官星)


관성은 나를 극(剋)하는 것으로 음양(陰陽)이 잘 배합되어 유정(有情)하면 정관(正官)이라 하고 음양이 같아서 무정(無情)하면 편관(偏官)이라고 한다. 관성은 다른 육신과는 달리 정편관에 따라 그 작용력의 차이가 현저하다.

정관(正官)은 나를 사랑하고 나를 위하여, 나를 관리하고 단속(團束)하는 것이다. 그러므로 정관은 선신(善神) 또는 길신(吉神)이라고 하여 정기(正氣)와 귀기(貴氣)를 상징한다고 하였다. 이러한 정의 때문에 사주에 만약 정관(正官)이 없으면 특별한 격국(格局)을 제외하고는 귀명(貴命)이 아니라고 생각하였다. 그러나 정관이 귀(貴)나 길(吉)을 상징하는 것이라고 해도 반드시 팔자 중에 정관의 배합(配合)이 어떠한가를 보고서 길흉을 정해야 한다. 만일 배합(配合)이 부당(不當)하다면 관이 아무리 길신(吉神)이라고 해도 쓸모가 없으며 오히려 해(害)가 되기도 한다.

편관(偏官)은 사랑없이 나를 공격하는 것으로 소인배나 도적, 불량배, 무뢰배 등에 비유된다. 그러나 이러한 비유는 모두 살강신약(殺强身弱)한데, 식상의 제극(制克)이 없거나, 재성(財星)을 만나 재성이 살(殺)을 생하여, 왕살(旺殺)이 나를 못살게 극(剋)하는 경우에 쓰는 말이다.

이런 경우에 만일 편관이 식상(食傷)의 제극(制剋)을 받거나, 인성(印星)으로 인화(印化)된다면 오히려 나에게 유리(有利)하게 작용할 것이다. 편관(偏官)은 용맹(勇猛)과 용기(勇氣)와 힘을 표현하므로 편관이 무력(無力)한 사주는 특별히 좋은 격을 제외하고는 일반 평상인(平常人)에 지나지 않는다고 한다. 대귀(大貴)한 사람의 사주에 편관격(偏官格)이 많은 것도 이를 잘 표현하고 있다.

위에서와 같이 정관과 편관은 나를 극(剋)하는 점에서는 같지만 유정(有情)하고 무정(無情)한 차이가 있다. 그러므로 정관(正官)은 손상하지 않고 보호(保護)해야 하고 편관(偏官)은 극제(剋制)하여야 한다.

예컨대 일간이 신강(身强)한데 정관이 경미하다면 마땅히 재성(財星)을 써서 정관을 생(生)해야 한다. 또한 신약(身弱)한데 정관이 강력하다면 마땅히 인성(印星)을 써서 화관(化官 : 정관의 기운을 인성으로 변화시킴)하여야 한다.

일간(日干)과 관살(官殺)의 강약이 서로 비슷한 것을 양정(兩停)이라 하는데, 일간과 편관이 양정되었을 때는 식상(食傷)으로 편관을 제압(制壓)하여야 하고, 정관(正官)일 경우에는 극제하지 말고 재성(財星)을 써서 정관을 생(生)해야 한다. 이 때 만약 식상이 있어 정관을 극하고 있다면 인성(印星)으로 극(剋)식상하여 정관을 보호하여야 한다. 무릇 정관과 일간은 음양(陰陽)의 배합이 유정(有情)한 것이므로 일간은 원래 정관의 극을 두려워하지 않기 때문이다.

편관을 제(制)하는 데는 다음과 같은 세가지 방법이 있다.

첫째는 식상으로 직접 식신제살(食神制殺)하는 방법이다.

둘째는 살인상정(殺刃相停)이라 하여 비겁으로 살(편관)을 합하는 것이다. 예를 들면 갑(甲)의 편관은 경(庚)인데, 갑(甲)은 자기의 누이인 을(乙)을 경(庚)에게 시집보내어, 갑(甲)과 경(庚)이 사이 좋은 관계가 되므로, 편관 경(庚)이 일간을 극하기보다는 오히려 일간에게 유리한 육신이 되어 귀(貴)한 격이 되는 것이다.

셋째는 인성으로 관살을 인화(印化)하여 살인상생(殺印相生)하게 하는 방법이다. 즉 관살은 인성을 생하고 인성은 일간을 생하는 것인데, 이렇게 되면 관살은 생(生)을 탐하여 일간을 극(剋)하는 것을 잊어버리게 된다.

살(편관)은 제(制)하는 것이 일반적인 원칙이지만, 사주에서는 중화(中和)가 제일이므로 신왕(身旺)한 사주에서는 살(편관)을 기뻐한다. 그러므로 살이 필요한 사주에서 살을 지나치게 제(制)하면 오히려 불길하다. 살을 지나치게 극제하는 것을 제살태과(制殺太過)라고 한다.

제살태과된 경우에는 살을 구출하여 생(生)하도록 하여야 하는데 그 방법은 다음과 같다.

첫째는 재자약살(財滋弱殺)인데 이것은 재(財)가 살을 생하게 하는 것이다. 이렇게 되면 살을 극제하고 있는 식상(食傷)은 재를 생하게 되고, 재(財)는 살을 생하게 되어 살이 제(制)에서 벗어나는 것이다.

둘째는 살을 극제하고 있는 식상을 인성(印星)으로 제거하여 살을 구출하는 방법이다. 예를 들어 갑(甲)의 칠살은 경금(庚金)인데 경금(庚金)이 식신인 병화(丙火)에 지나치게 극을 받고 있으면 인성인 수(水)로 화(火)를 제압하고 경금(庚金)인 살을 구출하는 것이다.

제살태과(制殺太過)된 상태에서 대운(大運)에서 다시 제살(制殺)운을 만나면 진법무민(盡法無民)이 된다. 진법무민은 법(法)이 무력화되어 사회에 질서(秩序)가 없으니 백성이 따르지 않게 된다는 것으로 진법무민이 되면 큰 재앙(災殃)이 따르고 크게 패(敗)하게 된다.

제살태과(制殺太過)된 상태에서 대운(大運)에서 인성(印星)운을 만나면, 인성은 살을 극하고 있는 식상을 제거하므로 대발여뢰(大發如雷) 즉 우뢰와 같이 크게 발복(發福)한다.

정관은 길신(吉神)이지만 다음과 같은 경우에는 오히려 해(害)가 된다.

첫째는 관다변살(官多變殺)이라고 하여 일간이 신약(身弱)한 경우에 정관이 많으면 관이 변하여 살(殺)이 된다.

둘째는 관살혼잡(官殺混雜)이다. 관살혼잡은 정관과 살(편관)이 혼잡된 것인데 천간에 투출된 것을 정(正)으로 친다. 관살이 혼잡되면 남자는 직장(職場)이 두 개 이상이어서 좋은 관(官)을 먹지 못하고, 여자는 남편이 여럿이어서 일부종사(一夫從事)를 하지 못한다.

관살이 혼잡되고 중중(重重)한 사주라고 하더라도 인성(印星)이 하나만 있으면 그 인성이 능히 관살을 인화(印化)하여 오히려 일간에게 유리한 작용을 하게 한다. 이를 살인상생(殺印相生)이라고 하는데 관살은 생(生)이 탐나서 극(剋)일간하는 것을 잊어버린다. 이 경우에 인성(印星)이 없다면 왕한 살(편관)의 공격을 받아 항상 무언가에 억눌리고, 시달리며, 고독한 채, 일평생을 기(氣)를 펴지 못하고 일사무성(一事無成)으로 살아가게 된다.

일반적으로 재(財)가 있고 관살(官殺)이 왕하여 신약(身弱)이면, 재가 관살을 도와 나를 치니 이것을 조귀상신(助鬼傷身)이라고 한다. 이 경우 여자에게는 재(財)는 시모(媤母)고, 관(官)은 남편이니 시모(시어머니)가 남편을 부추겨서 나를 심히 구박하는 것이 된다.

또한 재(財)는 재물이니 재생살(財生殺)로 남편에게 돈벌어다 주고 구박받는 격으로 아재생살 반성기욕(我財生殺 反成其辱)이라고 한다. 그러므로 관살이 왕하고 재가 있어 신약한 여명에서, 재(財)운을 만나면 남편으로부터 구박을 당하니 주의하여야 한다. 반면에 인성운이나 비겁운과 같이 신왕운을 만나면 길(吉)하여 부부간에 불화가 해소되고 안정(安定)을 찾는다.

## 3) 재성(財星)

재는 내가 극하는 것이고, 사용하는 것이다. 그러므로 재물(財物)이 되고 처첩(妻妾)이 된다. 음양(陰陽)의 배합에 의하여 정편재로 분류하여 구분하지만, 내가 신강(身强)해야 비로소 극하고 제어하여 나를 위하여 쓰는 것이지, 내가 약(弱)하면 재를 감당하지 못하므로 오히려 화(禍)를 부른다.

그러므로 재성에서 중요한 것은 '능히 재를 감당하느냐, 감당하지 못하느냐'(能任財, 不能任財)의 구분이다. 일간이 신강(身强)하여 능히 재를 감당할 수 있으면 정. 편재가 모두 괜찮고, 신약(身弱)하여 재를 감당하지 못하면 정. 편재가 모두 불리(不利)하다.

재물(財物)이란 인간의 삶에 있어서 없어서는 안되는 것이다. 그러나 반드시 지키고 운용하고 감당할 만한 힘이 있을 때 나의 재물이 되는 것이다. 그렇지 않으면 어린애가 보물을 지니고 있다가 빼앗겨 눈물을 흘리는 것과 같다.

재가 많아서 왕하고 신약인 사주를 재다신약(財多身弱)이라고 하는데, 이러한 사주는 재가 많으니 부자인 것 같지만, 내가 약(弱)하여 재를 감당하지 못하므로 부옥빈인(富屋貧人)이 된다. 만일 재다(財多)에 신강(身强)하면 귀명(貴命)으로 치부를 하여 부와 귀를 함께 누린다.

신약(身弱)하여 관살이 흉신인데, 재성(財星)이 있어 관살을 생하면, 관살이 일간을 상하게 하니 이른바 조귀상신(助鬼傷身)이라 하여 처(妻), 재(財)로 인한 재앙을 당하게 된다. 특히 여자는 돈벌어주고 뺨 맞는 격이 되어 남편과 시부모로부터 화(禍)를 입게 된다. 그러나 비겁(比劫)이 유기(有氣)하여 재성을 억제하거나, 관살(官殺)이 재성을 유통하여 인성으로 화(化)하게 되면 무해(無害)하게 된다.

일간이 신강(身强)하고 재성이 약하면 식상(食傷)으로 재성을 생해주는 것이 좋고, 일간이 약(弱)하고 재성이 왕하면 비겁(比劫)으로 재성을 극하고 인성(印星)으로 일간을 부조하는 것이 좋다.

신강(身强)한 사주에 비겁이 왕하고 재성이 있으면, 살(殺)이 있음을 좋아하고, 살운(殺運)을 좋아한다. 비겁이 왕하면 비겁이 나의 재물을 분탈(分奪)하게 되는데, 관살(官殺)이 있으면 관살은 비겁을 제거하고 재를 보호하기 때문이다.

정재는 신왕하고 인수(印綬)가 있는 것을 좋아하며, 운에서 도식
(倒食 : 편인)과 비견.겁재를 만나는 것을 꺼린다. 그 이유는 도식
(편인)은 재를 생하는 식상(食傷)을 극(剋)하여 재의 보급로를 차
단하기 때문이요, 비견과 겁재는 재를 극하여 탈재(奪財), 손재(損
財), 극부(剋父), 극처가 되기 때문이다.

## 4) 식상(食傷)

식상은 나의 기(氣)를 설(洩)하여 타(他)를 생(生)하는 것이다.
음양(陰陽)의 배합에 따라 식신과 상관으로 나뉘지만 오행의 작용
은 마찬가지이다.

식상은 재(財)를 생하므로 양명(養命)의 근본이 되고 원천이 된
다. 식상이 재의 뿌리가 되고 원천이므로, 재는 식상이 있음으로
부유하고 풍부함이 중단없이 이어지는 것이다. 만일 사주에 식상
이 없이 재만 있다면 재를 써버리면 재는 고갈(枯渴)될 것이다.

고서에 '식신이 유기(有氣)하면 승재관(勝財官)'이라고 하였는데
이 말은 식신(食神) 좋은 것이 재성(財星)이나 관성(官星) 좋은
것보다 낫다는 말이다. 즉 돈벌이를 하지 않아도 넉넉하게 살 수
있으며, 관직(官職)을 가지고 있지 않아도 권세(權勢)를 잡아 세도
를 부릴 수 있기 때문이다.

식상은 나의 기운을 빼내어 여러 작용을 하므로 내가 강(强)하고

왕(旺)해야 한다. 만일 내가 약(弱)하다면 어떻게 나의 기운을 빼내어 일을 할 수 있겠는가.

식상의 작용은 크게 두가지이다. 하나는 재를 생(生)하는 것이요, 다른 하나는 살을 극(剋)하여 제살(制殺)하는 것이다. 이를 식신생재(食神生財), 식신제살(食神制殺)이라고 하는데 물론 모두 일간이 신강(身强)함을 전제로 한 것이다. 식상이 살을 극하여 제살(制殺)하지마는 살을 극하기 전에 먼저 나의 기운을 설(洩)하므로 내가 강(强)하지 않으면 내가 쓰러져 버리고 만다.

명(命) 중에 식상이 길신(吉神)일 때는, 인성이 탈식(奪食)하는 것을 가장 꺼린다. 이 때는 비겁으로 인성을 유통(流通)하거나 재성(財星)으로 인성을 억제하여 괴인(壞印)함이 좋다. 반대로 식상이 기신(忌神)일 때는 인성(印星)으로 식상을 억제하여야 한다.

식신을 수성(壽星)이라고 하는 이유는 칠살(七殺)이 나를 극하여 나의 수명(壽命)을 감축시키려고 할 때 식신(食神)이 칠살을 극(剋)하여 나를 구해주기 때문이다.

고서에 '상관견관(傷官見官)에 위화백단(爲禍百端)'이라고 하였는데 이 말은 상관이 관을 보면 관(官)을 극(剋)하는데 이렇게 되면 많은 화(禍)가 생긴다는 뜻이다. 관은 법(法)이고 관청이고 상관(上官)인데 관을 극하고서 어찌 무사할 수 있겠는가.

그러므로 세운에서 상관(傷官)운을 만나면, 관을 극하고는 안심할 수 없는 것과 같이, 공포 불안에 떨며, 질서없이 방종해지고, 관재(官災)를 당하게 되는 것이다.

상관이 왕한 자는 자신을 높이고, 법(法)을 무서워하지 않고, 남을 우습게 여기며, 무슨 일에든지 남을 누르고 올라서려는 성질이 있다. 특히 여명의 경우에 상관이 왕하면 관은 남편이므로 상부(傷夫)한다고 보는 것이다.

일반적으로 식상을 나의 언권(言權)으로 보므로 식상이 왕하면 나의 언권(言權)이 강한 것으로 보아 주장이 강하고, 말을 유창하게 하는 것으로 본다.

여명에서 상관이 왕함을 금기시하나 재(財)와 인성(印星)이 함께 왕하면 부영자귀(夫榮子貴)라고 하여 남편이 번영하고 자식은 귀하게 된다고 하였다. 그 이유는 상관은 재(財)를 생하고 재는 관(官)을 생하여 남편이 영화롭게 되고, 인성이 있으면 인성(印星)이 일간을 생하고, 상관을 극하여 상관이 관을 극하려고 하는 것을 제(制)하기 때문이다.

칠살이 용신인 사주에서 식상(食傷)이 지나치게 칠살을 제(制)하여 오히려 식상이 병(病)이 되면, 효신(梟神)이 탈식(奪食)하는 것을 좋아한다. 그러나 다시 운에서 식상(食傷)운을 만나면 진법무민(盡法無民)이 되어 생명이 위험하다.

일반적으로 생재(生財)하는 데는 식신이 유리하고, 설(洩)하는 데는 상관이 유리하다고 한다. 고서에는 '무릇 신왕(身旺)하기 때문에 설(洩)을 좋아하는 명국에 상관(傷官)이 있으면 항상 식신이 있는 것보다 성취가 크고도 좋다'고 하였다. 상관의 기(氣)는 웅장하고 모의(謀議)가 많고 거짓을 잘하여 목적을 실현(實現)하기 위해서라면 어떠한 수단도 가리지 않는데, 식신은 상황에 구애되어 삼가고 지키기 때문이다. 이런 까닭에 목표의 성취(成就)는 상관이 항상 식신보다 큰 것으로 보았던 것이다.

식상이 제살(制殺)하는 데에서 상관(傷官)이 관(官)을 만나면 재앙(災殃)이 백출(百出)하지만, 식신(食神)이 관(官)을 만나면 크게 장애가 되지 않는다고 한다.

## 5) 비견(比肩)과 겁재(劫財)

비견과 겁재의 작용은 모두 나를 부신(扶身)하는 것이니, 형제나 친구 등이 힘을 합(合)하여 나의 기세를 증장(增長)시켜주는 것이다. 그러므로 비견과 겁재는 내가 약(弱)할 때에는 필요하고 유용(有用)하지만, 내가 강(强)하면 아무런 쓸모가 없으며 심지어는 나에게 해(害)가 되기도 한다.

예컨대 재다신약(財多身弱)한 사주라면 비겁(비견과 겁재)은 신약한 일간을 도와 많은 재를 감당하게 하여 나의 재물이 되게 하지만, 일간이 신강(身强)하다면 일간은 재침(財侵)을 꺼리지 않으며 오히려 더 많은 재를 탐하게 되는데, 다시 형제와 같은 비겁이 나타나면 재를 나누거나(分財) 또는 재를 빼앗겨(劫財) 버리게 된다.

이러한 경우에는 겁재가 끼치는 해(害)가 비견보다 훨씬 심하다. 왜냐하면 비견은 성정이 순정(純正)하여 분별력(分別力)이 있는데 반해 겁재는 성정이 악잡(惡雜)하여 분별력이 없기 때문이다. 그러므로 재를 겁탈한다고 하여 겁재(劫財)라고 하는 것이다.

일간이 신약(身弱)한 경우에 비견과 겁재가 있어서 일간에게 유리하게 되는 경우는 다음과 같다.

첫째는 일간을 도와 재(財)를 감당할 수 있게 하는 것(방신임재: 幇身任財)

둘째는 일간을 도와 관(官), 살(殺)을 상대하는 것(방신이적관살: 幇身以敵官殺)

샛째는 일간을 도와 설(洩)을 감당케 하는 것(방신임설: 幇身任洩)이다.

만일 일간이 신강(身强)하다면 비겁은

첫째, 재를 나누고, 겁탈한다.(겁탈재성: 劫奪財星)

둘째, 관살(官殺)의 힘을 도둑질하여 빼낸다.(도설관살지력: 盜洩官殺之力)

이와 같이 일간이 신강(身强)인 경우에 비겁은 해(害)로운 신(神)이 되는데, 해(害)가 되는 신 중에서 가장 작용력이 큰 것이 인(刃)이다.

비겁이 태왕(太旺)할 때는 식상으로 수기(秀氣) 유행(流行)됨을 기뻐한다. 이 때 식상(食傷)이 있으면 총명 준수하고 과단 용단하여 일을 처리함이 신속 명쾌하여 군자(君子)의 풍모를 이룬다. 그러나 식상이 없고 일점(一點)의 관살이나 재성이 있으면 사람이 성급 용렬하고 육친 무덕하여 일사무성(一事無成)이 되는 경향이 있다.

비겁과 재성이 양왕(兩旺)하면 처와 재물을 다스리는 능력이 뛰어나서 처와 재의 덕이 좋으며 상술(商術)이나 기업경영에 뛰어난 재능을 발휘한다.

여명에서 비겁은 남편의 또 다른 처가 되므로 비겁이 사주에 있는 여명은, 남편에게 처이외에 첩(妾)이 있거나, 자기가 첩이 될 수 있다. 이러한 경우에 비견보다는 겁재의 작용력이 크다. 대체로 비겁이 천간에 투출해 있으면 탈부(奪夫)이거나 그렇지 않으면 유부별거(有夫別居)로 남편이 있어도 남편이 없는 것과 같이 된다.

## 4. 생극제화(生剋制化)의 이법(理法)

### 1) 인성과다(印星過多)의 해(害)

생부(生扶)가 태과(太過)하면 기체(氣滯)한다.
지나치게 생을 많이 받으면 도리어 자신에게 해(害)가 된다.

(1) 금뢰토생(金賴土生)이나 토다금매(土多金埋)라
　금은 토의 생(生)함을 받아 의지하지만, 토가 많으면 금이 매몰(埋沒)된다.
　토생금(土生金)하여 토는 금을 생하지만, 토가 많으면 그 토에 의하여 금이 묻히게 된다.

(2) 수뢰금생(水賴金生)이나 금다수탁(金多水濁)이라

수는 금의 생함을 받아 의지하지만, 금이 많으면 수가 탁(濁)해진다.

금생수(金生水)하여 금은 수를 생하지만, 금이 많으면 물이 탁해진다.


(3) 목뢰수생(木賴水生)이나 수다목부(水多木浮)라

목은 수의 생함을 받아 의지하지만, 수가 많으면 목이 물에 뜬다.

수생목(水生木)하여 수는 목을 생하지만, 물이 많으면 나무의 뿌리가 뽑혀 나무가 물에 뜬다.


(4) 화뢰목생(火賴木生)이나 목다화식(木多火息)이라

화는 목의 생함을 받아 의지하지만, 목이 많으면 불이 꺼진다.

목생화(木生火)하여 목은 화를 생하지만, 아궁이에 너무 많은 나무를 넣으면 불이 꺼지는 법이다.


(5) 토뢰화생(土賴火生)이나 화다토조(火多土燥)라

토는 화의 생함을 받아 의지하지만, 화가 많으면 토가 마르게 된다.

화생토(火生土)하여 화는 토를 생하지만, 화가 많으면 흙이 말라 쓸모없게 된다.

이상은 인성이 태과하여 해(害)가 되는 예이다.

## 2) 설기과다(泄氣過多)의 해(害)

나의 기를 지나치게 설(洩)하여 타를 생해주면 나에게 해(害)가
된다.
태설(太泄)되면 화(化)한다.
나의 기를 지나치게 설하여 생하면, 생한 오행으로 화(化)한다.

(1) 금능생수(金能生水)하나 수다금침(水多金沈)이라
금은 능히 수를 생하지만, 수가 많으면 금이 물에 잠긴다.

(2) 수능생목(水能生木)하나 목다수축(木多水縮)이라
수는 능히 목을 생하지만, 목이 많으면 수는 말라 쫄아든다.

(3) 목능생화(木能生火)하나 화다목분(火多木焚)이라
목은 능히 화를 생하지만, 화가 많으면 목이 타버린다.

(4) 화능생토(火能生土)하나 토다화회(土多火晦)라
화는 능히 토를 생하지만, 토가 많으면 불이 꺼진다.

(5) 토능생금(土能生金)하나 금다토변(金多土變)이라

토는 능히 금을 생하지만, 금이 많으면 토가 허약해져 변한다.

이상은 내가 생하는 것이 지나치게 많으며, 식상이 왕한 경우의 해(害)이다.

## 3) 신약재다(身弱財多)의 해

극을 당하는 상대가 강(强)하면 오히려 극을 하는 자가 해를 입게된다.
쇠신(衰神)이 충왕(沖旺)하면 반극(反克)된다.
쇠신이 왕신을 극하면 오히려 왕신으로부터 극을 받는다.

(1) 금능극목(金能克木)하나 목강금결(木强金缺)이라
금은 능히 목을 극하지만, 목이 강하면 금이 이지러진다.
칼은 능히 나무를 베지만, 나무가 견고하면 칼이 부러진다.

(2) 수능극화(水能克火)하나 화다수열(火多水熱)이라
수는 능히 화를 극하지만, 화가 많으면 수가 마른다.
물은 능히 불을 끄지만, 불이 왕하면 물이 열을 받아 말라 고갈된다.

(3) 목능극토(木能克土)하나 토중목절(土重木折)이라

목은 능히 토를 극하지만, 토가 많으면 나무가 부러진다.

나무는 능히 흙을 뚫고 뿌리를 내리지만, 단단한 흙에 나무가 뿌리를 내리려면 나무가 다치게 되고, 단단한 땅에 박힌 나무는 유연성이 없어서 강한 바람에 나무가 부러진다.

(4) 화능극금(火能克金)하나 금다화식(金多火息)이라

화는 능히 금을 극하지만, 금이 많으면 화가 꺼진다.

불은 능히 금을 녹이지만, 미약한 불로 큰 금덩이를 녹이려고 하면 약한 불이 꺼져버린다.

(5) 토능극수(土能克水)하나 수다토붕(水多土崩)이라

토는 능히 수를 극하지만, 수가 많으면 토가 붕괴된다.

흙은 능히 물을 막아서 멈추게 하지만, 물이 많으면 흙이 붕괴되어 씻겨 내려간다.

이상은 신약사주에 재성이 많아서 해가 됨을 말한 것이다.

## 4) 신왕관성(身旺官星)은 희신(喜神)

신왕(身旺)하면 관성을 기뻐한다.

사주에서는 중화가 으뜸이므로, 신왕하면 관성으로 극하여 억제하여야 한다.

왕신(旺神)은 억제되어야 성기(成器)한다.


(1) 목왕득금(木旺得金)이면 방성재목(方成材木)이라

목이 왕(旺)하면 금을 얻어야, 비로소 재목이 된다.

큰 나무는 칼로 자르고 다듬어야, 쓸만한 재목이 된다.


(2) 화왕득수(火旺得水)하면 방성상제(方成相濟)라

화가 왕하면 수를 얻어야, 비로소 서로 구제가 된다.

화가 왕하면 마르고 건조하여 생물이 살 수 없으므로, 이 때에는 물을 만나야, 불과 물이 조화를 이루어 만물이 생하게 된다.


(3) 토왕득목(土旺得木)하면 방성소통(方成疏通)이라

토가 왕하면 목을 얻어야, 비로소 소통이 된다.

토가 왕하면 흙이 단단하고 굳어서, 물과 공기가 소통되지 않아 흙의 기능이 상실된다. 이 때 나무가 있어 그 뿌리가 이곳 저곳에 뻗치면 물과 공기가 소통되어 흙이 제 기능을 발휘하게 된다.


(4) 금왕득화(金旺得火)하면 방성기명(方成器皿)이라

금이 왕하면 화를 얻어야, 비로소 그릇이 이루어진다.

크고 무딘 쇠붙이는 불로 제련을 해야, 비로소 사용할 수 있는 그릇이 된다.

(5) 수왕득토(水旺得土)하면 방성지소(方成池沼)라

수가 왕하면 토를 얻어야, 비로소 연못을 이룬다.

수가 왕하면 물이 범람하므로, 흙으로 제방을 쌓아야 연못을 이루고, 그 물로 만물이 양육되는 것이다.

이상은 신왕사주에 관성을 만나면 희신이 됨을 말한 것이다.

## 5) 신약관성(身弱官星)은 해신(害神)

신약인데 나를 극하는 관성을 만나면, 내가 더욱 약해지니 나에게 해롭다.

쇠신(衰神)이 충극(沖克)되면 소멸(消滅)한다.

(1) 금약봉화(金弱逢火)이면 필위금용(必爲金鎔)이라

금이 약할 때 화를 만나면, 반드시 금은 녹아버린다.

(2) 수약봉토(水弱逢土)이면 필위수건(必爲水乾)이라

수가 약할 때 토를 만나면, 토가 수의 흐름을 막아 물이 반드시 마르고 닳게 된다.

(3) 목약봉금(木弱逢金)이면 필위목절(必爲木折)한다.

나무가 약할 때 금을 만나면, 반드시 나무가 잘리게 된다.

(4) 화약봉수(火弱逢水)이면 필위화멸(必爲火滅)이라

화가 약할 때 수를 만나면, 반드시 화가 꺼지게 된다.


(5) 토약봉목(土弱逢木)이면 필위토함(必爲土陷)이라

토가 약할 때 목을 만나면, 반드시 토는 붕괴된다.


이상은 신약에 관성을 만나면 해가 되는 경우이다.

## 6) 신왕설기(身旺泄氣)는 길(吉)하다

내가 강해서 타를 생하면 기쁘게 된다.

신왕하면 설기되어야 청(淸)해진다.


(1) 강목득화(强木得火)하면 방화기완(方化其頑)이라

강한 나무는 불을 만나야, 그 강하고 단단함이 조절된다.

나무는 불을 만나야, 광명(光明)을 얻어 빛을 발하고 성장한다.

이것을 목화통명(木火通明)이라고 한다.


(2) 강화득토(强火得土)하면 방지기염(方止其炎)이라

강한 화는 토를 만나면, 바야흐로 그 타오르는 열기가 그치게 된다.

왕화가 토를 만나면, 그 열기가 땅에 스며들어 불꽃이 무디게 되고 뜨거움이 그치게 된다.


(3) 강토득금(强土得金)하면 방지기해(方止其害)라

 강한 토가 금을 만나면, 바야흐로 그 해가 그치게 된다.

 토가 비옥(肥沃)해 진다.

 강한 토는 단단하고 딱딱하여 농사를 지을 수 없는데, 금을 만나 단단한 토기를 설기시키면, 토가 윤습(潤濕)하게 되어 가색(稼穡 : 곡식농사)의 공을 이룰 수 있다.


(4) 강금득수(强金得水)하면 방지기봉(方止其鋒)이라

 강한 금이 수를 만나면, 바야흐로 그 예리함이 꺽이게 된다.

 강한 금은 날카롭고 예리하여 잘 부러지는데, 금을 불에 달구어 물에 담그면 강유가 조절되어 부러지지 않게 된다.


(5) 강수득목(强水得木)하면 방지기세(方止其勢)라

 강한 수가 목을 만나면, 바야흐로 그 강한 세력이 그치게 된다.

 나무는 흡인력이 있으므로, 물이 있는 곳에 나무가 있으면, 나무가 물을 빨아들여 비록 강수(强水)라 하더라도 그 기세가 그치게 된다.


 이상은 신왕한 사주는 설기시켜야 길(吉)함을 나타낸 것이다.

# 제8장. 간명(看命)의 기본원리(基本原理)

## 1. 신강(身强)과 신약(身弱)

명리학은 오행(五行)의 조화(調和) 여부에 의하여 운명의 길흉을 판단하는 학문이다. 오행의 요소에는 음양(陰陽), 조후(調候), 강약(强弱) 등이 있는데 이들 요소들이 태과(太過)나 불급(不及) 또는 편고(偏枯) 됨이 없이 조화(調和)를 이루어 중화(中和)됨을 제일로 여긴다.

오행의 조화여부는 사주의 주인이 되는 일간(日干)과 일간을 제외한 나머지 오행과의 관계에 의한다. 일반적으로 오행의 강약(强弱)여부는 득령(得令)과 득세(得勢)와 득지(得地)의 여부에 의하여 결정되는데, 만일 일간이 지나치게 강(强)하다면, 오만 방자하여 중용을 지키기 어려우므로 고고(孤苦), 빈천(貧賤)하게 될 것이고, 지나치게 약(弱)하다면, 정신과 기력이 부족하여 유약(柔弱)

무능(無能)하거나 요절(夭折)할 것이다.

일간이 왕성하고 강력한 것을 신강(身强)이라 하고, 쇠약하고 무력한 것을 신약(身弱)이라고 한다. 신강은 일간을 방조(幇助)하여 주는 세력이 일간을 제화(制化)하는 것보다 많아서 강(强)한 것을 말하고, 신약이란 제화(制化)하는 기세가 방조(幇助)하는 것보다 많아서 일간이 쇠약(衰弱)한 것을 말한다.

대체로 신강(身强)과 신약(身弱)을 구별하는 방법은 일정하나, 구체적인 판단의 기준은 학자마다 조금씩 다르다. 그것은 신강. 신약을 판단하는 것이 어렵다는 것을 암시하는 것이다. 흔히 명리학의 대가(大家)라는 분들도 신강과 신약을 혼동하는 경우가 많다고 한다. 일반적으로 다음과 같은 기준에 의하여 구분한다.

1) 월령(月令, 출생월)에 의한 구분이다.

월(月)은 나를 낳아준 부모(父母)의 자리이고, 내가 이 세상에 시발(始發)한 곳이므로 월은 사주에서 가장 중요하다. 초목에 비유하자면 계절(季節)이 되고, 영웅에 비유하면 힘을 쓸 수 있는 때가 된다. 영웅이 때를 만나면 능력(能力)을 발휘(發揮)하여 위인이 되지만, 때를 만나지 못하면 허송세월하며 심지어 잡배가 될 수 있음과 같다.

자기가 출생한 월령(月令)은 오기(五氣)의 왕쇠(旺衰)를 주제하는 당왕(當旺)한 기(氣)이다. 그러므로 월령(月令)이 일간의 오행이 왕성해지는 달인가, 그렇지 않으면 쇠약해지는 달인가에 따라 일간의 왕쇠(旺衰)는 달라진다. 예컨대 일간이 갑(甲)일이라면 춘절(春節)은 왕성하고, 하추절(夏秋節)은 쇠약하다.

일간의 오행이 월(月)에서 시후(時候)를 만난 것을 득령(得令)했다고 하고, 월에서 시후(時候)를 얻지 못한 것을 실령(失令)했다고 한다. 일간이 득령(得令)을 하면 우선 신강(身强)으로 본다.

2) 일간을 생조(生助)해주는 자(者)가 많으면 신강(身强)이고, 일간을 극해(克害)하거나, 일간의 기(氣)를 설(洩)하는 자가 많으면 신약(身弱)이다.

일간을 생조(生助)하여 강(强)해진다는 것은, 사주 중에 인성(印星)과 비겁(比劫)이 많아서 일간의 힘이 강해지는 것을 말하고, 일간을 극해(克害)하고 설(洩)한다는 것은 사주에 관성(官星)과 재성(財星)과 식상(食傷)이 많은 것을 말한다.

사주 중에 인성과 비겁이 많아 생조(生助)를 많이 받으면 세력이 커지는데 이를 세(勢)를 얻었다 하여 득세(得勢)라 하고, 관성과 재성과 식상이 많아 쇠약(衰弱)해지면 세를 잃었다 하여 실세(失勢)라고 한다. 일간이 득세(得勢)하면 신강(身强)한 것으로 본다.

3) 일간이 지지(地支)에 통근(通根)하면 강(强)해진다.

통근(通根)은 일간이 지지에 동기(同氣)를 갖고 있는 것으로, 나무에 비유하면 뿌리 있는 나무와 같다. 나무가 땅에 뿌리를 박지 못하면 약(弱)하여 공중에 떠있게 된다. 일간이 지지에 통근을 하면 나무가 땅에 뿌리를 박는 것과 같이 강(强)하게 된다.

　신강. 신약의 구별에서 통근(通根)은 무엇보다도 중요하다. 왜냐하면 지지의 지장간(地藏干)은 정적(靜的)이므로, 천간에 투출(透出)할 때 역량을 발휘하고, 천간은 지지에 통근(通根)하지 않으면 뿌리 없는 나무와 같아서 힘을 쓸 수 없기 때문이다.

　그러므로 신강과 신약을 구분할 때는 천간에 투출(透出)한 오행의 통근(通根) 여부를 살펴서 일간과 대조하여 왕쇠(旺衰)를 구별하여야 한다. 이 때 통근(通根)하지 않은 천간이나 투출(透出)하지 않은 지지는 힘이 없을 것이다. 일반적으로 지지에 통근(通根)한 일간은 신강(身强)한 것으로 본다.


4) 일간이 지지에서 장생(長生), 건록(建祿), 제왕(帝旺) 등의 12운성을 만나면 득기(得氣)하였다 하여 강(强)해지고, 병(病), 사(死), 절(絶) 등을 만나면 실기(失氣)하였다 하여 약(弱)해진다.

　일간이 지지에서 만나는 생(生), 록(祿), 왕(旺)의 운성(運星)은 대부분이 일간의 동기(同氣)를 가지고 있어 일간과 통근(通根)하게 된다. 지지에서 장생(長生)을 만나면 진기(進氣)를 득(得)한 것이요, 록(祿)과 왕(旺)을 만나면 록왕에 통근(通根)한 것이 되어 강(强)하게 된다.

　또한 일간이 여기(餘氣)나 묘고(墓庫)를 만난 것도 통근(通根)한 것이 되어 힘을 쓸 수 있다. 그러나 월(月)의 심천(深淺)에 따라 분별이 있다. 예컨대 일간이 여기(餘氣)를 만나 통근하는데, 여기

(餘氣)가 사령(司令)할 때는 통근(通根)이 견실한 것이 되나, 사령 (司令)의 때가 지나면 허(虛)하게 된다.


5) 일간을 생조(生助)하는 힘은 간(干), 지(支)에 따라 다르다.

지(支)는 간(干)보다도 일간을 생조(生助)하는 힘이 강(强)하며, 지(支) 중에서도 월지(月支)가 타지에 비해 훨씬 강(强)한 힘을 갖고 있다. 간(干)과 월지(月支)와 타지(他支) 간의 강약의 정도는, 간(干)이 하나면, 타지(他支)는 둘이고, 월지(月支)는 셋이 된다.

또한 월지, 일지, 시지, 년지, 천간의 순으로 역량이 있으며 통근의 경우에는 록(祿), 왕(旺), 생(生), 묘(墓)의 순이다. 무엇보다도 통 근(通根)과 월지(月支)를 중시하여 월지(月支)의 장간(藏干)이 천 간에 투출(透出)한 것이 가장 역량이 크며, 다음은 월지 이외의 지 지에 통근한 오행이다. 통근(通根)하지 못한 천간은 유명무실(有名 無實)하며, 지지 중에서 본기(本氣)를 제외한 여기(餘氣), 중기(中 氣)는 천간에 투출(透出)하지 않으면 이 또한 힘을 쓸 수가 없다. 다만 지지에서 회합(會合)하여 국(局)을 이루면 역량이 커져 여기, 중기도 쓸 수 있다.


6) 합(合), 충(沖), 화(化)에 의하여 변화한다.

합은 주로 삼합(三合)을 말하는데(6합은 미약하다) 합하여 삼합 국(三合局)이나 삼방(三方)이 되면 화(化)한 오행의 기세가 강 (强)하여, 화한 오행이 일간을 생조하면 신강(身强)할 것이요, 화기(化氣)가 일간을 극(剋)하거나 설(洩)하면 신약(身弱)하게 될 것이다.

충(沖)이 되면 장간이 서로 파극(破克)되니 잘 살펴야 한다. 만일 전왕(專旺)인 자(子)오(午)가 충이 되면 자(子)수는 동요하나 오(午)화는 파극된다. 그러나 만일 오화가 월건(月建)에 있다면 오화의 힘이 왕하므로 파극되는 않지만 반감(半減)은 된다.

인신(寅申) 충(沖)인 경우는 인(寅) 중의 병화(丙火)와 갑목(甲木)이, 신(申) 중의 임수(壬水)와 경금(庚金)에 의하여 극(剋)을 받아 파극 된다. 또한 묘고(墓庫)가 충(沖)되면 토(土)는 왕(旺)해지나 장간(藏干)은 극전(剋戰)에 의해 승패가 결정된다.

결론적으로 일간의 신강, 신약의 구별은

첫째, 일간이 득령(得令)했는가의 여부

둘째, 일간이 뿌리가 있는가의 여부

셋째, 일간을 생조(生助)하는 신들의 작용은 어떠한가의 여부

넷째, 극설(剋洩)하는 신들의 상황은 어떠한가의 여부

다섯째, 합(合), 충(沖), 화(化)의 작용은 어떠한가의 여부에 의하여 파악된다. 특히 월령(月令)이 중요한데 월령을 제강(提綱)이라고 부르는 이유가 여기에 있다. 제강(提綱)이라는 의미는 사주를 구성하고 있는 여덟 개의 글자 중에서 가장 요점이라는 뜻이다. 그러므로 월령(月令)은 일간의 바탕이 되며, 사주의 중추적 요소가 되는 것이다.

사주의 신강, 신약은 대체로 위의 방법에 의하여 판단하지만, 실

제에 있어서는 애매 모호한 경우가 허다하므로 많은 연구가 필요
하다.

甲 甲 丙 甲
子 子 寅 寅

갑목(甲木)이 정월 녹지(祿地)에 생하여 득령(得令)하였다. 년주
(年柱)와 시간(時干)에 동기(同氣)가 있고, 일지와 시지에 자수(子
水)가 있어 생(生)하는데, 월간(月干)의 병화(丙火)만이 일간의 기
(氣)를 누출(漏出)시키므로 신강(身强)이다. 월간의 병화(丙火)가
월지의 인목(寅木)에 통근하여 태왕(太旺)한 갑목의 기를 설(洩)
하므로 병화가 용신이다.

丙 乙 癸 甲
子 亥 酉 寅

을목이 유(酉)월 금왕절(金旺節)에 생하여 실령(失令)하였다. 그
러나 년주(年柱)에 동기(同氣)가 있고, 일지와 시지 그리고 월간에
인성(印星)이 있으며 또한 인해(寅亥) 합으로 일간을 돕고 있다.
다만 시간의 병화(丙火)만이 기를 누출하고 있다. 그러므로 비록
실령(失令)은 하였지만 타주에서 일간을 방조(幇助)하는 것이 제
극(制剋)하고 설(洩)하는 것보다 많아 신강(身强)하게 되었다.

유금이 득령(得令)하고, 병화가 인목에 통근(通根)하니 제화(制化)도 유력하여 중화(中和)를 이루었다고 하겠으나, 신강(身强)하니 뿌리있는 병화(丙火)를 용신으로 삼아 일간의 기를 설(洩)하는 것이 좋다.

丁 甲 丁 辛
卯 寅 酉 亥

갑목이 유월(酉月) 가을에 생하여 실령(失令)하였다. 신금이 유금에 통근(通根)하여 강왕하고, 월간과 시간에 정화가 있어 신약(身弱)한 듯하다. 그러나 좌하(坐下) 인목(寅木)이 일간의 녹(祿)이 되고, 시지의 묘목이 왕(旺), 연지의 해수가 생(生)이 되고 인해(寅亥) 합(合)으로 일간을 생조하니 약이불약(弱而不弱)이 되었다.

庚 辛 壬 壬
寅 卯 子 寅

신금이 동지 한절(寒節)에 생하여 임수(壬水)가 투출하니 설기(洩氣)가 대단하다. 지지에 재(財)인 목(木)이 많으니 재다(財多)인데, 일간은 일점의 뿌리가 없으니 고독하다. 다만 경금(庚金)에 의지할 뿐이나 경금도 뿌리가 없다. 뿌리 없는 나무가, 뿌리 없는 나뭇가지에 기대어 있는 상이다. 설(洩)은 왕(旺)하고 생조(生助)

는 미약하니 극신약(極身弱)이다. 경금은 뿌리가 없으니 쓸 수가 없다. 인목(寅木)에 있는 병화(丙火)로 조후하고, 무토(戊土)를 용신으로 삼아 신약한 일간을 생(生)해야 할 것이다.


癸 戊 戊 乙
亥 寅 子 酉


무토가 11월 한절(寒節)에 생하니 실령(失令)하였다. 월간의 비견인 무토(戊土)를 제외하고는 간지(干支) 모두가 극설(剋洩)이니 극신약(極身弱)이다. 월지인 자수에서 투출한 계수(癸水)가 유금의 생조를 받고 해수의 도움을 받으니 수(水)가 왕하다. 다행이도 좌하에 인목(寅木)이 있어, 무토의 장생지(長生地)로서 일간이 뿌리를 내리고, 인중의 병화(丙火)와 살인상생(殺印相生)이 되어 일간을 생조하니 기쁘다.

신약이니 인중의 병화(丙火)를 용신으로 삼아 일간을 부조(扶助)하여야 한다. 자월에 금수(金水)가 왕하니 인(寅) 중의 병화는 조후(調候)하는 용신이기도 하다.


甲 己 癸 乙
子 亥 未 未


기토가 유월 토왕절(土旺節)에 생했으니 득령(得令)한 것이다. 또한 년지에 동기(同氣)인 미토(未土)가 있으니, 일간의 뿌리가 강하여 신강(身强)으로 보인다. 그러나 자수와 해수에 통근한 계수(癸水)가 목(木)을 생하고, 미토에 통근한 을목(乙木) 그리고 해수에 통근한 갑목(甲木)이 일간을 극하고 있다. 또한 월지와 일지가 합(合)이 되어 관살(官殺)이 되니, 일간은 관살인 목(木)에 의하여 심한 공격을 받고 있다. 목(木)과 토(土)가 싸우는 형상인데 목(木)이 많으니 약(弱)할 수밖에 없다.

미토에 있는 정화(丁火)를 써서 목과 토 사이를 통관(通關)시키면, 관살(官殺)인 목(木)은 인성인 정화(丁火)를 생하고 정화는 일간(日干)을 생하여 살인상생(殺印相生)이 되니 좋다.

## 2. 중화(中和)

사주에는 정(精) 신(神) 기(氣) 삼자가 있다. 정(精)은 일간을 생(生)하는 육신을 말하고, 신(神)이란 일간을 극(剋)하는 육신이며, 기(氣)는 일간과 동기(同氣)인 비견, 겁재를 말한다.

만일 정(精)만 왕해지면 사주가 비대해지고, 기(氣)만 왕하면 유통(流通)이 되지 않아 답답하고, 신(神)만 왕하면 유약(柔弱)해진다. 반면, 정(精)이 부족하면 사주가 신약이 되고, 기(氣)가 부족하면 정신이 족하더라도 부귀가 길지 못하고, 신(神)이 부족하면 사주가 무용지물(無用之物)이 된다. 따라서 사주가 좋으려면 정신기(精神氣) 삼자가 모두 충족되어 균형있게 조화를 이루어야 한다.

사주에서 정신기(精神氣) 삼자가 균등하게 구비되어 조화(調和)를 이룬 상태를 중화(中和)라고 한다. 다시 말하면 일간이 태왕(太旺)하거나 태약(太弱)하지 않으며 또한 어느 일방의 기(氣)가 편중(偏重)되지 않고, 오기(五氣)가 고르게 조화(調和)를 이룬 것이다. 특히 한난(寒暖)조습(燥濕)의 조후와 음양(陰陽)이 조화를 이루어야 한다.

이와 반대되는 것을 편고(偏枯)라고 하는데 편고되어 태약(太弱)하면, 정신(精神)과 기력(氣力)이 부족하여 유약(柔弱) 무능(無能)하거나 요절(夭折)할 것이요, 일간이 태왕(太旺)하면 방자하여 중용(中庸)을 지키기 어려우므로 고고(孤苦) 빈천(貧賤)하게 된다. 그러므로 일간은 사주가 중화(中和)되어 건왕(健旺)함을 제일로 여긴다.

대개의 사주는 오행이 중화(中和)되지 아니하여 혹은 신약(身弱)하거나 혹은 신왕(身旺)이거나 혹은 용신이 부족하다. 이런 사주는 용신과 화합(和合)이 되는 운(運)을 만나면 안길(安吉)하나, 일단 용신과 상반(相反)되는 운을 만나면 역경(逆境)에 처하게 된다. 그러나 중화된 사주는 순운(順運)에는 대발전을 이루고 역운(逆運)에도 평온무사하게 지낼 수 있다.

요약하면 중화(中和)된 사주는, 사주 중의 오행(五行)의 유통(流通)이 부족됨이 없고, 일간을 극루(剋漏)하는 육신과 생조(生助)하는 육신이 서로 중화, 형평을 이루고, 조후(調候)와 음양(陰陽)이 조화(調和)를 이룬 사주라고 할 수 있다.

# 3. 조후(調候)

 사주에서 좋은 사주는 중화(中和)된 사주이니, 오행이 편고(偏枯)되지 않고, 형평(衡平)을 이루며, 조화(調和)된 사주가 그것이다. 중화가 요구되는 사주의 요인은 기세(氣勢)와 기후(氣候)인데, 기세(氣勢)의 중화는 억부(抑扶)나 병약(病藥) 또는 통관(通關)에 의하여 이루어지고, 기후(氣候)의 중화는 천기(天氣)와 기온(氣溫)의 조화(調和)에 의하여 이루어진다.

 조후는 사주상의 기후(氣候)의 조화(調和)이다. 기후에는 춥고(寒), 덥고(暖), 마르고(燥), 습(濕)한 것이 있는데, 기후가 한 쪽으로 치우치면 만물이 생장(生長)하기 어렵다. 건조한 사막이나 한냉한 빙원(氷原)에서 어떻게 생물이 존재할 수 있겠는가. 만일 인간에게 화염(火炎)이 치열한 하절(夏節)이나 엄동설한(嚴冬雪寒)만 존재한다면 생활하기가 어려울 것이다.

 이와 같은 자연의 원리는 사주에도 적용되어 한(寒), 난(暖), 조(燥), 습(濕)이 적절하게 조화(調和)되어 조후(調候)가 잘 이루어지면, 사주상의 육신들이 제 기능을 잘 발휘(發揮)할 수 있을 것이고, 조후가 이루어지지 않으면 발영(發榮)하기가 어려울 것이다.

 오행상의 한(寒), 난(暖), 조(燥), 습(濕)은 다음과 같다.

 천간의 금수(金水) 즉 경신임계(庚辛壬癸)는 한(寒)하고, 목화(木火) 즉 갑을병정(甲乙丙丁)은 난(暖)하다. 무기(戊己) 토는 한난(寒暖)의 중간에 위치한다.

지지의 금수(金水) 즉 신유해자(申酉亥子)는 습(濕)하고, 목화(木火) 즉 인묘사오(寅卯巳午)는 조(燥)하다. 토(土) 중의 戌. 未는 조(燥)하고 辰. 丑은 습(濕)하다. 이는 오행이 방위(方位)에 임함을 나타낸 것으로 천간은 한난(寒暖)을 지지는 조습(燥濕)을 가리킨다. 이를 계절별로 보면 봄과 여름은 난조(暖燥)하고, 가을과 겨울은 한습(寒濕)하다.

조화의 법은 두 가지가 있으니 하나는 난조(暖燥)함이 과(過)하면 우로(雨露)로써 윤(潤)케 함이요, 또 하나는 한습(寒濕)이 과(過)하면 태양(太陽)으로 따뜻하게 하는 것이다. 고서에는 '한(寒)한 기를 득(得)하면, 난(暖)함을 만나야 성(成)하고, 난(暖)한 기를 득하면 한(寒)함을 만나야 성하며, 또 습(濕)함이 과(過)하면 체(滯)하여 성함이 없고, 조(燥)가 과하면 치열하여 화(禍)가 있나니, 무릇 팔자 중에 수요되는 것은 조후(調候)인 것이다'라고 하였다. 따라서 사주가 과(過)하게 한습(寒濕) 또는 난조(暖燥)할 때는 억부(抑扶), 통관(通關), 병약(病藥) 등의 원리보다는 조후(調候)가 우선 급하므로 조후를 써야 한다.

특히 금수식상격(金水食傷格)은 금한수냉(金寒水冷)하므로 화(火)를 쓰는 것이 급선무이다. 그러나 금수식상에 화(火)를 쓸 때는 반듯이 일간이 유기(有氣)하여 중화(中和)를 이룬 연후에 가능하다. 왜냐하면 겨울에는 화(火)는 반드시 필요하지만, 화(火)는 일간인 금(金)을 극하기 때문이다. 만일 일간이 신약(身弱)하다면 화(火)의 극(剋)을 감당하지 못하므로 이 때는 우선 토(土) 인성

(印星)으로 지수(止水)하고 일간을 도와야 한다.

◎ 화(火)가 치열하면 용(龍 : 辰土)을 타야 하고, 홍수가 범람하면 호랑이(虎 : 寅木)를 타야 한다.

◎ 월지(月支)가 신유술해자축(申酉戌亥子丑)이면 목화(木火)가 대길(大吉)이고, 사오미(巳午未)이면 금수(金水)가 대길(大吉)이다.

◎ 경험에 의하면 사주의 길흉은 조후(調候)에 의하여 좌우된다. 그러므로 용신을 정할 때는 조후를 중시하여야 한다.

```
辛  壬  辛  辛
丑  寅  丑  丑


丁  丙  乙  甲  癸  壬
未  午  巳  辰  卯  寅
56  46  36  26  16  6
```

이 사주는 여명(女命)인데 임수(壬水) 일간이 12월 한절(寒節)에 생(生)한데다 연, 월, 시주가 전부 신축(辛丑)으로 되어 매우 한습(寒濕)하다. 조후가 시급한데 일간의 좌하(坐下)에 인목(寅木)이 있어 다행이다. 인(寅) 중의 일점 병화(丙火)는 한습한 천지에 춘광(春光)을 비추는 듯하다. 다시 대운이 동남(東南) 목화(木火)운으로 흐르니 친정과 시댁이 모두 번창하고 남편이 고귀하였다.


甲 甲 甲 甲
戌 寅 戌 戌


庚 己 戊 丁 丙 乙
辰 卯 寅 丑 子 亥


갑목이 술월에 생하고, 사주 네기둥이 갑술(甲戌)과 갑인(甲寅)으로만 되어 있다. 한습(寒濕)의 기운이 전무(全無)하니 사주가 지나치게 난조(暖燥)하다. 조후가 시급함으로 한습지기(寒濕之氣)를 용신으로 삼아 화염(火炎)을 제(制)하고, 토(土)를 자윤(滋潤)하게 하여 갑목을 보호하여야 한다. 토가 왕하니 재다신약(財多身弱)으로 보고 비겁을 용신으로 삼아서는 안된다.

사주가 천간일기(天干一氣)로 되어 순수(純粹)하나, 조후가 되지 아니하여 평생을 통해 복택(福澤)이 부족하였다. 그러나 초운에는 수운(水運)을 만나 젊어서 명성(名聲)을 떨쳤으나, 중년에 목화운(木火運)인 무인(戊寅) 대운을 만나 사주가 더욱 난조(暖燥)하여 병사(病死)하였다. 청국 말엽의 혁명가인 황극강의 사주이다.


丙 乙 丙 甲
戌 酉 子 申

壬 辛 庚 己 戊 丁
午 巳 辰 卯 寅 丑

을목이 자월 동절(冬節)에 생하고, 지지에 신유술(申酉戌) 금국
(金局)을 이루니 천지가 한동(寒凍)하다. 우선 급한 것이 해동(解
凍)이니 조후가 시급하다. 다행하게도 병화(丙火)가 술토에 통근하
여 일간을 좌우에서 보온(保溫)하니 조후가 빛나는 상이다. 그러므
로 사람이 화평(和平)하고 부귀(富貴)를 누렸다.

지지에서 신유술 금국을 이루어 살왕(殺旺)이므로 인성인 자수
(子水)를 써서 살인화(殺印化)하여야 한다고 생각할 수도 있다. 그
러나 자수가 득령(得令)하고, 신자(申子)가 합이 되니 수기(水氣)
가 부족하지 않다. 금수(金水)가 왕한 것이 병(病)이다

癸 戊 辛 丙
丑 子 丑 子

丁 丙 乙 甲 癸 壬
未 午 巳 辰 卯 寅

무토 일간이 축월 한절(寒節)에 생하고 금수(金水)가 투출하였다.
토금(土金) 상관격(傷官格)으로 상관과 재성이 모두 왕하다. 축월
엄동설한(嚴冬雪寒)에 천지가 꽁꽁 얼었는데 일점 병화(丙火)가

빛을 비추고 있으나 뿌리가 없다. 급한 것이 조후이며, 연간의 병화가 유기(有氣)하여 해동(解凍)하도록 하여야 한다.

초년부터 대운이 목화(木火)운으로 흐르니 공명(功名)이 천하를 진동하였다. 청국의 중흥공신 팽옥린의 사주이다.

## 4. 통관(通關)

통관이란 막힌 것을 통(通)하게 한다는 말로, 사주 중에 왕성한 두 오행이 대립(對立)하고 있어 어느 하나를 억제(抑制)하기 곤란한 경우, 이를 서로 유통(流通)하게 하여 화해(和解)시키는 것이다. 예컨대 정재(正財)와 인성(印星)이 서로 대립하여 있을 때, 그 세력이 양립(兩立)하여 어느 하나를 억제하기 곤란한 경우, 관살로 재생관(財生官), 관생인(官生印)하여 양자를 서로 유통(流通)시켜 오행의 조화(調和)를 도모하는 것이다.

또한 사주 중에 두 세력이 대등(對等)하게 대립(對立)하고 있지만 한 쪽이 약(弱)한 경우, 강(强)한 쪽의 기를 유통(流通)시켜 두 세력이 조화(調和)케 하는 것이다. 관살(官殺)이 왕하고 일간이 약한 경우, 인성(印星)으로 관살의 기를 유통(流通)시켜 일간을 부조(扶助)하는 것이다. 일간이 강하고 재성(財星)이 약한 경우 식상(食傷)으로 통관(通關)시켜 두 세력을 조화시키는 것이 그것이다.

통관의 대개(大概)는 다음과 같다.

◎ 금목(金木)이 상극하는 데는 수(水)가 통관이요

◎ 수화(水火)가 상극하는 데는 목(木)이 통관이요

◎ 목토(木土)가 상극하는 데는 화(火)가 통관이요

◎ 화금(火金)이 상극하는 데는 토(土)가 통관이요

◎ 토수(土水)가 상극하는 데는 금(金)이 통관이다.


통관은 극(剋)하는 오행의 기를 유통(流通)시켜 약(弱)한 오행을 생조(生助)하므로 반생(反生)의 역할을 한다. 그러므로 해(害)가 복(福)이 되는 것이다.


甲 己 癸 乙
子 亥 未 未


丙 丁 戊 己 庚 辛 壬
子 丑 寅 卯 辰 巳 午


기토(己土) 일간이 유월 염천(炎天)에 생하고 연지가 또한 미토(未土)이므로 토(土)가 약하지 않다. 일지와 시지가 수(水)고 계수(癸水)가 투출하여 수(水)가 왕한데 수(水)는 목(木)을 생하고 있다. 토(土)와 목(木)이 대립하는 상황에서 목이 토를 극하고 있다. 목토(木土)가 상전(相戰)하고 있으니 화(火)가 통관용신이다. 화(火)가 있으면 목생화(木生火)하고 화생토(火生土)하니 살인상생

(殺印相生)이 되어 해(害)가 오히려 복(福)이 된다.

지지의 미토에 정화(丁火)가 있으나 천간에 계수(癸水)가 있으니 화(火)가 부족하다. 행운에서 화(火)를 만나야 하는데 초운인 남방(南方)화운(火運)은 원국과 충(沖)이 되어 왕수(旺水)가 오히려 격노하게 된다. 중반을 지나 무인(戊寅) 대운에 무토(戊土) 비겁이 기신(忌神)인 계수(癸水)를 합거(合去)하고, 인(寅)목이 흡수(吸水) 생화(生火)하여 갑목이 부목(浮木)되는 것을 막고, 인(寅) 중의 병화(丙火)가 습기를 제거하고 조후하며 통관하니 길하다. 무인 다음의 정, 병 대운에도 좋을 것이다.

甲 己 庚 戊
子 丑 申 寅


丙 乙 甲 癸 壬 辛
寅 丑 子 亥 戌 酉


기토 일간이 신월에 생하고 경금이 투출하여 상관(傷官)이 왕하다. 시간의 갑목(甲木)은 연지인 인목(寅木)에 통근하고 자수(子水)가 생하니 또한 약하지 않다. 더구나 일간인 기토와 합(合)이 되니 유정(有情)하므로 일간은 갑목(甲木)을 쓰지 않을 수 없다. 그러나 관과 식상을 병용(並用)할 수 없으며 또 어느 하나를 억제(抑制)하기도 곤란하다. 따라서 양자를 재(財)로 관통(貫通)시켜 화해하게 하여야 한다.

　해(亥), 갑(甲), 자(子)운에는 통관이 되어 관계(官界)에 나가 그 직위가 국장에 이르렀다. 그러나 을축(乙丑)운에는 금(金)이 왕성하여 그 직을 떠났다. 병인(丙寅)운에는 왕성한 경신(庚申) 금과 상충되어 일생에서 가장 어려운 시기를 보냈다.

庚 壬 庚 丙
子 午 子 午


丙 乙 甲 癸 壬 辛
午 巳 辰 卯 寅 丑


　임수 일간이 자월에 생하고 시지가 또한 자(子)이며 경금이 좌우에서 생하니 일간이 왕하다. 재성인 화(火)도 연지와 일지를 점하고 있으며 연간에 병화(丙火)가 투출했으므로 또한 왕하다. 일간과 재성이 대립하고 있으니 식상(食傷)이 유통(流通)하여 화해시켜야 한다.

　식상(食傷)이 되는 목(木)이 사주원국에 없으나 중년의 대운이 목운(木運)이니 관직에 올라 그 직위가 지사(知事)에 이르렀다.

# 5. 병약(病藥)

병(病)이란 사주 중에 어느 오행의 기(氣)가 편중(偏重)되어 중화를 해(害)하거나, 신약사주에 일간을 생조(生助)하는 오행이 있으나 이를 파극(破克)하는 것이 있어 일간에게 해(害)가 되는 것 등과 같이, 사주 중에 해(害)가 되는 것을 병(病)이라 하고, 병을 극제(剋制)시켜 주는 오행이나 화해(和解)시켜 주는 오행을 약(藥)이라 한다.

가령 목(木) 일간에 화(火)가 태왕하면, 일간의 기가 태설(太洩)되어 일간이 쇠약하게 될 뿐만 아니라 심하면 목(木)이 타버릴 수 있으므로 화(火)가 병이 된다. 이 때 수(水)가 있어서 왕화(旺火)를 억제(抑制)하고 목(木)을 자윤(滋潤)하게 하면 목이 다시 생기(生氣)를 찾아 발영할 수 있으므로 수(水)가 약(藥)이 된다. 이 때 만일 토(土)가 수를 극하면 토(土)가 기신(忌神)이 되고, 금(金)이 있어 토와 수 사이를 유통시키면 금이 희신(喜神)이 된다.

서(書)에 "사주에 유병(有病)이면 부귀지본(富貴之本)이요, 무병(無病)이면 평상지인(平常之人)이라"고 하였다.

즉 사주 중에 병이 중(重)한데 운로(運路)에서 약(藥)을 얻으면, 가뭄 중에 초목이 감우(甘雨)를 만난 격으로 대부대귀(大富大貴)하며, 병도 가볍고 약도 가벼우면 소부소귀(小富小貴)하며, 병도 없고 약도 없으면 평범(平凡)한 사람에 지나지 않는다는 말이다.

# 6. 청탁(淸濁)

사주가 맑다(淸)고 하는 것은, 기세가 순일(純一)하여 일간이 제 기능을 잘 발휘하는 것이다. 그러므로 용신이 유기(有氣)하고 유정(有情)하여 기세(氣勢)가 맑고 순수하여야 한다. 탁(濁)하다고 하는 것은 견제(牽制)가 복잡다단하여 일간이 제 기능을 발휘하지 못하는 것이다. 일간이 태왕하거나 태약하여 편고(偏枯)하거나, 기신(忌神)이 왕하여 용신이 무기(無氣)하거나 무정(無情)한 경우가 해당된다. 사주가 청(淸)하면 정신(精神)이 맑아서 부귀하게 되고, 탁(濁)하면 정신이 흐려서 빈천(貧賤)하게 된다.

그러나 사주가 청(淸)한 듯하나 탁(濁)한 것이 있고, 탁한 듯하나 청한 것이 있다. 또한 청(淸)한 것이 흉한 대운을 만나 탁(濁)한 것이 되고, 탁(濁)한 것이 길한 대운을 만나 청(淸)한 것이 될 수도 있다.

요약하자면 청(淸)한 사주는 중화(中和)가 되고, 용신이 유기(有氣). 유정(有情)하며, 병(病) 중에 약(藥)이 있듯이 구응(救應)이 있는 사주이다. 이에 반하여 탁(濁)한 사주는

1) 일간이 편고(偏枯: 태왕.태약한 것)되어 내격(內格)과 종격(從格)의 구별이 애매한 것

2) 사주에 용신(用神)이 나타나있지 않고, 희신(喜神)이 용신을 대신하는 사주

3) 용신이 있어도 무기(無氣)하거나, 유기(有氣)하여도 기신(忌神)

이 일간과 가까이 있어 용신이 무정(無情)한 것

4) 일간이 기신(忌神)과 탐합(貪合)하는 사주 등이다.

사주의 청탁은 육신 상호간의 생극(生剋)과 그 위치에 의하여 정해진다. 즉 일간이 약한데 인성과 재성이 함께 있으면 재성이 인성을 극하여 사주가 탁(濁)해진다. 그러나 재성이 있더라도 관성과 접근해 있고, 관성이 인성과 접근해 있으며, 인성이 일간과 접근해 있으면 재생관(財生官), 관생인(官生印), 인생신(印生身) 해서 일간을 부조(扶助)하고, 다시 행운이 인성(印星)을 도우면 부귀하게 된다.

이 경우에 재성(財星)이 사주에 없다고 하여 반드시 청한 것은 아니다. 예를 들어 인성(印星)이 있더라도 극히 미약하거나, 너무 지나치게 많거나, 또 관성(官星)이 일간과 접근해 있고, 인성이 멀리 있을 때, 일간이 먼저 관성의 극해(克害)를 입어 인성의 도움을 받지 못하는 경우 등은 청하다고 할 수 없다.

또한 육신 간의 상호작용이 서로 상득(相得: 서로 득을 봄)이 되는 것을 청(淸)이라 하고, 상호작용하여 두 가지가 서로 불상모(서로 도모하지 않음) 되는 것을 탁(濁)이라고 한다. 예를 들어 칠살격에 칠살(七殺)과 식신(食神)이 둘다 천간에 투출하면, 칠살을 식신이 제살(制殺)하므로 상득(相得)이 된다. 신왕한 재격에 정재와 정관이 모두 천간에 투출하면, 정재와 정관이 서로 상생(相生)하여 상득이 된다.

반면 정관격에 정관(正官)과 상관(傷官)이 둘다 천간에 투출하면,

상관과 정관이 상극(相剋)하여 서로가 불상모하게 된다. 재격에 편재와 편인이 둘 다 천간에 투출하면, 편인과 편재가 상극(相剋)하여 역시 불상모가 된다.

사주에 기신(忌神)이 있다고 하여 반드시 탁한 것은 아니며, 타육신의 유무와 그 위치를 참작하여야 한다. 용신. 희신이 생화왕성(生化旺盛)하고 일간과 접근(接近)해 있고, 기신(忌神)이 쇠약하고 일간과 원격(遠隔)해 있으면 사주가 맑아진다.

반면 탁(濁)한 사주는 편고(偏枯), 잡란(雜亂)한 것이니 혼잡(混雜)되어 오행의 조화가 되지 아니한 것이다. 용신 및 희신이 실세(失勢)한 것은 정신(精神)이 탁(濁)한 것이요, 월지(月支)가 파손되어 타간지에서 용신을 구하는 것은 격(格)이 탁(濁)한 것이다. 또한 신약사주에서 재성이 인성을 극해하는 것은 재(財)가 탁(濁)한 것이다.

사주가 청(淸)하면 심신(心身)이 또한 맑아서 이지(理智)가 명백하고, 의(義)를 중히 여겨 청귀(淸貴)하게 되나, 사주가 탁(濁)하면 청기(淸氣)가 흩어져서 정신이 마르고 주관이 약하여 빈천(貧賤)하게 된다. 그러나 행운(行運)에서 구하여 주면 발복(發福)의 기틀이 마련된다.


## 7. 원류(原流)


오행은 한 곳에 머무르지 않고 사시(四時)에 운행한다. 사시의 운행은 오행의 상생(相生)에 의하여 이루어진다. 목(木)이 화(火)를 생하고, 화가 토(土)를 생하고, 토가 금(金)을 생하고, 금이 수(水)를 생하고, 수가 다시 목(木)을 생하게 되어 끊임없이 이어진다. 오행이 순환(循環)하며 운행(運行)하여 시간이 멈추지 않고 흐르는 것이다.

원류란 사주의 오행이 서로 상생(相生)하며 그 상생함이 쉬지않고 흐르는 것을 말한다. 오행은 멈추지 않고 끊임없이 이어지는 시간의 영속성(永續性)이므로 막힘이 있거나 단절(斷絶)되면 그 기능을 다하지 못한다. 만일 막힘이 있으면 역류(逆流)하거나 또는 장애물을 제거(除去)하여 흘러야 하는데 이 때에는 많은 노력과 고통이 따른다.

사주에는 오행(五行)이 고루 갖추어 있어야 한다. 오행이 한 쪽으로 쏠리면 편고(偏枯)된 사주라고 하는데, 편고(偏枯)된 사주는 길한 운은 좋지만, 불길한 운에는 대흉하다. 왜냐하면 사주원국에 없는 오행이 행운(行運) 중에 나타나면, 새롭게 나타난 오행이 자기의 역할을 하려고 할 것이다. 이렇게 되면 사주원국에 긴장(緊張)이 생길 것이다. 만일 새롭게 나타난 오행이 사주의 수요(需要)에 적합하면 유익(有益)함은 흡족하지 않을 것이며, 수요에 적합하지 않으면 불측지화(不測之禍)가 발생할 것이다. 왜냐하면 사주원국이 그 흉신(凶神)에 대한 충분한 대비를 하지 않았기 때문이다.

오행이 고루 갖추어진 사주는 오행의 상호상생(相互相生)이 잘 되어 물 흐르듯 하므로 불길(不吉)한 운을 만나더라도, 불길한 운이 흐르는 물에 합류(合流)되어 운행(運行)되므로 큰 흉은 일어나지 않는다.

그러므로 사주를 볼 때는 '사주의 흐름'을 보아야 한다. 사주의 오행이 어디에서 어디로 흐르는가. 어느 곳에서 흐름이 멈추었으며 멈춘 곳에서 어떠한 작용이 일어나는가. 어떠한 경로로 계속 흐르게 되는가를 잘 살펴야 한다.

흐름 중에서도 사주에서 가장 왕(旺)한 오행의 흐름이 중요하다 왜냐하면 왕(旺)하여 유력하면 동(動)하는 성질이 강하여 생극제화(生剋制化)의 기능이 강하기 때문이다. 사주에서 가장 왕한 오행을 원두(源頭)라고 하는데 사주는 원두(源頭)의 흐름에 좌우된다.

그러므로 사주를 볼 때는 사주의 오행 중에서 가장 왕(旺)한 오행을 분별(分別)하고, 그 왕한 오행이 어디로 어떻게 흘러가는 가를 살펴야 한다. 오행의 흐름이 막힘이 없이 주류무체(周流無滯)한 사주는 평생에 수복(壽福)이 무궁하다.


甲 己 丙 甲
子 丑 寅 子


54 44 34 24 14 4
壬 辛 庚 己 戊 丁
申 未 午 巳 辰 卯


196

기토가 정월에 생하니 실령(失令)했지만, 좌하에 축토(丑土)가 있고 인목(寅木)에 뿌리 박은 병화(丙火)가 투출하여 일간 옆에서 일간을 생하니 약하지 않다. 그래도 재관(財官)이 왕하여 신약이므로 병화(丙火)가 용신이다. 일월이면 아직 한기(寒氣)가 남아 있고 지지가 자축(子丑)으로 되어 있어 한습(寒濕)이 심하니 병화(丙火)는 조후의 작용도 하는 길신이다.

월지에 통근(通根)하고 자수(子水)의 생조를 받는 갑목이 원두(源頭)가 된다. 원두인 갑목(甲木)은 좌하에서 생함을 받아 수생목(水生木), 목생화(木生火), 화생토(火生土)로 상생(相生)이 되어 막힘이 없다. 또한 일지인 축토(丑土)에 금수(金水)가 있어 토생금(土生金), 금생수(金生水) 그리고 다시 수생목(水生木)으로 되니 주류무체(周流無滯)하다. 대운도 목화(木火)운으로 흘러 대길(大吉)이므로 일생을 태평(太平) 재상으로 지냈다.

甲 戊 乙 辛
寅 戌 未 未


丁 戊 己 庚 辛 壬 癸 甲
亥 子 丑 寅 卯 辰 巳 午


무토 일간이 유월 토왕절(土旺節)에 생하고, 연지와 일지에 토(土)가 있으니 토(土)가 왕하다. 지지에 모두 화(火)가 있고 인술

(寅戌) 합이 되니 화(火) 또한 왕하여 일간이 신강(身强)하다. 토가 많으면 목(木)으로 소토(疎土)하여야 하는데, 시주(時柱)에 갑인(甲寅) 목이 있어 좋으며, 일간이 강하니 강한 기를 설(洩)해야 하는데 신금(辛金)이 연간에 투출하여 왕토를 설(洩)하므로 기쁘다.

천간에 화(火)가 나타나있지 않으므로 신금(辛金)을 쓸 수 있다. 신금은 강한 토를 설(洩)할 뿐만 아니라, 을목(乙木)인 정관을 극하여, 관살혼잡(官殺混雜)을 거관유살(去官留殺)이라는 귀격으로 만들었다.

사주의 흐름을 보면 목생화(木生火), 화생토(火生土), 토생금(土生金)하여 사주의 기(氣)가 모두 신금(辛金)에 모였다. 따라서 신금의 기세(氣勢)가 왕(旺)하여 역량을 발휘할 수 있다.

사주의 기(氣)가 신금(辛金)에 와서 다음에는 어떻게 되는가. 오행은 쉬지 않고 흐르므로 금(金) 다음에 수(水)로 갈 것이다. 그런데 사주원국에 수(水)가 없으니 어쩔 수 없이 금(金)에서 목(木)으로 간다. 다시 말하면 수(水)가 수생목(水生木)하여 목(木)으로 가버린 것이다. 이를 인간관계에 비유하자면 일간이 토(土)이므로 수(水)는 재(財)가 되어 부(父)나 처(妻)가 될 것이다. 그런데 부(夫)나 처(妻)가 자기의 역할 보다는 수생목(水生木)하여 관(官) 노릇을 한다는 것이다. 그리하여 수생목(水生木), 목생화(木生火), 화생토(火生土)하여 쉼 없이 흐르는 것이다.

# 8. 통근(通根)

통근은 '뿌리에 통(通)해 있다'는 뜻이니, 천간이 지지에 뿌리를 갖고 있는 것을 말한다. 즉 지지의 장간(藏干) 중에 천간의 동기(同氣)가 있어 천지가 상통(相通)된 것이다.

천간은 외부적(外部的)인 것으로, 나무로 비유하면 잎과 줄기와 같고, 지지는 내부적(內部的)인 것으로 뿌리와 같다. 천간이 지지에 동기(同氣)가 있어 통근이 되면, 뿌리 있는 나무와 같아서 실(實)하고 강(强)하며 유기(有氣)하여 귀명(貴命)을 구성하는 요건이 될 수 있다. 반대로 천간이 지지에서 그 동기(同氣)를 얻지 못하면, 뿌리 없는 나무처럼 약(弱)하고 무기(無氣)하며 청고(淸枯)하게 된다.

천간이 지지에 동기(同氣)를 갖지 못하여 무근(無根)일 때 인성(印星)으로 생조(生助)하면 어떻게 되는가. 그것은 뿌리 없는 나무에 물주는 것과 같아서 장구(長久)하기가 어렵다.

통근에도 강약(强弱)이 있으니, 월지의 본기(本氣)에서 동기(同氣)를 얻은 것을 제일로 하고, 월지에서 장생(長生)을 얻거나 타지(他支)에서 동기(同氣)를 얻은 것을 그 다음으로 하며, 여기(餘氣)나 묘고(墓庫)에 통근(通根)된 것은 약하다고 하여 미근(微根)이라고 한다.

통근의 강약은 다음과 같다.

甲 -- 寅亥에 통근, 다음으로 卯未辰

乙 -- 卯未辰에 통근, 다음으로 寅亥

丙 -- 寅巳에 통근, 다음으로 午未戌

丁 -- 午未戌에 통근, 다음으로 寅巳

戊 -- 辰戌丑未에 통근, 다음으로 寅巳午

己 -- 午辰戌丑未에 통근, 다음으로 寅巳

庚 -- 申巳에 통근, 다음으로 酉戌丑

辛 -- 酉戌丑에 통근, 다음으로 申巳

壬 -- 申亥에 통근, 다음으로 子丑辰

癸 -- 子丑辰에 통근, 다음으로 申亥


　천간이 지지에 통근될 때는 지지가 안정(安定)되어야 한다. 충(沖)이 되면 장간(藏干)이 불안하여 동요(動搖)를 일으키고, 심하면 파극(破克)이 되어 뿌리가 뽑히게 된다. 만일 여기(餘氣)나 묘고(墓庫)에 통근된 것이 충(沖)되면 뿌리가 완전히 뽑히게 되어 유명무실(有名無實)하게 된다.

　천간이 지지에 통근(通根)하면 뿌리를 내린 것이므로 신왕(身旺)하다. 일간이나 용신(用神) 그리고 길신(吉神)이 지지에 통근되어 있다면 귀명(貴命)을 구성하는 요건이 될 수 있으며, 반대로 흉신(凶神)이나 해신(害神)이 지지에 통근되어 있다면 불길(不吉)하다.

# 9. 유정무정(有情無情)

 용신은 일간에게 꼭 필요한 신이다. 용신이 일간 가까이에 있으면 충신(忠臣)이 군왕 가까이에 있는 것과 같아서 길(吉)할 것이며, 멀리 있으면 길함이 적을 것이다. 용신이 일간과 서로 가까이 있는 것을 유정(有情)이라 하고, 멀리 떨어져서 흉신(凶神)과 휘말리거나, 탐합(貪合)하여 일간을 돌아보지 않는 것을 무정(無情)이라고 한다. 사주가 유정(有情)이면 일간의 정신(精神)이 왕성해져서 귀격(貴格)이 된다.

 용신이 일간과 떨어져 있어도 유정(有情)인 경우가 있다. 첫째는 일간과 떨어져 있는 용신이 타육신과 합(合)이되어, 타육신도 용신으로 화(化)한 경우이다. 즉 이기(二氣)가 합(合)하므로 용신이 일간 곁으로 가는 것이다. 이를 유정견합(有情牽合)이라고 한다.

 둘째는 사주에 용신이 없고 한신(閑神) 및 기신(忌神)만 있는 경우 한신과 기신이 합(合)이 되어 용신으로 화(化)하는 경우이다.

 예컨대 일간의 용신이 경금(庚金)인데 경금이 년간(年干)에 있어 일간과 원격(遠隔)한 때, 월간에 을목(乙木)이 있으면 서로 간합(干合)하여 금(金)으로 화(化)해 경금이 일간에 가깝게 오게 된다. 또 용신이 병화(丙火)이나 이것이 사주에 없고 계(癸)가 있을 때, 행운에서 무(戊)를 만나면 무계(戊癸)가 합(合)하여 화(火)로 화(化)하니 역시 용신이 되어 유정(有情)해진다. 또 용신이 금(金)인데 유금(酉金)이 연지에 있어 일간과 멀리 떨어져 있을 때, 만일 일지에 사화(巳火)가 있으면 서로 삼합(三合)하여 기신(忌神)인 사화(巳火)를 금(金)으로 변하게 할 뿐 아니라 연지의 유금(酉金)을 일간에 접근시켜 유정(有情)하게 한다.

```
戊 戊 甲 丁
午 戌 辰 酉
```

```
戊 己 庚 辛 壬 癸
戌 亥 子 丑 寅 卯
```

무(戊) 일간이 진월(辰月)에 생하여 득령(得令)하고, 오술(午戌) 합하여 일간을 생하니 일간이 왕(旺)하다. 월간의 갑목(甲木)으로 용신을 삼기에는 갑목의 뿌리가 너무 약하다. 진토(辰土)는 썩은 물이고 더구나 유금(酉金)과 합하여 금(金)이 되기 때문이다. 그러므로 용신은 왕한 토기를 설하는 유금(酉金)이다.

그러나 유금(酉金)이 일간과 멀리 떨어져 있어 무정(無情)하다. 다행이도 월지에 진토(辰土)가 있어 유금과 합(合)이 되니, 유금이 월지(月支)에 오게 되어 유정(有情)하게 되었다. 임인(壬寅)운 까지는 목운으로 기신(忌神)인 화(火)를 생하므로 공명(功名)도 없고, 형상(刑傷)도 여러번 당했으나 신축(辛丑)운에 유금과 삼합(三合)이 되니, 용신이 왕해져서 과거에 급제하고 관직(官職)에 올랐다. 다시 대운이 서북 금수(金水)운으로 흐르니 대길하여 벼슬이 상서(尚書)에 이르렀다.

```
戊 丙 甲 癸
戌 寅 子 酉
```

```
戊 己 庚 辛 壬 癸
午 未 申 酉 戌 亥
```

병(丙) 일간이 자월(子月)에 생하고 계수(癸水)가 투출한데다 연지가 유금(酉金)이므로 수(水)가 왕하다. 일간인 병화(丙火)도 좌하가 장생(長生)이고 시지가 묘고(墓庫)이니 약하지 않으며, 인성인 갑목(甲木)도 일지에 녹(祿)이 있고 자수(子水)의 생을 받으며, 식신인 무토(戊土)도 좌하가 동기(同氣)이며 일지가 장생(長生)이니 약하지 않다. 그러나 관성이 득령(得令)하였으므로 인성(印星)을 써서 살인상생(殺印相生)하여야 한다.

용신인 갑목(甲木)이 일지인 인목(寅木)에 통근하니 유기(有氣)하고, 유정(有情)하며 좌우동지(左右同志), 상하정협(上下情協)하여 관인(官印)이 쌍청(雙淸)하다. 또한 금생수(金生水) 수생목(水生木) 목생화(木生火) 화생토(火生土) 다시 토생금(土生金)하여 오행이 물흐르듯 주류무체(周流無滯)하니 원류(原流)가 무궁하다. 이러한 사주는 청귀지명(淸貴之命)으로 운로(運路)가 비록 불길하더라도 큰 해(害)는 보지 않는다.

庚 乙 戊 癸
辰 未 午 卯


甲 癸 壬 辛 庚 己
子 亥 戌 酉 申 未

을목 일간이 오월에 생하고 신약(身弱)하니, 연간의 계수(癸水)를
용(用)하여 조후하고 일간을 생(生)해야 한다. 그러나 무계(戊癸)
합(合)으로 용신이 합거(合去)되니 불길하다. 다행이도 행운(行運)
이 금수(金水)운으로 흐르니, 용신 계수(癸水)가 절처봉생(絶處逢
生)으로 유기(有氣)하게 되었다. 사주에 합(合)이 많으니 다정(多
情)하여 실정(失情)하기 쉬운데 특히 일간이 뿌리없는 정관(正官)
과 탐합(貪合)하니 지나간 남자의 정(情)을 그리워하는 상이다. 신
유(辛酉)운에 편관(偏官)이 들어오니 남편과 이혼하고 임술(壬戌)
운까지 혼자 살았다.


## 10. 동(動)과 정(靜)


천간(天干)은 오행이 하늘에서 흐르는 기(氣)이므로 동(動)적이
고, 지지(地支)는 땅 속에 숨어서 앞으로 쓰일 때를 고요하게 기다
리고 있으므로 정(靜)적이다. 동(動)은 양(陽)에 속하는 바 발전
(發展)과 변화(變化) 등을 주장하므로 순환(循環)이 신속(迅速)하

며, 정(靜)은 음(陰)에 속하는 바 부동(不動)과 안전(安全)을 주장하므로 성질이 유순(柔順)하다.

천간은 동적(動的)인 기상이 강하므로 생극제화(生剋制化)의 기능이 신속 명쾌하지만 밖으로 드러난 것이므로 탈취(奪取) 당하기도 쉽다. 반면에 지지 속에 숨어 있는 지장간(地藏干)은 발현하기도 어렵지만 또한 파극되기도 어렵다. 예컨대 진술축미(辰戌丑未)는 고장(庫藏)이므로 견고(堅固)하니, 충(沖)으로서만 생과 극을 할 수 있다.

서(書)에 "길신태로(吉神太露)하면 쟁탈지풍(爭奪之風)이요, 흉물심장(凶物深藏)이면 양호지환(養虎之患)이며, 길신심장(吉神深藏)이면 종신지복(終身之福)이라"하였다. 즉 길신(吉神)이 천간(天干)에 있으면 쟁탈이 되어 탈취(奪取)당하기 쉽고, 흉신(凶神)이 지지(地支)에 숨어 있으면 제화(制化)하기 어려우니 호랑이를 길러 화(禍)를 키우는 셈이며, 길신(吉神)이 지지(地支)에 숨어 있으면 타신에 의하여 파극되거나 쟁탈되지 아니하므로 복(福)이 길다는 말이다. 대체로 길신태로(吉神太露)는 재성(財星)에 대한 말이다. 재성 이외의 길신(吉神)이 천간에 투출하여 유기(有氣)하고 희신(喜神)의 비호를 받으면 그 작용력이 신속하고 클 것이다.

서(書)에 "역왈(易曰) 본호천자(本乎天者)는 친상(親上)하고, 본호지자(本乎地者)는 친하(親下)하나니, 개각종기유야(皆各從其類也)라"고 하였다. 이 말은 근본(根本)이 하늘에 있는 것은 하늘의 것과 친(親)하고, 근본(根本)이 땅에 있는 것은 땅의 것과 친하니 모두는 각각 그 류(類)를 따른다는 말이다.

예컨대 천간에 있는 병화(丙火)는 천간에 있는 경금(庚金)이나 운로(運路)에 있는 경금(庚金)은 쉽게 극제(克制)할 수 있지만, 지지(地支)에 있는 신(申)이나 유(酉) 중의 경금(庚金)은 극할 수 없다.

또 지지에 숨어 있는 갑목(甲木)은 타지(他支)의 장간(藏干)인 무토(戊土)는 극할 수 있지만, 천간에 투출해 있는 무토(戊土)나 운로(運路)에 있는 천간 무토(戊土)는 극할 수 없다. 비유하면 남자는 남자와 싸우는 것이 옳고, 여자는 여자와 싸우는 것이 옳다는 말이다. 그러나 남자와 여자가 절대로 싸울 수 없다는 뜻은 아니고 정도의 문제인데, 만일 남자와 여자가 싸우면 서로 상(傷)하게 하지는 않지만 영향은 줄 것이다.

그러므로 천간은 천간을, 지지는 지지를 제복(制伏)하기 마련이다.

## 11. 진신(眞神)과 가신(假神)

용신(用神)은 사주에서 일간에게 가장 필요한 신이다. 용신에는 진신(眞神)과 가신(假神)이 있으니, 진신(眞神)은 일간에게 가장 필요한 신으로 용신을 삼는 것이고, 가신(假神)은 사주에 진신이 없을 때 사주의 배합(配合)상 부득이 용신으로 삼는 신이다.

예컨대 갑목(甲木)이 정월에 생하고 신왕(身旺)이면, 식상인 화(火)를 용신으로 삼아 수기(秀氣)를 유행(流行)시키는 것이 오행의 조화(調和)상 가장 적합하다. 이 때 사주에 식상인 화(火)가 있어 용신이 되면 이 식상이 진신(眞神)이 된다. 그러나 사주에 식상이 없고 재관(財官)만 있다면 어쩔 수 없이 재관(財官)으로 용신을 삼지 않을 수 없다. 이 경우의 재관을 가신(假神)이라고 한다.

사주 중에는 진신과 가신이 확실한 것도 있지만, 진신과 가신이 병존(竝存)하여 진가의 구별이 분명하지 않는 것도 있다. 용신이 진신(眞神)이고 득령(得令)하면 평생동안 부귀(富貴)가 떠나지 않으며, 가신(假神)이 용신이면 별로 큰 해(害) 없이 평범(平凡)하게 지내나 발전성이 없고, 진가(眞假)가 병존(竝存)하여 진가를 가릴 수 없는 경우에는 비록 큰 화(禍)는 당하지 않는다고 하더라도 일생에 막힘이 많고 안락(安樂)이 적다고 한다.


乙　丙　壬　壬
未　子　寅　申


戊　丁　丙　乙　甲　癸
申　未　午　巳　辰　卯


병화가 정월에 생하여 월지(月支)에 통근하였지만, 신자(申子) 수국(水局)에 임수(壬水)가 중투(重透)하였으므로 살(殺)이 왕하여 살중용인격(殺重用印格)이다. 인(寅) 중에 있는 甲木을 용신으로 삼아 살인상생(殺印相生)하여야 한다. 용신이 득령(得令)하였으므

로 부귀(富貴)를 누릴 사주이다. 인신(寅申) 충(沖)이 되어 좋지
않으나 인목이 득령(得令)을 하고, 신자(申子) 합(合)으로 충이 해
소되니 木火운이 대길이다.


丙 甲 戊 庚
寅 子 寅 寅


甲 癸 壬 辛 庚 己
申 未 午 巳 辰 卯


　갑목 일간이 정월에 생하여 득령(得令)하고, 지지에 인목(寅木)
셋과 자수(子水)가 있으니 신왕(身旺)하다. 병화(丙火)를 용신으로
삼아 갑목(甲木)의 수기(秀氣)를 유행(流行)시키는 것이 오행의
조화(調和)상 제일이다. 병화가 인목(寅木)에 통근하고 일간에 인
접했으니 유기(有氣)하고 유정(有情)하다. 따라서 시간(時干)의 병
화(丙火)는 용신인 동시에 진신(眞神)이다. 만일 병화가 없다면,
부득이 무토(戊土)나 경금(庚金)을 용신으로 쓸 수 밖에 없는데,
그렇게 되면 무토나 경금은 가신(假神)이 된다.
　이 사주는 진신과 가신이 모두 투출(透出)하였지만, 진신인 병화
(丙火)가 월지(月支)에 장생하고, 좌하에서 또 생을 받으니, 뿌리
없는 경금이나 무토와는 비교가 되지 않는다. 그러므로 비록 가신
이 진신과 함께 투출되어 있으나, 진신(眞神)이 왕성하므로 관도

208

(官途)에 올라 그 벼슬이 이품에 이르렀다.

## 12. 천복지재(天覆地載)와 개두절각(蓋頭截脚)

천복지재란 천간(天干)이 지지(地支)를 덮어주고, 지지는 천간을 받들어서 실어준다는 의미이다. 예컨대 갑인(甲寅), 을묘(乙卯) 같이 상하 간지가 동기(同氣)인 비겁(比劫)으로 되어 있거나, 무인(戊寅), 병인(丙寅) 같이 상하 간지가 상생(相生)으로 되어 있어, 천간과 지지가 서로 상부상조(相扶相助)하는 것을 말한다.

간지(干支)가 동기(同氣)인 비겁이면 유근(有根)한 상이니 실(實)하고 견고(堅固)하며, 간지가 상생(相生)되면 상하정협(上下情協)이라 하여 서로 돕고 아껴주므로 그 기세가 강(强)하며 마르지 않게 된다. 그러므로 길신(吉神)이 천복지재(天覆地載)되는 것은 좋으나 기신(忌神)은 마땅치 않다.

개두절각(蓋頭截脚)은 천복지재와는 반대되는 말로 상하의 간지가 서로 상극(相剋)하여 그 기세가 발영되기 어려운 것을 말한다. 개두(蓋頭)는 천간(天干)이 지지의 머리를 덮어 눌러버린다는 의미로 丙申, 辛卯, 壬午 등이 해당된다. 절각(截脚)은 천간이 절지(絶地)인 지지에 앉아서 다리가 절단된 것을 말하는데 甲申, 乙酉, 辛巳 등이 해당된다.

절각(截脚)에도 강약이 있으니, 甲申의 경우에는 갑목(甲木)이 좌하 신금(申金)의 극을 받지만, 신(申) 중에 壬水가 있어 갑목을 생

(生)하므로, 완전하게 파극된다고 보지 않고 반감(半減)된다고 본다. 그러나 乙酉의 경우에는 을목(乙木)이 좌하 유금(酉金)에게 전적으로 극함을 받을 뿐 타의 여지가 전연 없으므로 을목(乙木)의 작용이 더욱 감약(減弱)한 것으로 본다.

또한 목(木)이 길신(吉神)인 경우 경인(庚寅) 신묘(辛卯)운을 만나면 금(金)이 개두(蓋頭)하여 목이 발하기 어렵다. 그러나 천간에 화(火) 또는 수(水)가 있어서 경신(庚辛)금을 제화(制化)하여 주면, 행운의 인묘(寅卯)목이 기꺼히 발할 수가 있으며 다시 세운(歲運)에서 병인(丙寅) 정묘(丁卯)년이나 임인(壬寅) 계묘(癸卯)년을 만나면 대길하게 된다.

반대로 사주에 금(金)이 왕하면 인묘(寅卯)목이 더욱 발하기 어렵게 될 것이요, 다시 세운에서 경신(庚申) 신유(辛酉)년을 만나면 대흉(大凶)하게 된다.

개두절각(蓋頭截脚)되면 기세가 약(弱)하게 되어, 기신(忌神)이 이에 해당하면 길하나, 길신이 이에 해당하면 불길하다. 그러나 대운에서는 천간보다는 지지(地支)가 중요하므로 지지(地支)에 중점을 두고 판단하여야 한다.

서(書)에는 "천지가 순종(順從)하면 창성하고, 어긋지면 혼란하게 되니 희신(喜神)의 유무근(有無根)을 따지기에 앞서 개두절각(蓋頭截脚)과 천복지재(天覆地載)를 중히 해야 한다."고 하였다.

## 14. 좌우동지(左右同志)와 상하정협(上下情協)

좌우동지(左右同志)라고 하는 것은, 용신과 희신이 일간과 가까운 곳에 위치하여 일간을 보호(保護)하고 돕는 것을 말하고, 상하정협(上下情協)이란 용신과 희신이 동주(同柱)하여 천복지재(天覆地載)가 되는 것을 말한다.

원래 천지의 오행은 사시(四時)에 유행(流行)하면서 상하좌우(上下左右)로 작용을 하는 것이다. 그러므로 일간은 좌하(坐下)나 좌우(左右)의 가까운 곳에 길신(吉神)이 있는 것을 좋아하고, 기신(忌神)이 가까이에 있는 것을 싫어한다. 만일 기신(忌神)이 가까이에 있어 병(病)이 되면, 병을 낫게 하는 약(藥)이 있으면 오히려 좋다.

희용신(喜用神)이 일간과 가까이에 위치하여 좌우동지와 상하정협이 되면, 비록 기신(忌神)이 있거나 행운에서 흉운(凶運)을 만난다 하더라도, 서로 보호(保護)하고 유통(流通)하므로 큰 해(害)는 입지 않는다. 예컨대 신왕하여 관살(官殺)을 쓸 때, 관살 가까이에 재성(財星)이 있으면, 식상(食傷)이 있거나 행운에서 식상운을 만나더라도, 식상(食傷)이 재성(財星)을 생하고, 재성(財星)이 관살(官殺)을 생하여, 식생재(食生財), 재생관(財生官)하여 유통하므로 무해(無害)하게 된다.

# 제9장. 기상(氣象)과 조후(調候)

## 1. 절기(節氣)

  사주의 원리는 자연(自然)의 원리를 인간의 세계에 적용하여 인간사(人間事)를 구명하는 것이다. 우주는 대자연(大自然)이고 인간은 소우주(小宇宙)로서 대자연의 법칙이 그대로 인간에게 적용된다. 자연의 삼라만상은 기상(氣象)에 의하여 변화, 발전하고 끝을 맺는다. 인간도 마찬가지이니, 자연의 법칙인 오행과 음양의 작용으로 추명(推命)하는 사주에서, 기상(氣象)의 변화는 무엇보다도 중요하다.

  기상의 변화는 일반적으로 월(月)에 의하여 구분하는데, 사주에서 쓰는 절령(節令)변화의 실질적인 표준은 24절후(節候)이다. 12절은 월령(月令)변화의 기준이 되고, 12후(候)는 월령의 중기(中氣)에 해당한다.

월령변화의 표준이 절기(節氣)에 있으므로 달력의 날짜와는 상관없이 입절(入節)의 여부에 의하여 월령이 결정된다. 예컨대 정월은 입춘(立春)이 드는 일시각(日時刻)이 지나야 정월인 인(寅)월로 보며 우수(雨水)가 되면 인월의 중기(中氣)가 된다.

사주의 원리는 곧 자연의 법칙이므로 사주를 보는 관점은 무엇보다도 기상절후의 법칙에 두어야 한다. 그러므로 사주에서 조후(調候)의 문제는 사주의 중심이라고 하겠다.

절후(節侯)는 다음과 같다.


정월 입춘(立春)은 절(節), 우수(雨水)는 중기(中氣)

2월 경칩(驚蟄)은 절(節), 춘분(春分)은 중기(中氣)

3월 청명(淸明)은 절(節), 곡우(穀雨)는 중기(中氣)

4월 입하(立夏)는 절(節), 소만(小滿)은 중기(中氣)

5월 망종(芒種)은 절(節), 하지(夏至)는 중기(中氣)

6월 소서(小暑)는 절(節), 대서(大暑)는 중기(中氣)

7월 입추(立秋)는 절(節), 처서(處暑)는 중기(中氣)

8월 백로(白露)는 절(節), 추분(秋分)은 중기(中氣)

9월 한로(寒露)는 절(節), 상강(霜降)은 중기(中氣)

10월 입동(立冬)은 절(節), 소설(小雪)은 중기(中氣)

11월 대설(大雪)은 절(節), 동지(冬至)는 중기(中氣)

12월 소한(小寒)은 절(節), 대한(大寒)은 중기(中氣)

# 2. 월령(月令)의 오행왕약(五行旺弱)

## (1) 목(木)

목(木)은 1월, 2월, 10월, 11월에 왕(旺)하고, 타월(他月)에는 약(弱)하다. 1월과 2월은 목왕절인 봄이고, 목의 녹왕지이므로 년중 목기(木氣)가 가장 왕성하다. 10월과 11월은 해자(亥子)의 수왕절로 목을 생한다. 10월인 해월(亥月)은 소춘(小春)으로 갑목이 숨어 있고 목의 장생지이므로 목의 생조가 크고, 11월인 자월(子月)은 수왕(水旺)이지만 북방의 한냉(寒冷)한 물이므로, 생목(生木)은 하지만 약하며 오히려 땅을 얼게하여 목이 해(害)로울 수 있다.

## (2) 화(火)

화(火)는 4월, 5월, 1월, 2월이 왕(旺)이요, 타월은 약(弱)이다.

사오(巳午)월은 하절(夏節)로 화의 녹왕지이므로 년중 화기가 가장 왕하다. 인묘(寅卯)월은 목왕절로 화를 생하므로 또한 화기가 왕하다. 특히 인월(寅月)은 병화가 들어있고, 화의 장생지이므로 생화(生火)의 기세가 강하나 아직 찬기가 남아 있으니 유의하여야 한다.

## (3) 토(土)

토(土)는 3월, 6월, 9월, 12월, 4월, 5월이 왕(旺)이요, 타월(他月)은 약(弱)이다. 진(辰), 미(未), 술(戌), 축(丑)월은 토왕절이므로 년중 토기가 가장 왕하고, 사오(巳午)월은 화왕절로 토를 생하므로 토기(土氣) 또한 왕하다.

## (4) 금(金)

금(金)은 7월, 8월, 3월, 6월, 9월, 12월이 왕(旺)이요, 타월은 약(弱)이다. 신유(申酉)월은 금의 녹왕지이므로 세력이 가장 왕성한 때이며, 진(辰), 미(未), 술(戌), 축(丑)월은 토왕절로 금을 생하므로 또한 금이 왕하다.

특히 사월(巳月)은 화왕절이므로 금이 약하지만, 금의 장생지(長生地)가 되므로 금이 생기(生氣)를 얻는 일면이 있으며, 미월(未月)은 염천(炎天)의 토왕절이므로 화기가 강하여 만일 원국이 화왕하여 난조(暖燥)하다면 미토가 금을 생하지 못한다.

## (5) 수(水)

수(水)는 10월, 11월, 7월, 8월이 왕(旺)이요, 타월은 약(弱)이다.

해자(亥子)월은 수왕절로 수의 녹왕지이므로 연중 가장 왕하며, 신유(申酉)월은 금왕절이므로 수를 생하여 왕하다. 토(土)는 수를 극하므로 토왕절에는 수가 약하지만 축월(丑月)과 진월(辰月)은 수가 들어 있어 수의 뿌리가 되고, 수를 생조하는 일면이 있다.

# 3. 사시(四時)오행(五行)의 희기(喜忌)

## 1) 목(木)의 희기(喜忌)

### (1) 춘목(春木)

봄은 초춘(初春), 중춘(仲春), 모춘(暮春)으로 나눌 수 있다. 입춘부터 우수까지를 초춘, 우수부터 곡우까지를 중춘, 곡우부터 입하까지가 모춘이다.

초춘(初春)은 나무가 아직 어리며, 계절 또한 겨울의 한기(寒氣)가 남아 있으니 온난한 화(火)를 기뻐한다. 화는 한기를 쫓아내고 목을 수려(秀麗)하게 하는 역량이 있다.

초춘의 목도 수(水)로서 도우면 좋지만, 수가 많으면 좋지 않다. 왜냐하면 초춘은 음기(陰氣)가 진하고 습(濕)이 중한 때인데, 이런 때에 수가 많으면 뿌리가 상(傷)하고 가지가 상하기 때문이다. 그러므로 목이 수에 의지는 하지만 왕성한 수는 좋지 않은 것이다. 명조(命造) 천간에 병화(丙火)가 투출되어 있고, 지지에 수(水)가 한 두 개 암장되어 있으면 수화기제(水火旣濟)라고 할 수 있는데, 기제(旣濟)란 좋은 배합으로 완성(完成)을 의미한다.

중춘(仲春)은 양기(陽氣)가 점점 왕성해지는 때이니 수화(水火)를 병용함이 좋다. 초춘에 화를 쓸 때는 수(水)가 모자라도 괜찮으나, 중춘에 화를 쓸 때는 수가 없어서는 안된다.

초춘에 조후를 취할 때는 오로지 병화(丙火)를 쓰고, 중춘에 통명

216

(通明)을 취할 때는 병정(丙丁)의 공덕이 같으니 이른바 생목득화이수(生木得火而秀)가 그것이다.

모춘(暮春)은 양(陽)이 왕성하여 목의 생기가 고갈할 때이니 수(水)가 아니면 안된다. 수가 없으면 뿌리와 줄기가 모두 말라 버린다.

토(土)는 목의 재(財)인데, 봄의 토는 적은 것이 좋고, 많은 것은 꺼린다. 왜냐하면 봄은 목이 왕한 계절이지만, 수화기제의 공덕(功德)이 없다면 이른바 득시불왕(得時不旺)이 되기 때문이다. 토는 화의 기세를 설하고 수를 극하므로 수화기제를 이룰 수 없다.

또한 초춘의 목(木)은 어리기 때문에 토를 극할 힘이 없고, 모춘의 토는 견고(堅固)하니 목이 토를 뚫고 들어가기가 어렵다. 그러므로 토가 많으면 나무의 힘이 빠지고, 토가 적으면 재물(財物)이 풍부하다고 하였다.

초춘(初春)의 목은 어리기 때문에 중한 금(金)의 극제를 감당하지 못한다. 금이 중첩되어 있으면 금기를 억제할 화(火)가 있어야 한다.

중춘(仲春)의 목은 기세가 왕성하므로 금(金)으로 다듬어 주어야 하며, 모춘(暮春)의 노목 역시 금(金)으로 깎고 파내어야 동량(棟梁)이 된다.

## (2) 하목(夏木)

삼하(三夏)는 화왕토상(火旺土相)이니 화토가 모두 조열(燥熱)한 때이다. 나무의 뿌리가 마르고 가지가 시들게 되니 수(水)로서 구해주어야 한다. 이 때 수(水)의 작용은 첫째는 화염(火炎)을 해제하는 조후로 쓰이고, 둘째는 토를 윤택(潤澤)하게 하여 목을 자생(滋生)하는 것이다.

절대로 화(火)가 왕성한 것을 꺼리니, 이는 화가 지나치게 왕성하게 되면 나무가 타게 되기 때문이다.

토(土)는 적게 있어야 하니 토가 많으면 재앙이 있게 된다. 하절(夏節)은 화왕하므로 목의 설기가 심하여 극토(克土)할 능력이 없기 때문이다. 만일 후중(厚重)한 토를 만난다면 이른바 토견목절(土堅木折 : 토가 견고하여 목이 부러지는 것) 또는 재다신약(財多身弱)이 된다.

금(金)이 많은 것은 싫어하지만 너무 적거나 없어도 안된다. 금이 없다면 목을 생조해 줄 수(水)의 근원(根源)이 없는 셈이다. 하목은 수가 없어서는 안되는데, 하절의 수는 금(金)의 생조를 얻지 못하면 근원(根源)이 없는 물과 같기 때문에 쉽게 말라 버린다.

## (3) 추목(秋木)

가을은 목이 점차 시드는 계절이다. 초추(입추부터 백로 전까지)에는 화기가 아직 남아 있으니 수토(水土)로 돕는 것이 좋다. 수(水)로 쇠약한 목을 돕는 것인데, 추수(秋水)란 본성이 한랭(寒冷)하니 목을 자양시켜도 수려해지지 않으므로 반드시 토(土)에 배육되어야만 목(木)의 근기가 견고해진다. 그러므로 수토(水土)가 반드시 상자(相資)하여야 쓸 수 있다. 수를 쓸 때 토(土)가 없어서는 안된다.

중추(백로부터 한로 전까지)에는 과일이 이미 익고, 쇠잔한 지엽(枝葉)이 무성하므로 다듬어 주는 것이 좋다. 서(書)에 '사목(死木)은 금을 얻으면 동량(棟梁)을 이루니 경신(庚辛)금이라야 이(利)롭다' 라고 하였다.

한로 후에는 화(火)의 열기가 필요하니, 화의 열기가 있으면 목의 근기(根氣)가 견고해 진다. 상강이 지난 후에는 수가 왕성해지면 좋지 않으니 그렇게 되면 목이 표류(漂流)하게 된다. 이 때는 토(土)를 얻어 배육해 주어야 하고, 화(火)로 온난하게 하면 비로소 뿌리가 견실해져 유용한 목이 된다.

가을에는 목이 왕성하면 재목(材木)이 많아져 좋은데, 토가 많으면 재(財)를 감당하지 못한다. 토는 목의 재이면서, 목의 뿌리를 배육(培育)하니 토를 쓸 수 있는데, 만일 토가 많으면 쇠퇴한 목은 소토(疎土)할 힘이 없기 때문에 왕성한 재를 감당해 내지 못한다.


(4) 동목(冬木)

해(亥)는 목의 장생지가 되고 10월의 월건이 되니, 해(亥)는 소양춘(小陽春)이 된다. 그러므로 목의 생기(生氣)가 열리기 시작하여 싹을 틔운다. 그러나 10월이 지나면 11월, 12월의 엄동(嚴冬)을 만나므로 목의 생기가 저지를 받아 위로 뻗어 오르지 못한다.

동수(冬水)는 동목을 얼게 하기 때문에, 수가 오히려 해(害)가 된다. 그러므로 동목(冬木)이 가장 필요로 하는 것은 화(火)이다. 화는 한목(寒木)을 온난(溫暖)하게 하여 생기를 발발시킨다. 이 때는 화가 비록 많다해도 꺼리지 않는다.

목은 춘.하.추의 삼계(三季)에는 모두 왕성한 토(土)가 마땅치 않으나, 오직 겨울만은 토가 많아도 꺼리지 않는다. 그 이유는 첫째, 토가 많으면 수를 제압할 수 있고 둘째, 목을 배양해 주기 때문이다. 단 조열한 미토(未土)와 술토(戌土)는 좋으나 습토인 진토(辰土)와 축토(丑土)는 좋지 않다.

금(金)은 설령 많다고 하여도 목을 극벌(克伐)하지 못한다. 동금(冬金)은 왕한 수에 의해 설(泄)이 되며 또 동목은 반굴(盤屈 : 빙빙 감도는 것)의 상이므로 금의 극제를 크게 받지 않기 때문이다.

지지에 통근하면 편안하게 되는데 한랭한 계절이므로 무엇보다도 양화(陽和)한 기를 받는 것이 필요하다.

## 2) 화(火)의 희기(喜忌)

### (1) 춘화(春火)

봄은 목(木)이 왕하여 화(火) 또한 따라서 왕하니 목화(木火)의 세력이 함께 왕하다. 목의 생조를 기뻐하나 지나치게 화가 왕하면 목을 태워버리므로 좋지 않다. 또한 아궁이에 너무 많은 나무를 넣으면 불이 질식(窒息)하여 꺼지는 것과 같이, 목이 너무 많아도 좋지 않다.

수와 화는 비록 상극의 관계에 있으나 또한 상성(相成)의 공이 있다. 그러므로 병화는 임수를 떠나지 못하고, 임수 역시 병화를 떠나지 못한다. 춘화는 목의 생을 받아 왕한데 지나치게 왕하면 수(水)가 있어서 조절하여야 한다. 그러나 수가 지나치게 많으면 불이 꺼지니 좋지 않다. 따라서 수와 화는 적의(適宜)함을 얻으면 만물에 은택을 베풀 수 있으나 적의함을 잃으면 만물에 해를 끼치게 된다.

토가 성하면 흙에 가로막혀 빛이 어두워지며, 화가 성하면 조열(燥熱)로 인해 상해(傷害)가 많다. 토가 왕성하고 화가 적으면 화의 빛을 어둡게 하고, 화가 왕성하고 토 역시 많으면 화는 염상(炎上)하고 토는 초조(焦燥)해지니 토의 생기가 진멸(盡滅)된다. 그러므로 병화는 임수를 두려워하지 않으며 유독 무토(戊土)만을 두려워 한다.

금(金)을 만나면 공능(功能 : 공적과 재능)을 베풀 수 있으니 가령 금이 중첩되어 있어도 재(財)로 쓰게 된다. 춘금은 기세가 미약하고, 춘화는 기세가 강하므로, 춘화는 춘금을 극제하고도 남음이 있다. 그러므로 금이 비록 많아도, 금을 내가 재(財)로서 쓰니 좋지 않겠는가.

## (2) 하화(夏火)

여름의 화는 왕성하니 수(水)가 있어야 스스로 소멸하는 것을 막을 수 있다. 만일 목(木)의 생조가 있으면 요절할 우려가 있다.

금은 화의 재(財)이고, 토는 화의 식상이다. 여름에는 금의 기세가 몹시 약하므로 하화(夏火)가 금을 쓸 때는 금이 많아도 꺼리지 않는다. 이는 춘목이 토를 쓸 때 토가 적어야 하는 것과는 상황이 다르다. 그러므로 '화(火)는 하천(夏天)에 장(長)하니, 금(金)이 중첩하였다면 반드시 거부(巨富)가 된다'고 하였다.

금을 쓸 때는 수토(水土)의 호위가 있어야 한다. 토(土)는 왕한 화를 설하여 약한 금을 생하는 공이 있으며, 수(水)는 토를 윤택하게 하여 금을 생조하게 한다. 그러므로 하화(夏火)가 금을 쓸 때는 기제(旣濟)의 공을 이루는 수(水)가 있어야 한다. 수의 기제가 없으면 화는 왕하고 토는 초조(焦燥)하니 만물이 생하지 못한다. 때문에 '금토(金土)가 비록 좋으나 수(水)가 없으면 금조토초(金燥土焦)한데, 다시 목(木)의 부조(扶助)가 더해지면 위험하다'고 하였다.

### (3) 추화(秋火)

가을(申, 酉, 戌)의 화는 지위가 병(病), 사(死), 묘(墓)지가 되니 쇠약하다. 이처럼 쇠약한 화라도, 목(木)의 생조가 있으면 다시 빛이 날 수 있으나, 수가 극을 한다면 꺼질 우려가 있다. 그러므로 서(書)에서도 '추월(秋月)의 화는 인수를 기뻐하고 관살은 꺼린다'라고 하였다.

추화(秋火)는 기세가 쇠퇴하는 화이니 거듭되는 설(泄)은 감당하지 못한다. 그러므로 중첩된 토(土)를 보면 반드시 화는 그 빛이 어두워진다.

가을은 금왕지절(金旺之節)이므로, 쇠약한 화가 강왕한 금(金)을 만나면, 금을 극하지 못하고 오히려 화의 기세가 손상(損傷)된다.

결론으로 일간이 신약(身弱)할 때는 식상의 설기를 감당하기 어렵고 또한 재를 쓰기도 어렵다. 가을의 화는 신약이니 재(財)인 금(金)이나 설(泄)하는 토(土)나 모두 중(重)하다면 좋지 않다. 다만 필요한 것은 목화(木火)이니 가령 중첩된 목화를 본다면 반드시 이(利)롭다.

## (4) 동화(冬火)

겨울의 화는 해(亥)궁은 절지(絶地)가 되고, 자(子)와 축(丑)궁은 태(胎), 양(養)의 지위이기는 하나, 때가 수가 병령하는 때이니 화기가 존재하기 어렵다. 오히려 추화(秋火)에 비해 더욱 쇠약하다.

그러므로 목(木)의 생조와 구원을 기뻐하는데 수의 극을 만나면 재앙이 된다. 이때는 토(戊土)가 수를 제압하면 영화로운데, 그 이유는 토가 수를 극하면 수가 약해지니 화는 자연히 발영하게 되기 때문이다.

신약할 때는 비겁의 상부(相扶)를 기뻐하므로 화(火)의 비견과 겁재가 있으면 좋다. 물론 목의 생조도 마찬가지이다.

신약하면 스스로 재(財)를 감당할 수 없다. 약한 겨울의 화가 경신(庚辛)금을 보면 재(財)이지만 감당하기 어렵고 오히려 해를 입는다.

동월의 화가 동지(冬至)에 이르면, 비록 외형적으로는 절멸한 상태가 되지만 동지가 되면 일양(一陽)이 내복(來復)하는 때이니, 화의 생기(生氣)는 싹이 되어 다시 움터 올라오기 시작한다. 따라서 비록 절멸에 이르러도 새생명이 시작되는 때가 된다.

차차 양기(陽氣)가 진행하여 이양(二陽 : 12월)이 되면 지기가 상승하니 병화(丙火)는 서리나 눈따위를 우습게 여긴다. 이때 만약 다시 비겁의 보조가 있다면 오히려 신왕으로 논한다. 그러므로 '동지(冬至)가 지나 일양(一陽)이 내복(來復)함은 이기(理氣)의 순환이다'라고 하였다.

## 3) 토(土)의 희기(喜忌)

### (1) 춘토(春土)

봄은 목기(木氣)가 병령하는 계절이므로 허약하다. 자연 화(火)의 생부(生扶)를 기뻐하며, 목의 태과(太過)를 싫어한다. 그러나 3월은 무토(戊土)가 사령하는 때이니 갑목(甲木)이라도 꺼리지 않으며 오히려 목이 있으면 소토(疎土)되어 좋으므로 반드시 격국(格局)의 전체적 상황을 보고 판단하여야 한다.

수(水)는 토에게 재(財)가 된다. 봄의 토는 허약하기 때문에, 비겁(比劫)의 도움없이 왕성한 수(水)를 만난다면 수를 극할 수 없을 뿐만 아니라 오히려 수에 의해 해(害)를 당할 수 있다. 그러므로 춘토는 수의 범람(汎濫)을 꺼리는데, 수가 왕하면 토의 비겁이 있어 도움을 받으면 좋다.

금은 토기를 설하는 까닭에, 허약한 춘토(春土)가 금의 설기를 기뻐할 리 없다. 그러나 봄은 목왕(木旺)하므로, 금이 왕목을 제지하면 유리하다. 그러므로 '금(金)을 얻어 목을 제지(制止)하면 상서로우나 태과(太過)하면 토기(土氣)를 잃는다' 라고 하였다. 즉 금은 적을수록 좋으며 많으면 설기가 심하므로 좋지 않다.

## (2) 하토(夏土)

여름은 화왕지절(火旺之節)이고, 화가 토를 생하니 토는 조열(燥熱)하다. 조열한 토는 만물을 생장시키지 못하므로 반드시 수(水)의 조화가있어야 한다. 수가 있어 토가 윤택(潤澤)하게 되면, 토는 만물을 자생시킬 수 있다.

토가 왕성하면 본래는 목의 소토(疏土)가 좋다. 그러나 여름은 화가 왕성한 때이니, 목은 오히려 화를 생조할 뿐, 소토하지 못하기 때문에 반드시 수(水)가 있어야만, 화(火)가 억제되고 목(木)이 제 기능을 하게 된다. 즉 사주에 적당한 수(水)가 있다면 목은 화를 생조하지 않고 소토(疏土)를 하게 되므로 좋은 것이다.

수는 겨울에 왕성하고, 여름에는 절(絶)에 해당하여 약하므로, 사주에 수는 있되 만약 금(金)의 생조가 없다면 그 수는 쉽게 말라버린다. 그러나 만약 금이 있어 수를 생조한다면 수의 근원(根源)이 끊어지지 않게 되어 길(吉)하게 된다. 따라서 수는 토의 재(財)이고 처(妻)가 되므로 처와 재물이 유익하게 된다.

여름의 토는 기세가 왕하므로 비겁(비견과 겁재)의 생조를 꺼리는데, 만일 하토(夏土)가 비겁을 보면 체(滯)하여 소통이 되지 않는다. 즉 토가 왕성하고 견고하기만 하면 식물이 뿌리를 내리고 잘 자랄 수 없으니 영걸스럽지 못하게 된다. 이때에는 견고하고 왕한 토를 갑목(甲木)으로 소토(疏土)시켜야 한다.

## (3) 추토(秋土)

가을은 금이 병령하는 계절이므로 설기가 심하여 허약하다. 이때 만일 거듭 많은 금(金)을 만난다면 토기(土氣)를 훼손하게 되니 절대적으로 좋지 않다. 오직 화(火)로 토를 생조하는 것이 좋으니, 화는 많아도 싫어하지 않는다.

가을의 토는 허약하니 본래는 목(木)의 극을 두려워 한다. 그러나 가을은 금(金)이 병령하므로 목이 자연히 금의 제지를 받게 되고, 또한 목이 휴수(休囚)에 들어 목이 약해진다. 그러므로 토를 극제할 능력이 없게 되고 따라서 목을 꺼려할 필요는 없다. 이때 목은 순량(純良)하게 되니 만일 목이 토를 극하면 토는 어질게 될 것이다.

수(水)가 많으면 나쁜데 그 이유는 약한 토는 수를 극제할 능력이 없기 때문이다. 수가 많으면 오히려 수에 의하여 충궤(衝潰 : 부딪쳐서 무너지는 것)되기 쉽다.

신약(身弱)하면 도움을 기뻐하니 비겁(비견과 겁재)이 있으면 힘을 얻게 되어 좋다. 그러나 이 말은 입추후 상강전까지의 기간만을 가리키는 말이다. 술월(戌月)이 되면 토신(土神)이 용사(用事)하고, 술궁은 화의 묘고(墓庫)가 되므로 화가 생하여 토가 왕하므로 비겁이 없어도 괜찮다.


## (4) 동토(冬土)

겨울의 토는 한냉(寒冷)하므로 만물의 생장이 불가능하다. 시급한 것이 화(火)이니, 화는 온난(溫暖)한 기운으로, 동토를 녹이고 조후(調候)하여, 만물이 생명을 갖게 한다.

이와 같이 동토가 화(火)를 만나 온난해지면, 재(水)든 식상(金)이든 관살(木)이든 막론하고 모두 쓸 수 있다. 즉 수(水)가 왕하면 재물이 풍부하고, 금(金)이 많으면 자손이 수려하고, 화(火)가 많으면 번영하고, 목(木)이 많으면 허물이 없다.

이때 만일 거듭 비겁이나 인성의 생조가 있다면, 기세가 날로 번영하는 기쁨이 있고, 더불어 일간이 강건하다면 자연히 장수(長壽)하는 명국이 될 것이다.

이와는 달리 동토가 화(火)를 만나지 못하여 한냉(寒冷)하고 무력하다면, 수(水)가 많으면 충궤(衝潰)되고(재다신약 財多身弱), 금(金)이 많으면 허약해 지며(신약하면 설을 감당하지 못한다), 목(木)이 많으면 붕괴(관살을 당해내지 못한다)된다.

이러한 때에 만일 비겁이 중첩하여 돕는다 하더라도 한 조각의 한토(寒土)일 뿐으로 만물의 생장에는 도움이 되지 못한다. 이러한 까닭에 동월(冬月)의 토는 오로지 온난한 화(火)를 기뻐한다.

## 4) 금(金)의 희기(喜忌)

### (1) 춘금(春金)

봄의 금(金)은 지난 겨울의 한기(寒氣)가 아직 다 가시지 않았으므로, 화기(火氣)로 조후하여 금이 온윤(溫潤)하게 되어야 비로소 발영하여 귀하게 된다.

봄은 목이 왕성한 계절이므로 금은 자연히 성질이 유약해져 후중한 토(土)의 보좌를 얻고저 한다. 토가 금을 생조하면 유약한 금이라도 쓸모가 있게 된다.

수(水)는 금의 식신상관이 된다. 춘금은 본신이 이미 약한데 다시 왕성한 수를 만난다면 금기가 설(洩)을 당해, 강하고 예리한 본성을 잃어 버리게 된다. 그러므로 '수가 왕성하면 예리한 금의 공능을 펴기 어렵다'고 하였다.

목(木)은 금의 재(財)가 된다. 재는 내가 쓰는 것이므로 좋은 것이지만, 내가 약하면 오히려 나에게 해(害)가 된다. 봄에 금은 유약하고, 목은 왕하므로, 금이 목을 극(克)하려다 오히려 목에 의하여 금이 망가지고 해(害)를 입게 된다.

이와 같은 유약한 금은 비겁(比劫)이 있어 이를 도우면 가장 좋은 부조(扶助)가 된다. 단 금이란 화(火)의 단련이 없으면 무디어져 영걸스럽지 못하므로 금으로서의 공능을 나타내지 못한다.

## (2) 하금(夏金)

여름은 화가 병령하는 때이므로 금은 더욱 유약(柔弱)하다. 그러나 금이 지지에서 화를 만나는 것은 두려워 하지 않는다. 왜냐하면 지지의 사오미(巳午未)궁은 모두 토(土)를 가지고 있기 때문이다. 장간의 토(土)가 화를 설하고, 화와 금사이를 매개하고 있어 화가 금을 직접 극할 수 없다.

그러나 화가 금을 극할 수 없다 하더라도 조열(燥熱)한 토는 역시 금을 생할 수 없다. 반드시 왕성한 수(水)로 화를 제압하고, 토를 윤택(潤澤)하게 하여야만 금을 생할 수 있고, 금은 그 작용이 현달하게 된다. 그러므로 수(水)가 왕성한 것은 좋다고 하였다.

목(木)은 금의 재(財)가 되고, 화는 금의 살(殺)이 되니, 목이 화를 보면 화를 부조(扶助)하여 금을 녹이게 한다. 즉 살강신약(殺强身弱)한 명국이 다시 재를 보면, 재가 살을 생하여, 살이 나를 극하니, 가난하지 않으면 요절하게 되는 것과 같다. 그러므로 하금이 목을 보면 귀(鬼 즉 殺)를 도와 본신(本身)을 상(傷)하게 하는 것이다.

그러나 사주에 수(水)가 있다면 화를 제압할 수 있고, 목을 생존케 하며, 또 토를 윤택하게 하여 금을 생(生)할 수 있다. 이것이 이른바 살유식제(殺有食制)이니 살이 왕하면 식상으로 제(制)함이 있어야 길하게 되는 것이다.

토가 금을 생조하니 유약한 하금은 토의 생조를 기뻐하지만, 토가 과다하면 금이 묻혀 버릴 수도 있다. 그러므로 하금이 토를 쓸 때는 한 두 개의 토로 충분하기 때문에 '토(土)는 적어야 유용하게 쓰이고, 후중(厚重)하면 금(金)이 매몰되어 빛을 잃는다'라고 하였다. 단 하토가 금을 생할 때는 윤택해야 한다.

### (3) 추금(秋金)

가을은 금왕지절(金旺之節)로 금이 당권(當權)하는 때이니, 추금은 매우 강하고 기세가 왕하다. 이와 같이 왕한 금은 화(火)로서 단련하여야만 그릇을 이루게 된다.

오행이란 이미 왕(旺)한데 다시 나를 생조하는 것은 좋지 않다. 추금은 이미 왕하므로 토의 생조는 불필요하다. 그러므로 '토(土)의 배양이 많으면 오히려 예리한 기가 둔탁해진다'고 하였다. 이것은 '토가 많으면 금이 매몰된다'라는 말과 같은 말이다.

기세가 왕할 때는 설(泄)이 있으면 좋다. 왕한 추금이 수(水)를 보면, 물로 금에 묻은 진토(塵土)를 씻는 격이니 금수가 청수(淸秀)해진다. 그러므로 '금이 수를 보면 정신이 수려(秀麗)하다'라고 하였다. 특히 금 중의 신금(辛金)이 그러하니 신금은 임수(壬水)를 만나야 청수(淸秀)해져서 빛을 발한다.

가을은 금은 왕하고, 목은 시들고 마르게 된다. 이때 금이 목을 만나 강금의 위력으로 목을 잘 다듬으면 재목(材木)을 만들어 낼 수 있다. 그러므로 '목(木)을 만나면 강금(强金)의 위력으로 잘 다듬어 낸다'라고 하였다.

이때 만일 목을 생조하는 수(水)가 있어도 금이 그 재(財)를 감당하니 역시 좋은 격국이며, 이를 식신생재격(食神生財格)이라 한다.

추금은 이미 왕성하므로 비겁의 부조나 인성의 생조는 필요 없다. 그러나 만약 다시 비겁이나 인성의 도움이 있다면, 기세가 지나치게 왕성하게 되고 왕성함이 극(極)에 다다르면 꺾여 버린다.


## (4) 동금(冬金)

겨울의 금은 왕성한 기가 이미 지나 신약(身弱)하다. 금은 원래 차가운 성질인데 엄동(嚴冬)과 함께 하면 더욱 냉혹해져, 형상이나 성질이 모두 한냉(寒冷)하다.

목(木)은 금의 재인데, 목이 많으면 재가 많은 격이다. 내가 신약하다면 많은 재를 감당하지 못하므로 '목이 많으면 금의 공능(功能)을 펴기 어렵다'라고 하였다. 따라서 겨울의 금은 가을의 금이 재를 감당하고 위세를 떨치는 것과는 다르다.

겨울은 수(水)가 당령하는 계절이니 금이 수를 보면 진상관(眞傷官)이 되어 설기가 너무 심하다. 겨울은 수가 이미 왕한데 금이 수를 생한다면, 왕한 수에 금이 잠길 우려가 있다.

그러나 이때 원국에 화토(火土)가 있어 화토의 상생으로 금이 온양(溫養)을 얻는다면 상황은 다르게 된다. 즉 화는 토를 생하고, 토는 수를 극하여 제수(制水)하는 동시에 금을 생하기 때문이다. 화토가 상호작용하여 금이 온양(溫養)되면 금의 공능이 현달하게 된다.

동금(冬金)은 약하므로 비겁이 기(氣)를 취합하여 상부(相扶)하면 좋다. 단 관과 인성(화와 토)이 상생하여 금이 온양(溫養)함을 갖도록 하여야 한다.

## 5) 수(水)의 희기(喜忌)

### (1) 춘수(春水)

봄은 수의 병(病), 사(死), 묘(墓)에 해당하고, 목(木)은 수기(水氣)를 설하므로 춘수는 쇠약하다. 그러나 겨울에 얼었던 물이, 봄이 되어 녹으니 사방에 물이 넘쳐 흐르게 된다. 그러므로 봄의 물은 성정이 도도하여 흘러 넘친다고 하였다.

그러나 사실 봄철의 물은, 겉으로 보기에는 왕성한 것 같으나, 안으로는 근원(根源)이 없는 물이므로 왕한 듯 하나 사실은 약(弱)하다. 그 때만 범람하는 수(水)에 불과하다.

그러나 다시 수의 부조(扶助)를 만나는 경우(예컨대 지지에 비겁을 만나고 천간에 비겁이 투출된 것)에는 그 기세가 제방을 무너뜨릴 우려가 있다. 이때에는 왕성한 무토(戊土)의 기세가 가(加)해지면 제수(制水)하여 범람의 우려는 없게 된다.

춘수(春水)는 겉보기에는 거칠어도 사실은 유약하니 금(金)의 생조를 기뻐한다. 금이 있으면 수의 근원(根源)이 있는 것이므로 흐름이 그치지 않고 멀리까지 흐르게 된다. 단 금이 많으면 수를 흐리게 하므로, 금이 과다한 것은 꺼린다.

춘수는 목(木)을 만나면 수목진상관(水木眞傷官)이 되어 설기가 원활하다. 그러므로 목을 만나면 공덕을 펼칠 수 있다고 하였다.

그러나 봄은 목이 왕한 때라, 수가 적으면 왕한 목의 설(泄)로 인해 수가 고갈되니, 이런 경우에는 반드시 비겁과 인성으로 구제해 주어야 한다. 반면에 수(水)가 지나치게 많으면 목(木)이 표류하게 되니, 토(土)로서 수(水)를 제지하고 목(木)을 길러야 한다. 이때에는 온난한 화(火)가 있어 보온하는 것이 필요하다.

수와 목은 청화(淸華)한 기상이 있으므로 '수목상관은 재.관을 좋아한다'고 하는데 여기에서 재관은 화(火)와 토(土)를 말한다.

## (2) 하수(夏水)

물이 하월(夏月)인 4, 5, 6월에 이르면 절(絶), 태(胎), 양(養)위에 들어 이미 쇠약한데, 다시 화토가 조열한 염천(炎天)을 만나면 물이 말라 버리게 된다.

이때는 인성인 금(金)으로 생조하는 것이 좋다. 금으로 생조할 때는 반드시 비겁(수)의 도움이 있어야 하니 그 이유는 여름의 금은 미약하고, 여름의 화는 왕하니 만약 수(水)로서 금을 호위하지 않으면 금은 왕화에 의하여 용해를 당하기 때문이다. 수가 금을 호위하면 금은 수를 생하여 금수가 서로 상제(相濟)하는 것이다.

하수(夏水)는 이와 같이 이미 미약하니, 화가 왕하면 더욱 말라 버리게 되어 당연히 꺼리게 된다. 목이 왕하면 수기(水氣)를 도설(盜泄)하므로 꺼리며, 토가 왕하면 물의 흐름을 막아 버리므로 토가 왕하는 것도 꺼린다. 다만 여름의 물이 기뻐하는 것은 인수의 생조와 비겁의 부조이니, 사주에 수(水)가 있고, 다시 금(金)의 생조가 있으면 약(弱)이 변하여 강해질 수 있다.

## (3) 추수(秋水)

가을의 수는 금기(金氣)가 왕한 계절의 수(水)이니 모왕자상(母旺子相)이다. 가을의 수는 원래 근본이 맑은데, 금의 생조가 가해지면 표리(表裏)가 더욱 수정같이 빛나게 된다.

그러나 왕한 토를 만나면 혼탁해 지는데, 여기서의 토는 기토(己土)를 말한다. 음습(陰濕)한 기토는 물을 저지하기는 어렵고, 물이 혼탁해지게 할 뿐이다.

가을의 수는 금(金)의 생조를 얻으면 더욱 맑고 깨끗해지니, 금백수청(金白水淸), 수기발월(秀氣發越)이라고 하였다.

가을의 수는 이미 왕(旺)하고, 화는 가을에 이르면 병(病), 사(死), 묘(墓)에 들어 쇠약하므로, 추수(秋水)는 화(火)가 많아도 꺼리지 않는다. 화는 수의 재(財)이므로 '화(火)가 많으면 재(財)가 풍성하다'라고 한 것이다.

신왕하다면 설을 감당할 수 있다. 목은 수를 설(泄)하여 수려(秀麗)하게 하므로 '목(木)이 중첩해 있으면 자손이 번영한다'라고 하였다.

가을의 수가 중첩된 수를 보게 되면, 수의 기세가 과왕(過旺)하여 범람을 감당하기 어렵다. 이러한 때 만일 무토(戊土)가 있어 제방

(堤防)이 된다면, 제 길을 따라 흐르게 되니 맑고 평온하여 범람의 근심이 없어 진다.

## (4) 동수(冬水)

겨울은 수신(水神)이 사령하는 계절이므로 수세가 왕하다. 그러나 엄동에는 만물이 얼어버리니 수기(水氣)가 작용하기 어렵다. 이럴 때 만약 거듭 토를 만난다면, 토가 물의 흐름을 막아 쉽게 얼게 하니 수의 발용(發用)은 불가하다.

이때 만일 화(火)가 있어 얼었던 대지를 녹이고, 수가 온난한 기운을 갖게 하면, 수는 당권(當權)하는 원래의 기세를 발용할 수 있다. 수가 왕하여 범람하면 토의 제방이 필요하다. 그러나 만약 화(火)가 없다면 수토(水土)가 모두 한냉(寒冷)하니, 조금의 생기(生氣)도 찾을 수 없을 것이다.

그러므로 겨울의 수가 가장 필요로 하는 것은 화(火)이다. 화가 있다면 수(水)는 양화한 기운을 얻어 그 기세를 발(發)할 수 있다. 즉 목에게 설수(泄秀)할 수도 있으며, 토를 윤택하게 할 수 있고, 금을 온유(溫潤)케 할 수 있다. 이렇게 되면 수의 작용이 창달하게 된다.

동수(冬水)는 왕한 수이니 금의 생조를 꼭 필요로 하지 않는다. 그러므로 금이 많으면 의리(義理)가 없다고 하였다.

목이 왕성하면 왕한 수를 설하므로 수가 수려해 진다. 그러므로 목이 무성하면 유정(有情)이라고 하였다. 수가 한냉할 때는 목도 얼어 생기(生氣)가 없으니 화(火)가 있어야 목이 유기(有氣)하다. 이는 조후를 의미하니 동수(冬水)에게 가장 필요한 것은 화(火)이 다.

## 4. 월별(月別) 오행(五行)의 희기(喜忌)

### 1) 갑목(甲木)

◎ 정월(正月) 갑목(甲木) - 병(丙). 계(癸)

 정월은 겨울의 한기(寒氣)가 남아 있으니 온난한 화(병화)로 보 온하고, 계수로 도우면 좋지만 수가 많으면 좋지 않다(병화가 투출 하고, 수가 한두개 지지에 암장되면 수화기재가 되어 좋다). 정월 은 목이 어리기 때문에 금의 극제를 꺼리며, 토는 착근의 리(利)가 있지만 적은 것이 좋고, 많은 것은 꺼린다.

◎ 이월(二月) 갑목(甲木) - 경(庚). 병(丙).정(丁).무(戊).기(己)

 갑목에게 이월은 양인(羊刃)이 되므로 극왕하다. 경금이 투출하여 갑목과 살인상정(殺印相停)을 이루면 양인합살(羊刃合殺)이 되어 권력고관 상이다. 이때는 목은 극왕하고, 살(금)은 휴수(休囚)에 들어 약하니 토(土)로서 살을 생조하는 것이 필요하다.

 경금이 없으면 병정(丙丁)을 써서 설수(泄秀)를 하면 좋다. 이를 목화통명(木火通明)이라고 하는데 부귀할 격이다. 화가 너무 왕하면 수로서 조후를 하여야 한다.

◎ 삼월(三月)의 갑목(甲木) - 경(庚). 정(丁). 임(壬)

삼월의 갑목은 아직도 왕한 기운은 남아 있어 무성하므로, 금(金)으로 깎고 다듬어야 동량(棟梁)이 된다. 경금(庚金)을 쓰면 진토의 생을 받아 경금이 강해지므로 정화(丁火)로 제지하면 좋다. 만일 정화가 없고 임수가 있으면, 임수가 금기를 설하여 갑목을 생하니 대길이다.

만일 경금이 없고 토만 왕하면, 갑목과 임수가 희신이 된다. 즉 갑목으로 소토(疎土)하고, 임수가 토를 윤택하게 하고 갑을 생하기 때문이다.

◎ 사월(四月)의 갑목(甲木) - 계(癸). 경(庚).정(丁)

사월은 점차로 화토가 조열하게 되는 때이니 계수로 조후함이 필요하다. 수의 근원이 약하므로 경금으로 계수를 도와주면 좋다. 사월은 경금의 장생지인데 다시 경금을 보면 정화로 제지하여야 한다. 이렇게 되면 금생수(金生水), 수생목(水生木), 목생화(木生火)가 되어 목화통명(木火通明)을 이룬다.

◎ 오월(五月)의 갑목(甲木) - 계(癸). 경(庚). 정(丁)

오월은 천지가 고갈되니 계수로 조후함이 필요하다. 경금으로 계수를 생해주면 수원(水源)이 고갈되지 않게 되어 좋다. 사주에 수와 금이 없고 운에서도 금수운을 만나지 못하면 하격(下格)이다.

목이 성하면 경금을 쓰는데 만일 경금이 왕하면 정화를 써야 한다. 이렇게 되면 목화통명이 된다. 지지에서 진토(辰土)를 만나면 좋은데 그 이유는 진토는 수의 고(庫)로 회화생금(晦火生金)하기 때문이다.

◎ 유월(六月)의 갑목(甲木) - 계(癸). 경(庚). 정(丁)

유월의 상반기는 오월과 거의 같으니 계수와 경금을 기뻐하고, 하반기는 토가 왕하니 수와 목을 써야 한다. 수는 토를 윤택(潤澤)하게 하고 목은 소토(疎土)하기 때문이다.

유월에 만일 토가 왕하고 또한 목도 왕하다면, 경금을 써서 토를 설하고 목을 다듬어야 한다. 화가 많으면 금과 수를 함께 써야 한다.

대서(大暑)말에 생하여 금수가 태왕하면 삼복에 생한(生寒)으로 목근이 상(傷)하게 된다. 이때에는 정화(丁火)로 금을 제복하고, 토를 온난케 하면 좋다.

◎ 칠월(七月)의 갑목(甲木) - 경(庚). 정(丁)임(壬)

신월(申月)은 경금의 녹지가 되므로, 금은 왕하고 목은 쇠약하다. 목기가 노쇠하니 금(金)으로 마른 가지를 자르는 것이 필요하다. 경금이 투출하여 금기가 왕하면 정화로 단련하는 것이 좋다. 만일 정화가 없으면 임수(壬水)로 금기를 설하고 갑목을 생하면 살인상

생(殺印相生)으로 좋다

◎ 팔월(八月)의 갑목(甲木) - 경(庚). 정(丁)병(丙)

팔월은 금기가 극왕하고 목세가 극약하다. 과일이 이미 익고 쇠잔한 지엽이 무성하므로 경금(庚金)으로 다듬어 주어야 한다. 금이 극왕하므로 정화(丁火)로 금을 녹여야 한다. 병화는 정화 다음이니 정화는 금을 단련하고, 병화는 조후하기 때문이다. 만일 정(丁)과 경(庚)이 하나씩 천간에 투출하면 부귀할 격이다. 그러나 계수가 천간에 투출하면 정화가 상하기 때문에 해롭다.

토(土)는 적으면 좋은데, 만일 토가 많으면 쇠퇴한 목은 소토(疏土)할 힘이 없기 때문에 왕성한 재(財)를 감당해 내지 못한다.

◎ 구월(九月)의 갑목(甲木) - 경(庚). 갑(甲)정(丁)임(壬)계(癸)

구월은 토가 왕하고 목이 약하니, 토가 많으면 갑목으로 소토(疏土)하고, 계수로 토를 윤택하게 하고 동시에 갑목을 생하면 길하다.

목의 쇠잔한 지엽(枝葉)이 무성하면 경금을 써야 하는데, 정화를 함께 써야 한다. 왜냐하면 한로 후에는 한기(寒氣)가 있어 화의 열기가 필요하며, 화의 열기가 있으면 목의 근기(根氣)가 견고해 지기 때문이다. 또한 구월은 금이 왕하는 때이므로 정화로 조정하는 것이 필요하다.

◎ 시월(十月)의 갑목(甲木) - 병(丙). 무(戊)정(丁)경(庚)

시월은 비록 목의 생지(生地)가 되나 한습(寒濕)하므로 급한 것은 병화로 조후하는 것이다. 그리고 무토로 습기(濕氣)를 제거하면 길하다. 만일 목이 왕하면 경금을 쓰는데 정화로서 단련(鍛鍊)해 주어야 한다.


◎ 십일월(十一月)의 갑목(甲木) - 병(丙). 무(戊)정(丁)경(庚)

십일월은 천지가 극히 한냉(寒冷)하므로 우선 병화로 조후하는 것이 시급하다. 그리고 무토로 습기를 제거해야 한다

경금으로 갑목의 가지를 쳐주어 몸집을 작게 하는 것이 필요하다. 수다(水多)하는 것을 대기(大忌)하며 무엇보다도 양화(陽和)한 기(氣)를 받는 것이 필요하다.


◎ 십이월(十二月)의 갑목(甲木) - 병(丙). 정(丁). 경(庚)

축월은 한냉이 극심하므로 병화로 조후하는 것이 시급하다. 또한 축월은 이양(二陽)이 진기(進氣)하는 때이므로 목근이 점차 단단해진다. 경금이 있고 다시 정화가 있으면, 경금으로 갑목의 지엽을 전단(剪斷)하여 정화를 생하니 벽갑인정(劈甲引丁)이라. 목화통명이 되어 좋다. 경(庚)과 정(丁)이 천간에 투출하면 부귀격으로 벼슬을 한다. 만일 토가 왕하면 목으로 소토해야 정격이 된다.

## 2) 을목(乙木)

◎ 정월(正月)의 을목(乙木) - 병(丙). 계(癸)

 정월은 아직도 한기(寒氣)가 남아 있으니 병화로 한기를 막고 보온(保溫)해야 길하다. 계수로 토를 윤택(潤澤)하게 하고 뿌리에 물을 주어 윤근(潤根)하게 하여야 한다. 만일 임수가 투출되면 병화를 극하므로 불길하다. 수가 태성하면 부목(浮木)이 되니 토가 있어 제수(制水)를 해야 한다.

◎ 이월(二月)의 을목(乙木) - 병(丙). 계(癸)

 묘월의 을목은 태왕하므로 병화로 설하면 목화통명(木火通明)이 되어 좋다. 지지의 계수는 윤근(潤根)하게 하므로 길하다. 금을 보면 좋지 않은데 그 이유는, 이월은 목이 강하고 금이 약하여 금이 절상(折傷)되므로, 오히려 재앙이 생하기 때문이다. 지지에 습토(진.축)가 있으면 목과 금을 자윤(滋潤)하게 하여 길하다.

◎ 삼월(三月)의 을목(乙木) - 계(癸). 병(丙)무(戊)

 진월은 토왕절이므로, 계수로 목을 생하고, 병화로 목기(木氣)를 설하면 목화통명이 되어 길하다. 삼월은 아직도 한기(寒氣)가 있으니 병화는 조후의 작용도 한다.
 지지가 수국을 이루면 무토로 제습(除濕)하면 좋다.

◎ 사월(四月)의 을목(乙木) - 계(癸). 경(庚)

 사월은 병화(丙火)가 득세하는 때이니 우선 계수로 조후하는 것이 시급하다. 경금이 있어 계수를 생조(生助)하면 물이 마르지 않아 좋다. 그러나 을경합(乙庚合)이 되면 생수(生水)가 불가하니 서로가 가까우면 좋지 않다.

◎ 오월(五月)의 을목(乙木) - 계(癸). 병(丙)

 오월은 화토가 조열(燥熱)하니 계수로 조후함이 길하다. 하지 후에는 일음(一陰)이 시생(始生)하므로 병화와 계수를 함께 쓴다. 만일 토가 왕하면 수를 극하여 불길인데, 이러한 때 목이 있어 소토(疎土)하던지, 금이 있어 수를 생하면 길하게 된다.

◎ 유월(六月)의 을목(乙木) - 계(癸). 병(丙)

 유월은 염천(炎天)이니 계수가 조후하여 조(燥)함을 윤습(潤濕)하게 하고, 목근을 자양(滋養)하여야 한다. 이때는 토가 성함을 꺼리니, 토는 수를 극하기 때문이다. 토가 성하면 목으로 소토하면 길하다.

 대서(大暑)가 지나면 삼복(三伏) 중인데도 한기(寒氣)가 생한다. 병화로 한기를 막고 토기를 온난케 해주면 복이 된다.

◎ 칠월(七月)의 을목(乙木) - 병(丙). 계(癸)기(己)

 신월(申月)은 경금이 사령(司令)이니 금이 왕하고, 목은 심히 약하다. 병화로 왕금을 제극하고 조후하면 좋다. 또 계수를 써서 금생수(金生水) 수생목(水生木)하여 화생(化生)하면 길하다. 병화나 계수를 쓸 때는 기토(己土)로 음목의 뿌리를 배양하면 좋다.

◎ 팔월(八月)의 을목(乙木) - 계(癸). 병(丙)정(丁)

 유월(酉月)은 금기가 태왕하다. 추분 이전에는 열매가 완전히 익기 어려우니 계수를 먼저 써서 왕금(旺金)을 설하고, 약목(弱木)을 생하면 좋다. 그 다음에 병화를 쓴다.

 추분 후에는 병화를 먼저 쓰고 계수를 뒤에 쓴다. 즉 추분이 지나면 나무는 한목(寒木)이 되므로 병화로 조후하고, 계수로 목을 생하는데 이렇게 되면 한목향양(寒木向陽)이 되어 더욱 길하다.

 계수를 쓰는데 계수가 없으면 임수(壬水)를 써도 된다. 만일 지지가 금국을 이루고 있으면 정화를 쓰면 좋다.

◎ 구월(九月)의 을목(乙木) - 계(癸). 신(辛)

 술월(戌月)은 조토(燥土)가 사령하므로 지엽(枝葉)은 쇠하고 뿌리는 마른다. 계수로 자양(滋養)하면 좋은데, 다시 신금(辛金)이 있으면 수원(水源)이 깊으니 고관격이다.

 이러한 경우에 갑목을 보면 등라계갑(藤蘿繫甲)이 되어 비록 추절생이라도 약하지 않다. 등라계갑은 을(乙)일간이 천간에서 갑(甲)이나 지지에서 인(寅)을 보는 것인데, 을목은 약한 덩쿨풀에 비유되니 덩쿨이 받침대에 의지하는 것과 같이 된다. 따라서 극을 두려워하지 않고, 수가 많아도 부목(浮木)을 염려하지 않는다.


◎ 시월(十月)의 을목(乙木) - 병(丙). 무(戊)

 시월은 한습(寒濕)이 심하니 병화로 조후하는 것이 시급하다. 또한 무토로 제습(除濕)하면 좋다. 계수(癸水)는 대기(大忌)하니, 그 이유는 병화를 극하고, 희신인 무토를 합거(合去)하기 때문이다.


◎ 십일월(十一月)의 을목(乙木) - 병(丙). 무(戊)

 자월(子月)은 한동(寒凍)하는 때이니 병화로 조후하여야 한다. 만일 병화가 투출하여 해동(解凍)하면 귀인이다. 또 무토가 투출하여 제습하면 좋다. 계수는 병화를 극하므로 꺼린다.


◎ 십이월(十二月)의 을목(乙木) - 병(丙)

 한곡(寒谷)에 양화(陽和)한 기(氣)가 돌아오는 때이나, 아직은 한냉하므로 병화로 조후하는 것이 필요하다. 계수(癸水)의 투간(透干)은 꺼리나 병화가 투출되어 있으면 향양목(向陽木)이 되어 겨울에 꽃이 피는 설중매화(雪中梅花)격이 된다.

 축월이라 토가 태왕하면 갑목으로 소토하면 길하다.

## 3) 병화(丙火)

◎ 정월(正月)의 병화(丙火) - 임(壬). 경(庚)

정월은 목이 녹(祿)이 되고, 화가 장생(長生)이 되어 화가 왕하다. 임수(壬水)로 제화(制火)하여 화를 조절하여야 한다.

다음은 경금을 써서 극왕한 목을 순하게 하고, 수를 생하게 하여야 한다. 춘금은 기세가 미약하고, 춘화는 기세가 강하므로 금을 써도 좋다.

만일 토가 왕하면 화(火)가 무광(無光)이 될 수 있으니, 갑목이 투출하여 토를 극하고 화를 생하면 길하다.

◎ 이월(二月)의 병화(丙火) - 임(壬). 기(己)

춘난(春暖)의 태양(太陽)이니 임수(壬水)를 쓰면 살인상생(殺印相生)이 되어 귀격이다. 만일 수가 많으면 무토(戊土)로 제지하고, 신약이면 인성(목)으로 인화(印化)하여야 한다.

만일 임수가 없으면 기토(己土)를 쓰는데, 뿌리있는 기토가 투출했다면 왕화를 설기하므로 길하다.

◎ 삼월(三月)의 병화(丙火) - 임(壬). 갑(甲)

삼월은 오양(五陽)이 진기(進氣)할 때니 임수(壬水)로 조후하여야 한다. 병화가 임수를 쓰면 수보양광(水補陽光)이라 하여, 병화도 빛나고 임수도 빛난다.

그러나 진월은 토왕지절(土旺之節)이라 토가 투간(透干)되면, 화광(火光)을 가리어 어둡게 하고, 수를 극하여 관을 못쓰게 한다. 이러한 경우에 투출된 갑목이 있다면 갑목이 제토생화(制土生火)하니 길하다.

◎ 사월(四月)의 병화(丙火) - 임(壬). 경(庚)계(癸)

 사월은 병화의 녹지이니 화왕이라 마땅히 임수(壬水)로 해열하여야 한다. 병화가 임수를 쓰면 수화기제(水火旣濟)가 되어 무지개빛을 내는 관이 되어 좋다.

 임수가 없으면 계수를 써도 되는데 경금이 있어 수기(水氣)를 생하면 좋다. 왜냐하면 사월은 수가 절(絶)이 되어 약하기 때문이다.

 단 무토가 투출하여 임수를 극하는 것은 꺼린다.

◎ 오월(五月)의 병화(丙火) - 임(壬). 경(庚)

 오월은 병화의 양인(羊刃)이 되니 화세가 극왕하다. 임수(壬水)로 조후하는 것이 시급한데, 경금이 임수를 생조하여야 한다. 임수와 경금이 투출하여 왕화를 억제하면 권력고관의 상이다. 만일 무토만 투출하여 임수가 극을 당하면 불길하다.

◎ 유월(六月)의 병화(丙火) - 임(壬). 경(庚)

 유월은 화염토조(火炎土燥)의 때라 임수로 조후하고, 경금으로 보좌하여야 한다. 대서(大暑)가 지나면 음기(陰氣)가 생하고, 토기가 왕하여 설기가 심하니 목화를 써도 좋다.


◎ 칠월(七月)의 병화(丙火) - 임(壬). 갑(甲). 무(戊)

 신월은 경금의 녹지이니 금은 왕하고, 화는 약하다. 입추절에는 노염(老炎)이 있으니 임수(壬水)를 쓰면 좋다. 즉 병화는 임수가 있음으로 빛이 더욱 빛나며, 임수는 갑목을 생하게 하여 살인상생 (殺印相生)이 되기 때문이다.

 임수가 투출하면 신(申)궁에 통근(通根)하니, 수가 많으면 무토를 써서 제지해야 한다. 그러나 토가 과다하면 수를 극하고, 화를 설 하므로 불길하다.

 일간이 신약일 때는 필요한 것이 인성과 비겁이니, 갑목이 있어 납수(納水) 생화(生火)하면 길하다.


◎ 팔월(八月)의 병화(丙火) - 갑(甲). 임(壬)

 호수에 걸쳐 넘어가는 태양과 같다. 목화(木火)가 있어 보충해주 면 좋다. 만일 병화가 통근되고 화가 많을 때는 임수가 투출하면 좋다.

 무토는 대기(大忌)하니, 화기를 설하고 왕금을 생하기 때문이다. 갑목으로 극토하고, 생화(生火)하면 좋다.


◎ 구월(九月)의 병화(丙火) - 갑(甲). 임(壬)

 술월은 토가 왕하고 화는 입묘(入墓)하여 쇠약하다. 비유하자면

서산을 넘어 잔광(殘光)만 비추고 있는 태양과 같다. 만일 토가 투출하면 병화의 빛을 가리어 어둡게 하므로 불길하다. 이때는 갑목을 써서 소토하고 생화(生火)하여야 한다.

다음에는 임수를 쓰는데 임수는 병화와 수화기제가 되고, 또한 목을 생하기 때문이다.

◎ 시월(十月)의 병화(丙火) - 갑(甲). 무(戊). 경(庚)

해월(亥月)은 임수가 병령하고, 화의 절(絶)이 되므로 화기가 가장 약한 때이다. 갑목으로 생화(生火)하고, 무토로 제습하면 좋다.

만일 시월이라도 화가 왕성하면 동화(冬火)라도 임수(壬水)를 쓴다. 또한 토가 과다(過多)하면 목으로 소토해야 하며, 목이 태성하면 경금으로 왕목을 제거하여야 한다.

◎ 십일월(十一月)의 병화(丙火) - 임(壬). 무(戊)기(己)

동월(冬月)의 화가 동지에 이르면 일양(一陽)이 시생(始生)한다. 동한(冬寒)의 약화(弱火)이니 지지에 인(寅). 사(巳) 등이 있어 일간과 통근하고 도와주면 좋다.

일간인 병화가 통근되고 약하지 않을 때 임수가 투출하여 수화기제가 되면 좋다. 또한 자월은 수왕절이므로 무토로 극수하면 길하다. 만일 무토 대신 기토가 있으면 역량이 부족하여 이로(異路)에서 공명(功名)을 하게 된다.

◎ 십이월(十二月)의 병화(丙火) - 임(壬). 갑(甲)

이양(二陽)이 진기하여 온기(溫氣)가 있으니 임수를 쓴다. 축월은 토왕절이므로 토가 왕하면 설기(泄氣)가 왕하여 불이 꺼진다. 이때에는 갑목으로 소토해야 하는데 갑목은 또한 병화를 생조하므로 길하다.

## 4) 정화(丁火)

◎ 정월(正月)의 정화(丁火) - 갑(甲). 경(庚)

정월은 목왕지절(木旺之節)이므로 목이 왕하다. 정화는 등촉(燈燭)으로 약화(弱火)이니, 목이 많으면 목다화식(木多火熄)의 우려가 있다. 경금으로 벽갑(劈甲)하여 인정(引丁)해주면 생화(生火)되어 길하다.

◎ 이월(二月)의 정화(丁火) - 경(庚). 갑(甲)

이월은 을목이 사령하는 때이므로 경금을 써서 을목을 제거하여야 한다. 다시 갑목이 있으면 경금으로 벽갑(劈甲)하여 인정(引丁)시키는데 이렇게 되면 목화통명(木火通明)이 되어 좋다.

◎ 삼월(三月)의 정화(丁火) - 갑(甲). 경(庚)

진월(辰月)은 토기가 왕하니 화의 설기가 심하여 신약하다. 갑목이 투출하여 왕토를 극해서 설기를 막고, 생화(生火)하면 길하다.

목이 왕성하면 경금을 쓰고, 수가 성하면 무토를 쓴다.

◎ 사월(四月)의 정화(丁火) - 갑(甲). 경(庚)

　갑목을 써서 인정(引丁)을 하면 약한 화를 생하는 이치이며, 또한 목화통명이 되어 좋다. 그러나 목이 많을 때는 경금을 써서 제목(制木)하여야 한다.

◎ 오월(五月)의 정화(丁火) - 임(壬). 경(庚)계(癸)

　오월은 정화의 녹지이니 화염(火炎)이 극왕하다. 임수로 조후하는 것이 시급하다. 수원(水源)이 마르는 것을 막기 위하여 경금을 써야 한다. 그러므로 경금과 임수가 모두 투출되어야 귀명이다. 만일 임수가 없으면 계수를 대용할 수 있다. 만일 금이 있고 계수가 시상(時上)에 투출했으면 살(殺)이 당권(當權)하여 권력 고관이다.

◎ 유월(六月)의 정화(丁火) - 임(壬). 갑(甲). 경(庚)

　유월은 염천(炎天)으로 화염토조(火炎土燥)하므로 임수로 조후하여야 한다. 또한 토왕절로 화기가 설되어 약하므로 갑목으로 생화(生火)하여야 한다. 갑목을 쓸 때는 경금이 없으면 벽갑(劈甲)을 할 수 없으니 경금을 함께 써야 한다.

◎ 칠월(七月)의 정화(丁火) - 갑(甲). 경(庚)병(丙)무(戊)

　경금 사령에 임수가 장생지가 되어 정화는 약하다. 갑목이 있어 경금으로 벽갑(劈甲)을 해주면 목화통명이 되어 좋다. 또 병화를 취해 금을 온난케 하고 목을 말려주어야 한다. 수가 왕성하면 무토를 써서 제지하여야 한다.

◎ 팔월(八月)의 정화(丁火) - 갑(甲). 경(庚)병(丙)무(戊)
 금기(金氣)가 태왕하니 정화가 약하다. 갑목이 있어 경금으로 벽갑인정(劈甲引丁)하면 가장 좋다. 갑목이 없으면 을목을 쓴다.
 또한 병화로 조후하는 것이 필요한데 특히 을목을 쓰는 경우에는 병화로 마른 풀에 불을 당겨 주어야 한다. 수가 왕성하면 무토를 쓴다. 일반적으로 정화(丁火)는 벽갑인정이 되어야 좋은 격국이 된다. 7월에서 12월까지는 어느 달이고 벽갑인정을 가장 존귀한 것으로 본다.

◎ 구월(九月)의 정화(丁火) - 갑(甲). 경(庚)무(戊)
 토왕절이므로 갑목이 천간에 투출하여 제토(制土)하면 좋다. 다시 경금이 있어 벽갑해주면 약한 정화는 생조를 받으므로 기뻐한다.
 만일 토왕한데 목이 없다면 상관이 태왕한 상진격(傷盡格)이 된다. 상관격에 관성은 불길하므로 수(水)가 왕함을 꺼린다. 수가 왕하면 무토를 쓴다.

◎ 시월(十月)의 정화(丁火) - 갑(甲). 경(庚)
 수(水)가 왕해지는 동초(冬初)이니 목으로 생화(生火)하면 살인상생(殺印相生)이 되어 좋다. 동시에 경금으로 벽갑(劈甲)하고 인정(引丁)하면 대길이다. 만일 수가 성하면 병화로 조후하고, 무토로 제지(制止)하여야 한다.

◎ 십일월(十一月)의 정화(丁火) - 갑(甲). 경(庚)

갑목이 있어 경금으로 벽갑인정을 하면 최상이니 갑목이 가장 존귀하고 다음이 경금이다. 수가 성하면 병화와 무토를 쓴다.

◎ 십이월(十二月)의 정화(丁火) - 갑(甲). 경(庚)

한기와 습기가 왕하여 정화는 쇠약하다. 갑목이 있고 경금이 있어 벽갑인정이 되면 최상이다.

## 5) 무토(戊土)

◎ 정월(正月)의 무토(戊土) - 병(丙). 갑(甲)계(癸)

정월은 토의 장생지이지만, 목의 녹이 되므로 토는 약해진다. 또한 한기(寒氣)가 아직은 남아 있으니 병화(丙火)로 조후하고, 목을 살인화(殺印化)하여 살인상생(殺印相生)시켜 주면 좋다.

토는 만물의 근원이 되는데 메마르면 쓸모가 없으니 계수로 윤택하게 하여야 한다. 무토는 단단한 토이니 갑목의 소토가 없으면 영걸스럽지 못한다.

◎ 이월(二月)의 무토(戊土) - 병(丙). 갑(甲)계(癸)

 목기가 왕한 때이므로 병화를 쓰면 통관도 되고, 조후도 되어 좋다. 또한 갑목의 소토가 있어야 영걸스럽게 된다. 계수는 무토를 윤택하게 하여 만물의 성장을 가능하게 한다.

◎ 삼월(三月)의 무토(戊土) - 갑(甲). 병(丙)계(癸)

 무토가 사령하는 때이므로 갑목으로 소토(疏土)하는 것이 급선무이다. 다음으로 계수를 써서 토가 마르는 것을 막고 윤택(潤澤)하게 하여 만물의 근원이 되게 하여야 한다.

◎ 사월(四月)의 무토(戊土) - 갑(甲). 병(丙)계(癸)

 병화와 무토가 모두 녹이 되니 화토가 조열하다. 토가 실하면 쓸모가 없으니 갑목으로 소토하고, 계수로 해열(解熱)하고 윤택하게 하는 것이 필요하다. 금수가 많으면 병화를 쓴다.

◎ 오월(五月)의 무토(戊土) - 임(壬). 갑(甲)병(丙)

 화염토조(火炎土燥)하니 임수로 조후하는 것이 시급하다. 갑목이 투출하여 소토하면 길하다. 임갑이 투출하고, 신금(辛金)이 있어 생수하면 일품귀격이다.

 만일 금수가 왕하면 화(火)로 생조하여야 한다. 여름의 토는 태양(太陽)이 없으면 토질이 윤택할 수 없고, 초목이 무성할 수 없다.

◎ 유월(六月)의 무토(戊土) - 계(癸). 병(丙)갑(甲)

염천(炎天)의 조토(燥土)이니 계수를 써서 조후함이 시급하다. 계수는 또한 토를 윤택하게 하는 공이 있다. 다음은 갑목으로 소토함이 길하니 소토가 없으면 토는 영걸스럽지 못하다. 그러나 수목이 성하면 왕토(旺土)라는 윤광(潤光)이 없게 되므로 병화로 살인화(殺印化)하여 생조함이 필요하다.

◎ 칠월(七月)의 무토(戊土) - 병(丙). 계(癸)갑(甲)

칠월의 토는 설기가 왕하여 쇠약하다. 또한 한냉한 기가 점차 증가하는 때이므로 병화로 조후하고 생조하면 길하다. 화염이 많으면 계수를 써서 보충한다. 다음은 갑목을 쓰는데 갑목은 소토 뿐만이 아니고 수가 많은 경우에 수를 설하는 작용도 한다.

◎ 팔월(八月)의 무토(戊土) - 병(丙). 계(癸)갑(甲)

토는 설기 되어 약하고, 한기(寒氣)가 많아지는 때라, 병화로 조후하고 생조하면 좋다. 토는 후중(厚重)하면 안되고 축축한 물기가 있어야, 만물을 성장시킬 수 있으므로 계수로 윤토하고, 갑목으로 소토하는 것이 필요하다.

◎ 구월(九月)의 무토 - 갑(甲). 병(丙)계(癸)

술월은 무토가 당권(當權)하는 때이니 갑목으로 소토함이 급선무이다. 다음은 계수가 있어 윤토하고, 재자약살(財滋弱殺) 해주면 상격이다. 한기가 점증하니 병화로 조후하여야 한다.

◎ 시월(十月)의 무토(戊土) - 갑(甲). 병(丙)

우선 병화로 조후하여 만물이 유기(有氣)하게 하여야 한다. 동월
(冬月)의 토는 단단하고 후중하니 갑목으로 소토(疎土)해야 영걸
스럽게 된다. 그러므로 갑병이 모두 투출하면 부귀(富貴)를 겸전한
다. 만일 경금이 투간(透干)하여 갑목을 극하면 불길인데, 천간에
정화가 있어 경금을 단련하면 복이 된다.

◎ 십일월(十一月)의 무토(戊土) - 병(丙). 갑(甲)

엄동설한(嚴冬雪寒)이므로 병화로 조후함이 시급하다. 다음으로
갑목으로 소토하여 토의 영기(靈氣)를 조장하여야 한다.
갑과 병이 모두 투출하면 부귀를 겸전하며, 갑목이 없으면 귀(貴)
가 부족하고, 병화가 없으면 부(富)가 부족이다.

◎ 십이월(十二月)의 무토(戊土) - 병(丙). 갑(甲)

천한지동(天寒地凍)이므로 병화로 조후하여야 한다. 다음으로 갑
목으로 소토(疎土)하여야 하는데 병과 갑이 모두 투출하면 부귀를
겸전한다.

## 6) 기토(己土)

◎ 정월(正月)의 기토(己土) - 병(丙). 경(庚)갑(甲)

　한기(寒氣)가 아직 남아 있으니 병화로 조후함이 시급하다. 정월은 목왕절이므로 목이 많으면 경금으로 제목(制木)하든지, 화(火)로 설하여 살인상생(殺印相生)하면 길하다.

　임수는 꺼리니 만일 수가 많다면 무토로 제극하여야 한다. 토가 많다면 갑목으로 소토하는 것이 길한데, 대저 토는 어느 때를 막론하고 갑목의 소토가 필요하다.

◎ 이월(二月)의 기토(己土) - 갑(甲). 계(癸)병(丙)

　토가 약하니 화(火)로서 생조하고, 갑목으로 통관상생(通關相生)겸 소토하면 길하다. 만일 화토가 모두 성하면 계수를 쓴다.

◎ 삼월(三月)의 기토(己土) - 병(丙). 계(癸)갑(甲)

　기토는 비습(卑濕)하니 병화를 써서 온난하게 하고 다음으로 계수를 써서 윤습(潤濕)하게 하면 길하다. 토가 따뜻하고 윤택하면 갑목으로 소토해야 한다.

◎ 사월(四月)의 기토(己土) - 계(癸). 병(丙)

　사월은 열기가 높고 건조하니 계수를 써서 조후하는 것이 시급하다. 다음에는 병화(丙火)를 쓰는데 그 이유는 여름의 토는 태양(太

陽)이 있어야 만물이 성장할 수 있기 때문이다. 금이 있어 계수의
수원(水源)이 되면 좋다.

◎ 오월(五月)의 기토(己土) - 계(癸). 병(丙)

 사월과 다름이 없지만, 화기가 사월보다 더욱 조열하니, 조후하는
계수가 충분하여야 한다. 그러므로 금이 있어 수를 생하면 수의 근
원이 깊어 좋다. 여름의 토에는 병화(丙火)가 필요함은 위의 설명
과 같다.

◎ 유월(六月)의 기토(己土) - 계(癸). 갑(甲). 병(丙)

 유월은 화염(火炎)이 아직 극심하니 계수로 조후하는 것이 필요
하다. 다음은 토왕절이므로 갑목으로 소토하면 길하다. 여름의 토
에는 병화가 필요한데 특히 대서(大暑) 말에는 생한(生寒) 하므로
병화(丙火)가 있어 온기를 생조하는 것이 필요하다.

◎ 칠월(七月)의 기토(己土) - 병(丙). 계(癸)

 경금이 사령이고 한기(寒氣)가 생(生)할 때이다. 병화로 토를 따
뜻하게 하고 계수로 윤택하게 한다. 이렇게 되면 왕금이 병화의 제
(制)함을 받고 계수로 설이 된다. 또한 목이 있어 화를 생하고, 소
토하면 길하다.

◎ 팔월(八月)의 기토(己土) - 병(丙). 계(癸)

　금왕절이라 설기가 심하고 한기가 점증한다. 병화로 한기를 풀어
주고, 금을 제(制)하며 토를 생하면 좋다. 다시 계수가 있어 윤토
(潤土)하고 왕한 금기를 설하면 길하다.

◎ 구월(九月)의 기토(己土) - 갑(甲). 병(丙)계(癸)

　토가 왕하는 때이니 갑목(甲木)으로 소토해야 한다. 만물이 수장
되고 한기는 점증하니 병화로 조후하여야 한다. 또한 술월은 조토
이니 계수(癸水)로 토를 윤습하게 하면 귀격이다. 대저 병화(丙火)
가 없으면 있는 재능을 발휘하지 못하고 허송세월을 하게 된다.

◎ 시월(十月)의 기토(己土) - 병(丙). 갑(甲)무(戊)

　기후가 한냉하니 병화로 조후하여야 한다. 갑목으로 병화를 생하
고, 왕수를 설하므로 길하다. 만일 수가 많으면 무토로 제지(制止)
하여야 한다.

◎ 십일월(十一月)의 기토(己土) - 병(丙). 갑(甲)무(戊)
◎ 십이월(十二月)의 기토(己土) - 병(丙). 갑(甲)무(戊)
　시월과 같다.

# 7) 경금(庚金)

◎ 정월(正月)의 경금(庚金) - 무(戊). 병(丙)갑(甲)임(壬)

 목은 왕하고 금은 약하니 무토(戊土)로 생조함이 길하다. 한기(寒氣)가 아직 남아 있으니 병화(丙火)로 조후하여야 한다. 토가 후중하면 매금(埋金)이 염려되니 갑목(甲木)으로 소토시켜 주어야 한다. 화가 많으면 수(水)로써 제거하여야 한다.

◎ 이월(二月)의 경금(庚金) - 기(己). 정(丁)갑(甲)경(庚)

 목왕금약하니 습토가 있어 생조하면 길하다. 일간이 지지에 통근되어 왕하면 정화로 단련(鍛鍊)해야 하는데, 갑목이 있어 인정(引丁)하고 경금으로 벽갑(劈甲)하면 좋다. 정화(丁火)가 없으면 병화(丙火)를 쓴다. 정과 갑이 투출하면 부귀한다.

◎ 삼월(三月)의 경금(庚金) - 갑(甲). 정(丁)임(壬)계(癸)

 토가 왕하는 때이니 매금(埋金)이 될까 두렵다. 갑목으로 소토하면 길하다. 삼월의 경금은 무딘 금이라 정화로 단련해야 좋다. 지지에 화가 있으면 계수가 좋고, 천간에 화가 있으면 임수가 좋다.

◎ 사월(四月)의 경금(庚金) - 임(壬). 무(戊)병(丙)정(丁)

 조열한 때이니 임수로 조후하고, 경금의 먼지를 씻어주어야 한다. 화가 왕하여 경금이 제극될 우려가 있는데, 무토가 있으면 회화생금(晦火生金)하니 길하다. 금이 성다(盛多)하면 정화로 단련해 주어야 한다.

◎ 오월(五月)의 경금(庚金) - 임(壬). 계(癸)

화가 극왕이니 임계수로 조후하는 것이 급선무이다. 화왕절에 수를 쓰니 극설교가(剋洩交加)가 되어 경금은 더욱 약해진다. 그러므로 지지에 신유(申酉)가 있어 통근하여야 길하다. 만일 임계수가 없으면 무기토(戊己土)가 있어 화기를 설하고 생금하면 좋은데, 토 중에서 습토인 진축(辰丑)토가 유리하다.

◎ 유월(六月)의 경금(庚金) - 임(壬). 갑(甲). 정(丁)

염천(炎天)이라 아직도 열기가 고조하니 임계수로 조후하여야 한다. 토왕절이므로 갑목으로 소토(疎土)해야 길하다. 대서(大暑) 후에는 생한(生寒)하므로, 정화가 있으면 한기를 쫓고, 또 경금을 연금(鍊金)하므로 좋다.

◎ 칠월(七月)의 경금(庚金) - 정(丁). 갑(甲)

경금의 녹지이니 금왕하다. 정화로 연금하는 것이 필요하다. 갑목이 있으면 인정(引丁)하여 화를 생하니 길하다. 병화(丙火)도 조후의 기능을 하니 길하다.

◎ 팔월(八月)의 경금(庚金) - 정(丁). 병(丙)갑(甲)

경금의 양인(羊刃)월이므로 신왕하다. 또한 한기가 점증하니 병화로 조후하여야 한다. 병화는 살(殺)로 양인(酉 중의 辛金)과 합이 되니 귀격이다. 경금이 왕하므로 정화를 써서 단련하면 좋은데, 이때 갑목이 정화를 생하면 더욱 좋다.

이런 경우에는 관살혼잡을 꺼리지 않으니 병화는 조후하고, 정화는 연금하기 때문이다.

◎ 구월(九月)의 경금(庚金) - 갑(甲). 임(壬)병(丙)

토가 후중하니 금이 매몰될 우려가 있다. 갑목으로 소토하는 것이 시급하다. 임수로 금을 씻으면 광채가 나서 좋으며, 갑목을 생조하니 길하다. 또한 병화가 있어 조후하면 길하다.

◎ 시월(十月)의 경금(庚金) - 정(丁). 병(丙)

수한금냉(水寒金冷)하니 병화로 조후하는 것이 시급하다. 다음은 정화로 연금(鍊金)하는 것이 필요한데 이렇게 되면 성기(成器)가 된다. 만일 갑목이 있으면 인정(引丁)하여 좋다. 지지에 인목(寅木)이 있는 것을 기뻐한다.

◎ 십일월(十一月)의 경금(庚金) - 병(丙). 정(丁)갑(甲)

천지가 한냉하니 병화의 조후가 시급하다. 경금은 둔탁한 금이니 정화의 단련이 필요하다. 갑목이 있어 인정(引丁)을 하면 좋다. 또지지에 寅巳午未戌 등이 있어 통근하면 유력하여 좋다. 대저 금수상관(金水傷官)은 화(火)를 기뻐하니 관살혼잡도 꺼리지 않는다. 만일 화가 없다면 고독하고 빈한하게 된다.

◎ 십이월(十二月)의 경금(庚金) - 병(丙). 정(丁)갑(甲)

한냉하므로 병화로 조후하고, 정화로 단련하여야 한다. 갑목이 있어 인정(引丁)하면 좋다.

## 8) 신금(辛金)

◎ 정월(正月)의 신금(辛金) - 기(己). 임(壬)경(庚)

금이 시령(時令)을 잃어 태약하므로 기토(己土)가 있어 생조하면 길하다. 신금은 본성이 음유(陰柔)하므로 왕강한 무토의 도움은 기뻐하지 않는다. 경금은 정화의 단련을 기뻐하고, 신금은 임수(壬水)로 씻김을 좋아한다. 그러므로 임수가 있어 신금에 묻어 있는 진애(塵埃)를 씻으면 광채가 나니 귀격이다. 경금이 있어 약한 신금을 돕고, 목이 많으면 제목(制木)하니 길하다.

◎ 이월(二月)의 신금(辛金) - 기(己). 임(壬). 갑(甲)

금이 약하므로 기토가 투출하여 생조하든지, 지지에 통근하여야 한다. 다음에 임수가 씻어주면 좋은데 이때 갑목이 있으면 상관생재격(傷官生財格)으로 부귀격이다. 목이 과다하면 경금을 써서 제목(制木)하고 신금을 도우면 길하다.

◎ 삼월(三月)의 신금(辛金) - 임(壬). 갑(甲)

진월이니 신금이 생조를 받아 유기(有氣)하다. 임수로 씻으면 깨끗해져 광채를 낸다. 갑목이 있으면 신금으로 다듬어서 목기(木器)를 만들 수 있다. 토가 많으면 갑목으로 소토해야 길하다. 만일 병(丙)이 투출하면 신(辛)금과 합이 되므로 이러한 경우에는 계수가 있어 병화를 제지(制止)해 주어야 한다.

◎ 사월(四月)의 신금(辛金) - 임(壬). 갑(甲)계(癸)

병화가 사령하니 먼저 임수로 조후하는 것이 시급하다. 임수는 또한 탁한 것을 씻어 주니 길하다. 신금은 무토(戊土)를 꺼리니 갑목이 있어 무토를 제지하면 대단히 좋다. 습토(濕土)가 있어 왕화를 설기 시키고 생금(生金)함도 좋다.

◎ 오월(五月)의 신금(辛金) - 임(壬). 기(己)계(癸)

화염이 극심하니 먼저 임수로 조후하고, 다음에 씻어 주면 깨끗하고 빛이 나니 좋다. 오월은 신금이 약하므로 기토(己土)로 생조하면 길하다. 대저 신금은 무토는 꺼리지만 기토(己土)의 생조는 기뻐한다. 만약 임수가 없으면 계수를 쓴다.

◎ 유월(六月)의 신금(辛金) - 임(壬). 경(庚)갑(甲)

염천(炎天)이므로 임수를 써서 조후하고, 씻어 주면 좋다. 경금이 있으면 토를 설하니 매금(埋金)을 막을 수 있다. 또한 갑목으로 왕토를 소토하면 길한데, 만일 기토가 함께 있어 합(合)이 되면 오히려 천(賤)하게 된다.

◎ 칠월(七月)의 신금(辛金) - 임(壬). 갑(甲)무(戊)

 금왕절이므로 임수로 설기(洩氣)하고 또한 임수로 세금(洗金)하니 임수가 존귀하다. 만일 수가 많으면 무토를 쓰고, 토가 많으면 갑목을 쓴다.

◎ 팔월(八月)의 신금(辛金) - 임(壬). 갑(甲)

 극왕한 금이니 임수로 설하고, 씻어 주어야 한다. 토는 꺼리니 무기토가 투출했으면 갑목으로 제지하여야 한다.

◎ 구월(九月)의 신금(辛金) - 임(壬). 갑(甲)

 술월은 무토가 사령이고, 정화가 장간에 있어 조열하므로, 신금이 탁해져 매몰될 수 있다. 임수로 설하고 세금(洗金)하면 좋다. 또한 갑목이 있어 왕한 토를 소토하면 좋다.

◎ 시월(十月)의 신금(辛金) - 임(壬). 병(丙)

 기후가 한냉하므로 병화로 조후하여야 한다. 일간이 유근(有根)한 후(後)에 임수로 세금(洗金)하면, 금은 맑고 물은 희다고 하여 금청수백(金淸水白)이라고 하는데 부귀격이다.

◎ 십일월(十一月)의 신금(辛金) - 병(丙). 무(戊)임(壬)갑(甲)

엄동(嚴冬)이므로 병화로 조후하는 것이 시급하다. 설기가 심하여 신약이니 무토로 극수하고 금을 생하면 길하다. 만일 토가 왕하면 갑목으로 소토하여야 한다. 임수로 세금(洗金)하면 물론 길하다. 수만 있고 화가 없으면 한유(寒儒)에 불과하다.

◎ 십이월(十二月)의 신금(辛金) - 병(丙). 임(壬)갑(甲)

한냉이 극심하니 병화로 조후하고, 임수로 세금(洗金)하면 길하다. 갑목이 있으면 소토하고, 상관생재(傷官生財)가 되어 좋다. 겨울의 신금은 병화가 적으면 안된다. 왜냐하면 온난한 화기(火氣)로 조후를 해주어야만 금이 공능(功能)을 나타낼 수 있기 때문이다.

## 9) 임수(壬水)

◎ 정월(正月)의 임수(壬水) - 경(庚). 병(丙)무(戊)

인월은 수가 퇴기하는 때라 쇠약하다. 경금이 생조하면 길하다. 춘한(春寒)이 아직 남아 있으니 병화로 조후하는 것이 필요하다.

수가 왕하면 무토를 쓰는데, 금수가 많고 일무(一戊)가 투출해 있으면 일장당관(一將當關)에 중사불범(衆邪不犯)이라고 한다. 화토만 있고 금이 없으면 평생이 공허하다.

◎ 이월(二月)의 임수(壬水) - 경(庚). 신(辛)무(戊)병(丙)

임수가 약하므로 수의 근원이 되는 경신(庚辛)금을 취한다. 만일 수가 과다하면 무토로 제방(堤防)을 쌓아야 한다. 이월은 아직 한기(寒氣)가 가시지 않았으므로 병화로 보온하는 것이 좋다.

◎ 삼월(三月)의 임수(壬水) - 갑(甲). 경(庚)

토왕절이므로 갑목으로 소토(疎土)하여야 한다. 수가 약하므로 수의 근원이 되는 경금을 쓴다. 만일 금이 많으면 병화를 써서 극제(克制)하여야 한다.

◎ 사월(四月)의 임수(壬水) - 임(壬). 신(辛)경(庚)계(癸)

열기가 심하니 임계(壬癸)수로 조후함이 필요하다. 또한 일간이 극약(極弱)이므로 비겁(壬癸)으로 돕고, 경신(庚辛)으로 수의 근원을 삼아야 한다.

◎ 오월(五月)의 임수(壬水) - 경(庚). 계(癸)신(辛)

열기가 극심하니 계수로 조후하는 것이 시급하다. 임수가 약하니 경신금이 있어 수원(水源)이 되면 길하다.

◎ 유월(六月)의 임수(壬水) - 신(辛). 갑(甲)계(癸)

염천(炎天)이니 산천이 고갈(枯渴)되었다. 계수로 조후하고, 신금으로 수원(水源)을 삼으면 길하다. 토왕절이므로 갑목이 있어 소토

(疎土)하면 좋다.

◎ 칠월(七月)의 임수(壬水) - 무(戊). 정(丁)

경금의 녹지이고, 임수의 장생이니 금수가 왕하다. 먼저 정화를 써서 경금을 제지(制止)하고 또 무토를 생하여 무토가 극수(剋水)하는 것을 돕게 한다. 무토가 진술(辰戌)에 통근하고, 정화가 오술(午戌)에 통근하면 묘격(妙格)이다.

◎ 팔월(八月)의 임수(壬水) - 갑(甲). 경(庚)

금수통원(金水通源)이니 갑목이 있어 수기(秀氣)를 유행(流行)하면 길하다. 금청수백(金淸水白)할 때 토가 있으면 흐려지니 무토가 기신이다. 갑목이 있으면 소토하여 길하지만 갑목이 없으면 무토를 경금으로 살인화(殺印化)하여야 한다.

◎ 구월(九月)의 임수(壬水) - 갑(甲). 병(丙)

토가 왕하므로 갑목으로 소토하는 것이 시급하다. 다음으로 병화를 쓰는데 그 이유는 술월은 한기(寒氣)가 점증하기 때문이다.

◎ 시월(十月)의 임수(壬水) - 무(戊). 병(丙)경(庚)

임수의 녹지(祿地)이니 수가 왕하다. 무토로 극수하여 습기를 제거하여야 한다. 또한 한기가 발하는 때이니 병화를 써서 조후하는 것이 당연하다. 만일 갑목이 투출하면 무토가 상하니 이때에는 경금이 있으면 약신(藥神)이 되어 좋다.

◎ 십일월(十一月)의 임수(壬水) - 무(戊). 병(丙)

한냉이 극심하니 병화로 조후하는 것이 시급하다. 또한 임수의 양인(羊刃)월이니 수기(水氣)가 왕하다. 무토가 있어 왕수를 제지하면 길하다. 병과 무가 모두 투출하고 지지에 근기(根氣)가 있어 유기(有氣)하면 부귀한 상이다.

◎ 십이월(十二月)의 임수(壬水) - 병(丙). 정(丁)갑(甲)

아직 한기가 있으니 병화로 조후하여야 한다. 토왕절이라 갑목으로 소토하면 좋다. 정화는 병화를 대신할 수 있지만 지지에 통근하여야 한다.

## 10) 계수(癸水)

◎ 정월(正月)의 계수(癸水) - 신(辛). 병(丙)

설기가 극심하니 신금이 있어 생조하면 길하다. 금은 수원(水源)이니 금이 있으면 샘이 마르지 않아 장구(長久)하게 흐른다. 초춘에 한기가 아직 남아 있으니 병화로 조후하는 것은 당연하다.

◎ 이월(二月)의 계수(癸水) - 경(庚). 신(辛)

묘월령(卯月令)에 약수(弱水)이니 경금을 써서 일간을 생조하여

야 한다. 또한 목이 무성하니 왕목(旺木)을 제거하여야 한다. 신금
도 쓸 수 있다.

◎ 삼월(三月)의 계수(癸水) - 병(丙). 신(辛)갑(甲)

대저 수와 목은 청화(淸華)한 기상이므로 수목상관(水木傷官)은
재를 좋아한다고 하였다. 여기서 재는 화(火)를 말한다. 청명절은
지지에 계수의 뿌리가 숨어 있어 불약(不弱)이라 재(財)를 감당할
수 있다. 병화(丙火)가 투출하면 귀명(貴命)이다.

곡우(穀雨) 후에는 무토가 사령이라 신약이므로 신금으로 일간을
생조하고, 갑목으로 소토하면 좋다. 병화는 그 다음이다.

◎ 사월(四月)의 계수(癸水) - 신(辛). 경(庚)

화가 왕(旺)하고 수가 절(絶)이 되어 약하므로, 신금으로 수의 근
원(根源)이 되면 좋다. 경금도 쓸 수 있다. 만일 정화가 투출하면
불길인데 다시 임수가 투출하면 정화를 합거(合去)하니 길하다.

◎ 오월(五月)의 계수(癸水) - 경(庚). 신(辛)임(壬)계(癸)

정화와 기토의 녹지이니 화토가 조열(燥熱)하다. 경신금으로 약수
(弱水)를 생조하여 화토와 대적(對敵)하게 하여야 한다. 그러나 정
화가 사령이니 금의 힘이 부족하다. 비겁인 임계(壬癸)가 투출하여
방신(幇身)하면 금을 쓸 수 있어 좋다.

◎ 유월(六月)의 계수(癸水) - 경(庚). 신(辛)임(壬)계(癸)

오월의 경우와 같다. 소서(小暑) 중에는 신약에다 화기가 치열하므로 금(金)과 수(水)를 함께 쓴다. 대서(大暑) 후에는 한습(寒濕)한 기운이 생(生)하므로 수(水)는 쓰지 않아도 된다. 만일 정화(丁火)가 투출하면 불길하다.


◎ 칠월(七月)의 계수(癸水) - 정(丁)

금의 녹지이고 수의 장생지가 되니 금수가 왕하다. 정화가 있어 금을 제지(制止)하는 것이 중요하다. 이때 지지에 오미술(午未戌)이 있어 정화가 통근하면 더욱 좋다. 특히 일점 정화가 오상(午上)에 있으면 독재자왕격(獨財自旺格)이라 하여 부귀를 겸비한다.


◎ 팔월(八月)의 계수(癸水) - 신(辛). 병(丙)

가을의 수는 금의 생조를 얻으면 더욱 맑고 깨끗해지니 금청수백(金淸水白)이라. 신금이 투출하여 생하면 표리(表裏)가 더욱 수정같이 빛나게 된다. 금수가 왕하므로 병화로 조후하면 수난금온(水暖金溫)이 되어 좋다. 병과 신이 모두 투출하면 귀명이다.


◎ 구월(九月)의 계수(癸水) - 신(辛). 갑(甲)임(壬)계(癸)

토가 왕하는 계절이라 수가 약하다. 신금으로 일간을 생조하고 비겁인 임계로 부조(扶助)하면 길하다. 계수가 대기(大忌)하는 무토가 득령(得令)이므로 갑목으로 소토하여야 한다.

◎ 시월(十月)의 계수(癸水) - 경(庚). 신(辛)무(戊)정(丁)

시월의 계수는 왕한 가운데 약하다고 한다. 그 이유는 해(亥)중의 갑목이 계수의 기를 설하기 때문이다. 그러므로 경신금으로 일간을 생하고 왕목을 극제하여야 한다. 수다(水多)하면 무토를 쓰고, 금다(金多)하면 정화를 쓴다.

◎ 십일월(十一月)의 계수(癸水) - 병(丙). 무(戊)신(辛)

천한지동(天寒地凍)이니 병화로 조후하는 것이 시급하다. 지지에 인사(寅巳) 등이 있어 통근하면 좋다. 수가 왕하니 무토가 있어 제지하면 길하다. 이때 갑목이 투출하면 무토를 극하니 불길인데, 신금이 있으면 갑목을 극하여 좋아진다. 지지에 화가 많으면 금(金)이 길신이다.

◎ 십이월(十二月)의 계수(癸水) - 병(丙). 무(戊)신(辛)

한기가 극심하니 병화로 조후하여야 한다. 다음에 무토로 제습(除濕)하면 길(吉)한데 지지에 금(金)이 있으면 상격이다. 또한 갑목이 투출하면 좋은데 그 이유는 왕토를 소토(疎土)하고, 목중에는 화가 있기 때문이다.

# 제10장. 용신(用神)과 격국(格局)

## 1. 용신(用神)

용신은 사주의 음양(陰陽)과 오행(五行)의 조화(調和)를 위해 소용이 되는 육신이다. 길한 사주는 음양과 오행이 조화되어 중화(中和)를 이룬 사주이니 용신은 사주에서 가장 필요한 신이다. 가령 사주가 신약(身弱)이면 일간을 생조(生助)해주는 육신이 필요하고, 신왕이면 일간을 억제하거나 일간의 기운을 누설(漏泄)시키는 육신이 필요하다. 또한 사주가 너무 한냉하면 온난하게 하는 것이 필요하다. 이와 같이 사주에서 없어서는 않되는 필요한 신이 용신이다.

일간의 소용지신(所用之神)이 용신이므로 용신은 건왕(健旺)함을 요하고 , 또 일간에 인접하여 유정(有情)함을 기뻐한다. 용신이 투출하여 유기(有氣) 유정(有情)하면 정신이 바르고 발영의 기상이

272

빛나는 상이니, 두뇌회전이 빨라 총명 준수하고 이지(理智)가 명백하여 타인의 존경을 받는다.

용신은 사주마다 다르지만 그 관건은 월령(月令)에 있다. 월령은 당왕(當旺)한 기(氣)이기 때문이다. 용신의 종류는 대체로 억부, 조후, 통관, 병약, 전왕 등이 있다.

## 1) 억부(抑扶)

억부는 강하면 억제(抑制)하고, 약하면 부축한다는 의미이다. 억부용신은 일간을 생조(生助)해주는 육신이 많아서 신왕이면 일간의 기운을 제극(制克)하거나 누출(漏出)시키는 육신이 용신이고, 일간이 약하면 일간을 생조하는 육신이 용신이다.

己 甲 丙 癸
巳 辰 辰 未

갑목이 진월(辰月) 청명절에 생하여, 좌하(坐下)가 또한 진이니 약하나마 유근(有根)이다. 그러나 나를 생조하는 것은 년간의 계수(癸水) 뿐이고, 나머지는 나의 기를 설(泄)하거나 분산(分散)시키는 것이니 신약이다. 다행이도 계수 인성(印星)이 진토(辰土)에 뿌리를 내리고 투출했으므로 유기(有氣)하다. 계수 인성을 용신으로 삼아 신약한 갑목(甲木)을 생조하여야 한다.

```
乙 壬 壬 丙
巳 申 辰 子
```

　임수가 진월에 생하여 득령(得令)하지 못했지만, 신자진(申子辰)이 회동하여 수국(水局)을 이루고, 월간에 비견인 임수(壬水)가 투출하니 오히려 왕하게 되었다. 신왕이니 일간의 기를 누설하거나 극제하여 중화(中和)를 이루도록 하여야 한다. 시상(時上)에 을목(乙木) 상관이 진토(辰土)에 뿌리를 내리고 투출해 있다. 을목(乙木) 상관을 용신으로 삼아 왕수(旺水)의 기(氣)를 유출시켜야 한다.

## 2) 조후(調候)

　세상만물은 한(寒), 냉(冷), 온(溫), 난(暖), 조(燥), 습(濕) 등의 기후가 조화를 이룰 때 생이 활기롭지만 기후가 한편으로 치우치면 활발하지 못하다. 조후용신은 기후가 한편으로 치우치지 않고 조화되도록 하는 육신이다. 사주가 심히 한냉(寒冷)하면 온난한 목화(木火)가 용신이 되고, 심히 온난(溫暖)하면 한냉한 금수(金水)가 용신이 된다.

```
辛 丁 乙 壬
丑 巳 巳 寅
```

정화가 사월 소만(小滿)중에 생하여 좌하에 사화(巳火)가 있고 간지(干支)에 을인목(乙寅木)이 생조하니 화가 왕하여 천지가 화염(火炎)이다. 왕화(旺火)를 제지하는 것이 시급하므로 년상(年上)의 임수(壬水)를 써서 해열(解熱)하여야 한다. 임수가 조후용신이 되고 시상(時上)의 신금(辛金)은 희신(喜神)이 된다.

辛 壬 辛 辛
丑 寅 丑 丑

임수가 한절(寒節)에 생하고 간지에 냉(冷)한 신금과 축토로 가득하다. 천한지동(天寒地凍)인데 좌하의 일점 인목(寅木)이 한줄기의 봄기운을 발하고 있다. 일지인 인(寅) 중의 병화(丙火)를 조후하는 용신으로 삼아 해동(解凍)하는 것이 급선무이다.

## 3) 통관(通關)

통관용신은 사주의 육신이 양대세력을 이루어 그 세력이 같을 때에 그 양대세력을 중간에서 소통(疏通)시키는 용신이다. 즉 일간과 관살이 대립한 상황에서는 인성(印星)이 관살의 기(氣)를 유출시키어 일간을 생조하게 되는데 이 때의 인성이 통관용신이 된다.

庚　丙　丁　辛
寅　戌　酉　巳

　병화가 팔월 사지(死地)에 생하여 천간에 경신(庚辛)이 투출해 있고 지지에 사유(巳酉)가 회국(會局)하니 재성이 태왕하다. 또한 정화(丁火)가 투출해 있고 일지와 시지의 인술(寅戌)이 회국(會局)하니 일간도 왕하다. 따라서 사주의 기운이 일간과 재성으로 뭉쳐서 금(金)과 화(火)가 대결하고 있는 상이다. 여기에서는 금과 화를 소통시키는 토(土)가 용신이다.

## 4) 전왕(專旺)

　사주의 기세(氣勢)가 한쪽으로 치우쳐 있어서 그 세력을 거역하는 것이 불가능할 경우에는 오로지 그 세력에 순응(順應)하는 도리 밖에 없다. 따라서 그 기세에 순응하는 것을 용신으로 삼는다. 종격(從格), 화격(化格) 등 외격(外格)에 속하는 사주가 이 원리에 따른 것이다.

乙　甲　乙　癸
亥　寅　卯　卯

　갑목이 이월 양인(羊刃)월에 생하고 간지에 목(木)이 다섯, 수

(水)가 둘로 목이 태왕하다. 어떠한 육신도 그 세력을 꺾을 수 없다. 이러한 사주를 전왕(專旺)이라고 하며, 그 세력에 따라야 길하다. 즉 왕기(旺氣)인 수목 대운이 길하며, 화운은 왕기를 설하여 유행(流行)시키므로 역시 길하다.

## 5) 병약(病藥)

부축하는 것이 좋을 경우 이 부축하는 것을 상(傷)하게 하는 것이 병(病)이다. 또한 억제(抑制)하는 것이 좋은데 억제하는 것을 상하게 하는 것도 병이다. 병을 제거하는 것이 약(藥)인데, 병이 있는 사주는 약이 용신이다.

용신은 인간의 정신(精神)과 같다. 인간의 정신이 건전(健全)하여야 인간의 소임을 다할 수 있듯이 용신이 건전하여야 부귀영화 및 수복을 누릴 수 있다. 용신이 건전하기 위해서는 용신이 강왕(康旺)하여야 하며, 타육신에 의하여 파극(破克)되지 아니하고 형충(刑沖)되지 아니하여야 한다.

## 2. 희신(喜神), 기신(忌神), 한신(閑神)

희신(喜神)은 용신을 생하여 돕는 자이다. 용신과 더불어 사주에서 필요한 신이니 용신과 함께 길신(吉神)이 된다.

기신(忌神)은 용신이나 일간을 극해(克害)하는 신이다. 사주를 흥하게 하므로 흉신(凶神)이라고 한다.

한신은 일간이나 용신에 대하여 무해무덕(無害無德)한 신이다. 또한 희신을 약신(藥神)이라고도 하고 기신을 병신(病神)이라고도 한다.

예컨대 갑목(甲木)일간에 화(火)가 태왕하면 설기가 심하여 약해지므로 수(水)가 있어 갑목(甲木)을 생하고 화기(火氣)를 제지하여야 한다. 이 경우에 수가 용신이 된다. 금(金)은 용신인 수를 생하니 희신이다. 만일 토(土)가 있어 용신인 수를 극한다면 토가 기신(忌神)이 된다. 그리고 기신인 토를 극(剋)하여 용신을 구하는 비겁인 목(木)이 있다면 목이 약신이 된다.

만일 갑목일간에 병화(丙火)가 있는데, 병화가 일간에게 아무런 영향을 주지 않는 관계에 있어 무해무덕(無害無德)하다면 병화가 한신(閑神)이다. 만일 대운에서 신금(辛金)을 만나면 한신인 병화와 신금이 합하여 신금의 작용이 무력하게 된다. 신금이 사주원국에서 길(吉)한 작용을 하여 필요한 신이라면 한신인 병화를 만나 합거(合去)되는 것이 불리(不利)하겠지만, 만일 신금(辛金)이 사주원국에서 흉(凶)한 작용을 한다면, 한신인 병화를 만나 합거(合去)되는 것이 일간에게는 유리할 것이다.

## 3. 용신정법(用神定法)

◎ 신약하면 일간을 생하거나 도와야 한다.(助, 幇)

◎ 신왕하면 설기하거나 제극하여야 한다.(泄, 剋)

 조(助) → 인성으로 생하는 것

 방(幇) → 비겁으로 돕는 것

 설(泄) → 식상으로 유출하는 것

 극(剋) → 관살로 억제하는 것


◎ 일간이 신약한 경우에

 사주에 재성이 많아서 신약이면 비겁으로 용신을 삼아야 한다.

 사주에 관살이 많아서 신약이면 인성으로 용신을 삼아야 한다.


◎ 일간이 신왕인 경우에

 사주에 비겁이 태왕하면 식상으로 용신을 삼아 설해야 한다.

 사주에 인성이 많아 신왕이면 재성으로 용신을 삼는다.

 사주가 신왕하고 또한 정관이 유기하면 정관이 용신이다.

 사주가 신왕하고 또한 살이 왕하면 식상으로 제살하여야 한다.


## 4. 격국(格局)


 격국은 사주의 그릇이다. 사주를 그 간지(干支)에 의하여 구별하면 오십일만팔천사백 가지나 된다. 그러나 팔자 중 가장 작용력이 큰 월지(月支)를 중심으로 해서 구별하면 십여가지의 유형으로 구분할 수 있다. 사주 중 오행(五行)의 태과(太過), 불급(不及)을 따지지 아니하고 단지 월지(月支)를 중심으로 해서 가장 그 기세가 왕(旺)한 오행에 따라 분류한 것이 격국(格局)이다.

일반적으로 정격(正格)과 변격(變格)으로 구분하는데, 정격은 육신(六神) 십요성(十曜星) 중에 일간과 비화(比和)가 되는 비겁은 격으로 취하지 않으므로 팔격(八格)이 된다. 월지에 비견이 있으면 건록격(建祿格)이라 하고, 겁재가 있으면 양인격(羊刃格)이라 하기도 하나 이는 신살(神殺)의 별칭일 뿐이다. 변격은 전왕격(專旺格)과 종격(從格)과 화격(化格)이 있다.

격(格)은 다음과 같이 정한다.

첫째는 월지(月支)의 정기(正氣)가 천간에 나타나 있으면 그것이 표시하는 육신에 의한다. 예컨대 경금 일간이 인월(寅月)에 생하였는데 인목의 정기인 갑목(甲木) 편재가 천간에 투출했으면 편재격(偏財格)이다. 이와 마찬가지로 묘월(卯月)생자는 투간한 을목(乙木)으로 그리고 진월(辰月)생자는 투간한 무토(戊土)로 그것이 일간과의 관계에서 표시하는 육신에 따라 정하는 것이다.

둘째는 천간에 월지(月支)의 정기(正氣)가 나타나 있지 아니하고 여기(餘氣)나 중기(中氣)가 나타나 있으면 그에 의한다. 예컨대 경금 일간이 인월(寅月)에 생하였는데 인(寅) 중의 장간(藏干)인 무병갑(戊丙甲) 중에서 정기인 갑목(甲木)은 나타나 있지 아니하고, 병화(丙火) 편관이 투출했다면 편관격(偏官格)이요, 무토(戊土) 편인이 투출했으면 편인격(偏印格)이 된다.

셋째는 월지(月支)의 지장간이 투출되어 있지 아니하거나 또는 투출되어 있더라도 다른 육신에 의하여 파극(破剋)되어 쓸모가 없으면 월지의 정기(正氣)가 표시하는 육신에 의한다. 이상 외에 외격(外格)에 속하는 사주는 월지의 여하를 불문하고 그 격에 따른다.

월령(月令)을 중심으로 격을 정하는 것은 월령은 당왕(當旺)한 기(氣)로 오행의 왕쇠(旺衰)와 진퇴(進退)를 주재하는 제강지부(提綱之府)가 되기 때문이다. 격국을 용신으로 하여 추명하던 시대에는 격국은 매우 중요한 운명판단의 기준이 되었으나, 희기용신(喜忌用神)에 의해 격국을 정하는 오늘날에 있어서는 격국은 명식(命式)을 분류하는 하나의 형식에 불과하다고 하겠다.

## 1) 정관격(正官格)

인간은 만물의 영장이라고 하지만 자연상태에서의 인간은 '만인에 대한 만인의 투쟁상태'이다. 투쟁상태에서 벗어나기 위해서는 인간을 규제(規制)하는 기제가 필요하니 이것이 관(官)이다. 관할하고 통제하여 나를 관리하는 것이니 나에게는 법(法)이고, 관청이고, 상관(上官)이고 또한 자식이 된다.

무릇 인간은 관의 관제(管制)를 받지 않으면 예의와 법도에서 벗어나 제멋대로 행동할 것인 바, 만일 일반 민중에게 관청이 없다면 질서가 없어 혼란상태에 빠지게 되고, 여자에게 남편이 없으면 예절(禮節)이 없음과 같다.

정관(正官)은 나를 극하기는 하지만 음양이 조화되어 유정(有情)하므로 상(傷)하기까지는 않는다. 정관은 존귀(尊貴)함을 뜻한다. 나라에 비유하면 임금이 되고, 가정에 비유하면 부친이 된다. 따라서 정관은 형, 충, 파, 해를 꺼리고 정관을 생(生)해주고 정관을 호위(護衛)하는 것을 좋아한다. 정관을 형, 충, 파, 해하는 것은 하극상(下剋上)이 되기 때문이다.

정관격은 격 중에 편관(偏官)과 상관(傷官)이 있는 것을 꺼린다. 편관이 있으면 관살혼잡(官殺混雜)이 되고 상관이 있으면 정관을 극하기 때문이다. 사주원국에 일위(一位)의 정관을 최길로 한다.

정관격의 용법은 다음과 같다.


◎ 신강한데 정관이 약하면 재성을 써서 정관을 생해야 한다. 식상은 약한 정관을 극하므로 꺼린다.

◎ 신약한데 정관이 왕하면 인성을 써서 관인화(官印化)하여 관생인(官生印) 인생신(印生身)하여야 한다. 이때 재성은 길신인 인성을 극하고 해신(害神)인 관성을 생하므로 불길하다. 비겁이 있어 재성을 극제하고 일간을 도우면 길하다.

◎ 일간과 관성의 강약이 서로 비슷한 것을 양정(兩停)이라고 하는데, 양정이 되었을 경우에 칠살일 때는 식상으로 칠살을 제압하여야 하고, 정관일 때는 극제(剋制)하지 말고 재성으로 정관을 생해야 한다. 정관은 일간과 음양이 유정(有情)하여 일간은 정관의 극을 두려워하지 않기 때문이다.

◎ 간지에 정관이 많으면 정관이 변하여 살성(殺星)이 된다. 인성이나 비겁이 없고, 간지(干支)에 관성이 많고 재성이 관성을 생하면 관성은 태왕하고 일간은 태약하게 되는데 이렇게 되면 일간은 본성을 버리고 종살(從殺)하게 된다.

종살격은 살(殺)이 왕성함을 기뻐하므로 관성운과 재성운이 길하다. 또한 인성운은 왕한 기(氣)를 설하여 기세를 순(順)하게 하므로 길하지만, 식상운은 관성을 극하여 기세를 역(逆)하므로 꺼리며, 신왕운도 불길하다.

◎ 정관격에 관운을 만나면 대체로 해(害)가 많다. 남자는 변동(變動)이 있고, 여자는 가정에 근심이 많아진다. 그 이유는 남자에게 관은 직장이고, 여자에게는 남편인데, 관운(官運)을 만나면 남자에게는 직장이, 여자에게는 남편이 하나 더 생기는 셈이기 때문이다.

◎ 관이 있고 인성이 있으면 관인(官印)이 상생하여, 고관(高官)이 인장(도장)을 가지고 있는 상이다. 고관이라 하더라도 도장이 있어야 권리를 행사할 수 있으니, 만일 인성이 없으면 권력(權力)이 없는 허수아비에 불과하다.

◎ 정관격을 놓은 자는 인자(仁慈)하고, 덕(德)이 있으며, 성품과 그 정(情)이 순박하다. 또한 올바른 학식(學識)을 갖추고 관직에 나아가 출세하게 된다.

◎ 신왕사주에 정관이 용신인 경우 상관은 극관(克官)하고, 비겁은 정관을 생하는 재(財)를 극하므로, 운로(運路)에서 상관운이나 비겁운을 만나면 관이 손상(損傷)되어 관직에서 물러나거나 관재(官

災)가 따르게 된다.

◎ 시간(時干)에 관성이 있으면 이를 시상관성(時上官星)이라고
한다. 시상관성인 자는 반드시 고관대작(高官大爵)으로 중신(重臣)
의 영화와 귀(貴)를 누린다고 하였다. 정관이 충파(沖破)가 없어야
하고, 신왕하여야 한다.

◎ 정관이 합거(合去)되는 것을 탐합망관(貪合忘官)이라고 하는데
서(書)에 '탐합망관은 불위귀(不爲貴)'라고 하였다. 정관은 충신이
고 귀(貴)함인데 합(合)으로 제거되었으므로 하천(下賤)하게 될
것은 당연하다.

```
甲 己 丙 甲
子 丑 寅 子


57 47 37 27 17  7
壬 辛 庚 己 戊 丁
申 未 午 巳 辰 卯
```

기토가 입춘절에 생하니 한기(寒氣)가 미진(未盡)하다. 월령에서
관인(官印)이 투출하여 병화가 밝게 비추니 조후(調候)가 되어 좋
다. 관이 두 개 투출하여 중관(重官)이므로 좋지 않으나 인성이 인
화(印化)하니 꺼림이 없다. 일주와 시주가 갑기(甲己)합, 자축(子
丑)합이 되어 천지덕합(天地德合)이 되니 귀격(貴格)이다. 관인격

284

(官印格)에 조후를 겸하여 목화운이 대길이다. 행운이 동방에서 남방으로 흐르므로 일생을 태평재상(太平宰相)으로 부귀를 누렸다.

辛 壬 辛 己
亥 寅 未 卯


乙 丙 丁 戊 己 庚
丑 寅 卯 辰 巳 午


 임수가 미월의 염천(炎天)에 생하여, 월지의 정기인 기토가 투출하였다. 하절(夏節)의 임수는 미약하므로 금(金)의 생조와 비겁의 도움을 기뻐하는데 금이 투출하고 뿌리인 해수가 있어 좋다.
 지지에서 목국(木局)을 이루니 일간의 설기가 심하다. 다행이 투출한 두개의 신금이 이를 제압하고 일간을 생하니 신금(辛金)이 용신이 된다. 상관이 왕하나 인성이 있으니 사주가 맑게 된 것이다. 기토 관성은 인성을 생할 뿐이다. 인성이 용신이니 관인운(官印運)이 길하다. 기사(己巳), 무진(戊辰) 20년간 관살운에 인성을 생하니 좋았다. 정(丁)대운 이후에는 재(財)가 인성을 파하니 좋지 않다.

丙 戊 丁 己
辰 辰 卯 巳

庚 辛 壬 癸 甲 乙 丙
申 酉 戌 亥 子 丑 寅

무토가 이월 목왕절(木旺節)에 생하니 허약하다. 그러나 월지를
제외한 모든 간지가 인성과 비겁이니 일간이 오히려 왕하게 되었
다. 대저 왕(旺)한 자는 극(剋)하여 중화(中和)를 이루어야 하니
묘목 정관이 용신이다. 수목(水木)운이 대길이며 금(金)운은 용신
을 극하니 불길하다. 초년부터 계해(癸亥)운까지 40여년을 복을 누
렸는데 문관(文官)으로 인심이 후하였다.

丙 己 壬 丁
寅 巳 寅 丑

丙 丁 戊 己 庚 辛
申 酉 戌 亥 子 丑

기토가 춘절에 생하여 약하고 춥다. 그러나 병정이 천간에 투출하
고, 축토 본기(本氣)가 년지에 있고 좌하가 왕(旺)이니 조후가 되
고 약하지 않다. 문제는 지지의 사축이 합하여 금국이 되니 인목
정관이 상(傷)하게 되었다. 정관은 형, 충, 파, 해를 받아서는 안되
며 보호되고 호위를 하여야 한다.
다행이도 인성인 병정(丙丁)이 투출하여 금국(金局)을 제압하였

다. 그러나 임수 재성이 투출하여 인성을 극하므로 파격(破格)으로 보이지만, 정화가 임수를 합거하니, 기신인 재성은 없어지고 병화는 여전히 남아 상관을 제압하므로 격이 맑아졌다. 또한 합으로 인하여 인성의 정편혼잡(正偏混雜)이 사라졌으므로 무정(無情)했던 것이 유정(有情)하게 되어 귀격이다.

이른 봄에 나무가 왕성하고 흙이 허탈하니 병화를 써서 목기를 설하고 흙을 생해야 한다. 또한 병화는 금을 제압하여 정관을 보호하는 작용도 한다. 정관이 맑고 인성이 바르게 투출하였으며 정관과 인성이 동궁(同宮, 여기에서는 寅)하고 함께 왕하니 대귀(大貴)할 것은 의심의 여지가 없다.

신약에 한기(寒氣)가 미진하니 목화운이 길하다. 또한 토운은 병신(病神)인 재성을 극하고 일간을 도우니 역시 길하다. 초운인 경신(庚辛)운은 기신인 임수를 생하고 정관을 극하니 마땅치 않지만 원국의 병화가 회극(回剋, 사주원국이 운을 극함)하니 괜찮다. 자해(子亥)운은 용신을 극하므로 불길하나 지지에서 관을 생하니 기쁘다. 기(己), 무술(戊戌), 정(丁)의 운은 길하고, 유(酉)운에 금국을 이루니 정관을 극하여 불길하다. 병(丙)운이 가장 길하다.

辛　辛　丙　庚
卯　酉　戌　午

| 61 | 51 | 41 | 31 | 21 | 11 | 1 |
|---|---|---|---|---|---|---|
| 癸 | 壬 | 辛 | 庚 | 己 | 戊 | 丁 |
| 巳 | 辰 | 卯 | 寅 | 丑 | 子 | 亥 |

신금이 술월 토왕절에 생하여 비겁이 천간에 투출했고 좌하가 녹이니 금기가 태왕하다. 왕한 신금은 임수(壬水)가 있어 설기하면, 금에 묻은 먼지를 씻는 격이니 청수(淸秀)해져서 빛을 발한다.

수가 없으니 관성인 병화를 써서 왕금을 제압하여야 한다. 병화가 오술회국(午戌會局)에 뿌리를 내리고 투출하여 길하다. 용신은 병화가 되니 목화운이 대길이다. 시지의 묘목이 생화(生火)하는 원신(原神)이 되는데 묘유 충이 되어 흠이다.

무자(戊子), 기축(己丑)운은 화기가 무력하므로 고생이 많았다. 인운(寅運)은 인오술 화국(火局)을 이루니 대길(大吉)인데, 인대운(寅大運) 을사 병오년에 대재(大財)를 이루었다. 신(辛)운은 용신 병화를 합거하므로 불길하나 지지에 오술이 있어 괜찮았다. 묘(卯)운은 길하고, 임진(壬辰)운은 불길하다. 일시가 묘유 상충이 되니 처궁이 불길함은 어쩔 수 없다.

## 2) 편관격(偏官格, 七殺格)

편관은 통칭 칠살(七殺)이라고 하는데 나를 극하고 통제(統制)하는 것이다. 나를 규제(規制)하고 공격하는 것이지만 만일 내가 강

(强)하여 그것들을 다스리고 쓴다(用)면 오히려 나에게는 힘이 되고, 무기가 되고, 권력이 될 것이다. 예컨대 법(法)은 나를 규제하지만 만일 내가 법을 적용(適用)하고 행사하는 위치에 있다면 나는 법(法)을 이용하여 오히려 권력(權力)을 행사하는 것이 된다. 총칼이 나에게는 큰 위협이 되지만 만일 내가 총칼을 가지고 사용한다면 총칼은 나에게 무서운 적(敵)을 물리칠 수 있는 무기가 되는 것이다. 그러므로 칠살격(편관격)은 권력고관(權力高官)을 상징한다. 왕후장상(王侯將相)이나 대귀(大貴)한 사람의 사주를 보면 칠살격이 많다.

정관과 칠살의 차이는 일간과의 음양(陰陽)의 조화여부이니 조화(調和)되면 유정(有情)이고, 부조화이면 무정(無情)이라. 그러므로 정관은 손상(損傷)함이 불가하고, 칠살은 극제(剋制)함이 마땅한 것이다. 그러나 정관도 많으면 관다신약(官多身弱)이 되어 칠살과 다름이 없고, 살약(殺弱)하고 신강(身强)하다면 칠살도 정관과 같은 작용을 한다.

칠살은 나를 해(害)하고자 하는 적(敵)과 같으니, 칠살을 만나면 물리쳐야 하나니 물리치는 방법은 다음과 같다. 첫째는 상관이 있어 극제하거나 둘째는 인성이 있어 화살(化殺)하거나 셋째는 양인(羊刃)이 있어 합살(合殺)하는 것인데 이렇게 되면 오히려 길(吉)하게 된다.

칠살격의 용법은 다음과 같다.

◎ 신강(身强)하고 칠살이 약하면, 재성으로 칠살을 생해야 한다. 재관운이 길하다. (재자약살격, 財滋弱殺格)

◎ 신강하고 살(殺)이 또한 왕하면, 식상으로 제살(制殺)하여야 한다. 이때에는 재(財)와 인성이 투출하지 않아야 한다. 재는 식상을 설기하여 칠살을 돕고, 인성은 식상을 제거하여 칠살을 보호하기 때문이다. (식상제살격, 食傷制殺格)

◎ 식상으로 제살(制殺)할 때, 살은 약하고 식상이 왕하면, 살이 지나치게 제어(制御) 당해 나에게 오히려 해(害)가 된다. 비유하자면 인간의 신체에는 조절하고 통제하는 기능(機能)이 있는데 이러한 기능이 지나치게 제압(制壓)당하여 그 기능을 상실하면, 인간에게 해(害)가 됨과 같다. 이러한 경우에는 재성이 살을 생하거나 또는 인성이 식상을 억제하여야 한다. (제살태과격, 制殺太過格)

◎ 칠살격 가운데 식상의 제살(制殺)이 있는 사주를 상격(上格)으로 친다. 서(書)에 '칠살이 제복(制伏)함이 있으면 권귀(權貴)가 되는 바 준걸문장(俊傑文章)이요, 소년에 입신양명(立身揚名)한다'고 하였다.

◎ 신강하면서 칠살과 식상이 모두 왕하면 극히 귀(貴)하게 된다.

◎ 신약하고 살이 왕하면 인성을 써서 화살(化殺)하여야 한다. 이렇게 되면 살생인(殺生印) 인생신(印生身)하여 살이 오히려 신약한 나를 돕는 길신이 된다. (살중용인격, 殺重用印格)

◎ 칠살이 하나이고, 식상도 하나이면 1대1로 극제(剋制)하지만, 칠살과 정관 등이 2개 이상이면 적은 자가 많은 자를 당하지 못하

나니 반드시 인성이 있어 화살통관(化殺通關)하여야 길하다.

◎ 인성이 용신이 되는 경우에는 재성운을 꺼리는 바, 재성은 인성을 극하므로 불측지화(不測之禍)가 발생한다.

◎ 양인(羊刃)으로 합살(合殺)하는 방법이 있는데 이를 미인계(美人計)라 한다. 즉 갑(甲)의 칠살은 경(庚)이고, 양인은 묘(卯)가 된다. 칠살 경(庚)과 양인인 묘(卯)가 을경으로 합이되니, 갑(甲)의 입장에서는 누이동생인 을(乙)을 경(庚)에게 시집보내어, 칠살이 나를 극하지 않고 오히려 나와 친한 관계가 된 것과 같다.

◎ 칠살격은 일간이 강해야 내가 적(敵)을 물리칠 수 있는 것이니 이러한 사주는 법관이나 무관이나 권력고관이다.

◎ 칠살격은 성질이 급(急)하고 강직하며 경륜이 절등(絶等)하다.

◎ 일간이 태약하고 칠살이 태왕하든지, 일간이 태왕하고 칠살이 태약하든지 하면, 남녀간에 의사, 점술가, 풍수 또는 기술가가 많다.

◎ 시상(時上)에 일위(一位)의 편관이 있는 것을 시상편관격(時上偏官格)이라 하는데 격이 청수(淸秀)하면 대격으로 부귀가 출중하다.

◎ 정관격에는 칠살운을 꺼리며 칠살격에는 정관운을 꺼리는 바 경(輕)하면 손재우환(損財憂患)이요 중(重)하면 사망한다.

◎ 신약하고 칠살이 왕하면 자식이 희소(稀少)하며 흠있는 자녀를 두기도 한다.

◎ 정관과 칠살이 모두 천간에 투출(透出)하면 관살혼잡(官殺混

雜)이라 하여 천격(賤格)에 속한다. 관은 법(法)이고 관청이고 직장(職場)인데 만일 나를 규제하는 법(法)이 하나가 아니고 둘이라면 어느 법에 따를 것인지 혼란스러울 것이다. 만일 직장(職場)이 둘이라면 올바른 직장생활을 할 수 없을 것이며, 여자에게 남편이 둘이라면 원만한 가정생활은 불가능하다. 따라서 관살혼잡이 된 사람은 좋은 직장을 가질 수 없으며, 여자의 경우에는 결혼생활이 순탄하지 못하다.

◎ 관살혼잡된 사주는 관(官)과 살(殺) 중의 하나를 제거하여야 한다. 제거하는 방법은 합(合)하거나 충(沖)하거나 극(克)하는 것이다. 만일 정관을 합하거나 충하거나 극하여 제거하면 거관유살격(去官留殺格)인데 이렇게 되면 권력을 장악한다. 만일 칠살을 합하거나 충하거나 극하여 제거하면 거살유관격(去殺留官格)으로 복이 많다.

 가령 무(戊)일간에 갑(甲)과 을(乙)이 천간에 투출하였다면 관살혼잡이다. 이러한 경우에 경(庚)이 있으면 을(乙)을 합거하고, 신(辛)이 있으면 을을 충거하는 것이다.

◎ 관살이 태왕하고 일간이 태약하여 일점 생기가 없으면 종살격(從殺格)이 된다. 재운과 관운이 길하며, 인성운은 왕한 관성의 기를 설하므로 역시 길하다. 그러나 식상운은 관을 극하므로 불길하다.

◎ 신왕(身旺)하고 시상칠살격이나 월건칠살격인 사람은 대체로 위대한 인물이 많다.

```
甲 己 癸 乙
子 亥 未 未


丙 丁 戊 己 庚 辛 壬
子 丑 寅 卯 辰 巳 午
```

기토가 염천(炎天) 토왕절에 생하고 년지가 동기(同氣)이니 약하지는 않다. 그러나 일지와 시지에 뿌리를 둔 계수(癸水)가 투출해서 을목(乙木) 칠살을 생하고 칠살은 미토(未土)에 뿌리를 내리고 갑목(甲木)과 함께 나를 치고 있다. 또한 지지에 해미(亥未) 목국(木局)이 되니 간지에 목이 많아서 칠살이 왕하다.

칠살이 왕하고 내가 신약한 경우에는 인성으로 화살(化殺)하여 살생인(殺生印) 인생신(印生身)하여야 한다. 다행이도 미토 중의 정화(丁火)가 있지만 불행인 것은 재성인 계수(癸水)가 투출하여 인성인 정화를 극하는 것이다.

만일 이 경우에 식상인 금(金)이 있어 식상으로 칠살을 제거한다면 어떻게 될까. 식상으로 칠살을 제거(除去)하기 전에 먼저 식상이 재성을 생하고 재성은 칠살을 생하게 된다. 식상이 칠살을 제거하는 것이 아니고 오히려 칠살을 도우니 나에게는 더욱 불리하다.

화가 용신이므로 초운에 화(火)를 만나니 좋을 것 같지만 왕신(旺神)인 자수(子水) 해수(亥水)와 충(沖)이 되므로 쇠신충왕(衰神沖旺)이 된다. 다행이도 중반에 천간에 무(戊) 정(丁) 병(丙)이 투출하니 길하다. 무인(戊寅)운에 병신(病神)인 계수(癸水)를 합거하고 약한 일주를 도우니 발신할 수 있었다. 인목(寅木)에 병화가 있어 왕수(旺水)를 납수생화(納水生火)하고 병화가 나를 생하니 더욱 좋다. 인운 다음의 화운은 용신의 운이니 길하다.


```
丁 乙 辛 癸
亥 酉 酉 未


70 60 50 40 30 20 10
甲 乙 丙 丁 戊 己 庚
寅 卯 辰 巳 午 未 申
```


을목이 가을에 생하여 실령(失令)하였지만 미토(未土)에 통근하고, 해수(亥水)에 뿌리를 박은 계수(癸水)의 생을 받으니 약하지 않다. 칠살 신금(辛金)은 월령(月令)을 얻고 일지 또한 뿌리가 되니 왕하다. 식신인 정화(丁火)가 미토(未土)에 뿌리를 내리고 시지에 투출하였다. 추절에는 금수가 냉(冷)하므로 정화(丁火) 온기(溫氣)가 있어 기쁘다.

일간과 관살의 세력이 대등한 것을 양정(兩停)이라 하는데, 일간과 정관이 양정인 경우에는 재성(財星)으로 정관을 도와야 하고, 일간과 칠살이 양정인 경우에는 식상(食傷)으로 칠살을 제거하여야 한다.

식상인 정화(丁火)가 투출하였으니 식상(食傷)을 써서 칠살인 신금을 제거하여야 한다. 운행이 남방 화운이므로 제살(制殺)하여 대귀(大貴)하였다. 목화운이 좋다.

戊 壬 庚 癸
申 申 申 丑

64 54 44 34 24 14 4
癸 甲 乙 丙 丁 戊 己
丑 寅 卯 辰 巳 午 未

임수가 입추절에 생하고 간지에 금수(金水)가 많으니 신왕하다. 무토가 축토(丑土)에 뿌리를 내리고 시상(時上)에 투출하였으니 시상편관격(時上偏官格)이다. 시상편관격에서 일간과 편관이 모두 신강하면 일장당권(一將當權)이라 권력을 장악한다고 하였다. 여기에서는 칠살인 무토(戊土)가 비록 뿌리는 있지만 약하므로 금수를 감당치 못하여 대격(大格)은 되지 못한다.

무토 칠살이 용신이므로 화토(火土)운이 길하다. 초운이 남방운으로 흐르니 일찍 관(官)에 들어가 권직(權職)에 있었다. 을(乙)운은 목운으로 무토(戊土)를 치니, 용신이 쇠하므로 퇴직하여 상업으로 생계를 유지하였다. 묘갑인(卯甲寅)의 목운 역시 되는 일이 없었다. 계(癸)운에 무토를 합거하면 수(水)가 범람하여 불길하다.

庚 丙 戊 壬
寅 寅 申 子

77 67 57 47 37 27 17 7
丙 乙 甲 癸 壬 辛 庚 己
辰 卯 寅 丑 子 亥 戌 酉

　병화가 초추(初秋)에 생하니 아직 노염(老炎)은 있지만 월령(月令)을 잃었다. 그러나 좌하와 시지에 인(寅)이 있어 장생이 되니 약하지는 않다. 임수(壬水) 칠살은 월지 신금(申金)에서 투출하여 월령을 얻고, 신자(申子) 회국(會局)이 되니 태왕하고 뿌리가 깊다. 식신인 무토(戊土)는 일지와 시지의 인목(寅木)에 뿌리를 내리니 식신 또한 약(弱)하지 않다.

　이러한 경우 대살(對殺)하는 방법은, 식신인 무토로서 제살(制殺)하든지 또는 인성인 인목(寅木)으로 화살(化殺)하든지 하여야 한다. 장생지에 뿌리를 가진 무토(戊土)가 투출하여 유기(有氣)하니 식신인 무토로 제살(制殺)하는 것이 당연하다. 따라서 용신은 무토(戊土)가 되고, 화토(火土)운이 길하다.

　초운인 기유(己酉)운은 금운이라 불길이나 기토가 투출하여 괜찮으며 경술(庚戌)운은 토운이라 용신을 도우므로 진학은 하였다. 신해(辛亥) 임자(壬子)운은 칠살운이므로 흉한데 직업이 일정치 못하여 생계가 곤란하였다. 계(癸)운에는 용신인 무토를 합거(合去)

296

하니 패(敗)가 많았다. 갑(甲)운도 무토를 극하니 되는 일이 없었으며 그 이후도 길운이 없었다. 말년인 병진(丙辰) 정사(丁巳)운에는 평안하겠다.

```
庚 壬 戊 丁
子 戌 申 丑
```

```
63 53 43 33 23 13 3
辛 壬 癸 甲 乙 丙 丁
丑 寅 卯 辰 巳 午 未
```

임수가 초추(初秋)에 생하니 물이 맑고 근원(根源)이 길다. 월령인 신금(申金)에서 인성인 경금(庚金)과 일간(日干)이 투출하고 시지에 겁재가 있으니 신왕하다. 재성인 정화(丁火)와 칠살인 무토(戊土)가 술토(戌土)에 통근하여 투출하였으니 칠살 또한 약하지 않다.

그러나 월일 사이에 인성인 유금(酉金)이 끼어 있고, 일시 사이에 녹인 해수(亥水)가 끼어 있다. 따라서 일간이 태왕하다. 일간이 태왕하고 칠살이 약하니 재성으로 칠살을 도와야 한다. 화토(火土)운이 길하다. 초운은 남방 화운이므로 칠살이 왕해져 좋았다. 그러나 갑진(甲辰)운 이후는 동방 목운이므로 칠살을 극하여 부진(不振)하였다. 임계(壬癸)운은 태왕한 수의 운이므로 수기(水氣)가 범람하여 흥하였다.

```
戊 戊 己 戊
午 辰 未 寅
```

```
61 51 41 31 21 11  1
丙 乙 甲 癸 壬 辛 庚
寅 丑 子 亥 戌 酉 申
```

무토가 유월 토왕절에 생하고 간지에 화토(火土)가 많으니 토가 태왕하다. 단지 년지에 인목이 있으나 오와 회국(會局)이 되어 무력하므로, 전왕격(專旺格)에 인목이 병신(病神)이 되는 것이 당연하다. 전왕격이면 화토운과 왕기를 설하는 금운이 좋을 것이다.

그러나 신(申)운 병술년에 낙상(落傷)하여 불구가 되었다. 임(壬)운부터 총명한 기술가로 발전하여 계(癸)운에 재물이 왕성하였다. 따라서 전왕격이 아니고 신왕살약격(身旺殺弱格)에 칠살이 용신이다. 여기에서는 인(寅)목이 왕토를 소토(疎土)하는 용신이고 재성인 수(水)가 희신(喜神)이다.

유월 염천(炎天)에 생하고 지지에 인오 화국이 있으며 간지에 금수가 없으니 토가 메마르고 조열하다. 따라서 토를 윤택하게 하고 해열하여야 하므로 수(水)는 또한 조후용신이다.

북방 수운에 용신인 인(寅)목을 생하고, 메마른 토에 물을 주어

윤택하게 하니 연속으로 좋았다. 축(丑)운은 토운이니 불길하나 을
(乙)목이 개두하여 제지하니 큰 흠은 없었다.


甲 甲 己 壬
子 申 酉 午


乙 甲 癸 壬 辛 庚
卯 寅 丑 子 亥 戌


갑목이 금왕절에 생하고 뿌리가 없으니 무기(無氣)하다. 신유금이
당령(當令)하니 살중신약(殺重身弱)이다. 인성인 임수가 신자(申
子)합 수국(水局)에 뿌리를 두고 투출하였으니 임수를 용신으로
삼아 살인화(殺印化)하여야 한다. 다행인 것은 오화가 유금을 억제
하여 거관유살(去官留殺)이 되고, 신자(申子) 합으로 살인화(殺印
化)가 용이하니 사주가 맑게 되었다.
꺼리는 것은 기토인데 기토는 수(水)를 극하여 탁(濁)하게 할 뿐
아니라 또한 일간인 갑목의 정(情)이 용신인 임수가 아니라 기신
(忌神)인 기토에게 향하게 하니 좋지 않다. 임자(壬子) 계축(癸丑)
운에 용신이 왕하게 되어 관찰사를 지냈다.


甲 甲 己 壬
子 申 酉 辰

이 사주는 앞의 사주와 년지(年支)만 다르고 나머지는 같다. 일견하면 이 사주는 신자진(申子辰) 수국(水局)이 완전하여, 위의 사주보다 살인화(殺印化)가 더욱 쉬울 것이므로 길(吉)할 것 같다. 그러나 실상은 위의 명(命)은 관찰사를 지냈고, 본명은 교육자로 빈한(貧寒)한 일생을 보냈다.

그 이유는 위의 명(命)은 오화(午火)가 조후(調候)의 작용을 하여, 가을에 생하고 천지에 금수(金水)가 가득하여 한기(寒氣)에 움츠리고 있는 갑목에게 온기(溫氣)를 주어 유기(有氣)하게 한 반면에, 본명은 신자진으로 수국을 이루므로 갑목(甲木)을 더욱 움츠리게 하기 때문이다.

```
甲 戊 乙 辛
寅 戌 未 酉
```

```
69  59  49  39  29  19   9
戊   己   庚   辛   壬   癸   甲
子   丑   寅   卯   辰   巳   午
```

무토가 미월 토왕절에 생하고 좌하(坐下)에 동기(同氣)가 있으니 신왕하다. 을목 정관은 신금(辛金)이 충하여 제거하고, 갑목 칠살이 인(寅)에 녹(祿)을 두고 시상(時上)에 투출하였으므로 칠살 역시 왕하다. 거관유살격(去官留殺格)에 신왕살왕(身旺殺旺)한 시상

칠살격(時上七殺格)이므로 대격(大格)이다. 거관유살격과 신왕살 왕한 시상칠살격은 권력(權力)을 장악한다고 하였다.

초운인 계(癸)운부터 군부(軍部)에 들어가 크게 발달하였다. 임진 (壬辰)운은 칠살을 생하므로 칠살이 유력하여 대발(大發)하였다. 경(庚)운은 을경 합이 되니 갑과 경은 양붕(良朋)이 되므로(갑이 누이동생인 을을 경에게 시집보내니, 갑과 경의 사이가 오히려 좋아진다) 장관(長官)이 되었다. 인(寅)운도 갑목의 뿌리가 되니 좋으며 말년(末年)도 수운이므로 갑목을 생하니 길하다. 권력고관의 상이다.

## 3) 재격(財格)

재는 정재(正財)와 편재(偏財)를 말하며 내가 극(剋)하고 사용하는 것이다. 내가 가지고 쓰는 것이므로 재물(財物)이 되고 처(妻)가 되고 역마(驛馬)가 되기도 한다. 식상을 설(泄)하여 관을 생하니 아름다운 것이다.

정재(正財)는 자기가 얻은 재물 중에서 정당하게 노력하여 얻은 것이고, 편재는 부당하게 모은 것이다. 정재격은 자기 분수대로 범위 내에 성가(成家)하고 천성이 단정(端正)하며 투기성이 적으며 특히 충파(沖破)를 꺼린다. 정재격은 군자(君子)의 성품을 갖는다.

편재는 정재보다 작용이 거대하여 의기(義氣)가 있으며 재물을 쓰되 정당하다면 아끼지 않는다. 투기성도 있고 등락(騰落)도 심하다. 그러나 육신의 성정(星精)상 그 성질이 비슷하고 오행상의 작용이 동일하므로 분리하지 않고 하나로 본다.

 재(財)는 내가 극하여 쓰는 것이기 때문에 나에게는 소중한 것이다. 내가 강하면 내 마음대로 쓰지만 만일 내가 약하면 재(財)를 감당하지 못하게 된다. 이렇게 되면 오히려 재로 말미암아 화(禍)를 불러일으킬 수 있다. 예컨대 미모의 처첩(妻妾)이 여럿 있을 때 내가 강하여 이들을 잘 거느리면 좋지만 만일 내가 약하여 거느리지 못한다면 그 처첩들은 오히려 나에게 큰 부담이 될 것이다. 그러므로 반드시 감당할 만한 세력이 있어, 지키고 운용할 수 있어야만 복(福)을 누릴 수 있다. 신약한데 재가 왕하면 부잣집에 빈(貧)한 사람격이라 하여 부옥빈인(富屋貧人)이라고 한다.

 재는 천간에 노출(露出)되는 것보다는 지지(地支)에 숨어 있는 것이 좋다. 노출되면 비겁이 분탈할 수 있기 때문이다. 이러한 경우에는 관(官)이 투출하면, 재는 관을 생하고 관이 비겁을 격퇴하므로 괜찮다. 비유하면 관청에서 재물을 지켜주는 것과 같으니 노출되어 있어도 누구도 감히 겁탈할 수가 없다.

 격국 중에서 재의 작용은 다음과 같다.


◎ 신강한데 정관이 드러나 있으면 재로써 관을 생해야 한다.
◎ 신강한데 칠살이 약하면 재로써 칠살을 도와야 한다.
◎ 신강한데 인성이 왕하면 인성이 불필요하므로 재로써 인성을 극(剋)해야 한다.

◎ 신강한데 인성이 있어, 식상을 극하고, 약한 재성이 용(用)이 될 경우에는, 식상운을 만나 재성을 생하든지 재왕운을 만나면 급속한 재물이 생긴다. 비겁운은 대기(大忌)한다.

◎ 시상편재격은 시상(時上)에 일위(一位)의 편재만 있어야 한다. 신강하면 식상운과 재성운을 만나야 길하며 부귀가 많다. 신약하고 시상편재가 왕하면 인성운을 만나야 발복(發福)한다. 시상편재격은 특히 지지에 재성회국(財星會局)을 꺼린다.

◎ 신강한데 식상이 또한 강할 때는 재성으로써 식상의 기운을 누설시켜야 사주가 생생불식(生生不息)하여 길해진다.

◎ 재왕한데 신약하면 비겁으로 재를 나누어야 한다.

◎ 신강하고 재성이 약하면 식상이 재성을 도와야 한다. 재성이 왕하는 운과 식상이 생하는 운이 길하다.

◎ 신약하고 재성이 왕하면 인성이 일간을 생하거나 비겁이 일간을 도와야 한다. 인성운과 비겁운이 길하다.

◎ 신약재왕(身弱財旺)한 월편재(月偏財)가 유근(有根)인 경우, 비겁운이나 인성운을 만나면 대귀대부한다.

◎ 비겁이 많아 신강한데 식상이나 관살이 없고 재성운을 만나면 군겁쟁재(群劫爭財)가 되어 가정에 불화가 있고, 파재(破財), 파산(破産)을 하게 된다.

◎ 군겁쟁재는 형제, 친구들의 무리에 의하여 나의 재물이 분탈(分奪)되는 것이므로 이 사주를 가진 사람은 동업(同業), 합자(合資), 주식회사, 금전대차업(金錢貸借業) 등은 하지 말아야 한다.

◎ 서(書)에 '남다양인(男多羊刃)에 필중혼(必重婚)'이라 했는데 이는 남자가 비겁이 많으면 극처(剋妻)하므로 반드시 거듭 결혼한 다는 뜻이다. 이러한 경우는 비겁이 천간에 투출해야 해당된다.

◎ 일간이 태약(太弱)하고 간지에 재성이 태다(太多)하면 종재격(從財格)이 된다. 종재격은 재성운과 식상운이 길하며, 관성운도 왕기를 설하므로 길하다. 비겁운을 꺼린다.

◎ 대체로 재격은 신강(身强)함을 요하고, 식상운을 만나서 재성이 생조(生助)됨을 기뻐한다.

壬 癸 癸 丙
戌 未 巳 寅


己 戊 丁 丙 乙 甲
亥 戌 酉 申 未 午


계수가 사월 화왕절에 생하고 지지에 화국(火局)을 이루었다. 병화가 천간에 투출하니 화가 왕성하다. 계수 일간은 좌우에 겁비가 있지만 뿌리가 없다. 재다신약(財多身弱)이니 방신(幫身)하는 비겁운과 인성운이 길하다. 금수운이 길하다.

또한 화왕절에 지지가 화국이고 병화가 투출했으므로 천지가 화염토조(火炎土燥)하므로 조후가 시급하다. 금수를 써서 해열하고 토를 윤습하게 하는 것이 필요하다. 금수가 조후용신이다.

초운인 갑오(甲午), 을미(乙未) 대운에는 재가 왕하므로 불길하여 곤고(困苦)하였다. 그러나 병신(丙申) 대운부터 금수운을 만나니 일로 번창하였다. 병신(丙申)과 정유(丁酉)운은 화가 대운의 지지에 뿌리박지 못하고, 천간의 임계수가 회극(回剋)하며 또한 대운은 지지가 중요한데 인성인 금의 녹왕지(祿旺地)가 되므로 귀하게 되었다.

```
丙  戊  戊  庚
辰  子  子  戌
```

```
甲  癸  壬  辛  庚  己
午  巳  辰  卯  寅  丑
```

무토가 한절(寒節)에 생하고 지지에서 수국을 이루므로 천지가 꽁꽁 얼었다. 한냉(寒冷)한 토는 만물의 성장이 불가능하므로 화(火)로써 동토(凍土)를 녹이고 조후하여 온난(溫暖)하게 하여야 한다. 시상의 병화가 용신이 된다.

식상이 투출하고 월령을 얻은 재성이 재성국까지 얻었으므로 재성이 왕하고 일간이 약하다. 마땅히 인성인 병화를 써서 일간을 도와야 한다. 따라서 병화는 약한 일간을 부신(扶身)하는 역할과 조후의 역할을 하게 된다.

재가 월령을 얻고 왕하지만 지지에 있고, 병화는 천간에 있어 서

로 장애가 되지 않는다. 그러므로 용신 병화가 온전하여 제 일을
다할 수 있으므로 귀하게 되었다.

　화가 용신이므로 목화운이 길하며 토운은 약한 일간을 도우니 길
하다. 관살인 목운 중에서 칠살인 갑(甲)목은 병화 용신을 생하니
길하지만 정관인 을(乙)목은 을경합(乙庚合)하여 재성을 생하므로
좋지 않다. 경인(庚寅), 신묘(辛卯) 대운에는 식신인 금이 투출하
여 불길하나 대운은 지지가 중요하므로 동방운에 화세가 힘을 얻
으니 좋았다. 임진(壬辰)운에는 병화 용신이 상하고 자진(子辰)으
로 수국을 이루니 귀(貴)를 해치고 수명이 위험하다.


己　丙　癸　丙
丑　午　巳　寅


64　54　44　34　24　14　4
庚　己　戊　丁　丙　乙　甲
子　亥　戌　酉　申　未　午


병화가 화왕절에 생하고 년상에 병비(丙比)가 있으며 지지에 인
오(寅午) 화국(火局)이 도우니 화가 왕강(旺强)하다. 왕성한 것은
극하는 것보다는 설(洩)하는 것이 순리이므로 시상의 기토(己土)
를 써서 왕화(旺火)를 설기하여 사축(巳丑) 재성을 생하게 하여야
한다. 이것을 '아능생아(兒能生兒)라고 한다. 즉 일간이 왕하여 식

상으로 설하는 경우에는, 식상은 또한 재성으로 설하는 것을 기뻐한다는 뜻이다. 또한 화왕한데 사축(巳丑)의 금(金)이 있으니 '화봉진금(火逢眞金)하여 성기(成器)'하는 격이다.

여름의 병화가 화왕(火旺)하니 수(水)가 있어야 스스로 소멸(消滅)하는 것을 막을 수 있다. 월상에 계수가 있어 축토에 뿌리를 내리고 사축(巳丑)합 금의 생조를 받으니 조후용신(調候用神)이 될 수 있다. 조후용신은 계수(癸水)이고 금(金)이 희신이 된다.

초운은 남방 화운이므로 불길하나 기토(己土)가 투출하여 설화(泄火)하므로 큰 해는 없었다. 신(申)운부터 발신(發身)하여 정유(丁酉)운에 사유축(巳酉丑) 금국(金局)이 완전하여 재물이 창성하였다. 무(戊)운도 길하고, 술(戌)운은 화고(火庫)가 되므로 불길하나 서방 금운이므로 대해(大害)는 없으며 기해경(己亥庚)운도 길하였다. 자(子)운은 양인(羊刃)을 충하고 용신인 금이 사(死)가 되므로 불길하다.

壬　戊　癸　庚
子　寅　未　子


67　57　47　37　27　17　7
庚　己　戊　丁　丙　乙　甲
寅　丑　子　亥　戌　酉　申

무토가 미월(未月) 토왕절에 생하여 득령(得令)은 하였지만, 생조(生助)가 부족하다. 그러나 좌하 인목이 장간의 병화(丙火)와 살인상생(殺印相生)하므로 기쁘다. 재가 투출하여 년지와 시지에서 득록(得祿)하므로 재가 왕하다. 기쁜 것은 일간 무토가 정재와 상합(相合)하여 일간의 정(情)이 재에 있는 것이다. 불약(不弱)에 재가 왕하고 일간의 정이 재에 있으니 부격(富格)이 당연하다.

갑신(甲申), 을유(乙酉)운은 신약이 되므로 좋지 않으며, 병술정(丙戌丁)운은 일간이 왕해지므로 재부(財富)가 일증(日增)하여 대부(大富)하였다. 해자축(亥子丑) 수운은 재의 왕지(旺地)이지만 화토(火土)가 개두하여 일간을 방조(幫助)하니 좋았다.

```
庚 丙 甲 壬
寅 辰 辰 戌
```

```
66  56  46  36  26  16  6
辛  庚  己  戊  丁  丙  乙
亥  戌  酉  申  未  午  巳
```

병화가 진월 토왕절에 생하여 천간에 경임(庚壬)과 지지에 3토가 있어 극설(剋洩)이 심하니, 신약하여 인성으로 용신을 삼을 만하다. 그러나 3월은 화가 진기(進氣)하는 때라 양기(陽氣)가 점증하고, 지지에 인술(寅戌) 화국(火局)에다 월상의 갑목이 일간을 도우니 신왕하다. 신왕에 식상이 왕하니 재성(財星)을 용신으로 삼아 식상을 설기하고 인성을 극해야 한다. 그러므로 시상의 편재가 용신이 된다.

초년 남방운에는 불길하여 곤고(困苦)하다가 무(戊)운에 광산으로 생재(生財)하였고 기유(己酉)운에 연속 발재(發財)하였으며 말년도 길하였다. 자(子)운은 용신인 경금의 사지(死地)이므로 불길하다.


```
庚 丙 甲 乙
寅 申 申 未
```

```
戊 己 庚 辛 壬 癸
寅 卯 辰 巳 午 未
```


병화가 신월에 생하고 일지가 또한 신금에다 경금이 투출했으므로 재가 왕하다. 일간 병화는 시지인 인목에서 장생(長生)하고, 인성인 목이 득록(得祿)하고 있다. 그러나 인신(寅申) 충으로 뿌리가 뽑히니 재다신약(財多身弱)이다. 기쁜 것은 인성과 재성이 모두 투출하여 장애가 될 듯하지만 그 사이에 병화가 있어, 병화가 재성을 극하므로 재성은 인성을 극하지 못하여 재(財)와 인(印)이 서로 장애가 되지 않은 것이다. 그러므로 귀(貴)하게 되었다.

신약에 재가 왕하므로 방신(幫身)하는 운이 길하다. 가장 길한 것은 인성운이며 관성운 또한 길하다. 왜냐하면 관성은 왕한 재를 설기하고 용신인 인성을 생하기 때문이다. 이렇게 되면 재와 인의 싸움을 화해시키는 작용을 한다.

일반적으로 신약사주가 인성을 얻으면 인성이 용신이 되는데, 관성은 인성을 생하므로 관성운 역시 좋다. 그러므로 본 사주는 수목화(水木火)운이 좋다.

```
丁 乙 戊 乙
亥 酉 子 丑
```

```
67 57 47 37 27 17 7
辛 壬 癸 甲 乙 丙 丁
巳 午 未 申 酉 戌 亥
```

을목이 한절(寒節)에 생하고 지지에서 해자축(亥子丑) 북방(北方)을 이루고 있다. 더구나 유축(酉丑) 금국(金局)이 있어 수를 생하니 수(水)가 태왕하여 약한 을목이 부목(浮木)이 되었다. 월상의 무토가 축토에 뿌리를 내리고 제방(堤防)하는 용신이 된다. 화토운이 길하다.

조후(調候)로 보면 11월 한절(寒節)에 지지가 북방 수국(水局)을 이루므로 당연히 화(火)로 해동(解凍)하고 온난(溫暖)하게 하여야 한다. 조후로 보면 목화(木火)운이 길하다.

병술(丙戌)운은 화토운이므로 용신을 도와 결혼을 하고 자식을 낳았다. 을유(乙酉), 갑신(甲申)운은 용신이 설기되므로 불길한데 상업을 하는 중에 실패가 많았다. 계(癸)운 임자년에 용신인 무토를 합거(合去)하니 상처(喪妻)하였다. 사오미(巳午未) 남방운은 용신을 생하고 또한 조후가 되니 길하다.

乙 戊 壬 壬
卯 午 子 申

戊 丁 丙 乙 甲 癸
午 巳 辰 卯 寅 丑

무토가 수왕절에 생하고 신자(申子) 수국에 임수가 투출하였다. 수가 왕한 중에 을목(乙木) 관이 녹지인 시상에 투출하였다. 재관이 왕하고 일간이 약하다. 좌하의 양인(羊刃) 오화가 일간을 생하고 있어 좋다. 오화는 11월 한절의 한냉(寒冷)함을 온난하게 해주는 조후의 역할도 한다. 일지의 오화가 용신이며 목화토(木火土)운이 길하다.

갑(甲)운에는 관살이 혼잡하니 좋지 않다. 인(寅)운은 인오(寅午)가 회국(會局)하여 화국(火局)을 이루니 용신이 왕하여 좋다. 더구나 회국(會局)하여 자오(子午) 충(沖)을 해소하니 더욱 좋다. 을묘(乙卯) 대운에는 정관이 너무 강해졌지만 정관이 청(淸)하므로 장애가 없었다. 병진(丙辰), 정사(丁巳), 무오(戊午), 기미(己未) 대운은 화토운이므로 일간을 방신(幇身)하여 모두 길하다. 오직 금수(金水)의 운을 꺼릴 뿐이다. 정관은 상(傷)해서는 안되므로 식상운은 대기(大忌)한다.

## 4) 인수격(印綬格)

인성은 나를 생조하는 신으로 정인(正印)과 편인(偏印)이 있는데 이들을 흔히 인수(印綬)라고 한다. 정인과 편인은 인성과 일간과의 음양(陰陽)의 조화 여부에 따라 나눈 것이며, 육신의 성정(性情)상 비슷하므로 오행상 동일하게 취급한다. 그러므로 재성과 인성은 정편(正偏)으로 나누지 않고 동일한 격으로 논한다.

인성은 나를 생하니 아름답다. 나를 돕고, 나를 보호하며, 나를 이끌어 주고, 나에게 명예(名譽)와 권리(權利)를 준다. 그러므로 인성은 문서(文書), 도장, 명예, 인덕(人德), 간판을 나타낸다. 또한 두뇌, 학문(學問), 교육을 의미하기도 하므로 인수격은 심성이 착하고 학문을 좋아한다.

사주에는 인수와 식상 뿐이다. 일간이 약하면 인수로 생조하고, 일간이 왕하면 식상으로 설해야 한다. 재와 관은 그 가운데에서 일정한 작용을 하는 것에 불과하다.

◎ 년월에 인성이 있으면 부모덕이 있다.

◎ 년월에 재관인이 모두 있으면 명문(名門)집안이다.

◎ 인수가 많아 신왕인 사주에 관이 없으면 벼슬에 이르지 못하니 청고한 선비나 예술가, 기술자가 된다.

◎ 신약일 때 인성이 있어 일간을 생조하면 길하다.

◎ 신강일 때 인성이 있으면 더욱 신강하게 되어 사주가 혼탁해지므로 불길하다. 이때에는 재성이 있어 인성을 극해야 한다.

◎ 관살이 왕하고 신약이면 인성이 있어야 길하다. 관살이 나를 극하는 사이를 인성이 통관(通關)시켜 관생인(官生印) 인생신(印生身)하여 관이 오히려 나를 돕는 결과가 되기 때문이다. 이를 살인상생(殺印相生)이라 한다. 그러므로 관살이 왕성한 격은 먼저 인성의 유무를 찾아보고 만일 인수가 있으면 인수가 용신이 된다.

◎ 이때에 재성을 만나 인성이 파극(破剋)되는 것을 탐재괴인(貪財壞印)이라고 하는데 이렇게 되면 급속한 화패(禍敗)가 생한다.

◎ 탐재괴인(貪財壞印)이란 재를 탐내어 인수가 파괴된 것을 말한다. 인수는 학문이고 명예이며, 재는 재물이므로, 재가 왕한 즉 명예와 학문이 몰락하고, 명예와 학문이 왕한 즉 재가 없게 되는 것이다. 따라서 학자가 재물을 탐하면 명예가 손상되고, 인수용신으로 이루어진 관공리(官公吏)는 재운이 오면 뇌물죄를 범하기 쉽다.

◎ 신약하고 식상이 왕할 때에는 인성이 사주에 있거나 인성 대운을 만나야 길하다. 그것은 인성이 왕성한 식상을 억제하거나 또는 약한 일간을 생조하기 때문이다.

◎ 사주에 인성이 많으면 일반적으로 자식이 적으며 여자는 특히

유산(流産)을 잘한다.

◎ 인성이 성국(成局)이나 성방(成方)하여 극왕하고 일간이 태약하면 인성에 종(從)하게 된다. 종강격(從强格)이라고 하는데 인성을 생하는 관성운과 인성운 그리고 왕기를 설하는 비겁운이 길하다. 재성은 인성을 극하여 역세(逆勢)하므로 대기(大忌)한다.

戊　丙　辛　戊
子　寅　酉　寅

63　53　43　33　23　13　3
戊　丁　丙　乙　甲　癸　壬
辰　卯　寅　丑　子　亥　戌

병화가 유월(酉月) 사지(死地)에 생하고 간지에 극설이 많으니 신약이다. 그러나 좌하와 년지에 인목(寅木) 장생이 있어 뿌리를 내리고 생함을 받으니 약한 듯해도 약하지 않다. 좌하의 인(寅)목이 용신이며, 시지의 자(子)수가 인목을 생하는 희신이고 유금(酉金)이 기신(忌神)이 된다. 수목(水木)운이 길하며 화(火)운 역시 길하다. 용신과 희신이 지지에 있으므로 관직에 진출하지 못하고 회사에 종사하였다.

수목운이 길하므로 귀가(貴家)에 생장(生長)하여 회사에 들어가 순탄하게 과장이 되었다. 가정 또한 평온하고 풍족하였다. 을(乙)

314

운은 목운이라 당연히 길하지만 월상의 신금(辛金)이 반충(反沖)
하므로 발전이 없었으며, 축(丑)운은 기신인 금(金)을 도우니 가정
에 손재(損財)가 많았다. 병인(丙寅)운은 일생 중 가장 길한 운으
로 명예와 재물이 높았으며, 정묘(丁卯)운도 역시 길하였다. 무진
(戊辰)운은 희신인 자(子)수를 극하며 기신인 금(金)을 생하므로
불길하다.

```
壬 辛 戊 丙
辰 未 戌 戌


乙 甲 癸 壬 辛 庚 己
巳 辰 卯 寅 丑 子 亥
```

신금이 구월 토왕절에 생하고 지지가 모두 토에다 무토(戊土)가
투출하니 인성이 극왕하다. 신금 일간은 술토(戌土)에 뿌리를 내리
고 인성의 생을 받으니 또한 왕하다. 왕한 기운은 설하는 것이 좋
으므로 시상(時上)의 임수(壬水)를 써서 신금의 왕기(旺氣)를 약
화시켜야 한다. 신금은 임수를 만나서 씻기는 것을 좋아하므로 시
상의 임수(壬水)는 일간인 신금에게는 기쁜 존재이다. 인성인 무토
(戊土)가 투출하여 임수를 극하는 것이 꺼리는 바이지만 이렇게
되면 년상의 병화 정관(正官)이 상관에 의하여 상(傷)하는 것을
막을 수 있으니 불행 중 다행이다. (정관은 상하지 않아야 한다)

좋은 것은 천간에서 화토금수(火土金水)가 상생하여 토가 금을 매몰하지 않고, 임수가 금의 수기(秀氣)를 설하면서, 진미(辰未) 중의 을목(乙木)이 암암리에 인성을 극하여 일간의 짐을 덜어주는 것이다. 또한 시지에 진토(辰土)가 있어 건조한 기운을 흡수하고 임수의 뿌리가 되는 것이다. 수목금(水木金)운이 길한데 대운이 수목의 지지로 흘러 귀하게 되었다. 특히 인묘갑(寅卯甲) 대운에 인수를 제압하고 정관(正官)을 생하여 좋았다.

```
甲 丁 甲 甲
辰 未 戌 子
```

```
壬 辛 庚 己 戊 丁 丙 乙
午 巳 辰 卯 寅 丑 子 亥
```

정화가 술월에 생하고 지지에 식상과 관살이 있으니 쇠약하다. 그러나 미토(未土)와 술토(戌土)에 뿌리를 내리고, 천간의 갑목(甲木)이 토를 억제하고 일간을 생하니 약한 듯하지만 약하지 않다. 그러나 전체적으로 보면 약하므로 투출한 갑목(甲木)으로 일간을 생하면서 소토(疏土)하도록 하여야 한다.

수목(水木)운이 길하다. 대운이 수목운으로 흐르니 일생이 길하였다. 특히 인(寅)대운에는 용신이 제 뿌리를 찾아 왕성하므로 일약 부총통이 되고 정계(政界)의 중진이 되었다. 경진(庚辰)대운에는

는 경금(庚金)이 갑목(甲木)을 억제하고, 식상이 성하여 정계에서 은퇴하였다. 이 사주는 중화민국의 건국 초기의 부총통인 여원홍의 사주이다.

壬 丁 己 乙
寅 酉 卯 亥

癸 甲 乙 丙 丁 戊
酉 戌 亥 子 丑 寅

정화가 묘월 목왕절에 생하고 인목(寅木)과 해묘(亥卯) 목국(木局)이 있으며 을목이 천간에 투출했으므로 인수가 왕성하다. 좌하의 유금(酉金)을 써서 인성의 왕기를 제지하고 시상의 정관(正官)을 생해주어야 한다. 기쁜 것은 월상의 기토(己土) 식신이 을목(乙木)의 극을 받아 정관을 상(傷)하지 못하는 것이다. 정관이 장애를 받지 않으므로 병(病)에 제거되어 사주가 맑아졌다. 금수(金水)운은 정관을 도우므로 길하고, 목(木)운은 기신인 토를 극하므로 길하다.

축(丑)대운에 유축(酉丑) 금국(金局)이 되니 좋았으며 축대운 이후에 금수로 흐르니 좋았다. 자해(子亥)의 관살운과 갑을(甲乙)의 인수운에서 모두 좋았다.

己 己 丙 辛
巳 酉 申 卯


70 60 50 40 30 20 10
己 庚 辛 壬 癸 甲 乙
丑 寅 卯 辰 巳 午 未


　기토가 금왕절에 생하고 좌하가 유금(酉金)에다 신금(辛金)이 투출했으므로 설기가 심하여 신약이다. 의당 월상의 병화(丙火)를 용신으로 삼아 일간을 생조해야 하겠지만 병화는 년상의 신금(辛金)과 합거(合去)하고, 시지 사화(巳火)는 사유가 회국(會局)하니 용(用)하기에 부족하다. 그러나 신약이고 추량의 냉토(冷土)이므로 하는 수 없이 화를 용(用)으로 한다. 목화토운이 길하다.

　초운인 을미(乙未) 갑오(甲午)의 화운에는 용신이 왕하여 부귀(富貴)한 집에서 생(生)하여 학업도 우수했고 삼십까지 발전하였다. 계(癸)운은 용신을 극하므로 불길하나 남방운(南方運)이니 괜찮았다. 사(巳)운은 길하고 임진(壬辰)운은 수(水)운이므로 불길하며 신(辛)운은 원국의 용신을 합거(合去)하므로 불길하다. 인묘(寅卯)운은 용신을 생하므로 원래는 길하나 원국에 신유(申酉)가 있어 충(沖)하므로 쾌(快)하지 못하다. 축(丑)운 이후는 북방 수운이므로 불길하는 것은 당연하다.

戊 辛 戊 丙
子 酉 戌 寅

甲 癸 壬 辛 庚 己
辰 卯 寅 丑 子 亥

　신금이 술월에 생하고 무토가 투출한 중에 좌하에 녹(祿)이 있어 인수가 중(重)하고 신왕하다. 관이 투출하고 인수가 중하니 관의 기운이 인수에게 설기 되었다. 구월에 생하였으니 아직은 금한수냉(金寒水冷)은 아니며 병화가 투출하고 인술(寅戌) 화국(火局)이 있으니 화가 왕성하여 토는 건조하고 금(金)은 물러져 있다.

　기쁜 것은 시지에 자수(子水)가 있어 토를 윤습(潤濕)하게 하고, 금의 기운을 설하고 있다. 시지의 자수가 금의 수기(秀氣)가 되니 금수상관(金水傷官)이 용신이 된다. 이때의 금수상관은 관성을 보면 좋지 않다. 왜냐하면 구월은 추위가 심한 계절이 아니며 또한 병화가 투출하여 조후하고 지지에 화국(火局)이 있기 때문이다.

　재운과 식상운이 길하며 또한 비겁운도 식상이 설(洩)하므로 괜찮다. 그러므로 동북방의 금수목(金水木) 대운에 발달하였다. 용신이 식상이므로 식상인 자식이 어머니인 일간을 구해주는 이치인 것이다. 이 사주는 초운부터 진(辰)대운까지 55년간 금수목(金水木)의 대운이므로 대길하여 일생을 부와 귀를 누렸다.

```
丙 庚 庚 己
子 戌 午 未


67 57 47 37 27 17 7
癸 甲 乙 丙 丁 戊 己
亥 子 丑 寅 卯 辰 巳
```

　경금이 오월 화왕절에 생하여 오술(午戌)이 회국(會局)하고 년지
에 미토 그리고 병화가 투출하여 화가 왕하다. 화가 왕하니 토는
마르고 금은 물러있다. 마른 토는 금을 생할 수 없으니 신약(身弱)
이다. 기쁜 것은 시지에 자수(子水)가 있어 기토(己土)가 윤습해지
고 따라서 생금(生金)하는 것이다. 그러므로 기토(己土)가 용신이
고 자수(子水)가 희신이 된다. 토금수(土金水)운이 길하다.

　또한 오월에 생하고 지지에 화국(火局)이 있으며 병화(丙火)가
투출했으니 조후가 시급하다. 시지의 자수(子水)가 조후용신이 된
다.

　초년부터 중년까지 동남 목화(木火)운이므로 좋을 수가 없다. 전
기회사의 기술공으로 근무했는데 50까지 발전이 없었다. 50이후로
철물상을 했는데 대운이 북방 수운(水運)이므로 순조롭게 기반을
닦아 말년에 의식(衣食)이 족하였다. 말년이 좋은 것은 희신(喜神)
이 시(時)에 있는 연고이다.

壬 壬 戊 壬
寅 辰 申 寅


乙 甲 癸 壬 辛 庚 己
卯 寅 丑 子 亥 戌 酉


　임수가 추월(秋月)에 생하니 근원(根源)이 깊고 맑다. 신진 수국
을 이루고 임비(壬比)가 투출하니 수가 왕하다. 월상의 무토(戊土)
도 장생지인 두 개의 인목(寅木)과 일지에 동기(同氣)를 갖고 있
으므로 또한 왕하다. 결국 수토(水土)가 서로 싸우는 형국이니 신
금(申金)이 통관(通關)하는 용신이 된다.

　신왕이니 식상운은 그 수기(秀氣)를 설하니 좋다. 원국에 식상이
있으면 운에서 비겁의 신왕으로 행(行)해도 장애가 없다. 오로지
재성은 꺼리니 재성은 칠살을 생할 뿐만 아니라 중심이 되는 인수
를 파하기 때문이다. 그러므로 인수운, 비겁운, 식상운이 모두 좋으
며 관살운은 인수로 화(化)하기 때문에 역시 괜찮다. 운이 금수목
운으로 흘러 길하므로 부귀(富貴)를 누렸다.


乙 甲 戊 庚
亥 戌 子 戌

甲 癸 壬 辛 庚 己
午 巳 辰 卯 寅 丑

갑목이 한절(寒節)에 생하고 간지에 금수(金水)가 왕하니 한냉 (寒冷)하다. 시급한 것이 조후이니 술(戌) 중의 정화(丁火)를 써서 해동(解凍)하고 온난하게 하여야 한다.

일간이 약(弱)하고(11월의 갑목) 재성이 왕하니 을목(乙木) 겁재 를 써서 재성을 억제하고, 재성에 의하여 과도하게 극제(克制)되고 있는 자수(子水)를 살려서 경금 칠살이 인성으로 화(化)하도록 하 여야 한다. 꺼리는 것은 재운이니 재는 인성을 극하기 때문이다. 관살운, 인성운, 비겁운 모두 좋으며 식상운은 조후용신이니 또한 길하다. 길신(吉神, 丁火)이 지지에 암장되어 있고, 병(病, 戊土)이 있는데 구응(救應)하는 것(乙木)이 있으니 귀하게 되었다.

## 5) 식신상관격(食神傷官格)

식신과 상관은 일간이 오행상 생하는 육신(六神)으로 일간과 음 양이 같은 것이 식신이고 음양이 다른 것이 상관이다. 대개 음양이 다르면 유정(有情)하여 순응(順應)하고, 음양이 같으면 무정(無情) 하여 서로 배반한다. 오행에서 재관인(財官印)이 그러하며 식상(食 傷)은 음양이 같은 배합에 순응한다. 순응하면 유정(有情)하고 이 를 거역하면 힘이 사나운 것이다. 그러므로 식신은 기가 순수(純

粹)하고 상관은 기가 강하고 잡(雜)하다.

식신은 다만 하나만 있어야 마땅하며 하나만 있어야 식신이라고 한다. 만일 식신이 두 개 이상이면 상관이라고 하며 식신과 상관의 혼잡(混雜)도 통칭하여 상관이라 한다. 식신과 상관은 나의 기(氣)를 설하므로 내가 신왕할 것을 요한다.

식신은 의식주(衣食住)의 풍만함을 의미한다. 그러므로 식신격을 놓으면 몸이 비대하고, 도량이 넓으며, 의식(衣食)과 재물이 풍부하다. 식신은 또한 칠살을 제지하고, 양명지본(養命之本)이 되는 재(財)를 생하여 수(壽)를 보(補)하므로 수성(壽星)이라고도 한다.

상관은 관을 상(傷)하게 하니 사회의 법도와 질서를 무너뜨린다. 그러나 관의 횡포가 심할 때에는 상관이 관에 맞서 대항하므로 관의 횡포를 막아준다. 그러므로 상관이 사주에서 희용신이 되면 오히려 뛰어난 재능을 발휘하여 복이 되게 한다.


◎ 식상은 일간의 기를 설하므로 수기유통(秀氣流通)이 되어 총명준수의 신이다. 식상을 용신으로 쓰는 사람은 반드시 총명(聰明)하고 재능(才能)을 잘 발휘한다.

◎ 식상격은 문인, 학자들이 많으며 부귀(富貴)도 많다.

◎ 신강하면 관을 써서 억제하거나, 식상을 써서 설해야 하는데 식상을 쓰는 것이 관을 쓰는 것보다 좋다.

◎ 신강하고 재가 약할 때에는 식상이 사주에 있거나 식상대운을 만나면 식상이 재를 생하여 길하여 진다.

◎ 신강하고 관살도 왕하면 식상으로 관살을 제압하여야 한다.

◎ 진상관(眞傷官)은 신약하고 상관이 왕한 것이다. 진상관격은 원국의 인성을 기뻐하며 인성운에 발달한다. 신약한 일간을 돕고, 왕한 상관을 제거하기 때문이다. 왕한 상관은 입묘(入墓)운에 불길하다. (진상관격에 인성운이 오거나 비겁운이 오면 일보(一步)에 누각에 오른다. 진상관격에 상관운이 오면 기진맥진한다.)

◎ 가상관(假傷官)은 신왕하고 상관이 약한 것이다. 가상관격은 상관이 약하므로 상관이 왕하는 운에 발달하고 입묘운도 길하다. (가상관격에 상관운이 오면 일보에 누각에 오른다. 가상관격에 인수운이 오면 손명(損命)한다.)

◎ 상관격은 성질이 거만하여 자기의 주장만 내세우고 타인을 무시한다. 그러므로 정당하든 그르든 간에 남을 누르고 이기려 하는 호승심(好勝心)이 있으며 타인과 조화하지 못한다.

◎ 여자는 상관을 대기(大忌)하는데 그것은 남편인 관(官)을 극하여 상하게 하기 때문이다. 여자 상관격은 고집이 많으며, 남편의 덕이 적고, 자식만을 위하는 경향이 있다. 운명이 험하여 과부들이 많으나 재복(財福)은 있다. 도화살과 함지살과 역마와 고과살(孤寡殺) 등이 있으면 천한 출신이며 음란함이 많다. 상관이 왕하고 관성이 없으면, 남편 사후(死後) 수절하는 경향이 있다.

◎ 상관이 관살을 보면 위화백단(爲禍百端)이라 하여 대기(大忌)하는데 여기에 용불용(用不用)이 있다.

◎ 화토식상격(火土食傷格) - 병정(丙丁)화일생으로 미술(未戌)월

에 태어난 사람이다. 이러한 사주는 관살(수)이 없거나 있더라도 극히 미약하여야 한다. 이를 상진(傷盡)이라 하는데 화토식상격이 상진이 되어야 하는 이유는 화토가 왕성한 사주에 관살 즉 수(水)가 끼게 되면 쇠신충왕(衰神沖旺)이 되기 때문이다. 그러나 왕성한 화의 기운을 누출시킬 수 있는 습토(濕土) 즉 진(辰)이나 축(丑)이 있으면 관살이 사주 속에 있거나 관살운을 만나더라도 무방하다.

◎ 금수식상격(金水食傷格) - 경신(庚辛)일생으로 해자축(亥子丑) 월령에 생한 사주이다. 이것은 관살이 있거나 관살운을 만나야 길하다. 그 이유는 사주가 너무 한냉(寒冷)하므로 관살 즉 병(丙), 정(丁), 사(巳), 오(午)를 만나야 조후가 되기 때문이다.

◎ 목화식상격(木火食傷格) - 갑을(甲乙)일생으로 사오미(巳午未) 월에 생한 사주이다. 이것은 인수운과 관살운을 만나야 길하다. 그 이유는 너무 건조(乾燥)하여 인성인 수기(水氣)로 조후하는 것이 필요하며, 관살인 금(金)은 수원(水源)이 되기 때문이다. 또한 목이 화를 보면 목화통명(木火通明)인데 관살인 금은 왕목(旺木)을 작벌(斫伐)하여 화가 잘 타게 한다.

◎ 토금식상격(土金食傷格) - 무기(戊己)일생으로 신유축(申酉丑) 월에 생한 사주이다. 이것은 인성이 있어야 길하다. 사주가 너무 습(濕)하기 때문에 인성 즉 화(火)가 조후해야 하기 때문이다.

◎ 수목식상격(水木食傷格) - 임계(壬癸)일생으로 인묘(寅卯)월에 생한 사주이다. 이것은 재를 만나야 길한데 재(財)를 만나면 식상

생재격이 되기 때문이다.

◎ 식상격은 재성(財星)이 있어야 발달하며 재성이 없으면 기술가가 많으며 빈한하다.

◎ 일간이 태약하여 일점의 생기(生氣)가 없고, 만국이 식상이면 식상으로 종(從)하는데 이것이 종아격(從兒格)이다. 비겁운과 식상운이 길하며 재운 역시 왕기를 설하므로 길하다. 인성운은 역세(逆勢)하므로 불길하며 식상의 입묘(入墓)운 또한 대흉하다.

```
戊 己 庚 己
辰 酉 午 巳
```

```
69  59  49  39  29  19  9
癸  甲  乙  丙  丁  戊  己
亥  子  丑  寅  卯  辰  巳
```

기토가 화왕절에 생하고 간지에 화토가 많으므로 화염토조(火炎土燥)하다. 시급한 것이 조후(調候)이니, 사유(巳酉) 회국하여 금국(金局)을 이룬 가운데 경금이 월상에 투출했으므로 경금 상관이 용(用)이 된다. 경금은 조후의 작용 뿐만 아니라 왕성한 토의 기운을 설하는 기능을 한다. 신왕한 일간의 기운을 설하는 사주에는 재성(財星)이 있어야 길한데 재성이 없으니 기술가(技術家)이다. 금수(金水)운이 길하다.

초운에서 중운에 이르는 목화운은 진(辰)운만 제외하고는 불길하였다. 왜냐하면 신왕한데 상관이 약한 가상관격(假傷官格)에는 인성과 관성을 꺼리기 때문이다. 조후의 측면에서도 목화운은 대기(大忌)한다. 그러나 진(辰)운은 습토(濕土)로 화기를 흡수하여 생금(生金)하므로 길하다.

정묘(丁卯), 병인(丙寅)운에는 관재(官災)도 몇차례 당했고 처궁도 패(敗)했으며 생계도 어려웠다. 을(乙)운은 용신인 경금을 합거(合去)하니 불길하고, 축(丑)운은 겨울의 습토(濕土)이니 길하다. 갑(甲)운은 정관운인데 상관인 경금이 견관(見官)하니 불길하며, 자(子)운은 용신 금이 사(死)가 되므로 흉하다.

己 壬 甲 乙
酉 申 申 未


70  60  50  40  30  20  10
丁  戊  己  庚  辛  壬  癸
丑  寅  卯  辰  巳  午  未


임수가 금왕절에 생하고 일지와 시지가 모두 금(金)이다. 인성이 왕하고 일간 또한 두 개의 장생지를 얻으니 왕하다. 신왕하면 극하거나 설해야 하는데 시지의 정관 기토(己土)는 식신이 합거(合去)하고, 좌하의 금(金)으로 설기하므로 용신으로 쓸 수 없다. 만일 기토(己土)를 쓴다면 수를 극하기 전에 토생금(土生金)하므로 오히려 불리해진다.

그러므로 년상과 월상의 갑을(甲乙)목을 써서 설기하여야 한다. 그러나 갑목은 절지(絶地)에 앉아 있고 더구나 시상의 기토와 합거하니 무기(無氣)하며, 년상의 을목(乙木)은 창고에 앉아 있으니 역시 큰 힘이 없다. 전형적인 가상관격(假傷官格)이다. 상관운과 재운인 목화운이 길하다. 비겁운은 식상이 투출했으므로 역시 길하다.

나쁜 것은 용신인 식상(食傷)이 무기(無氣)한 것과 정관인 기토가 합거(合去)되어 유명무실하게 된 점이다. 기쁜 것은 대운이 화목(火木)운으로 흘러 왕기(旺氣)가 설하는 것을 돕는 것이다.

초운인 남방운은 기신인 금기(金氣)를 극하고, 간지에 금이 많아 냉(冷)한 기운을 온난하게 하니 좋다. 신사(辛巳)운은 금이 왕하나 화왕절이므로 흠이 없다. 그러나 경진(庚辰) 대운은 습토(濕土)로 기신인 금을 생하고, 일간의 창고가 되니 불길하여, 윗사람들과의 관계로 말미암아 관재(官災)를 당하였다. 기(己)토운은 상관견관(傷官見官)이므로 불길하고, 인묘(寅卯)운은 가상관격(假傷官格)에 상관운이므로 대길이지만 묘유(卯酉) 충, 인신(寅申) 충이 되어 쾌하지 못하다. 축(丑)운은 한절(寒節)이고 습토이므로 불길하다.


庚　戊　丙　丁
申　戌　午　未


328

| 77 | 67 | 57 | 47 | 37 | 27 | 17 | 7 |
|----|----|----|----|----|----|----|---|
| 甲 | 癸 | 壬 | 辛 | 庚 | 己 | 戊 | 丁 |
| 寅 | 丑 | 子 | 亥 | 戌 | 酉 | 申 | 未 |

여자의 사주로 무토가 오월 화왕절(火旺節)에 생하고 간지에 화토가 많으니 조열(燥熱)하다. 조후가 시급하니 금수(金水)가 필요한데 수(水)가 없으므로 시상의 경금을 조후하는 용신으로 삼는다. 경금은 좌하에 녹(祿)을 얻어, 해열(解熱)할 뿐만 아니라 왕성한 화토의 기운을 설한다. 일점의 목이 없어 청결(清潔)한데 그 이유는 목이 있으면 상관견관(傷官見官)이 되어 불길하기 때문이다. 또한 수기(水氣)가 부족하므로 분주다사(奔走多事)하며, 인성이 왕하고 투출했으므로 가권(家權)을 맡아 남편을 대신한다. 일간과 인성이 왕(旺)하고 조열하므로 식상운과 재운인 금수(金水)운이 길하다.

초운인 정미(丁未)는 화토운이므로 좋지 않았으며, 신(申)운 이후로 길하여 재물이 창성(昌盛)하였다. 술(戌)운은 조토(燥土)이며, 화고(火庫)가 되어 왕성한 화(火)가 창고에 들어가니 불길하나, 경금(庚金)이 개두하여 큰 흠은 없었다. 신해(辛亥), 임자(壬子), 계축(癸丑)운은 수운이므로 길하며, 갑인(甲寅)운은 기신인 화(火)를 생하고 인신(寅申) 충(沖)하여 경금의 뿌리를 뽑으니 불길하다.

壬 戊 己 丁
子 子 酉 酉


壬 癸 甲 乙 丙 丁 戊
寅 卯 辰 巳 午 未 申


　무토가 금왕절에 생하고 간지에 금수가 많으니 재다신약(財多身弱)이다. 일간이 약하니 년상의 정화를 써서 일간을 생조(生助)하여야 한다. 정화는 일간을 부신(扶身)할 뿐만이 아니라 금수가 왕하여 한냉한 토를 온난하게 하는 조후의 역할도 한다. 기쁜 것은 인성과 재성이 모두 투출했으나 서로 떨어져 있어 장애가 되지 않는 것이다. 화를 용신으로 삼으니 목화토운이 길하다.
　정미(丁未), 병오(丙午), 을사(乙巳), 갑(甲)의 인수운과 관살운에 모두 좋았다. 진(辰)운은 습토(濕土)로 금을 생하고, 묘(卯)운은 묘유 충하여 왕금을 건드리니 불길하다.


戊 乙 丙 壬
寅 巳 午 申


癸 壬 辛 庚 己 戊 丁
丑 子 亥 戌 酉 申 未

을목이 오월 화왕절에 생하고 지지가 인오 화국에 병화가 투출했으므로 화가 너무 왕하여 나무가 타버릴 지경이다. 먼저 조후하는 임수를 써서 화염(火炎)을 해제하고, 토를 윤택하게 하여 을목이 자생(滋生)하도록 하여야 한다. 또한 임수는, 설기가 심하여 신약한 을목을 생하게 한다. 그러므로 유근(有根)한 임수를 용신으로 하며, 금이 희신이고, 신약이므로 비겁도 길하므로 금수목(金水木)운이 길하다.

초운인 정미무(丁未戊)운은 화토운이므로 불길하여 천직(賤職)에 종사하였다. 신(申)운 이후에 길하여, 유(酉)운 중 경자(庚子)년에 출사(出仕)하여, 30세 신축(辛丑)년에 세관(稅官)이 되고, 31세 임인(壬寅)년에 군수가 되었다.

술(戌)운 경술(庚戌)년 7월에는 수백만금(數百萬金)의 재물을 득(得)하였는데, 술(戌)운 술(戌)년은 원국에서 완전한 화국(火局)을 이루므로 불길할 것이다. 또한 술운 술년은 왕성한 화가 창고에 들어가므로 불길하다. 그런데 거재(巨財)가 생하였으니 그 이유는 술(戌)이 고장(庫藏)이나 토(土)이므로 용신의 뿌리가 되는 신금(申金)을 생한 연고이며, 시기가 가을에서 겨울로 가는 교절(交節)이기 때문이다.

해자축(亥子丑)운은 수운이므로 용신이 왕하여 부귀하고 건강하고 다자손(多子孫)하였다. 갑(甲)운은 방신(幫身)하고 또한 용신인 임(壬)을 극하는 무(戊)토를 극제하므로 길하다. 인(寅)운은 화를 생하므로 불길하나 신(申)금이 반충(反沖)하여 신약할 뿐이다. 을

(乙)운은 길하나 묘(卯)운은 용신인 임수가 사(死)가되므로 사망하였다.

```
丙 庚 癸 丁
戌 子 丑 亥
```

```
63  53  43  33  23  13  3
庚  己  戊  丁  丙  乙  甲
申  未  午  巳  辰  卯  寅
```

여명의 사주이다. 경금이 12월 한절(寒節)에 생하여 지지에 해자축(亥子丑) 북방을 이루고 계수(癸水)가 투출하였으므로 금수상관격(金水傷官格)이다. 금(金)은 원래 차가운데 엄동(嚴冬)과 함께하면 더욱 한냉(寒冷)하므로 화(火)를 써서 온난(溫暖)하게 하고 조후하여야 한다. 금수상관은 관이 혼잡하여도 관살혼잡으로 보지 않으니 병화(丙火)로 조후하고, 정화(丁火)로 연금(鍊金)하는 까닭이다. 병화(丙火)가 용신이고 계수(癸水)가 병신(病神), 술토(戌土)가 약신이다. 목화토(木火土)운이 길하다.

초운인 갑인(甲寅), 을묘(乙卯), 병(丙)운은 용신인 화를 생하므로 길하여 귀한 집에서 생장(生長)하였다. 진(辰)운은 왕수가 입묘하므로 불길하나 병화가 개두하여 무사하였다. 사오미(巳午未) 남방운은 길하여 부가(夫家)를 중흥(中興)하였다. 경신(庚申)운 이후는 금수(金水)운으로 불길하다.

```
丁 庚 甲 戊
丑 午 子 申


庚 己 戊 丁 丙 乙
午 巳 辰 卯 寅 丑
```

경금이 엄동 한절에 생하고 년지에 신금(申金)과 시지에 축금(丑金)이 있어 한냉하다. 우선 급한 것이 조후이니 시상의 정관인 정화(丁火)를 써야 한다. 일간은 신(申)에 득록(得祿)하고 인성의 생조를 받으니 약하지만 심히 약하지는 않다. 정관 정화는 오화에 득록(得祿)하고 재의 생조를 받는데 상관인 계수가 투출하지 않아서 좋다. 만약 투출했다면 상관견관(傷官見官)이 되어 불길할 것이다. 재성과 인성이 정관을 보좌(補佐)하면서 정관이 지지에서 녹(祿)을 얻었으므로 승상(丞相)이 될 수 있었다. 만약 고관무보(孤官無補)가 되었거나 혹은 상관이 천간에 투출했다면 발복이 크지 못했을 것이다.

지지에서 신자(申子)가 합이 되어 자오(子午) 충(沖)을 해소하니 길하다. 상관생재(傷官生財) 재생관(財生官)이 되어 있다. 정관이 용신이므로 재운도 좋으며 인수운 역시 길하다. 왜냐하면 상관을 제압하여 정관을 보호하기 때문이다. 목화토(木火土)운이 모두 좋

다. 그러므로 병인(丙寅), 정묘(丁卯), 무진(戊辰), 기사(己巳), 경오
(庚午) 대운이 모두 좋았다.


```
庚 辛 壬 壬
寅 卯 子 寅
```

```
64  54  44  34  24  14  4
乙  丙  丁  戊  己  庚  辛
巳  午  未  申  酉  戌  亥
```


　여명으로 신금이 한절(寒節)에 생하고 천간이 모두 금수이니 천
지가 한냉하다. 시급한 것이 조후이니 인목(寅木)에 내장되어 있는
병화(丙火)를 써서 해동(解凍)하고 온난(溫暖)하게 하여야 한다.
금수상관격(金水傷官格)인데 상관이 너무 왕하여 설기가 태심하
다. 일간은 일점의 뿌리가 없고 단지 시상의 경금(庚金)에게 의탁
할 뿐이나, 경금 역시 뿌리가 없으므로 유명무실하여 일간은 허공
에 떠있는 격이다. 일간이 태약하니 종(從)할 듯하나 수세(水勢)와
목세(木勢)가 대등하여 종(從)이 되지 못한다.
　천간에, 경신(庚辛)금의 생을 받고, 자수 월령에 뿌리 박은 2개의
임수 상관이 있으니, 상관이 태왕하다. 여명(女命)으로 천간에 겁
재가 있고, 상관이 왕하고, 뿌리가 없고, 자묘 형이 되어 불길하다.
　신금은 임수(壬水) 만나는 것을 기쁘나 임수가 너무 많으므로

오히려 불리하게 되었다. 다행인 것은 재가 많아 재다신약(財多身弱)인데 재가 투출하지 않고, 또한 중년에 인성운을 만난 것이다.

조후가 시급하니 화(火)를 쓰고, 태약하니 인성인 토(土)를 써야 한다. 금은 방신(幇身)하니 역시 길하다. 그러나 화를 쓸 때는 먼저 토를 쓰고 화를 써야 한다. 왜냐하면 태약(太弱)이므로 화의 극을 감당하기 어렵기 때문이다. 만일 토가 천간에 투출했다면, 화는 토를 생하므로 화를 쓰면 조후도 되고 부신(扶身)하므로 좋다.

토금(土金)운이 길하고 화(火)운 역시 길하다. 초운인 신해(辛亥)운은 금수(金水)운이므로 불길하다. 술(戌)운은 토운으로 일간을 생하니 길하다. 기유(己酉), 무신(戊申)운은 일간의 녹지(祿地)와 왕지(旺地)이고 인성이 투출하여 일간을 생하니 길하나 묘유(卯酉) 충(沖), 인신(寅申) 충(沖)이 되니 반길이다. 정미(丁未)운 이후는 남방운이므로 해동(解凍)이 되어 길하나, 극신약이니 주의하여야 한다.

```
己 辛 癸 己
丑 未 酉 巳
```

```
庚 己 戊 丁 丙 乙 甲
辰 卯 寅 丑 子 亥 戌
```

신금이 유월 녹지(祿地)에 생하고 사유축 금국에 토가 간지(干

支)에서 생하니 신왕이다. 지지에 비겁국을 이루어 일간이 왕하므로, 인성이 불필요한데 좌하에서 그리고 년상과 시상에 기토가 투출하여 일간을 생하니 인성이 오히려 병이 되었다. 토가 많으면 금이 매몰되는데 다행인 것은 토가 중후한 무토가 아니고 약토(弱土)인 기토(己土)인 점이다. 또한 기쁜 것은 월상의 계수(癸水)가 시지의 축토(丑土)에 뿌리를 박고 왕기를 설하고 있다. 년상의 기토가 계수를 극할 것 같지만 좌하의 사유축(巳酉丑) 금국(金局)에 설기되니 극하는 힘이 약하다. 고로 월상의 계수(癸水)가 용신이고 가상관격(假傷官格)에 해당된다.

계수 식신이 용신이니 총명하여 자기의 재능을 잘 발휘할 것이다. 또한 음팔동(陰八同)이므로 사려(思慮)가 깊고 완만하다. 비겁국이 있으니 신체가 좋을 것이고, 인성이 투출했으니 자기의 주장이 강할 것이다. 미축(未丑)에 뿌리를 박은 기토 인성이 시상에 투출했으니 그 주위에서는 자기가 문서(文書)를 쥐고 있는 격이다. 사회에서 이름을 날릴 것이다. 직업은 법관이나 감사관처럼 냉정하게 사리를 심판하는 직업이나 반대로 남을 살려주는 직업 즉 의사나 약사 등이 알맞다.

신왕에 가상관격(假傷官格)이니 식상운과 재성운이 좋다. 또한 비겁운은 식상이 투출했으므로 나쁘지는 않다. 운이 북방 수(水)운에서 동방 목(木)운으로 흐르므로 길하다. 가상관격에 식상운이 오면 일보에 누각에 오른다고 하였으므로 중반에는 대발(大發)할 것이다.

## 6) 양인격(羊刃格)

양인은 녹(祿)에서 한번 전진한 것이다. 그러므로 겁재(劫財)인 경우가 많다. 겁재라고 하지 않고 양인이라고 하는 이유는 재를 겁탈하는 작용이 일반 겁재보다 극렬하기 때문이다. 양인은 왕(旺)한 것이 정도를 넘어선 것으로 지나치면 오히려 손해를 초래하므로 흉신(凶神)이 된다. 양인은 흉신이므로 마땅히 극제(剋制)해야 한다. 정관이든 칠살이든 다 쓸 수 있으며 재와 인으로 관살을 보좌하면 더욱 귀하게 된다.

양인(羊刃)은 오양간에 해당되고 음간은 해당되지 않는다. 왜냐하면 갑을은 하나의 목(木)이고 병정은 하나의 화(火)이므로 장생(長生)과 녹왕(祿旺)도 하나이지 둘이 아니기 때문이다. 그러므로 양인(羊刃)을 양인(陽刃)으로 쓰기도 한다. 갑은 묘(卯), 병무는 오(午), 경은 유(酉), 임은 자(子)가 양인이다.

◎ 양인격은 인강살왕(刃强殺旺)한 것이 좋다.
◎ 인수운이 좋은데 그 이유는 칠살과 양인이 대치하고 있을 때 인수가 칠살과 양인을 통관시켜 조화를 이루기 때문이다.
◎ 양인이 왕하고 칠살이 약할 때에는 재성이 살을 도와야 길하다.
◎ 양인격에 양인이 왕하면 용장(勇將)이 최후의 전투에 임하는 상이다. 만일 양인보다 살이 강하면 적에게 전사(戰死)하여, 전공(戰功)은 세우나 의리(義理)에 산화(散華)하는 격이다.

◎ 반대로 칠살보다 양인이 강하면 재관(財官)을 모두 극하여 안하무인격(眼下無人格)이 되기 쉬우며 중화지도(中和之道)를 이루기 힘들다.

◎ 양인격에 관살의 제복함이 없거나 또한 식상의 설기함이 없으면 양인의 생왕(生旺)운이나 묘(墓)운에 불측지화가 발생한다.

◎ 양인격에 관살이 없고 식상이 있으면 식상운에 발재(發財)한다.

◎ 양인격에 신약이면 일간이 양인에게 의지하는데 원국에 양인을 충하고 다시 대운에서 양인을 충하면 대화(大禍)를 당한다.

◎ 양인은 충함을 꺼린다.

◎ 양인격은 신왕하여 칠살을 대적할 수 있기 때문에 식상의 제살이 필요없다.

◎ 양인은 자오묘유(子午卯酉)이다.

◎ 양인살은 남자에게는 처궁이 불길하고, 여자는 남편궁이 불길하다. 남녀간에 신상(身上)에 흠이 있을 수 있다.

◎ 양인은 칠살과 합(合)함을 기뻐한다. 일간이 갑(甲)이면 양인은 묘(卯)가 되고 칠살은 경(庚)이 된다. 묘 중의 을(乙)과 경(庚)이 합이 되니, 갑은 누이동생인 을(乙)을 경(庚)에게 시집보냄으로서 경과 오히려 사이가 좋아지게 된다. 이를 갑이을매(甲以乙妹)로 처경(妻庚)이면 형위길조(兄爲吉兆)라 한다.

◎ 양인합살격은 상격이다.

◎ 양인격은 성질이 강(剛)하여 권리직에 출세하며 법관, 무관, 의사가 많다.

```
庚 壬 甲 戊
子 子 子 戌
```

```
67  57  47  37  27  17  7
辛  庚  己  戊  丁  丙  乙
未  午  巳  辰  卯  寅  丑
```

임수가 자월 양인월에 생하고 일지와 시지가 양인(羊刃)인 중에 경금이 투출하였다. 양인이 셋에 인성이 투출했으니 일간이 태왕하다. 무토(戊土) 칠살이 년지의 술토(戌土)에 뿌리를 박고 왕수를 막고 있다. 칠살인 무(戊)토가 양인인 자(子)수 중의 계(癸)수와 합이 되어 양인합살(羊刃合殺)하니 좋다. 무토(戊土)가 용신이 되니 용신을 극하는 갑목(甲木)이 기신(忌神)이 되고 갑목을 제거하는 경금(庚金)이 약신(藥神)이 된다. 또한 자월에다 간지에 금수가 많으니 한냉(寒冷)하여 조후가 필요하다. 조후용신인 화가 희신(喜神)이 된다. 그러므로 화토금(火土金)운이 길하다.

초유인 을(乙)대운 갑진년에 용신인 무토가 극을 당하므로 부친상(父親喪)을 당하였다. 축병(丑丙)운은 화토운이므로 길하여 진학하여 공부를 많이 하였다. 인(寅)운은 술과 인술 화국이 되어 무토를 생하므로 조년(早年)에 발신(發身)하였다(홍수를 만나면 호랑이(인)를 타야한다). 정(丁)운은 화운이므로 역시 길하고 묘(卯)운은 목운이나 천간 무토를 극하지 못하므로 해가 없다. 또한 묘는 술과 합이 되니 무토의 뿌리인 술토를 극하지 못한다.

무운도 길했으나 진(辰)운 임신(壬申)년 7월에 사망하였다. 원국의 자(子)수와 대운의 진(辰)토 그리고 세운의 신(申)금이 합하여 수국(水局)을 이루므로 수왕토붕(水旺土崩)하였기 때문이다. 만약 이 운을 넘겼으면 남방 화운이므로 조후도 되고, 용신인 무토를 생하므로 화운 30여년간 대길(大吉)하였을 것이다.

$$壬\ 壬\ 戊\ 乙$$
$$寅\ 戌\ 子\ 卯$$

$$庚\ 辛\ 壬\ 癸\ 甲\ 乙\ 丙\ 丁$$
$$辰\ 巳\ 午\ 未\ 申\ 酉\ 戌\ 亥$$

임수가 자월 양인월에 생하였으나 지지에 인술 화국을 이루고 월상에 칠살 무토가 술토에 뿌리를 박고 화국의 생을 받으며 투출하였다. 또한 년주(年柱)에 식상이 있어 일간이 신약하다. 신약하므로 일간이 의지하는 것은 양인인 자수이다.

기쁜 것은 양인인 자(子)수와 칠살인 무(戊)토가 무계 합하여 유정(有情)하니 귀격(貴格)이다. 그러므로 양인인 자수를 용신, 금을 희신 그리고 수를 극하는 무토를 기신(忌神)으로 하고, 토를 극하는 을목을 약신으로 한다. 금수목(金水木)운이 길하다

초운인 정해(丁亥)는 정임으로 합하고 수운이므로 길하다. 병술

(丙戌)운은 화토운이므로 불길하다. 을유(乙酉), 갑신(甲申)운은 금운이므로 길하여 발전하였다. 계(癸)운은 수운이므로 길하였고, 미(未)운은 묘미 목국이 되어 기신인 무토를 제거하니 귀하게 되었다.

임운은 역시 길하고 오(午)운은 양인인 자(子)수와 자오 충이 되니 극히 불길하다. 결국 오운 병진(丙辰)년에 사망하였으니 그 이유는 양인을 충한데다, 진술(辰戌) 충까지 되어 왕살(旺殺)이 충동되어 일간을 극했기 때문이다.

癸 壬 庚 丙
卯 寅 子 申


丁 丙 乙 甲 癸 壬 辛
未 午 巳 辰 卯 寅 丑


임수가 양인월에 생하고 신자(申子) 수국을 이룬 중에 계수와 경금이 투출하여 일간이 태왕하다. 양인은 살(殺)을 만나 합(合)되는 것을 기뻐하는데 살이 없으므로 식상으로 설기하여야 한다. 일지와 시지의 인묘(寅卯)목으로 왕수의 기운을 설하므로 가상관격(假傷官格)의 형상이다. 또한 자월 한절(寒節)에 생하고 간지에 금수(金水)가 많으므로 병화(丙火)가 조후하는 약신이다. 월상의 경금(庚金)은 용신인 목을 극하므로 기신이 된다. 그러므로 목화(木火)

운이 길하고 금수(金水)운이 불길하다.

초운인 신축(辛丑)운에는 약신인 병화를 합거하므로 불길하다. 신축운 무술(戊戌)년 7월에 부친상(父親喪)을 당하였다. 임인(壬寅), 계묘(癸卯)운은 목운이므로 대길한데 조년재사(早年才士)로 금융계에 출신(出身)하였다. 갑(甲)운은 용신운이므로 명예가 높고 많은 재물을 획득하였다. 을사(乙巳), 병오(丙午), 정미(丁未)운은 화운으로 한절(寒節)에 온기(溫氣)를 주어 조후하며, 용신인 목을 극하는 경금을 극제하므로 장급(長級)의 지위에 올랐다. 동시에 가업도 창성(昌盛)하고 자식들도 잘되어 삼자(三子)가 발달하였다.

丙 壬 丙 己
午 寅 子 酉

庚 辛 壬 癸 甲 乙
午 未 申 酉 戌 亥

임수가 자월 양인월에 생하고 년지의 유금이 생하고 있다. 지지에 인오 화국을 이루고 병화가 투출했으므로 재성이 왕하다. 왕화는 년상의 기토 정관을 생하고 있다. 일간이 월령을 얻고 인성의 생을 받아 약하지는 않지만 재관이 더욱 왕하다.

기쁜 것은 년주(年柱)에 관과 인이 있어 관인상생(官印相生)이 되었다. 재관인인(財官印刃)으로 기(氣)가 두루 흘러 정체하지 않

342

고 있다. 인수인 유금(酉金)이 용신이고 병화(丙火)가 기신, 병화를 극하는 자수(子水)가 약신이다. 인수운과 비겁운이 좋고 관운은 인수를 생하니 역시 좋다. 토금수(土金水)운이 길하다.

초운인 을(乙)운은 정관을 극하니 좋지 않고 갑(甲)운은 관을 합거(合去)하니 불길하다. 계유(癸酉), 임신(壬申), 신미(辛未)의 금수운이 좋았다. 경(庚)운은 임수를 생하나 병화가 회극(回剋)하고 지지가 화운이므로 좋을 것이 없다. 오(午)운은 양인을 자오 충하니 흉(凶)하다.

```
壬 丙 乙 丁
辰 午 巳 卯
```

```
69 59 49 39 29 19 9
壬 辛 庚 己 戊 丁 丙
子 亥 戌 酉 申 未 午
```

여명이다. 병화가 화왕절에 생하고 좌하에 양인 다시 간지에 목화가 많아 일간을 생조하니 일간이 태왕하다. 시상의 임수가 습토(濕土)인 진토에 뿌리를 내리고 왕화에 대적하니 임수(壬水)가 용신이다.

또한 사월에 생하고 간지에 목화가 많으니 나무가 타버릴 지경이다. 시상의 임수를 써서 불을 끄고 윤토(潤土)하여 나무를 살려야 한다. 임수는 조후에도 용신이다. 임(壬)수 칠살은 양인 오(午) 중의 정(丁)화와 상합하니 귀명(貴命)이다. 금수(金水)운이 길하고 목화(木火)운이 불길이다.

초운인 화토운은 왕화(旺火)의 기세가 더욱 커질 것임으로 불길하다. 미(未)운 임진(壬辰)년에 의사에게 출가(出嫁)하였는데 무(戊)운까지는 성공이 없었다. 신(申)운인 금운에 들어와서 창성(昌盛)하기 시작하였는데 신운에 남편이 개업하여 상당한 부(富)를 이루었고 자녀도 성다(盛多)하였다. 기(己)운은 음토로 약하므로 임수를 극하지 못한다. 뿐만아니라 운은 지지가 중하므로 길하였다. 유경(酉庚)운은 금운이므로 길하고, 술(戌)운은 토운이므로 불길이나, 계절이 가을이고 또한 경금이 개두되어 무사하다. 신해임(辛亥壬)운은 수운이므로 길한데 자(子)운은 양인 오를 충하므로 불길하다.


丁 甲 己 庚
卯 寅 卯 申


丁 丙 乙 甲 癸 壬 辛 庚
亥 戌 酉 申 未 午 巳 辰


갑목이 이월 양인월에 생하고 다시 시지에 양인, 일지에 녹(祿)이 있으니 일간이 태왕하다. 년주(年柱)에 칠살인 경(庚)금이 기토의

344

생을 받고 좌하 녹지(祿地)에서 투출하였다. 양인인 묘(卯)와 경
(庚)금 칠살이 을경 합이 되니 유정(有情)하여 귀격(貴格)이다. 신
왕이니 경금(庚金) 칠살이 용신이고 기토(己土)가 희신이다. 시상
의 정화(丁火)는 용신을 극하니 기신이다. 토금(土金)운이 길하며
수(水)운은 기신인 화(火)를 극하니 역시 길하다.

초운인 경진(庚辰), 신사(辛巳)운은 금운이므로 용신을 보(補)하
여 길하였다. 사(巳)운은 용신인 경(庚)금의 장생지이니 길하여 어
려서 행복하였다. 임계(壬癸)운은 기신인 정화(丁火)를 제거하니
길하였다. 오(午)운은 기신인 정화의 뿌리가 되고, 인오 화국을 이
루니 용신을 극하므로 불길함이 많았다. 미(未)운은 묘미 목국이
되어 양인이 더욱 승기(乘氣)하므로 불길인데 처궁에 손액(損厄)
이 많았다. 신유(申酉)운은 금운이므로 길한데, 유(酉)운에 묘유
충하여 양인을 충하므로 쇠신충왕(衰神沖旺)이 되어 불길할 것같
으나, 칠살도 약하지 않으므로 왕목(旺木)의 기를 제지(制止)하는
상이 되어 도리어 유운에 귀(貴)하게 되었다.


壬 丙 甲 辛
辰 申 午 丑


戊 己 庚 辛 壬 癸
子 丑 寅 卯 辰 巳

병화가 오월 양인월에 생하고 갑목 인수가 투출했다. 시상의 칠살 임수는 신진 수국에 뿌리를 내리고 신금의 생을 받으니 왕하다. 양인 오화와 칠살 임수가 합이 되어 유정(有情)하니 귀격(貴格)이다.

병화가 비록 득령(得令)은 하였지만 재관이 왕하므로 신약이다. 월상의 인수 갑목으로 화살(化殺)하여 살생인(殺生印) 인생신(印生身)하여야 한다. 년상(年上)의 신금이 인수를 극하므로 양인으로 재성을 극하여 인수를 보호해야 한다. 인수운과 비겁운이 길하며, 관살운은 인수를 생하여 화살(化殺)이 되니 괜찮다. 수목화(水木火)운이 길하다.

초운은 관살운인데 인성이 있어 화살(化殺)하니 길하였다. 중년인 신묘(辛卯), 경인(庚寅)운은 인성운이므로 길한데, 운상(運上)에 개두한 경신(庚辛)금이 용신인 갑목을 극하므로 불길이다. 그러나 경신금이 뿌리를 내리지 못하여 무기(無氣)하고, 대운은 지지가 중요하며 또한 칠살(七殺)인 임수가 투출해 있으므로 경신금은 임수를 생하고 임수는 갑목을 생하므로 길하였다. 기축(己丑), 무(戊)의 식상운은 칠살을 극제하면서 인성인 갑목(甲木)에게 회극(回剋)을 당하므로 무난하였다. 자(子)운은 일간의 뿌리인 양인을 충하니 불길할 것이 당연하다. 어느 승상의 명조이다.

丁 甲 己 庚
卯 申 丑 辰

| 65 | 55 | 45 | 35 | 25 | 15 | 5 |
|----|----|----|----|----|----|---|
| 壬 | 癸 | 甲 | 乙 | 丙 | 丁 | 戊 |
| 午 | 未 | 申 | 酉 | 戌 | 亥 | 子 |

갑목이 한토절(寒土節)에 생하고 년지에 진토 그리고 기토가 투출했으므로 토가 왕하다. 경금 칠살도 일지의 신금에 통근하니 재관이 왕하여 일간이 약하다. 우선 필요한 것이 한절(寒節)에 조후이니 시상의 정화(丁火)가 조후용신이다. 다음은 경금 칠살이 투출했으므로 제살(制殺)하여야 하는데 이 또한 정화가 제살하는 길신이다. 재관이 왕하니 신약이므로 일간은 시지의 인(刃)에 의지할 수 밖에 없다. 양인 묘목(卯木)이 용신이고 정화(丁火)가 희신이 된다. 신약이므로 인성인 수운도 길하다. 그러므로 수목화(水木火) 운이 길하다.

초운인 무자(戊子), 정해(丁亥)운은 수운이므로 용신인 묘목을 도와 평안하고 길하였다. 병(丙)운에 출가하여 을(乙)운까지 가정이 창성(昌盛)하였다. 병(丙)운은 조후하고 제살하니 길하고, 술(戌)운은 토운이므로 불길하나 병화가 개두하여 무고(無故)하다. 을(乙)운은 합살하니 길하다. 유(酉)운 임인(壬寅)년에 양인을 충하고 정화를 합거하므로 용신과 희신이 모두 제거된다. 따라서 경금 칠살을 제(制)하지 못하고 살(殺)이 승기(乘氣)하여 일간을 극하니 사망하였다.

## 7) 건록격(建祿格)

건록은 월건(月建)이 일간의 녹지(祿地)인 것을 말한다. 갑(甲)일이면 인(寅)월이 건록이고, 을(乙)일이면 묘(卯)월이 건록이다. 또한 일지가 일간의 녹지이면 전록(專祿)이고, 시지가 일간의 녹지이면 귀록(歸祿), 연지가 녹지이면 세록(歲祿)이라고 한다.

◎ 건록격은 일간이 때를 만난 것이니 관(官)과 재(財)와 식상(食傷)을 좋아한다.

◎ 신왕한 건록격이 대운에서 다시 인수운과 비겁운을 만나면 평생에 성공이 없고 객사(客死)하거나 아사(餓死)하거나 또는 천한 기술가가 되기도 한다.

◎ 일간이 심히 왕할 때에는 재관이 천간에 투출함을 기뻐하며 재관운을 기뻐한다.

◎ 식상이 있고 재성이 있으면 식상운이나 재성운에 재물이 왕발(旺發)한다.

◎ 관성이 있으면 재성이 있어야 약신(藥神)이 되나니 재관운에 발전한다. 재성은 관을 생하고 인성을 극하기 때문이다.

◎ 만약 재관이나 식상이 지위를 얻지 못하면 신왕무의(身旺無依)로 평생이 곤고(困苦)하다.

◎ 서(書)에 '월령에 건록이 있으면 흔히 조업(祖業)이 없는 경우가 많은데 그러나 재관을 만날 때에 자연히 성복(成福)할 것이다'

라고 하였다.

◎ 월령에 건록이 있으면 조업(祖業)이 없다함은, 월령은 부모궁인데 건록은 재(부친)를 극하므로, 건록이 부모궁을 극하여 조업이 파하기 때문이다.

◎ 재관을 만날 때 자연성복이라 함은 건록격에 신왕이면 재관운에 부귀한다는 뜻이다.

◎ 건록격에 관성도 없고 식상도 없고 재성만 있으면 비겁쟁재(比劫爭財)가 된다. 이때 재성운을 만나면 대화(大禍)가 생하나니 처첩이나 재물에 화패(禍敗)가 있다.

戊 甲 壬 壬
辰 子 寅 子

| 66 | 56 | 46 | 36 | 26 | 16 | 6 |
|----|----|----|----|----|----|----|
| 己 | 戊 | 丁 | 丙 | 乙 | 甲 | 癸 |
| 酉 | 申 | 未 | 午 | 巳 | 辰 | 卯 |

갑목이 인월에 생하여 득령(得令)하고 간지(干支)에 수가 많으니 태왕하다. 인월은 아직 한기(寒氣)가 남아 있고, 수가 왕하니 시급한 것은 조후이다. 인(寅) 중의 병화가 조후용신이 되겠는데 수중(水中)이므로 화(火)의 출현이 불능하다. 일간이 왕하므로 시상의 무토(戊土) 재성이 용신이다. 화토(火土)운이 길하다.

초운인 계묘(癸卯)운은 수목(水木)운이므로 불길하다. 묘(卯)는 갑목의 양인이 되므로 목이 성하여 용신인 무토를 극하므로 부모를 모두 잃었다. 갑진(甲辰)운은 목운이고 또 갑목이 진토(辰土)에 뿌리를 내려 왕성하므로 역시 불길하며, 을사(乙巳)운부터 발달하기 시작하였다. 을사운에 상업에 종사하여 병오(丙午) 정미(丁未)운에 귀인이 도와 많은 재물을 축적(蓄積)하였다. 그러나 귀(貴)를 얻지 못하였는데 그 이유는 조후용신인 화(火)가 약한 중에 효신(梟神)인 임수가 천간에 투출했기 때문이며 또 귀기(貴氣)인 관성 금(金)이 일점도 없기 때문이다. 신(申)운은 신자진 수국이 되어 목이 왕성하므로 용신인 무토가 극을 당하여 상(傷)하므로 불길하다.

```
癸 癸 戊 庚
亥 酉 子 戌


甲 癸 壬 辛 庚 己
午 巳 辰 卯 寅 丑
```

계수가 자월 한절(寒節)에 생하고 간지에 금수가 많으니 한냉(寒冷)이 심하여 만국이 얼었다. 시급한 것이 조후이니 화(火)를 써서 얼었던 대지를 녹이고 수(水)가 온난한 기운(氣運)을 갖도록 하여야 한다. 화가 없으니 운(運)에서 나타나기를 기다려야 한다.

금수가 많아 일간이 왕하므로 월상의 무토(戊土)를 써서 제방하여야 한다. 무토는 년지의 술토에 뿌리를 내리므로 유기(有氣)하여 용신으로 쓸 수 있다. 재성과 관성이 길하며 인수는 신왕하므로 필요하지 않다. 그러나 인수는 운이 식상으로 흐를 때 식상을 극하여 정관을 보호하는 역할을 한다. 화토(火土)운이 길하다.

초운인 기축(己丑)운은 토운이지만 습토(濕土)이고 한절(寒節)이라 기쁘지 않다. 경인(庚寅) 신묘(辛卯)운은 식상운이라 용신인 정관을 극하여 불길이나 운상에 경신(庚辛)금이 개두하여 억제하니 평범하였다. 임진(壬辰)운은 진술 충으로 용신의 뿌리를 충하므로 불길이나 붕충이므로 큰 흉은 없으며 또한 진(辰)은 화기가 진기하는 때이므로 나쁠 것이 없다. 그러나 계사(癸巳) 대운 이후는 남방운이므로 재가 정관을 생하므로 대길이다. 결국 남방운에 승상이 되어 만년(晩年)에 뜻을 이루었다.

丙　癸　丙　甲
辰　丑　子　子

壬　辛　庚　己　戊　丁
午　巳　辰　卯　寅　丑

계수가 자월 한절(寒節)에 생하여 지지에 자진 수국을 이루고 좌하에 축금이 있으니 한냉하고 수세(水勢)가 왕하다. 시급한 것이 조후인데 병화가 투출하여 기쁘다. 그러나 갑목과 병화가 뿌리가 없으니 작용력이 약하다. 목화(木火)운으로 가기를 바랄 뿐이다.

신왕하고 식상과 재가 투출했으므로 재를 용신으로 삼고 식상이 재를 생하도록 하여야 한다. 식상운과 재운이 길하며 관살운도 괜찮다. 목화토(木火土)운이 길하다. 초운인 정축(丁丑)운은 화토운이지만 한절(寒節)이므로 좋을 것이 없다. 무인(戊寅) 기묘(己卯) 대운은 식상운이므로 대길하였다. 경진(庚辰) 대운은 금이 왕성하므로 불길하고, 오(午)운은 재운이므로 길하나 자오 충하여 쇠신충왕(衰神冲旺)이 되므로 흉할 것이다. 장도통의 사주이다.

```
庚 乙 辛 辛
辰 丑 卯 丑


甲 乙 丙 丁 戊 己 庚
申 酉 戌 亥 子 丑 寅
```

을목이 이월에 생하여 득령(得令)하였지만 간지에 토금이 많아 신약하다. 경신(庚辛) 관살이 축토(丑土)에 뿌리를 두고 투출했으므로 살(殺)이 왕하다. 이월이라 춥지는 않지만 간지에 금(金)이 많고 화기(火氣)가 없으므로 화가 있어 온난(溫暖)하게 하는 것이 좋다. 화는 또한 왕한 살을 제압하여 신약한 일간을 방어(防禦)하게 한다. 만일 정화(丁火)가 있다면 경금(庚金)의 무딤을 단련시키고, 병화(丙火)가 있다면 조후하는 역할을 한다.

신약이므로 을목 일간은 월지인 묘목(卯木)에 의지할 수 밖에 없다. 묘목이 용신이고 진토와 축토 속의 계수(癸水)가 희신이다. 고로 인성운과 비겁운이 길하며, 화(火)는 왕살을 제지하고 연금하므로 화운 역시 길하다. 수목화(水木火)운이 길하고, 토금(土金)운은 불길하다.

경인(庚寅)운은 관살이 왕하여 병인데 다시 관(官)이 투출했으므로 불길이나, 지지에 뿌리를 박지 못하여 무기(無氣)하고 지지가 목운이라 길하므로 큰 흉은 없다. 기축(己丑) 무(戊)운은 토운이므로 불길하고, 자(子)운은 수운이므로 일간을 생조하니 길하다. 정해(丁亥)운은 정(丁)은 제살(制殺)하고, 해(亥)는 수운으로 길하여 정해(丁亥) 대운에 발복(發福)하기 시작하였다. 병술(丙戌)운에 제살(制殺)하니 재물을 모으게 되었다. 유(酉)운은 용신인 묘를 충하여 일간의 뿌리를 뽑고, 유축 금국이 되어 살이 태왕하므로 비명으로 거세하였다.

庚 戊 己 己
申 寅 巳 未


57 47 37 27 17  7
癸 甲 乙 丙 丁 戊
亥 子 丑 寅 卯 辰

무토가 화왕절에 생하고 간지에 화토가 많으니 화염토조(火炎土燥)하다. 시급한 것이 조후이니 수(水)가 있어 열기를 식히고 토를 윤습(潤濕)하게 하면 좋다. 그러나 원국에 수가 없으므로 시지인 신금(申金)에 뿌리를 가진 시상 경금(庚金)을 써서 조후해야 한다. 시상 경금은 조후 뿐만 아니라 왕성한 무토(戊土)의 기운을 설하여 일간의 짐을 덜어주는 역할도 한다. 금수(金水)운이 길하고 토(土)운은 용신인 경금이 투출했으므로 경금을 생하니 토운 역시 길하다.

인신(寅申) 충과 인사신(寅巳申) 삼형(三刑)이 있어 불길한 징조다. 초운인 무진(戊辰)은 토운으로 용신을 생하니 길하여 유족한 가정에서 생장하였다. 정묘(丁卯)운은 목화운으로 화가 왕성하니 불길하여 패가(敗家)하였다. 그러던 중 병인(丙寅)운 경인(庚寅)년에 횡사(橫死)하였다. 병인운은 화가 왕한 운이고 형(刑)에 해당하는데, 유년인 경인(庚寅)도 형(刑)에 해당하고 경금(庚金)이 목을 충동하여 인사신(寅巳申) 삼형(三刑)이 난동을 부렸기 때문이다.

## 8) 곡직인수격(曲直仁壽格)

갑을(甲乙) 일간이 지지에 인묘진(寅卯辰) 동방(東方)이 되든지 해묘미(亥卯未) 목국(木局)이 되고 간지에 금(金)이 없으면 곡직인수격이라 한다. 곡직(曲直)이라는 말은 목(木)의 곧고(직) 굽어지는(곡) 성질을 말하며, 인수(印綬)라는 말은 목(木)은 동방지인

(東方之仁)이요 인자(仁者)는 수(壽)하므로 인수(仁壽)라고 했다.

대운에서 수목(水木)운과 화(火)운이 길하니 수목운은 목기(木氣)를 더욱 왕하게 함이요 화운은 왕기를 설하여 순세(順勢)하기 때문이다. 약간의 토는 길하니, 토에는 화가 있고, 목이 토에 뿌리를 내를 수 있기 때문이다. 그러나 금운(金運)은 대기(大忌)하니 금은 목을 극하여 역세(逆勢)하기 때문이다.

丙 甲 丁 甲
寅 辰 卯 寅

甲 癸 壬 辛 庚 己 戊
戌 酉 申 未 午 巳 辰

갑목이 목왕절에 생하고 인묘진(寅卯辰) 동방(東方)을 이루고 있다. 비견인 갑목(甲木)과 병정(丙丁) 식상이 투출하고 일점(一點) 금(金)이 없으니 곡직(曲直)진격(眞格)이다. 수목화(水木火)운이 길하고 토금(土金)운이 불길하다.

대운이 목화운으로 흐르니 초운부터 길하여 소년(少年)에 등과(登科)하고 명리(名利)가 현달하였다. 경신(庚辛)운은 금운으로 곡직격에는 대기(大忌)하나 병정(丙丁)이 회극(回剋)하고 지지가 화운이므로 길하다. 임신(壬申)운은 금운이므로 왕목에 역세(逆勢)하여 쇠신충왕(衰神沖旺)이 되므로 사주가 난동하여 파직되었다.

己 乙 甲 戊
卯 酉 寅 辰


67 57 47 37 27 17 7
辛 庚 己 戊 丁 丙 乙
酉 申 未 午 巳 辰 卯


　을목이 인월 목왕절에 생하고 인묘진(寅卯辰) 동방(東方)을 이루었다. 또한 갑목(甲木)이 투출하니 목이 태왕하여 곡직인수격이 된다. 그러나 좌하에 유금(酉金)이 있어 왕목을 극하니 유금이 병(病)이다. 수목화(水木火)운이 길하다.

　초운인 을묘(乙卯)운은 목운이고 또한 묘유(卯酉) 충(沖)하여 병신을 제거하므로 대길이다. 병(丙)운도 길하여 을묘병(乙卯丙)운에 부가(富家)에서 생장(生長)하였다. 그러나 진(辰)운은 토운이고 기신인 유금과 진유(辰酉) 합(合)이되니 불길하여 인패와 재패가 많았다. 정(丁)운은 화운이므로 길하여 상업을 하여 성공하였다.

　사(巳)운도 길하나 기신인 유금과 사유(巳酉) 금국(金局)이 되니 불길하여 득실(得失)이 상반(相半)하였다. 오(午)운은 화운이고 기신인 유금을 제거하니 대길하여 많은 재물을 갖게 되었다. 미(未)운은 왕목이 입묘(入墓, 창고에 들어가 갇히게 되니)하므로 불길하며 경신(庚申)이후의 금운은 왕목을 극하여 역세(逆勢)하므로 대흉(大凶)하다.

戊 甲 癸 壬
辰 子 卯 寅

庚 己 戊 丁 丙 乙 甲
戌 酉 申 未 午 巳 辰

갑목이 목왕절에 생하고 인묘진(寅卯辰) 방합(方合)을 이루었다. 또한 자진 수국을 이루고 임계(壬癸)가 투출하여 일간을 생하니 목이 태왕하여 일견 곡직인수격이다. 그러나 시상의 무토(戊土)가 시지의 진토에 뿌리를 내리고 투출했으므로 신왕용재격(身旺用財格)으로 무토를 용신으로 한다. 화토(火土)운이 길하다.

시상의 편재격이니 희사(喜捨)하기를 좋아하여, 외롭고 불쌍한 사람들을 많이 구제해 주었다. 시지에 재고(財庫, 진은 수와 토의 창고가 된다)가 있어 길하며 또한 신왕하므로 그 재를 쓸 수 있으니 좋다. 초운인 갑진(甲辰)운은 목이 왕성하여 불길이나 토운이므로 큰 해는 없고 을사(乙巳) 남방운부터 발복(發福)하였다. 사오미(巳午未) 남방(南方)운에 생재(生財)하여 대재(大財)를 이루고 부(富)와 귀(貴)를 누렸다. 그러나 신(申) 대운에 거세했으니 그 이유는 신자진(申子辰) 수국(水局)이 되어 왕목이 더욱 왕해져서 용신 무토가 극제되고 또한 인신(寅申) 충(沖)이 되어 왕목이 격노하였기 때문이다.

## 9) 염상격(炎上格)

염상(炎上)이란 타오르는 불꽃이란 뜻이니 염상격이란 화(火)가 태왕한 사주를 말한다. 흔히 병정(丙丁) 일간으로 지지에 사오미(巳午未) 남방(南方)을 이루거나 인오술(寅午戌) 화국(火局)을 이루고 수(水)가 없는 경우이다. 목(木)은 화를 도우므로 길하고 토(土)는 왕화를 설기하여 순세(順勢)하므로 길하다. 목화토(木火土)운이 길하며 수운은 역세(逆勢)하므로 대기(大忌)한다. 금(金)은 수의 원천(源泉)이 되므로 금운 또한 싫어한다.

서(書)에 염상격을 이루어 파상(破傷)됨이 없는 명조는 부귀가 쌍전할 것인 바 대운이 동남방(東南方)으로 흐르면 일품(一品) 재상위(宰相位)에 오른다고 하였다. 염상격이 전왕격(專旺格) 중에서 제일 길하지만 수(壽)가 부족하다고 한다. 그 이유는 화(火)는 빨리 타서 꺼져버리기 때문이다.

```
乙 丙 甲 丙
未 戌 午 寅
```

```
辛 庚 己 戊 丁 丙 乙
丑 子 亥 戌 酉 申 未
```

병화가 화왕절에 생하여 인오술(寅午戌) 화국(火局)을 이루고 비견과 인성이 투출한 중에 일점의 수(水)가 없으니 염상격(炎上格)이다. 목(木)운은 왕기를 도우니 길하고 토(土)운은 왕기를 설하여 순세(順勢)하니 길하다. 목화토(木火土)운이 길하다.

학업을 중단하고 무직(武職)에 입문하였다. 병신(丙申) 정유(丁酉)운은 금운이라 불길하나 병정이 개두하여 무해하였다. 기해(己亥)운은 원국의 갑목과 갑기(甲己) 합하고 수운이라 불길하여 좌천되고, 경자(庚子)운에 자오 충으로 쇠신충왕(衰神沖旺)이 되어 사망하였다.

```
甲 丙 乙 丁
午 戌 巳 未
```

```
戊 己 庚 辛 壬 癸 甲
戌 亥 子 丑 寅 卯 辰
```

병화가 화왕절에 생하여 사오미(巳午未) 남방(南方)을 이루고 목화가 투출하였다. 일점(一點)의 수기(水氣)가 없으니 염상격이다. 계묘(癸卯) 임인(壬寅)운은 목운이므로 길하여 명예가 대발(大發)하였다. 천간의 임계(壬癸)는 원래는 불길이나 원국에 갑을(甲乙)이 투출되어 있으므로 수생목(水生木) 목생화(木生火)하여 흠이 없으며 또한 대운은 지지가 중요하기 때문이다. 신축(辛丑)운에는 사소한 해가 있으나 대해(大害)는 없고 자(子)운은 수운이고 자오 충하여 쇠신충왕(衰神冲旺)이므로 대흉하다.

## 10) 가색격(稼穡格)

가색(稼穡)이란 농사짓는다는 뜻이다. 농사(農事)를 지으려면 필요한 것이 토(土)이므로 가색격이란 토(土)로 구성되어 있는 사주를 말한다. 고로 무기(戊己) 일간이 진술축미(辰戌丑未)월에 생하고 일점 목이 없으면 가색격이다. 또는 사오(巳午)월에 생하여도 전국(全局)이 토(土)로 되어 있으면 역시 가색격이다.

화토운이 길하며 금운은 왕기를 설(洩)하여 순세하므로 길하다. 목운은 역세(逆勢)하므로 대기(大忌)하며 수운도 불길하다. 서(書)에는 가색격이 남방 화토운을 만나거나 서방 금운을 만나면 부귀(富貴)하지만 만일 목운을 만나 토기를 파극(破剋)하면 사망하는 것을 누차 증험(證驗)한 바 있다고 하였다. 가색격을 놓은 자는 성품이 후중(厚重)하여 많은 사람의 신망(信望)을 받는다.

戊 己 癸 壬
辰 丑 丑 午

癸 壬 辛 庚 己 戊 丁 丙 乙 甲
亥 戌 酉 申 未 午 巳 辰 卯 寅

기토가 토왕절에 생하고 지지에 화토(火土)를 전부 놓았다. 무토
(戊土)가 투출하고 일점의 목(木)이 없으니 가색격이다. 화토금(火
土金)운이 길하고 수목(水木)운이 불길하다. 지나는 마을이 목화토
금 마을이니 초년은 고생을 하겠지만 중년부터는 대길하여 부귀
(富貴)를 누릴 상이다.

초운인 갑인(甲寅) 을묘(乙卯)운은 기신인 목(木)이 왕하는 운이
므로 불길하다. 재앙(災殃)이 많았으며 되는 일이 없이 불행하였
다. 중년인 병진(丙辰) 정사(丁巳) 무오(戊午) 기미(己未) 대운은
화토운이므로 길하여 백만장자의 거부(巨富)가 되었다. 경신(庚申)
신유(辛酉) 임술(壬戌) 대운은 금운으로 길하므로 부(富)가 더욱
늘었다. 그러나 해(亥) 대운은 수운이라 불길하고 더구나 세운(歲
運)과 목국(木局)이 되어 극토(剋土)하므로 사망하였다.

　　　辛　己　丙　戊
　　　未　巳　辰　辰

　　癸　壬　辛　庚　己　戊　丁
　　亥　戌　酉　申　未　午　巳

기토가 토왕절에 생하고 전국(全局)이 화토(火土)로 되어 있다.
진토와 미토 중의 을목이 있으나 신금(辛金)이 천간에 있으니 목
이 출현(出現)할 수 없다. 가색격이 되니 화토금(火土金)운이 길하

다. 본 명조의 주인공은 사오미(巳午未) 남방(南方) 화운에 토를 생하여 대부(大富)가 되었다. 경신(庚申) 신유(辛酉) 금운에는 왕토가 설기되어 순세하므로 길하여 명예와 재물이 모두 풍족하였다.

## 11) 종혁격(從革格)

혁(革)이란 원래 동물의 가죽을 벗겨낸 모양을 가리키는 말로 고치다, 변경하다는 의미이다. 고로 개혁(改革), 갱신(更新)의 의미가 있는데 이 말은 경신(庚辛)금의 본래의 뜻이 된다. 따라서 혁(革)에 종(從)한다는 종혁격은 경신금이 태왕하여 경신금에 따라가는 사주를 말한다.

흔히 경신(庚辛) 일간으로 신유술(申酉戌) 서방(西方)을 이루던지 또는 사유축(巳酉丑) 금국(金局)을 이루고 간지에 화(火)가 없으면 종혁격이 된다. 토금운은 일간이 왕하므로 길하고 수운은 왕기를 설하여 순세(順勢)하므로 길하다. 화운은 왕금을 극하여 역세하므로 불길하다.

서(書)에 사주가 종혁격을 이루면 귀인격(貴人格)이니 그 속에 조화가 있어 청고(清高)하고 복록(福祿)이 많다고 하였다. 그러나 화(火)가 와서 혼잡되면 공문(空門)에 들어가 승려가 되든가 예술계에 종사하는 사람이 된다고 하였다.

362

庚 庚 丙 辛
辰 申 申 酉


癸 壬 辛 庚 己 戊 丁
卯 寅 丑 子 亥 戌 酉

　여명(女命)으로 경금이 금왕절에 생하고 간지에 모두 금이다. 지지에 신진(申辰) 수국(水局)을 이루어 설기하는데 월상에 병화가 투출하였다. 종혁격에는 화(火)를 대기(大忌)하므로 병이 되는데, 년상의 신금(辛金)이 유정(有情)하게 합하므로 기(忌)가 변하여 희(喜)가 된다. 고로 종혁격이 되어 토금수(土金水)운이 길하다.
　초운인 정유(丁酉)운은 금운이므로 길하나, 정화가 개두하여 이불리(利不利)가 반반이다. 무술(戊戌)기(己)운 15년간은 토운이므로 길하여 권력가(權力家)인 부형(父兄)의 도움으로 외국유학을 하였다. 해자(亥子)의 수운에 크게 발달하여 부귀를 얻고 4자가 출세하였다.


辛 庚 戊 辛
巳 申 戌 酉


庚 辛 壬 癸 甲 乙 丙 丁
寅 卯 辰 巳 午 未 申 酉

경금이 술월에 생하고 신유술(申酉戌) 방국(方局)을 이루었다. 간지에 금이 많으니 종혁격(從革格)이다. 종혁격에는 화를 대기(大忌)하는데 시지의 사화가 있어 병이 되고 있다. 토금수(土金水)운이 길하며 목화(木火)운이 불길하다.

금은 강직한 성질이므로 인품(人品)이 의기(意氣)가 있고 위세(威勢)가 있었다. 무관(武官)으로 진출하여 감찰(監察)하는 직분에 있었다. 초년인 신유(申酉)운은 금운이므로 길하나, 기신인 병정화(丙丁火)가 개두하여 크게 길하지는 못하였다. 을미(乙未) 갑오(甲午)운은 목화운이므로 불길하여 대흉(大凶)하였다. 계사(癸巳) 임진(壬辰)운은 길하였는데 임계(壬癸)운은 왕기를 설하고 병신을 제거하여 길하였다. 사(巳)운은 경금의 장생지가 되니 길하고 진(辰)운은 습토로 일간을 생하니 길하다. 계사(癸巳) 임진(壬辰) 대운에 대발(大發)하여 귀하게 되었다.

## 12) 윤하격(潤下格)

윤하격은 임계(壬癸) 일간으로 지지에 해자축(亥子丑) 북방(北方)을 이루거나 신자진(申子辰) 수국(水局)을 놓고 일점의 토(土)가 없는 사주이다. 금수목(金水木)운이 길하고 화토(火土)운이 불길하다. 특히 윤하격은 토(土)를 꺼린다. 토가 왕수를 충극하면 쇠신(衰神)이 왕신(旺神)을 충(沖)하는 것이 되어 왕수(旺水)가 난동을 부리기 때문이다. 그러나 만일 윤하격에 미약한 재관(財官)이

있을 때에는 화토(火土)운을 기뻐하고 금수(金水)운을 싫어 할 수
도 있다. 또 식상인 목(木)이 투출하여 설기할 때에는 가상관격(假
傷官格)이 되어 식상운과 재운을 기뻐한다. 그러므로 사주의 구성
을 잘 보고 판단하여야 한다.

　윤하격을 가진 사람은 인품도 왕수(旺水)와 같아서 청수(淸秀)하
고 도량(度量)이 넓다. 서(書)에서도 윤하격이 진격(眞格)이면 힘
들이지 않고 평보(平步)에 고관대작에 오를 수 있다고 하였다.


　　壬　癸　辛　壬
　　子　丑　亥　子


　戊　丁　丙　乙　甲　癸　壬
　午　巳　辰　卯　寅　丑　子


　계수가 수왕절에 생하여 해자축(亥子丑) 방국(方局)을 이루고 간
지가 모두 수이므로 윤하격이다. 좌하의 축토(丑土)는 북방 수국
(水局)을 이루므로 토가 변하여 수(水)가 되었다. 금수목(金水木)
운이 길하고 화토(火土)운이 불길하다.

　초년인 임자(壬子) 계축(癸丑)운은 수운이므로 길하여 부귀가문
에서 호의호식하며 생장하였다. 갑인(甲寅) 을묘(乙卯)운은 목운이
므로 왕기를 설하여 순세하므로 길하여 부귀를 누리고 명망이 높
았다. 병진(丙辰)운은 왕수가 입묘(入墓)하므로 불길하여 패망하였

다. 흔히 전왕격(專旺格)에서는 왕한 오행을 충극(沖剋)하는 운과 입묘(入墓)되는 운은 대불길(大不吉)하다.

```
辛 壬 庚 庚
亥 申 辰 子
```

```
戊 丁 丙 乙 甲 癸 壬 辛
子 亥 戌 酉 申 未 午 巳
```

임수가 지지에 신자진(申子辰) 수국(水局)을 놓고 간지(干支)가 모두 금수(金水)이다. 윤하격인데 월지의 진토(辰土)가 문제이다. 왜냐하면 진은 습토(濕土)로 신자진 수국이 되니 수(水)로 변하지만, 자리가 월령(月令)이어서 춘계(春季)의 토월(土月)은 유지되기 때문이다. 고로 진(辰) 중의 무토(戊土)가 병이 된다. 금수목(金水木)운이 길하고 화토(火土)운이 불길하다.

초년인 사오미(巳午未) 남방운은 화운이므로 불길하나 신임계(辛壬癸)의 금수(金水)가 개두하여 큰 재앙은 면하였다. 그러나 길보다는 불길한 경우가 더 많았다. 갑신(甲申) 을유(乙酉)운은 금운이므로 길하고, 개두한 갑을(甲乙)목은 왕기를 설하고 또 병이 되는 진(辰)중의 무(戊)토를 극하여 제거하므로 길하다. 병술(丙戌)운은 화토운으로 불길하니 그 운에 사망하였다.

辛 壬 戊 甲
亥 申 辰 子

丙 乙 甲 癸 壬 辛 庚 己
子 亥 戌 酉 申 未 午 巳

임수가 진월에 생하여 지지에 신자진(申子辰) 수국(水局)을 이루고 간지에 금수가 많아 일견 윤하격(潤下格) 같다. 그러나 월령(月令)이 진토(辰土)이고 진(辰) 중의 무토(戊土)가 투출하여 유기(有氣)하니 무토를 용신으로 삼는다. 년상의 갑목(甲木)은 용신을 극하므로 기신이 된다. 화토(火土)운이 길하고 금(金)운은 기신인 목(木)을 극하여 제거하므로 길하다. 수목(水木)운이 불길하다.

초년인 기사(己巳) 경오(庚午) 신미(辛未)운은 남방 화운이므로 길하고 개두한 경신(庚辛)금은 갑(甲)목을 극하여 길하므로 부가(富家)에서 생장(生長)하여 안락한 생활을 하였다. 임신(壬申) 계유(癸酉)운은 금운이지만 임계가 투출하여 기신인 갑목을 생하니 좋지 않다. 갑술(甲戌)운은 용신인 무토(戊土)를 극하고 진술(辰戌) 충(沖)하여 천극지충(天剋地沖)이 되니 불길하여 위명(危命)의 경지까지 왔다. 이 명조는 용신을 생조하는 재(財)가 없고 용신의 뿌리가 되는 진토(辰土)가 수국(水局)으로 화(化)하여 용신이 약하므로 좋은 운을 만나고도 크게 발복(發福)하지 못하였다.

## 13) 종격(從格)

### (1) 종살격(從殺格)

종살격은 살(殺)의 세력이 너무 강하므로, 자기의 명(命)을 버리고 관살의 명을 따라가는 것을 말한다. 고로 기명종살격(棄命從殺格)이라고도 한다. 정관(正官)이라도 수(數)가 많으면 살(殺)이 되므로, 일간이 일점의 생기도 없고 관살만 많으면 관살에 따라가므로 종살격이 된다. 흔히 일간이 태약(太弱)하고, 인성이나 비겁이 없고 관살이 많을 때 종살인 경우가 많다.

재성운과 관성운이 길하며 인수운은 왕기를 설하여 순세(順勢)하므로 길하다. 식상운은 왕기를 극하여 역세(逆勢)하므로 불길하고 비겁운은 왕기(旺氣)와 대립하므로 불길하다. 비유컨대 자기의 명(命)을 버리고 종살(從殺)할 바에야 자기가 조금이나마 의지할 곳이나 또는 뿌리가 있어서는 안된다는 것이다. 고로 종살격에서 일간은 무근(無根)이어야 길하다.

```
乙 乙 辛 辛
酉 酉 丑 巳


甲 乙 丙 丁 戊 己 庚
午 未 申 酉 戌 亥 子
```

368

을목이 축월 한절(寒節)에 생하여 지지에 사유축(巳酉丑) 금국(金局)을 이루고 간지에 금이 많아 천한지동(天寒地凍)이다. 년지에 사화(巳火)가 있어 조후(調候)하니 아름다운 존재이지만 사유축 금국이 되니 무력(無力)하다. 일간 을목이 일점의 의지할 곳이 없고 관살이 왕하니 자기 명(命)을 버리고 관살의 왕한 기세에 따르게 된다. 시상(時上)의 을목 비견은 뿌리가 없으므로 무기(無氣)하여 유명무실하다. 토금운이 길하고 왕살(旺殺)을 극하는 사(巳) 중 병화(丙火)는 병(病)이 된다. 기신인 화를 극하는 수운 역시 길하여 토금수(土金水)운이 길하고 목화(木火)운이 불길하다.

　초년인 자(子)운은 수운으로 기신인 화(火)를 제거하니 길해야 하나, 자(子)는 금(金)의 사지(死地)가 되고 을목 일간을 생하여 종살에 방해가 되므로 불길하여 질병으로 고생하였다. 해(亥)운은 사해(巳亥) 충(沖)하여 병을 제거하므로 길하여 학문에 전념하였다. 무술(戊戌)운은 왕금(旺金)을 생하여 길하므로 과거에 급제하고 발신(發身)하였다. 유신(酉申)운은 왕금이 왕하는 운으로 길하므로 계속 발전하여 공명(功名)이 현달(顯達)하였다.


甲　辛　丁　丁
午　巳　未　未


庚　辛　壬　癸　甲　乙　丙
子　丑　寅　卯　辰　巳　午

신금이 염천(炎天) 중에 생하여 지지에 사오미(巳午未) 남방(南方)을 이루고 간지에 모두가 화이다. 일간 신금이 일점 의지할 곳이 없으므로 부득이 왕한 관살의 기세에 따를 수 밖에 없다. 시상의 갑목이 화(火)의 근원이 되므로 기쁘다. 목화(木火)운이 길하고 수(水)운은 대기(大忌)한다.

## (2) 종재격(從財格)

일간이 일점의 의지할 곳이 없어 태약(太弱)하고, 전국이 재성(財星)으로 되어 있으면 본명(本命)을 버리고 재성으로 따라간다. 식상이 있어 재성을 도우면 길하고 관성은 왕한 재성을 설기(洩氣)하므로 순세(順勢)하여 길하다. 식상운과 재성운과 관성운이 길하다. 비겁은 왕재를 극하여 역세(逆勢)하므로 대기(大忌)하고, 인성은 비겁을 생하므로 불길하다. 고로 비겁운과 인수운을 꺼린다.

비유하자면 내가 의지할 곳이 전혀 없어 처가(妻家)에 데릴사위가 됨과 같다. 데릴사위가 된 이상 나의 본가(本家)와는 인연을 끊어야지 만일 데릴사위이면서 본가와 인연을 유지하면서 본가(本家)를 위하여 일을 한다면 처가로부터 미움을 받게 됨과 같다.

癸 戊 辛 壬
丑 子 亥 辰

370

```
丁 丙 乙 甲 癸 壬
巳 辰 卯 寅 丑 子
```

　무토가 해월에 생하고 지지에 해자축(亥子丑) 방국(方局)을 이루었다. 년지의 습토(濕土)인 진토가 수세(水勢)에 따르고 천간에 금수가 투출했으니 전국(全局)이 재성이라 양간(陽干)이라도 왕재(旺財)의 기세를 따르게 된다.

　금수목(金水木)운이 길하며 화토(火土)운이 불길하다. 초년부터 수목(水木)운으로 흐르니 부가(富家)에서 생장하고 만사 여의하였다. 그러나 정사(丁巳)운은 화운이므로 불길한데 왕수(旺水)가 화(火)를 쟁탈하여 난동을 부림으로 그 대운 중에 풍병으로 사망하였다.

```
庚 丁 庚 戊
戌 酉 申 申
```

```
丁 丙 乙 甲 癸 壬 辛
卯 寅 丑 子 亥 戌 酉
```

　정화가 금왕절에 생하여 신유술(申酉戌) 서방(西方)을 이루었다. 경금이 투출하고 전국이 토금이니, 일점의 의지처가 없는 정화는 왕한 재성의 기운에 따르게 된다. 토금(土金)운이 길하며 수(水)운

역시 왕기를 설하여 순세(順勢)하므로 길하다. 그러나 목화(木火)
운은 역세(逆勢)하므로 대흉하다.

대운이 금수(金水)운으로 흐르니 초년부터 중년까지 길하여 만사
가 여의하였다. 갑을(甲乙)운은 목운이라 불길하나 투간(透干)한
경금(庚金)이 회극(回剋)하므로 무사하다. 병인(丙寅)운은 목화운
으로 왕금이 화(火)의 극을 받고 인신(寅申) 충(沖)하므로 쇠신충
왕(衰神沖旺)하여 대흉(大凶)하다.


### (3) 종아격(從兒格)

아(兒)는 자식을 말하니 일간으로 보면 아(兒)는 식상(食傷)이다.
종아격은 일간이 일점의 의지할 곳이 없고 전국(全局)이 식상으로
되어 있어, 자기의 명(命)을 버리고 왕한 식상(食傷)의 기세에 따
라가는 사주이다. 흔히 일간의 뿌리가 없으며 식상이 삼방(三方)이
나 삼합국(三合局)을 이루고 인성이나 관성이 없는 경우에 종아격
(從兒格)이 많다. 식상으로 종(從)이 된 이상 식상이 왕하는 운이
길하며 식상을 극하는 인성운이 대흉하다.


庚　戊　辛　辛
申　寅　丑　酉


乙　丙　丁　戊　己　庚
未　申　酉　戌　亥　子

무토가 축월에 생하여 유축(酉丑) 금국(金局)을 이루고 간지가 모두 금이다. 일간 무토는 미근(微根)이나마 좌하의 인목(寅木)에 의지하고자 하나 인신(寅申) 충(沖)이 되어 뿌리가 뽑히니 의지할 수 없다. 양간(陽干)이라도 부득이 왕세(旺勢)를 쫓게되니 종아격이 된다.

좌하의 인목이 탁기(濁氣)가 되는데 왕금에 의하여 충을 받으니 탁변청(濁變淸)이라 할 수 있다. 그러나 수기(秀氣)가 암장되고 인신(寅申)이 극전(剋戰)하니 청순하다고 할 수 없다. 고로 유부무귀(有富無貴)의 상이다. 토금수(土金水)운이 길하고 목화(木火)운이 불길하다.

대운이 수금(水金)으로 흐르니 초년에서 중년까지 길하였다. 초년인 수(水)운에는 수기(秀氣)가 인발하여 부모 유덕하고 학문에 정진하더니 금(金)운에는 대학교수가 되어 명예를 떨치었다.

## (4) 종강격(從强格)

일간이 일점의 의지처가 없어 태약하고, 인성이 삼방(三方) 또는 삼합국(三合局)을 이루며 태왕하면, 일간이 인성의 기세에 순종하여 부득이 서모(庶母)의 사랑을 받아들이게 되는데 이를 종강격(從强格)이라 한다. 인성을 생하는 관살운과 인성운이 길하며 비겁운은 왕기를 설하여 순세(順勢)하므로 역시 길하다. 재성운은 인성을 극하므로 역세(逆勢)하니 불길하고 식상운은 재성을 생하므로 불길하다. 흔히 종격은 왕신(旺神)의 입묘(入墓)운에 대흉하다.

```
丙 乙 辛 壬
子 亥 亥 子


丁 丙 乙 甲 癸 壬
巳 辰 卯 寅 丑 子
```

　을목이 수왕절에 생하고 간지가 모두 금수(金水)이다. 일간이 태약하고 인성이 태왕하니 인성의 기세에 순종하게 된다. 시상의 병화가 있지만 뿌리가 없고 병신(丙辛)으로 합거하니 무해하나, 언제든 왕수를 난동(亂動)케 할 수 있으니 청(淸)하다고 할 수 없다. 금수목(金水木)운이 길하고 화토(火土)운이 불길하다. 대운이 수목(水木)으로 흐르므로 길하여 부가(富家)의 집에서 생장하였으며 목(木)운에는 부귀를 누렸다. 병(丙)운은 왕수를 난동케 하여 처자를 극하고 형액(刑厄) 등으로 파재(破財)하였다.

# 제11장. 성정론(性情論)

## 1. 음간(陰干)과 양간(陽干)

갑(甲) 병(丙) 무(戊) 경(庚) 임(壬) 등의 양간(陽干)은 성질이 강하고 독립심(獨立心)이 강하여 타에 복종하지 아니한다. 비록 쇠약(衰弱)하더라도 강기(剛氣)가 있으므로 의(義)를 중히 하고 굴종하기를 싫어하며 적극적(積極的)인 기상이 강하다. 사람에 비유하면 남성(男性)과 같아서 능히 자기의 곤궁(困窮)을 고수(固守)하며 노력분투하여 곤궁을 헤쳐나가지, 남의 세력에 눌리거나 굴복하여 그 세력에 따르지 않는다.

을(乙) 정(丁) 기(己) 신(辛) 계(癸) 등의 음간(陰干)은 그 성질이 유약(柔弱)하고 여성적이어서 독립성이 없다. 자기가 자존(自存)할 능력이 없으면 남의 세력에 따라가서 남의 부(富)에 편승(便乘)하여 자기 자신 부자(富者)로 화(化)해 버린다. 음간으로 쇠약(衰弱)하면 사람이 근검하나 유약(柔弱)하여 큰 일을 담당할 역량이 부족하고, 의(義)보다 이(利)를 중히 하고 세력에 아첨하여 소탐대실(小貪大失)하는 경향이 있다.

## 2. 일간오행(日干五行)과 성정(性情)

◎ 갑목(甲木)

본성이 인(仁)에 속해서 어질고, 착하고, 마음이 바르고, 고지식하다. 대림목(大林木)같이 큰나무여서 독립적이고 강직(剛直)하고 자기 주장이 강하다. 남의 밑에서 일하기를 싫어하고 우두머리가 되고 싶어한다. 대(大)를 위하여 소(小)를 희생할 줄 알며 하는 일이 대범하다. 그릇이 크고 굵게 산다. 대인(大人)다운 풍모를 갖고 있다.

화(火)를 만나면 목화통명(木火通明)이라 하여 총명하고 재능이 많다. 목(木)은 머리(두뇌)와 간(肝), 담(膽)에 속하므로 머리병, 정신병, 정신신경계통의 병(病)이 있을 수 있다. 또한 간(肝), 담(膽)도 마찬가지이다. 교직자(敎職者)가 많으며 특히 여자가 신왕하면 교육자, 보험원, 판매원 등 활동적(活動的)인 직업을 갖는다.

◎ 을목(乙木)

덩쿨이나 화초를 의미하니 유약(柔弱)하다. 성정이 싹싹하고 부드러우며, 온화(溫和)하고 소박(素朴)하다. 의지가 약하고 의타심(依

他心)이 있으며 의심이 많다. 의처증(疑妻症)이 있는 경우도 있으며 꼬장뱅이가 많다.

반면에 바람에 곧 꺽일 것 같지만 끈질기게 버티는 생명력(生命力)이 있다. 민감(敏感)하고 예민(銳敏)하여 문화예술계(文化藝術界)에 종사하는 사람이 많다. 신약(身弱)하면 의지가 박약하고 줏대가 없어서 직업의 변화가 많다. 큰일 보다는 소소한 일에 신경을 쓰며 하는 일이 자라서 소인지상(小人之象)이다. 병(病)은 갑목(甲木)과 같으며 특히 간기능이 약하므로 금주(禁酒)하는 것이 좋다.

◎ 병화(丙火)

화는 염상(炎上)하는 상이다. 마음은 사양심(辭讓心)이 많으며 공경심(恭敬心)과 위엄(威嚴)이 있다. 항상 명랑하고 실천력(實踐力)이 좋고 부지런하며 활동적(活動的)이다. 자기를 드러내고 앞에 나서기를 좋아한다. 태양과 같은 정열(情熱)의 소유자가 많으며 성격이 급(急)하고, 말을 빨리한다.

사치하고 화려한 것을 좋아하며 과장(誇張)하거나 허영심(虛榮心)이 있다. 그러나 감추거나 비밀은 없다. 많이 배워야 하며 만일 배움이 없으면 평생을 허송한다. 여명의 경우에는 신왕에 관약(官弱)이면 직장생활을 많이 한다.

◎ 정화(丁火)

등촉(燈燭)의 화이므로 화려하거나 정열적이지 못하다. 그러나 속성이 양(陽)중에 음(陰)이므로 스스로 중용(中庸)을 얻어 외유내강(外柔內剛)하고 문명의 상을 지닌다. 또한 내성(耐性)이 치열하여 강한 금(金)을 녹인다. 그러므로 외유내강형으로 집념(執念)이 강한 사람이 많다. 연구분야(研究分野)와 같이 인내(忍耐)와 끈기가 필요한 곳이 적합하다. 성격이 집요한 반면에 소극적(消極的)이고 비활동적(非活動的)이다. 만일 신약(身弱)하면 내숭스러운 아부형이 많은데 심하면 교활하고 위사(僞辭)스럽다.

## ◎ 무토(戊土)

토는 믿음(信)이라 신의(信義)가 있으며 성실(誠實)하고 후중(厚重)하며 언행이 신중(愼重)하다. 신불(神佛)을 신앙하는 마음이 있다. 중앙 토로써 중도(中道)의 입장을 취한다. 마음이 바르고, 고지식하고, 우왕좌왕하지 않는다. 토는 완고(頑固)하므로 갑목(甲木)으로 소토(疎土)하여야 한다. 소토하면 고중(固重)함이 완화된다. 병(病)으로는 위장병 환자가 많다.

## ◎ 기토(己土)

전원(田園)의 부드러운 토이니 온화(溫和)하고 다정다감(多情多感)하다. 인정(人情)이 많으며 겸손하여 희생적(犧牲的)이다. 순종적(順從的)이고 빈약한 경우가 많으므로 심하면 비굴(卑屈)하게 보이기도 한다. 신약하면 자기 주관(主觀)이 약해서 남에게 이용당하기 쉽다. 여명은 모성애(母性愛)가 강하여 개가(改嫁)하지 않는 경우가 많다.

## ◎ 경금(庚金)

의(義)에 속하여 의롭고 충성(忠誠)스러운 면이 많다. 성격은 칼날같고 결단력이 있으며 의협심(義俠心)이 강하다. 임기응변이 좋으며 변화무쌍하다. 남의 일에 간섭을 잘한다. 영웅호걸의 기상이며 골육이 상응하고 얼굴은 모가 났다. 경금(庚金)은 무딘 금이므로 화(火)로 단련(鍛鍊)하면 좋다. 연금(鍊金)이 되면 무관, 법관 등이 되어 권력(權力)을 장악하게 되나 그렇지 못하고 신왕무의(身旺無依)하면 깡패, 무뢰한도 된다. 일간이 경금인 시어머니는 모시기 어렵다고 한다. 폐, 대장, 근골, 사지가 금에 속한다. 남명이 사주에 금(金)이 없으면 성적(性的)인 결함(고자)이 있을 수 있다.

## ◎ 신금(辛金)

가공(加工)되어 세련(洗練)된 금이므로 내유외강(內柔外剛)한 면이 있다. 의지력(意志力)이 강하고 날카롭지만 참신하고 민감(敏感)하다. 단단하지만 치밀하고 섬세(纖細)한 면이 있다. 모든 문제를 스스로 판단하고 결정하며 남의 간섭이나 노음을 싫어한다. 신금(辛金)은 이제 막 가공된 금(金)이므로 임수(壬水)로 씻어 주면 좋다. 그리고 토(土)가 많으면 매몰(埋沒)되므로 지능이 낮다. 여기서의 토(土)는 무토(戊土)를 말한다. 신약(身弱)하면 음흉하고 위선자(偽善者)가 많다. 돈을 모으는 본능이 강하며 그것을 자신의 독립심과 허영(虛榮) 풍요(豊饒) 권력(權力)에 대한 욕망을 뒷받침하는 수단으로 삼는다.

## ◎ 임수(壬水)

지(智)에 속하여 지혜(智慧)가 있고 이해심(理解心)이 있다. 하해(河海)와 같아 포용력(包容力)이 있으며 속이 깊다. 영리하므로 음모(陰謀)를 꾸미는 수도 있다. 다정다감(多情多感)하며 정(情)에 약한데 남녀 모두 호색(好色)한다.

의지가 약(弱)하고, 한가지 일에 몰두하거나 안정된 생활을 하지 못한다. 그러므로 여러 가지 직업을 갖는 경우가 많으며 변동(變動)도 많다. 예술(藝術)을 아는 체 하고 풍류(風流)를 즐긴다.

## ◎ 계수(癸水)

음중의 음으로 우로(雨露)와 같은 수이다. 일관성(一貫性)이 없고 수동적(受動的)이며 지나치게 남의 도움에 의존한다. 주의력과 유연성(柔軟性)이 있는 것은 좋으나 지나치게 타협적(妥協的)이기 쉽고 소극적(消極的)이다. 영리하여 꾀가 많아 모사꾼이라는 말을 듣는다. 응큼한 성격에 비밀이 많아 음침(陰沈)한 상이다. 요주의 인물(要注意人物)인 경우가 많다. 허황(虛荒)한 꿈이 많고 현실에 대한 만족이 적다. 일간이 임계(壬癸)수인 여명은 나이 많은 사람과 결혼하는 경우가 많다. 신장, 방광, 자궁이 해당된다.

# 3. 용신(用神)과 성정(性情)

## 1) 정관(正官)

성정: 명문가(名門家)의 출신으로 부친이 공직(公職)에 있었거나 벼슬을 하였다. 가정교육이 잘되어 정직(正直)하며 처신이 신중(愼重)하고 순종적이며 모범생(模範生)이다. 인품이 순수하고 순박하며 행동이 정확하고 인내심(忍耐心)이 있다.

명분(名分)을 중시하고 책임감(責任感)이 강하여 행정관(行政官)으로 입신하면 출세(出世)할 수 있으며 윗사람의 인정을 받아 승진도 빠르다. 다만 소심(小心)하고 고지식함이 결점이다.

공부를 잘하여 최고학부(最高學部)까지 순탄하게 마치고 취직도 순조롭게 된다. 처자덕도 좋고 결혼운도 좋아서 자식도 좋으며 건강도 좋다.

직업 : 공무원(행정관), 회사원, 법조계

여명 : 정숙하고 순종적이며 품위(品位)가 있다. 남편에게 내조(內助)를 잘하고 또한 남편덕이 있어 귀부인(貴婦人) 소리를 들으며 귀자(貴子)를 둔다. 관운이 없는 남편을 만나면 남편을 도와 남편의 관운(官運)을 열리게 한다.

## 2) 편관(偏官)

성정 : 부모와 형제덕이 없어 의지할 곳이 없다. 고향을 일찍 떠나며 주거(住居)가 일정하지 않다. 적(敵)과 구박하는 사람이 많으며, 오해(誤解)를 받는 경우도 많고, 누명(陋名)도 쓴다. 따라서 쟁투시비(爭鬪是非)가 많고 반발심과 적개심(敵愾心)이 있다.

관재구설(官災口舌)이 끊이지 않으며 사방이 막히어 되는 일이 없다. 그러나 의협심(義俠心)이 있어 주인을 위해서 신명을 바치며, 궂은 일을 도맡아 하고, 방패막이가 된다.

명(命)도 짧은 경우가 많으며, 결혼 후 병(病)이 생기고, 처가 악처(惡妻)인 경우가 많다. 학업은 순탄하지 못하며, 고학(苦學)으로 마치는 경우가 많다.

직업 : 흔히 명예(名譽)를 존중하나 학벌이 좋은 편이 아니므로 청부업, 건설업 등 일반적으로 복잡(複雜)한 대인관계(對人關係)를 해야 하는 직업이 좋다. 그러나 살인상정(殺刃相停) 등 격국(格局)이 좋으면 무관(武官), 법조계, 정계, 건축업 등에서 출세할 수 있으며 특히 권력(權力)을 장악하게 된다.

여명 : 팔자(八字)가 기구하여 재취(再娶)가 많고 타자양육(他者養育)한다. 남자에게 이용당하고 배신(背信)당하는 수가 많으며, 돈을 벌어서 남자에게 뺏기고 오히려 구박을 당한다. 결혼 후에 병(病)을 얻거나 소실생활(小室生活)을 하는 경우도 있다. 그러나 살인상생(殺印相生) 등 격국이 좋으면 권력가(權力家)의 아내가 되

며, 또는 의사, 약사, 여군 등이 되면 좋다. 관살(官殺)이 많고 격(格)이 낮으면 기생이나 중이 된다.

## 3) 정재(正財)

성정 : 부유한 가정에서 태어나며, 부모는 사업이나 재정공무원인 경우가 많다. 통솔력(統率力)이 있어서 모든 일을 실속있고 유익(有益)하게 잘 이끌어 나간다. 성실(誠實)하고 부지런하며 금전(金錢)과 재산관리(財産管理)를 잘하여 금전이 항상 손에서 떠나지 않는다. 그러나 성품이 타산적(打算的)이고 소심(小心)하다.

모선망(母先亡)(剋印綬하므로)하고 학업은 순탄하지 못하여 중도에 그만 두는 경우가 많다. 전공은 상경계(商經界)가 적합하다.

직업 : 은행원, 회계사, 세무원, 재정공무원, 경리원, 물품관리

여명 : 생활력(生活力)이 강하고, 살림을 잘하여 가산(家産)을 늘린다. 남편덕이 좋으며 시댁에 잘 따른다.

## 4) 편재(偏財)

성정 : 성격이 명쾌(明快)하고 시원시원하여 직선적(直線的)이다. 강개지심(慷慨之心)이 있고 꾸밈이 없으며 담백(淡白)하다. 재물(財物)에 관심이 많아 잘 벌기도 하지만 잘 쓰기도 한다. 재복(財福)이 있으나 그 대신 재화(災禍)가 많아 속성속패(速成速敗)하는

경향이 있다. 독립성이 강하여 타인의 구속을 싫어한다.

남자는 풍류심(風流心)이 있어 여자를 좋아하며 여난(女難)을 당하기 쉽다. 사람을 잘 다루고 돈 버는 데에 남다른 능력이 있으며 금전융통(金錢融通)을 잘 한다. 공부에는 취미가 없다.

직업 : 사업, 금융, 재정, 세무, 무역, 관리직, 영업판매분야 등 상경계열이 좋으며 정치분야에도 좋다.

여명 : 통솔력(統率力)이 있고 사업수완(事業手腕)이 좋아 여장부(女丈夫)로서 남자처럼 밖에서 활발하게 살아간다. 가정적이지 못하여 잔정은 없지만 돈을 벌어 남편을 뒷바라지 하는 경우가 많다. 돈버는 재주가 있어 축재(蓄財)를 하며 저명인사(著名人士)로서 감투를 쓰는 경우도 있다.

## 5) 식신(食神)

성정 : 총명(聰明), 준수(俊秀)하고 재능이 뛰어나다. 심성이 후덕(厚德)하여 베풀기를 좋아하고 남을 위하여 희생한다. 식성(食性)이 좋고 식복(食福)이 있어서 신체가 풍비(豊肥)하며, 성품이 명랑화창(明朗和暢)하다. 의식주(衣食住)가 풍부하여 인생을 즐기는 경향이 있으므로 남과 대화(對話)하기를 좋아하고 대인관계(對人關係)가 넓다.

말이 유창(流暢)하고 자기의 주장(主張)을 확실하게 하며 다방면(多方面)에서 두각을 나타낸다. 인의도덕(仁義道德)이념이 깊고 자녀(子女)와의 인연이 많은 것은 좋지만 반면에 미적인 성능(性能)을 가지고 가무(歌舞)를 즐기며, 색정(色情)에 빠지기 쉬운 결점도 있다.

직업 : 창작, 발명, 문학, 예능, 기예, 육영, 교육, 의료, 식품

여명 : 재능(才能)이 있어 음식솜씨가 좋으며 남의 일에 적극적(積極的)이다. 심성은 착하나 남편궁이 부실하여 부부사이가 원만하지 못하다. 자식과의 인연이 많아 자식복(子息福)이 있다.

## 6) 상관(傷官)

성정 : 수기(秀氣)가 유통(流通)되니 영리하고, 언변(言辯)이 유창(流暢)하다. 재주가 많고 감정이 예민(銳敏)하여 다방면에 걸쳐 두각을 드러낸다. 특히 기예(技藝)나 기술, 예능(藝能)방면에 뛰어나다.

성정은 대담(大膽)하고 오만방자(傲慢放恣)하며 교만(驕慢)하여 사람을 얕보는 특성이 있다. 흔히 안하무인(眼下無人)격이라고 한다. 무조건 상대방을 꺽고 나의 주장(主張)을 관철(貫徹)시키려고 한다. 무슨 일이든 진행하다가 본인이 불리하면 안면(顔面)을 바꾼다.

희생적인 것 같으면서도 계산이 빨라 손해보는 일은 없다. 젊잖은 것 같으면서도 무의식(無意識) 중에 본성이 드러난다. 사회의 법도와 질서를 무시(無視)하는 경향이 있어서 관재(官災)와 구설(口

舌) 그리고 타인의 비방(誹謗)을 받기 쉽다. 심하면 사기(詐欺)성
이 있으며, 도박, 밀수, 탈세에도 손을 대는 경우도 있다.

직업 : 예능, 기예, 기술, 교육, 육영, 문화, 식품, 토건업

여명 : 남편을 극하므로 악처(惡妻)인 경우가 많다. 자식을 둘 낳
고 남편과 헤어지는데 그 이유는 자식에 너무 집착한 나머지 남편
을 소홀히 하기 때문이다. 따라서 남편에게 쫓겨나거나 남편을 극
(剋)하고 달아나는 일이 생긴다. 남편덕이 없으며 독수공방(獨守空
房)하거나 재취(再娶)나 소실(小室)이 되기고 한다. 타자양육(他者
養育)하거나 이성득자(二姓得子)한다. 교육계나 의사나 간호사가
되면 액을 면하나 고생이 많다. 기생, 야당정치가 등에 상관격이
많다.

## 7) 인수(印綬, 편인과 정인)

성정 : 지혜(智慧)가 있고 총명하여 학문(學問)이 출중하다. 인의
(仁義)를 알고 자비심(慈悲心)이 있으며 온후단정(溫厚端正)하여
타인으로부터 신망(信望)을 받는다. 부모덕이 있으며 나를 돕고,
후원(後援)하는 사람들이 많다. 따라서 나의 주장이 강하며 내가
결정권(決定權)을 갖게 된다.

학문과 명예(名譽)를 존중하고 자존심이 강하나 의타심(依他心)
이 있다. 몸은 대체로 건강하며 부선망, 편모인 경우가 많은데 결
혼이 늦고, 장남 장녀가 많다.

직업 : 교육, 학문, 연구, 문화, 언론, 기획, 종교, 발명, 정치

여명 : 인성이 왕하면 신왕(身旺)이므로 자연 남편이 약(弱)하게 되어 남편덕이 없다. 따라서 남편 대신에 생존경쟁(生存競爭)에 뛰어든다. 이론(理論)이 지나쳐 남편의 미움을 사며, 주장(主張)이 강하여 시어머니와 불화(不和)한다. 친정어머니의 입김이 강하고 친정어머니의 말을 잘 따른다.

## 8) 비겁(比劫)

비겁이 용신인 자는 사람이 솔직(率直) 담백(淡白)하고 근면(勤勉) 검소(儉素)하고 은혜(恩惠)가 깊다. 그러나 사주에 비겁이 많으면 자존심(自尊心)이 강하고 비사교적(非社交的)이며 인격이 졸렬(拙劣)하다. 겉으로는 웃음을 가장하나 내심(內心)은 사악(邪惡)한 측면이 있다. 양인(羊刃)이 있을 때는 이런 경향이 더욱 강하다. 또 겁재와 양인이 여러 개 있으면 성질이 고강(高强)하고, 겁재와 상관(傷官)이 있으면 성질이 흉악하다.

## 9) 기타

◎ 용신이 천간(天干)에 투출하면 정신(精神)이 바르고 발영(發榮)의 기상이 빛나는 상이니, 사람이 준수 총명하고 두뇌회전이 빨라 초년부터 발달한다.

◎ 용신이 묘고(墓庫) 중에 암장되어 발현(發顯)하기 어려우면 대기만성형(大器晚成形)으로 두뇌회전이 명쾌치 못하므로 근면(勤勉) 검소(儉素)하고 매사에 빈틈이 없으나 융통성이나 주변머리가 부족하고 타산적(打算的)인 경향이 강하다.

◎ 신왕용왕(身旺用旺)하면 담대하여 도량이 넓고 과단용단하다. 신왕용쇠(身旺用衰)하면 외강내유(外剛內柔)하며, 신약용왕(身弱用旺)하면 외유내강(外柔內剛)하다.

## 4. 격국(格局)과 성정(性情)

### 1) 양인격(羊刃格)

성정 : 양인(羊刃)이 왕하면 일간이 강왕하여지므로 성격이 강(强)하고 고집이 세고, 독주(獨走)하려고 한다. 안하무인(眼下無人)격에 잔인(殘忍)성까지 있어서 시기(猜忌)질투(嫉妬)가 대단하고 경쟁자가 많다. 도처에서 쟁투(爭鬪)시비(是非)를 일으키고 매사를 자기 위주로 처리하려고 하므로 사회에 적응이 잘 되지 않는다. 싸움에 임하여 물러설 줄 모르고 때로는 자기의 힘을 믿고 방종(放縱)하기 쉽다.

극부(剋父), 극처(剋妻), 탈재(奪財) 등이 발생한다. 아버지와의 인연이 없고 사회에 일찍 진출한다. 자기가 강(强)하여 처를 극(剋)하니 부부사이가 원만하지 못하고 중혼(重婚)하는 경우가 많다. 재물에 손실(損失)을 입고 때로는 파산(破産)하는 경우도 있다.

성공이 빠르고 실패도 빨라 속성속패(速成速敗)한다. 성격이 잔인(殘忍)한 반면 몸을 다치는 경우도 많아 몸에 수술자국과 흉터가 있다. 건강하지만 한번 득병(得病)하면 중병(重病)이 될 수 있으며, 불구가 되는 수도 있다. 장남 장녀가 많으며 인덕이 없어 외롭다.

직업 : 의사, 무관, 법관, 경찰, 수사관, 체육인, 칼장사, 철공소, 백정, 목공, 이발사 등

여명 : 부부사이가 원만하지 못하다. 자신이 강하므로 남명은 극처(剋妻)하여 재혼(再婚)하거나 첩을 둔다. 여명도 부부궁이 좋지 않아 탈부(奪夫)하거나 극부(克夫)하여 과부가 되거나 유부별거(有夫別居)인 경우가 많다. 기골이 장대하여 남자와 같은 성격으로 사회에 나가 활동을 하고 일가(一家)를 부양(扶養)한다. 맏며느리면 좋은데 흉사(凶死)하는 수가 있다.

## 2) 건록격(建祿格)

성정 : 일간과 동일(同一)한 음양오행(陰陽五行)이니 일간의 진정한 뿌리이다. 다스릴 땅을 얻은 것이니 록(祿)이 있다하고 근거(根據)가 뚜렷하니 안정(安定)된 생활을 한다. 복록(福祿)이 많고 관록(官祿)도 좋으며 의식(衣食)이 넉넉하다.

부모의 도움을 받지 않고 자신의 힘으로 자수성가(自手成家)하는 경우가 많으며, 장남(長男) 장녀(長女)가 많은데 아니면 장남 장녀 역할을 하여야 한다. 부모 형제는 발전하게 된다.

강직(剛直)하고 성실(誠實)하여 맡은 바 책임을 다한다. 부정과 불의를 배격하고 공명정대(公明正大)하며 공사(公私)가 분명하다. 고집이 있지만 사심(私心)이 없어 정당(正當)하게 일을 추진한다. 스스로 일을 만들어 만인에 봉사(奉仕)한다.

몸은 건강하고 식록(食祿)이 좋아서 장수(長壽)한다. 처궁이 부실하여 부부사이가 원만하지 못하나 자식은 귀하고 똑똑하다.

직업 : 공무원, 행정직 계통

여명 : 부부궁이 부실(不實)하여 부부사이가 원만하지 못하나 귀자(貴子)를 둔다.

# 5. 기 타

1) 양팔동(陽八同) 음팔동(陰八同)은 음양이 편고(偏枯)하여 성정 또한 편굴(偏屈)하다. 양팔동은 성격이 강(强)하고 조급하여 오만방자(傲慢放恣)하다. 여명(女命)의 양팔동은 공경심이 없다. 음팔동은 성격이 음유(陰柔)하여 사려(思慮)가 깊고, 완만(緩慢)하다.

2) 임진(壬辰) 무술(戊戌) 등 일주가 일지에 입묘(入墓)되는 경우에 신약(身弱)이면 융통성이 부족하여 주변머리가 없고 잠자기를 좋아한다. 그러나 신왕(身旺)이면 이와 반대로 융통성이 좋고 매사

에 적극적(積極的)인 경향이다.

3) 일주가 태약(太弱)하여 종격(從格)과 분별이 어려우면 대개 성정이 유약(柔弱)하고 소심(小心)하여 우유부단(優柔不斷)하고 의심(疑心)과 겁(劫)이 많아 매사가 자기 방어적이므로 쓸데없이 고집을 부리고 아첨하기를 잘한다. 의지(意志)와 인내심(忍耐心)이 부족하고 신경질적(神經質的)이며 불평불만(不平不滿)이 많고 남의 탓을 잘한다.

4) 재다신약(財多身弱)은 성정이 유약(柔弱)하여 작은 재주에는 능하나 대사(大事)를 처리할 역량이 부족하고 소탐대실(小貪大失)한다.

5) 군겁쟁재(群劫爭財)는 주색(酒色)을 탐하고 일확천금(一攫千金)을 노리는 성향이 강하며, 무기(無氣)한 관살(官殺)이 쇠신충왕(衰神沖旺)하면 성정이 조급 횡폭하고 자만심이 강하여 법도를 무시하는 등 타인의 지탄을 받는 일이 많다.

# 제12장. 귀천(貴賤)과 빈부(貧富)

## 1. 귀천(貴賤)

관성이 관작(官爵)의 신이므로 귀천(貴賤)의 여부는 우선 관성의 희기(喜忌) 왕쇠(旺衰)를 보아야 한다. 다음으로 격국의 청탁(淸濁) 과 용신의 왕쇠(旺衰) 및 유정(有情) 무정(無情)을 보아 종합적으로 판단하여야 한다.

관성이 도리(道理)에 합당하면 귀(貴)하다. 정관(正官)이 왕하고 신왕(身旺)하며 인수(印綬)가 있어 관성을 지키면 귀명(貴命)이다. 왕한 재성이 정관을 생하면 관이 역량을 얻어 부귀(富貴)의 명이 된다. 신왕하고 관이 쇠(衰)한데 재가 있어 관을 생하면 귀하게 된 다. 재관인(財官印) 삼기(三奇)가 구비되면 귀명(貴命)이다.

사주가 청(淸)하면 정신(精神)이 맑아서 부귀(富貴)하게 되고, 사 주가 탁(濁)하면 정신이 흐려서 빈천(貧賤)하게 된다. 청(淸)한 것은 순수(順遂)하고 정수(精粹)한 것이며 탁(濁)한 것은 괴패(乖悖)하고 혼란(混亂)한 것이다.

또한 관성유리회(官星有理會)하면 청귀지명(淸貴之命)이요, 관성불기(官星不起)하면 한유지명(寒儒之命)이다. 살인쌍청(殺印雙淸)하면 청귀지명(淸貴之命)이요 재관쌍미(財官雙美)하면 부귀지명(富貴之命)이다.

1) 순수(順遂)한 것은 체(體)와 용(用)의 배합이 적당하며, 상생하여 유정(有情)하고 생(生)하여 어그러지지 않는 것을 말한다.

2) 정수(精粹)한 것은 기세(氣勢)가 단결(團結)하여 사주를 서로 보호하고 유정(有情)한 것을 말한다.

3) 괴패(乖悖)는 어그러져 혼란한 것이다.

4) 관성유리회(官星有理會)는 일간이 중화(中和)된 가운데 관청(官淸)하여 일주와 합되는 것이다. 관청이란 신약에 살인(殺印)이 쌍청(雙淸)하거나 신왕에 재관(財官)이 쌍미(雙美)하여 청(淸)한 것 등이다. 고로 관성유리회는 재관인(財官印)이 모두 있고 청(淸)한 관성이 일주와 합 즉 유정(有情)한 것이다.

5) 살인쌍청(殺印雙淸)은 살(殺)이 왕한 경우에 인성(印星)이 통관(通關)작용을 하여 살(殺)은 인성(印星)을 생하고 인성은 일간(日干)을 생(生)하게 하는 것이다. 이 때 인성이 무기(無氣)하거나 또는 무정(無情)하면 통관작용을 못하는데 이런 경우에는 귀격(貴格)이 아니다.

6) 살인상정(殺刃相停)이나 살왕신왕(殺旺身旺)이나 모두 일간(日

干)도 왕하고 살(殺)도 왕함이니 이렇게 되면 부귀격(富貴格)이다. 인성운, 양인운, 식상운이 모두 길하다.

7) 살중(殺重)하더라도 식상으로 제살(制殺)하면 길하니 탁(濁)한 가운데 청기(淸氣)가 있다. 성격이 과단용단하여 무관, 법관 또는 의사 등 생살지권(生殺之權)을 담당하게 된다.

8) 재관쌍미(財官雙美)는 신왕한 경우에 재와 관이 유기(有氣)하고 일간에 인접하여 유정(有情)한 것이다.

9) 관성이 비록 관작(官爵)의 신이라고 하나 기신(忌神)이 되거나, 희신이 될지라도 무정(無情)하거나 무력(無力)하면 관작(관공직)과 인연이 없는 것이니 바라지 않는 것이 좋다.

## 2 관록(官祿)의 등급(等級)

관록에도 등급이 있으니 위로는 대통령, 장관 등 고관대작(高官大爵)이 있으며 아래로는 미관말직(微官末職)이 있다. 관록의 등급을 구분하는 기준은 대체로 용신(用神)의 왕쇠(旺衰)와 청탁(淸濁)의 정도이다. 즉 사주가 순수(順遂)하고 청기(淸氣)가 충만(充滿)될수록 고귀(高貴)하며, 혼잡(混雜)하고 탁기(濁氣)가 있을수록 비천(卑賤)하다.

장관급 이상 고관대작의 사주는 순수(順遂)하고 청기(淸氣)가 충일(充溢)하여, 사주팔자가 전부 희신 및 용신과 생화유정(生化有情)하고, 희신 및 용신이 진신(眞神)으로 되어 있다.

지방장관 이하 중급(中級)정도의 관록이 있는 사주는, 순수(順遂)하고 청기(淸氣)가 충족하면서도 청순(淸純) 중에 탁기(濁氣)가 있다. 따라서 용신 및 희신에게 부족된 점이 있어 정신기(精神氣. 精은 일간을 생하는 육신이며 神은 일간을 극하는 육신이고 氣는 일간과 동기인 육신이다)가 왕성하지 못하다든지, 오행의 조화에 편중(偏重)된 점이 있든지 한다. 그러나 사주전체는 어디까지나 청순(淸純)함을 잃지 않고 있다.

　하급공무원 등의 사주는 사주 전체가 탁(濁)하나, 탁한 중에도 일점 청기(淸氣)가 있으며, 혹은 진신(眞神)으로 용신을 삼든지, 혹은 지지에 일점 청기(淸氣)가 있든지 한다.

# 3. 빈부(貧富)

## 1) 부자지명(富者之命)

　'대부(大富)는 유천(由天)하고 소부(小富)는 유근(由勤)'이라고 하여 부(富) 또한 타고난 운명이다. 부귀빈천(富貴貧賤)은 용신의 왕쇠(旺衰)와 사주의 청탁(淸濁)에 있는 것이나 대체로 귀천(貴賤)은 관성을 보고, 빈부(貧富)는 재성을 본다.

　재통문호즉부(財通門戶則富)이니 재성이 문호(門戶)에 통하면 부(富)하게 된다. 그러면 어느 것이 재통문호(財通門戶)인가

(1) 재성이 월령(月令)에 당령(當令)하며 득기득지(得氣得地)하고

배합이 유정(有情)하여야 한다.

(2) 재가 용신(用神)이 되고 유정(有情)하여야 한다.

(3) 신왕(身旺)재왕(財旺)으로 재성이 식상 또는 관살의 비호를 얻어 건왕(健旺)하여야 한다.

(4) 신왕무재(身旺無財)인 경우에는 재성이 지장간(地藏干)에 있어 암성재국(暗成財局)이 되어야 한다.

(5) 재다신약(財多身弱)이면, 비겁이 암장되어 유기(有氣)하고 운이 인성이나 비겁의 마을로 행하면 반드시 부자가 된다.

(6) 재통문호(財通門戶)한 것이 순수(順邃)하면 부귀(富貴)를 겸전하고, 순수치 않는 것은 부(富)하지만 귀(貴)하지는 않는다.


## 2) 청빈지명(淸貧之命)

가난하다고 사람이 천(賤)한 것은 아니다. 오늘날에도 빈곤한 고관대작(高官大爵)이 있지만 옛날에는 비가 새는 초가에 사는 정승, 판서가 많았다. 청빈지명(淸貧之命)은 가난하지만 의(義)를 중히여겨 세력에 굴하지 않고 청정한 인품을 지닌 사람을 말한다.

(1) 일간이 중화(中和)되고 식상이 왕하나 재가 쇠하면, 재(財)보다 의(義)를 중시한다.

(2) 신약에 재관인(財官印)이 상생유통(相生流通)하고 인성이 왕하면 청귀지명(淸貴之命)이나, 재성이 괴인(壞印)하면 한사(寒士)에 불과하다.

(3) 신왕에 재관 또는 재와 식상이 길신으로 일간에 유정(有情)하나 쇠약(衰弱)하면 빈한(貧寒)하나 고귀하다.

(4) 재성이 파극(破剋)되거나, 재성이 기신(忌神)이더라도, 사주상 오행의 조화(調和)가 맑게 된 것은 모두 청빈(淸貧)하다.

## 3) 빈천지명(貧賤之命)

빈천한 사람의 사주는 격국배합(格局配合)에 결점이 많으며 또한 길운이 상조(相助)하지 못하고 있다. 대체로 재성부진(財星不眞)이라 하여 재신이 진격(眞格)에 이르지 못하면 반드시 빈한(貧寒)하다. 가령 재다신약(財多身弱)은 부옥빈인(富屋貧人)으로 재로 인하여 화(禍)를 당하게 된다. 또는 재가 용신인데 식상이 없고 간(干)에 투출되어, 비겁이 쟁재(爭財)할 때, 관성이 제지하지 못하면 역시 재신(財神)이 진격이 되지 못한다.

재성이 살(殺)을 생하여 상신(傷身)하거나, 재성이 길신이 되나 합거(合去)나 극거(克去)되어 무력하게 되면 역시 재신부진(財神不眞)으로 빈한하다. 또한 일간이 편고(偏枯)하여 종격(從格)의 분별이 애매하거나 용신이 무력(無力)하여도 빈한하다.

(1) 신약에 식상이 중첩하고 인성이 경미하거나, 또는 비겁이 경미하고 재성(財星)만 왕성하면 빈천하다.

(2) 인성이 희신일 때에 재성이 이를 파극하거나, 신왕하여 인성이 기신일 때에 재성이 투출되어 관성을 생하면 빈천하다.

(3) 비겁이 왕성하고 재성이 경미하며 식상이 없든가, 또는 식상이 길신인데 재성이 경미하고 인성이 왕성하면 빈천하다.

(4) 살중신약(殺重身弱)에 인성이 없으면 횡폭하고 투기심이 많다.

(5) 식상이 태왕하고 인성이 없으면 방정(方正)치 못하다.

(6) 인중무재(印重無財)면 동분서주하나 빈천하여 뜬구름과 같다.

# 제13장. 직업론(職業論)

인간이 직업을 가져야 하는 이유는 생계유지를 위한 소득의 방편으로 그리고 공동체가 해야 할 일을 분담하는 차원에서 그렇다. 또한 자아실현(自我實現)을 위해서도 직업은 필요하다.

직업을 천직(天職)이라고 한다. 조물주가 인간을 만들 때는 분명 어떤 목적이 있으니 그것이 소명(召命)이다. 이 소명이 직업이며 인간은 사는 동안 맡은 바 소명을 다해야 한다. 따라서 직업은 선천적으로 타고난 운명이다.

현대사회는 다원적이고 분화가 가속화하여 직업의 종류 역시 헤아릴 수 없이 많다. 적성에 맞아 천직(天職)이라고 생각되는 직업을 갖기란 쉬운 일이 아니다. 나에게 맞는 직업을 갖는 것은 인생 성공의 제1조건이다. 인생출발에서 직업선택은 제일 중요한 관문이다.

직업은 사주의 격(格)과 용신(用神)에 의하여 정하여 진다. 또한 사주에 많은 육신과 없는 육신에 의하여 정해지기도 한다. 고로 격과 용신 그리고 사주에 많고 없고 또한 필요한 신(神)을 종합하여 판단하여야 한다.

# 1. 오행(五行)과 적성(適性)

오행의 상의(象意)에 의해 적성과 직업을 분류하면 다음과 같다.

목(木)은 생명체(生命體)이고 형상을 지칭한 것이니 나무와 같이 실체(實體)가 있는 것이다. 목재, 목공, 가구, 약재, 자연과학, 무역, 건설, 체신, 통신, 교육, 행정 등의 직업이 적합하다. 관직으로 논하면 목은 차관(次官)격이다.

화(火)는 만물을 성장(成長)시키는 성장력(成長力)이므로 전기, 전자, 컴퓨터, 화학, 공업분야 그리고 문화, 예능, 교육, 장식 등의 계통이 이에 속한다. 관직으로 논하면 화(火)는 대사(大使)급이나 영사(領事)급이다.

토(土)는 만물의 근원(根源)이고 바탕이며 신앙(信仰)과 종교를 나타낸다. 종교, 역사, 토목, 농림, 농축산, 식품, 도자기, 부동산 등이 해당된다. 관직으로 논하면 토는 내무장관(內務長官)이나 고관대작(高官大爵)급이다.

금(金)은 결실(結實)을 의미하고 성질은 강인하다. 금속, 기계, 공업, 약품분야와 사법, 군, 경찰 등의 분야가 해당된다. 관직으로는 법조계(法曹界)가 많다.

수(水)는 생명의 잉태(孕胎)를 의미한다. 수산업, 해양학 그리고 철학분야와 교통업, 접객업, 식당업 등의 유동사업(流動事業) 그리고 외근이나 외국과의 무역 등도 알맞다. 관직으로는 지방장관(地方長官)이 많으며 구류가(九流家)도 많다.

## 2 육신(六神)과 적성(適性)

육신을 기준으로 직업을 표시하면 다음과 같다.

1) 비견 : 사주에 비견이 많으면 독립적인 사업이 적합하다. 변호사, 계리사, 변리사, 의사, 기자 등 자유업(自由業) 이외에 특수한 기술을 습득하여 기사(技士)로서 취직하는 것도 무방하다.

2) 겁재 : 대체로 비견의 경우와 같으나 특히 공동사업(共同事業)은 불리하며 큰 실패를 가져온다.

3) 편재 : 일반적으로 상업(商業)에 적합하나 출입이 빈번한 청부업, 중개업, 금융업(金融業) 등이 좋으며 해외무역업 또는 무역회사 사원도 양호하다.

4) 정재 : 상업(商業) 및 공업(工業)에 적합하나 투기성 있는 업무는 금물(禁物)이다. 재왕신왕(財旺身旺)은 거부(巨富)의 상으로 사

업으로 성공할 수 있다. 재다신약(財多身弱)은 부옥빈인(富屋貧人)으로 재복(財福)이 없다. 사업을 해서는 안된다. 월급장이를 해야 한다.

식신생재격(食神生財格)은 실업가로 대성한다.

5) 편관 : 무관(武官), 법관, 경찰, 청부업, 건축업, 광산업 등 일반적으로 복잡한 대인관계(對人關係)를 해야하는 직업에 능숙하다.

6) 정관 : 문관(文官), 행정관, 교육가 등 성실성과 정직함을 요하는 모든 직업에서 성공할 수 있다. 그러나 사주에 정관이 너무 많으면 기술계통 또는 학계에 종사한다.

관(官)이 용신이면 직장생활을 하여야 한다. 또한 처(妻)의 말을 잘 들어야 한다. (재생관(財生官)하므로). 정관(正官)은 행정관, 편관(偏官)은 무관(武官) 즉 군인, 경찰, 판검사, 의사

7) 식신 : 교육 및 학계(學界), 육영, 문화, 기예, 식품업

8) 상관 : 기예, 예능(藝能), 흥행업, 교육, 기술직, 변호사

9) 편인 : 의술, 복술, 기예(技藝)의 신으로, 의사, 변호사, 평론가, 언론가 등 편업(偏業)에 접합하다.

10) 인수 : 학문(學問), 문화, 종교의 신이다. 학자, 교육자, 사회사업가 등에 적합하다.

# 3. 격국(格局)과 적성(適性)

## 1) 관인격(官印格), 살인상생격(殺印相生格) (신약명)

(1) 관(官)과 인(印)이 모두 청(清)하면 문관, 행정계통

(2) 살(殺)과 인(印)이 모두 청(清)하면 무관, 법조계, 군, 정치

(3) 관살이 왕하고 인성이 약하면 학식(學識)이 부족한 상이다. 군경 등 활동적인 직책이 알맞다. 만일 인성이 파극되면 농업 노동자나 기사 등 잡직에 종사한다.

(4) 인성이 왕하고 관살이 약하면 명리(名利)가 부족한 상이다. 교육, 문학, 언론, 기획, 학술연구직 등 전문분야에 종사한다.

 (5) 재관인(財官印) 삼기가 모두 구비되어 청(清)하면 고관대작의 명이다. 부귀(富貴)를 동시에 누리며 다방면에서 성공한다.

## 2) 식상생재격(食傷生財格) (신왕명)

(1) 이 격이 청(清)하면 총명준수하고 처세가 원만하며 재능이 많다.

(2) 고로 정계, 관계 그리고 특히 재계(財界)에서 두각을 나타내며 문예, 창작, 예능분야에도 탁월한 능력을 발휘한다.

(3) 식상이 유력하고 재성이 무력하면 재능은 있으나 무부(無富)하므로 학계, 언론, 문예, 창작, 사회사업 분야가 좋다.

(4) 식상이 무력하고 재성이 유력하면 수기(秀氣)가 불청(不清)하나 유부(有富)하므로 재계(財界)나 무역, 사업방면이 좋다.

(5) 남녀 모두 아동(兒童)을 상대하거나 이성(異性)을 상대하는 업종이 좋다.(식상생재격은 이성과 아동에게 인기가 있다)

(6) 식상과 재성이 모두 무력하면 기술자(技術者)나 자영업(自營業)을 하는 경우가 많은데 큰 성공은 없다.


### 3) 재관격(財官格), 재자약살격(財滋弱殺格) (신왕명)

(1) 이 격이 청(淸)하면 이지적(理智的)이고 도량(度量)이 넓어 처세가 원만하다.

(2) 고로 세인의 신망(信望)을 얻는다. 정계(政界), 관계(官界), 재계(財界) 등에서 성공할 수 있다.

(3) 재관쌍미(財官雙美)하면 부귀겸전(富貴兼全)으로 재계, 관계, 정계에서 이름을 날린다.

(4) 재성이 유력하고 관살이 무력하면 재계나 사업계통이 좋다.

(5) 관살이 유력하고 재성이 무력하면 관계(官界)에서 활동하는 것이 좋다.

(6) 재관이 모두 무력하면 부귀(富貴)보다는 의(義)를 중히 여기나니 한사지명(寒士之命)이라 하여 교육계, 학계, 문화계, 언론계 등에 종사한다.


## 4. 사법관(司法官)의 사주

사법관은 판사, 검사, 수사관 그리고 경찰 고위직을 말한다.

(1) 삼형(三刑)이 있고 격국이 순수하고 청기(淸氣)가 있는 것

(2) 재, 관, 식상이 왕하고 월지가 왕인(旺刃)에 해당하는 사주. 왕인이란 제왕(帝旺)을 의미하며 甲은 卯, 乙은 寅, 丙戊는 午, 丁己는 巳, 庚은 酉, 辛은 申, 壬은 子, 癸는 亥가 해당된다.

(3) 편관이 재성에 의하여 생조되어 왕성한 사주

## 5. 행정관(行政官)의 사주

(1) 격국이 순청(純淸)한 것

(2) 관인이 쌍청한 것

(3) 재성과 관살이 상호 생조하고 정협(情協)된 것

(4) 일간과 관살이 모두 왕성한 사주

## 6. 군인(軍人)의 사주

(1) 상관(傷官)이 왕한 사주

(2) 편관(偏官)이 왕성하고 양인이 있거나, 인성이 있는 사주

(3) 편관이 왕성하고 인성도 왕성하여 편관의 기운을 유통시키면 주로 문관(文官)으로서 위권(威權)이 있는데, 인성이 약하면 군인의 사주이다.

(4) 형, 충, 파, 해가 많으면 군인이 되는 경향이 있다.

(5) 사주의 대부분이 금(金)으로 되어 있으면 군인으로서 그 이름

을 떨친다.

(6) 금(金)과 화(火)가 많으면 군인이 되는 경향이 있으며, 금 또는 화가 많은 사주가 금 또는 화 대운(大運)을 만나면 그렇다.

(7) 금(金)과 화(火)가 서로 성하고 귀격(貴格)이면 군인으로서 대권(大權)을 장악한다.

(8) 일반적으로 군인의 사주는 정기(精氣)가 특이하게 강(强)하면서 신기(神氣)가 불청(不淸)하여 사주에 일점 탁기(濁氣)가 있다.

# 7. 등과지명(登科之命)

등과(登科)란 과거시험에 급제하는 것으로 오늘날의 사법시험 등 국가고시(國家考試)에 합격하는 것을 말한다. 고시에 합격할 사주는 청기(淸氣)가 왕성해야 하는데, 대운(大運)이 청기(淸氣)에 해당하고 세운(歲運) 또한 청기를 뒷받침해 주어야 한다. 그리고 용신 희신이 기신에 극해되지 않아야 하며, 지장간(地藏干)에 용신 희신이 심장(深藏)되든가 또는 길신(吉神)이 심장되어, 용신 희신을 부조(扶助)해 주면 고시에 합격할 수 있다.

용신이 천간에 투출(透出)하면 발현(發顯)의 기상이므로 두뇌가 명민(明敏)하다. 따라서 용신이 월상(月上) 또는 시상(時上)에 투출하고 관인쌍청(官印雙淸)하거나 재관쌍미(財官雙美)하면 등과(登科)할 수 있다. 만일 용신이 투출되지 않고 지장간(地藏干)에 있더라도 녹왕(祿旺)이나 장생(長生)지에 있어 일간에 유정(有情)

하면 좋다. 또한 일간이 태왕하나 수기(秀氣)가 청(淸)하거나, 탁기(濁氣)가 있으나 제화(制化)되어 청(淸)하게 된 사주도 등과지명이 될 수 있다.

## 8. 수재지명(秀才之命)

공부를 많이 하여 박학다식(博學多識)하지만 공명(功名)에 뜻이 없거나 또는 뜻은 있지만 시험에 합격하지 못하여 언론계, 사상계, 교육계, 예술계, 문학부문 등 지식계층(知識階層)에 자리하여 여론(輿論)을 주도하거나 사회의 비판세력(批判勢力)으로 일정한 지분을 가지고 있는 층이다.

(1) 청(淸)한 중에 탁기(濁氣)가 있다.

(2) 관성불기(官星不起)하거나 대운(大運)에서 청기가 파극(破克)된 명

(3) 용신이 혹 무력하나 유정하고, 재성이 무력하다.

(4) 용인(用印)할 때 인성이 유기(有氣)하나 관살이 무력하면 청빈하나, 인성이 무정하고 재성이 유정하면 탐욕이 있다.

(5) 신왕하여 재관(財官)을 쓰는데 재관이 무력하면 한사(寒士)에 불과하다. 관이 멀리 있어 무정하고, 재가 일간에 유정하면 유부(有富)나 무귀(無貴)하고 다시 재가 파극되면 빈천하게 된다.

# 9. 이로공명(異路功名)

이로공명은 학문이 부족하여 국가시험 등에 합격하지 못하므로 다른 길로 성공하는 것을 말한다. 예컨대 선거(選擧)를 통하여 공명을 얻거나 역학(易學)이나 기예(技藝), 서화(書畵) 또는 무직(武職)이나 문장(文章)등으로 이름을 얻는 경우이다.

흔히 사주에 용신(用神)이 없거나 있어도 무기(無氣) 무정(無情)하여 희신(喜神)이 용신을 대신하는 경우에 이로공명이 많다. 즉 조후 때문에 병화(丙火)를 써야 하는데 정화(丁火)를 쓴다거나, 소토(疎土)를 위하여 갑목(甲木)을 써야 하는데 을목(乙木)을 쓰는 경우이다. 이러한 경우는 청기(淸氣)가 부족한 것이니 국(局)이 길(吉)하여도 이로공명하는 경우가 많다.

# 10. 종교가(宗敎家)의 사주

토(土)는 신앙(信仰)을 의미하니 사주에 토가 왕성하면 신앙심이 두텁고 성직(聖職)에 종사하게 된다. 사주가 순수한데 용신 및 희신이 약(弱)하면 종신 속세를 떠나 종교에 전심한다.

술해(戌亥)는 천문(天門)이니 지지에 술(戌) 및 해(亥)가 있고 극, 해, 공망이 있으면 종교가가 되며, 사주에 청기(淸氣)가 있으면 종교가로서 명성을 떨친다. 상관(傷官)이 왕하고 일간 역시 왕하면 고명한 종교가가 될 수 있다.

## 11. 예술가(藝術家)의 사주

(1) 식신 또는 상관이 왕성하다.

(2) 관살이 약하고 인성이 왕성하다.

(3) 갑을(甲乙)일간이 하절(夏節)에 생하고, 병정(丙丁)일간이 춘절(春節)에 생하면 목화통명(木火通明)이라하여 예술적 재능이 비상하다.

(4) 경신(庚辛)일간이 동절(冬節)에 생하면 금백수청(金白水淸)이라 하여 문학적 소질이 많다.

## 12. 연예인(演藝人)의 사주

연예인이란 영화배우, 탈렌트, 연극배우, 가수 등이다.

(1) 용신이 천간에 투출한 명

(2) 식상이 용신이거나 식상격 등 수기(秀氣)의 유통(流通)이 좋은 명은 총명하고 두뇌가 명민하여 다재다능(多才多能)하다.

(3) 청(淸)한 가운데 탁기(濁氣)가 있는 명으로 관성불기(官星不起)한 명

## 13. 기타

◎ 인수가 용신인 사람은 길러내야 한다. 고로 교육자가 많으며 정

치인도 많다.

◎ 연지(連支)인수(연월일시에 인수) : 대학총장, 정치가에 많다.

◎ 정치인들의 사주는 인수, 상관, 편관이 발달하였다.

◎ 인수성국(印綬成局)인 사주 중에 교육계, 언론계, 정계(政界)의 지도자가 많다.

◎ 관인이 상생하면 정치, 관직(官職)에 적합하다.

◎ 관이 강하고 인수가 약하면 : 인수쪽으로 간다.

◎ 관이 약하고 인수가 강하면 : 관쪽으로 간다.

◎ 일간이 갑을(甲乙)이나 무기(戊己)인 사주중에 교직자(敎職者)가 많다.

◎ 사주원국에 삼형(三刑)이 있으면 기술직 계통에 많이 간다. 그러나 사주원국이 좋고 대운이 좋으면 법관, 군인, 경찰 계통에 진출하여 형권(刑權)을 장악한다.

◎ 용신이 왕하고 일간 또한 왕하면 자립하여 사업을 하여도 좋다.

◎ 신왕살왕(身旺殺旺) : 무직, 법조계, 의사, 권력고관, 정치인

◎ 신왕재왕(身旺財旺) : 사업, 실업가

◎ 재다신약(財多身弱), 군겁쟁재(群劫爭財)는 사업은 않된다.

◎ 사주에 인성이 없으면 도장이 없는 격이므로 재산을 지킬 수 없다.

◎ 신살상정(身殺相停)한 명(命)과 일장통수격(一將統帥格)은 상급

◎ 진용(眞用)이 없고 희신을 대용(代用)하는 명은 중.하급

◎ 신약(身弱)하나 용왕(用旺)하면 과단용단하니, 용신이 유정(有情)하면 상등급

◎ 탁기가 중하여 유병무약(有病無藥)이면 하급

◎ 종살격(從殺格)에 (비겁·식상)의 탁기가 있거나, 종아격(從兒格)에 관인(官印)의 탁기가 있으면 하급, 탁기가 제화(制化)되면 상등급

◎ 병(兵) 형(刑) 의약(醫藥) 등 생살지권(生殺之權)은 과단(果斷) 용단(勇斷)하는 기질이 있어야 하니 반듯이 청(淸)한 가운데 탁기(濁氣)가 있어야 한다.

◎ 병형지명(兵刑之命)은 관성(官星)이 유리회(有理會)하고 의사지명(醫師之命)은 관성불기(官星不起)한 명이다.

◎ 수(水)가 필요한 사주는 수산업이나 음식점 등 물과 관계되는 업종이나 접객업, 운수업 등 유동사업도 좋다.

◎ 불(火)이 필요한 사주는 화학, 컴퓨터, 전기, 전자, 교육, 문화, 예능

◎ 금(金)이 필요한 사주는 금속, 기계, 공업, 경찰, 검찰, 수사

◎ 토(土)가 필요한 사주는 농업, 식품, 중개업, 종교, 골동품, 토목사업 등의 직업을 갖어야 한다.

◎ 목(木)이 필요하면 목재, 약재, 자연과학, 목공, 가구 등의 업종에 종사하면 길하다.

# 제14장. 육친론(六親論)

육친이란 부, 모, 처, 자, 형제와 자신을 말한다. 명리학에서 육친은 육신(六神)으로 표시한다. 즉 일간이 갑목(甲木)이라면 갑목을 생하는 계수(癸水) 즉 인수를 모(母)로 보고, 계수와 간합하는 무토(戊土) 즉 편재를 부(父)로 본다. 그것은 간합(干合)을 배합(配合) 즉 결혼으로 보기 때문이다. 일간인 갑목(甲木)과 간합하는 것은 기토(己土) 즉 정재이므로 정재는 처(妻)가 된다. 기토(己土)가 여자이면 갑목(甲木)은 남편이 되므로 정관이 남편이다. 여자는 자식을 낳으므로 식상(食傷)이 자식이 되고, 남자는 자식에게 규제(規制)를 받음이 많으니 남자에게는 관살이 자식이 된다. 또한 오행상 동기(同氣)인 비견 및 겁재는 형제(兄弟)가 된다.

육친을 육신으로 표시하지만 또한 위치에 의하여 표시를 한다. 즉 지지가 육신의 궁이니 지지의 위치에 의하여 육신을 판별한다.

년주(年柱) : 조부모 등 조상

월주(月柱) : 부모, 형제

일주(日柱) : 일주 중 일간(日干)은 자신, 일지(日支)는 배우자

시주(時柱) : 자식 등 자손


　육친의 길흉을 판단하는 방법은 육친을 표시하는 육신의 희기(喜忌) 왕쇠(旺衰)와 육신궁인 지지에 들어 있는 육신의 희기 왕쇠에 의하는데 두가지 방법을 종합하여 정한다. 대체로 먼저 지지(地支)를 보고 다음에 해당하는 육신(六神)을 본다.


◎ 년월주에 길신(吉神)이 있으면 부귀가문(富貴家門)의 출신으로 초청년운이 길하고, 일시에 기신(忌神)이 있으면 부부 자손궁이 불길(不吉)하고 또 장.말년운이 불길하여 본인의 대(代)에 빈한하게 된다.

◎ 년월에 기신(忌神)이 있고 일시에 길신(吉神)이 있으면 빈한가의 출신이나 자수성가(自手成家)하게 된다.

◎ 년월주에 길신이 있고 초운(初運)이 흉하면, 비록 명문가의 출신이나 부모운이 불길하여 초년에 곤고(困苦)함이 많다.

◎ 년월에 기신이 있고 초운이 길(吉)하면 비록 빈천가의 출신이나 부모운이 여의하여 유업이 풍족할 것이다.

◎ 년월에 기신이 있고 초운 또한 흉하면 부모와 조별하며 초년에 곤고할 것이다.

◎ 년주가 길신이고 월주가 기신이면 선조는 부귀하였으나 부대(父代)에 파가(破家)하거나 불길하였다.

◎ 년주가 기신이고 월주가 길신이면 선조는 빈한하였으나 부대(父代)에 번영하게 된다.

◎ 중첩(重疊)된 육신은 그 육신이 많은 상이다. 길흉은 그 육신의 명(命)중 희기(喜忌)에 의한다. 예컨대 재성이 천간 또는 지지의 묘고(墓庫)에 중첩하면 다처지상(多妻之象)으로 유첩(有妾)하거나 재혼(再婚)하는 경우가 많다.

◎ 길신이 유기(有氣)하면 그 길신의 육신에 해당하는 육친이 유력(有力)하다. 길신이 무력하면 길신에 해당된 육친이 무능(無能)하거나 병약(病弱)하다.

◎ 사주에 없는 육신은 그 육신에 해당하는 육친이 무력(無力)하거나 무능(無能)을 의미한다. 그렇지 않으면 다른 육신으로 전이(轉移)하여 자기 역할이 아닌 다른 육신의 역할을 한다고 본다. 예컨대 남명(男命)에 편재(偏財)는 부(父)인데 편재가 없는 경우의 길흉판단은 첫째, 부(父)의 힘이 없다. 둘째는 재(財)가 관(官)으로 가서 관(官)의 역할을 한다고 판단하여야 한다.

◎ 대체로 종격(從格)은 부모 형제 무덕(無德)하여 고아(孤兒)인 경우가 많다.

# 1. 조상(祖上)

조상은 부모의 부모이니 육신으로 보면 관살(官殺)이 이에 해당된다. 또한 자리의 궁으로 보면 연주(年柱)가 조상의 자리이다. 일지가 나 자신(自身)이고 년월주가 나의 년장(年長)이니, 조상을 보려면 년월주에 있는 관살(官殺)을 보아야 한다.

1) 년상(年上)에 재, 관, 인수 그리고 년지(年支)에 천을귀인이 있으면 조상이 부귀했으며, 년지에 제왕(帝旺)이 있으면 명문집 자손이다.
2) 년상(年上)에 편관, 겁재, 편인 등 명국이 꺼리는 것이 있으면 조상이 미미했으며 년지(年支)에 양인, 사.묘.절 또는 형충이 있으면 조상덕이 없다.
3) 년간(年干)이 천을귀인 또는 장생을 만나면 조상에게 영화(榮華)가 있었다.
4) 년월주에 있는 정관이 희신이면 조부모가 부귀했다.

# 2 부모(父母)

사주에서 부모는 년월주(年月柱)와 인수, 편재를 보고 안다. 년월은 나의 년장(年長)이고, 인수는 모(母), 편재는 부(父)가 되기 때문이다. 나를 낳은 자는 모(母)와 부(父)이니 대체로 사주에서 부모덕의 유무는 년월주(年月柱)와 인수의 사주상에서의 역할에 의하여 알 수 있다.


◎ 정관, 재성, 인수가 년월주에 있고 이것이 길신이며, 초년의 대운 및 세운이 길하면 부모덕이 있다.

◎ 인수가 천간에 투출하여 일간을 생조하면 부모덕이 있다.

◎ 신약에 일간이 년월에 통근(通根)하면 부모덕이 있다.

◎ 년월이 용신, 희신이면 부모덕이 있다.

◎ 년월주에 인수와 관살이 상생하고 일시에 상관과 재성이 없으면 부모덕이 있다.

◎ 년주에 재성, 월주에 인수, 시주에 관살이 있을 때 인수가 길신이면 부친이 자수성가한 사람이다.

◎ 월간(月干)에 부성(父星, 신약이면 인성, 신왕이면 재성)이 있으면 부(父)가 정위(正位)에 앉은 것이므로 유정(有情)하다. 다시 유기(有氣)하면 부(父)가 유력(有力)하여 부귀하고 덕이 있다. 그러나 무기(無氣)하면 무능(無能)하여 미천하게 되고 다시 파극되면 조별한다.

◎ 월간(月干)에 기신(신약에 재성, 신왕에 비겁 등)이 있고 부성(父星)이 무정하면, 부(父)가 정위(正位)를 지키지 못한 것이니, 부(父)가 덕이 없고 오히려 해(害)를 끼치게 된다. 그러나 월간의 기신이 제화(制化)되거나 부와 별거(別居)하면 무해하게 된다.

◎ 월간의 기신(忌神)이 제화(制化)되고, 용신이 왕하여 일간에 유

416

정(有情)하면 부덕(父德)이 많다.

◎ 인수가 약하고 재가 강하거나, 인수가 용신과 상극되거나, 월지에 있는 인수가 형충되면 부모덕이 없다.

## 3. 형제(兄弟)

형제는 비겁(比劫)이니 형제의 길흉은 비견 겁재와 월주(月柱)의 동태(動態)에 의하여 판단한다. 비견 겁재의 희기(喜忌)와 왕쇠(旺衰)가 주요점이다.

◎ 비겁이 용신이나 희신에 해당하면 형제의 우의(友誼)가 좋고 다시 건왕(健旺)하면 형제가 유력하고 유덕하다. 그러나 무기(無氣)하면 형제가 무력하다.

◎ 재와 식상이 태왕할 때 비겁이 부조(扶助)해주면 형제의 덕이 크다.

◎ 신약(身弱)사주에 재성이 관살을 생조할 때 비겁이 재를 억제하고 일주를 생조해주면 형제덕이 있다.

◎ 신약(身弱)이라도 월지(月支)에 인수가 있으면 형제가 많다.

◎ 비겁이 흉신이면 형제덕이 없으며 형제간에 우애(友愛)가 없다.

◎ 군겁쟁재(群劫爭財)가 되면 형제 친우간에 재산분쟁(財産紛爭) 등으로 패가망신을 하게 된다.

◎ 관살이 경미하고 식상이 왕한데, 비겁이 있어 식상을 생하면 형

제로 인하여 큰 피해를 입는다.

◎ 관살만 왕성하고 인성이 없는 사주는 형제덕이 없다.

◎ 신왕인데 다시 인성이 있거나, 비겁이 왕성한데 관살이 없으면 형제가 없거나 형제덕이 없다.

## 4. 자식(子息)

사주에서 자식을 표시하는 육신은 남녀(男女)에 따라 다르다. 남자에게는 관살(官殺)이 자식이고, 여자에게는 식상(食傷)이 자식이 된다. 그것은 남자에게 처는 재성(財星)인데 처가 생하는 것이 자식이고, 재가 생하는 것이 관살(官殺)이기 때문이다. 여자는 자기가 낳은 것이 자식이므로 식상(食傷)이 자식이다. 나를 극(剋)하는 것이 어떻게 자식이 되느냐고 하겠지만, 다른 무엇보다도 자식에게 규제(規制)를 많이 받는 다는 것은 인생을 살다보면 누구나 깨달을 것이다. 즉 자식을 위하여 열심히 일을 하고, 자식에게 모범을 보이려고 노력하는 것이 부모의 마음이다.

여자만 자식을 생하는 것이 아니고 남녀(男女)가 공동으로 생산한 것이므로 남자도 식상(食傷)을 자식으로 보는 경우도 있다. 또한 용신(用神)을 자식으로 보기도 하나 이 경우는 대체로 관살이나 식상이 없는 경우에 한한다.

자식덕(子息德)의 유무는 관살과 식상 등의 희기(喜忌) 왕쇠(旺衰)관계와 시주(時柱)의 동태(動態)여하에 의한다. 남자는 먼저 시주(時柱)를 보고 다음에 관살(官殺)을 볼 것이며, 여자는 먼저 시주(時柱)를 보고 다음에 식상(食傷)을 보아야 한다. 남자의 경우에 관살이 없으면 식상(食傷)을 참작하고, 여자의 경우에 식상이 없으면 희용신(喜用神)을 참작한다.

◎ 시주(時柱)에 재성(財星)이 있으면 자녀가 효순하고, 정관(正官)이 있으면 용모가 단정하고 총명하며 현효(賢孝)한다.

◎ 시주에 관살이 있고 월주에 재성이 있고 신왕이면 자식이 효도하며 자식덕이 크다.

◎ 일간이 왕(旺)하고 관살이 생왕(生旺)되며, 식상에 의하여 파극 또는 형충되지 아니하면 자식이 효순현량(孝順賢良)하고 자손이 크게 번영한다.

◎ 화토(火土)상관에 조후를 위하여 관살이 필요할 때 시상(時上)에 관살이 투출하면 자식덕이 크다.

◎ 일간이 쇠약하고 시주(時柱)에 비견 또는 겁재가 있으면 자식복이 많다.

◎ 일간이 왕하고 인성이 없으며 식상(食傷)이 있으면 자식이 많다.

◎ 일간이 왕하고 식상이 경미하고 인성이 있더라도 재성이 왕하면 자식이 많고 부귀한다.(재성이 식상을 통관하고, 인성을 극하여 식상을 보호하므로)

◎ 일간이 왕하고 인성이 없으며 식상이 경미한데 관살이 있으면

자식이 많다.

◎ 용신이 시지(時支)에 통근하면 자식이 많으며 체격이 크고 말년(末年)에 효양을 받게 된다.

## 1) 자녀(子女)의 수(數)

자녀의 수를 추정하는 방법은 여러가지가 있다. 그것은 역설적으로 그 만큼 정확한 판단방법이 없다는 것을 말하는 것이다. 특히 인위적인 산아제한(産兒制限)으로 말미암아 자녀의 수가 2인도 안 되는 작금의 상황에서 자녀수(子女數)의 판단은 무의미하게 보인다. 그러나 남아선호(男兒選好)사상이 아직도 상존해 있는 것이 현실이고 보면 자(子)의 유무(有無)와 다소(多少)의 여부는 관심사가 아닐 수 없다.

많이 쓰는 방법 중에 장생론법(長生論法)이 있다. 이것은 시지(時支)를 관살(官殺)과 대조하여 시지가 관살의 12운성 중의 무엇에 해당하느냐에 따라 추정하는 방법이다. 관살(官殺)이 일간의 자식에 해당하기 때문인데, 여자의 경우에는 식상이 자식이므로 식상(食傷)을 시지(時支)와 대조하여 판단하는 것이 합리적이다. 여기서 말하는 자식의 수는 부모의 임종(臨終)에 있을 자식의 수를 말하며 관살은 양간(陽干)만을 쓴다. 즉 일간이 갑(甲)이나 을(乙)이면 모두 관살을 경금(庚金)으로 보고 경금과 시지를 대조하여 12운성을 찾아 판단하면 된다. 이 방법에 의하면 최다 5자뿐이다. 고로 정확한 방법이 아닌 것이 확실하므로 참고로 보아야 한다.

장생(長生) - 사자(四子)이나 중순(中旬)이후는 반감된다.

목욕(沐浴) - 이자(二子)이나 중순이후는 반감한다.

관대(冠帶) - 삼자(三子)

건록(建祿) - 삼자(三子)

제왕(帝旺) - 오자(五子)

쇠(衰) - 이자(二子)

병(病) - 일자(一子)

사(死). 묘(墓) - 무자(無子)

절(絶) - 일자(一子)

태(胎) - 딸뿐이다

양(養) - 삼자(三子) 중에 일자(一子)만 남는다

또 다른 방법이 있다. 용신(用神)을 기준으로 하여 만약 용신이 갑(甲)이면 3이요, 을(乙)이면 8이요, 병(丙)이면 7이요, 정(丁)은 2요, 무(戊)는 5, 기(己)는 10, 경(庚)은 9, 신(辛)은 4, 임(壬)은 1, 계(癸)는 6이다.

또한 용신이 건왕(健旺)하면 다자(多子)하나, 용신이 쇠약(衰弱)하면 자소(子少)한다. 용신이 쇠약(衰弱)하고 탁기(濁氣)가 중하거나, 진용(眞用)이 없고 희신을 대용(代用)하는 명은 女多 子少之命으로 多女 후에 생남(生男)함이 많다.

◎ 여명으로 양(陽)간지가 많으면 대개 다남(多男)하고, 음간지가 많으면 다녀(多女)한다. 또한 여명의 양팔동은 다녀(多女)나 무자(無子)하고, 여명의 음팔동은 생남(生男)한다.

◎ 식상 또는 관살이 중(重)할 때는 남녀 공히 인성위자(印星爲子)하니 인성유기(印星有氣)하면 자소(子少)하나 귀현(貴顯)하고, 인쇠(印衰)하면 여다자소(女多子少)하고 다녀(多女)후에 생남(生男)한다.

◎ 재다신약(財多身弱) 등 비겁을 용(用)할 때는 남녀 공히 비겁위자(比劫爲子)하니, 비겁이 건왕하면 다자(多子) 다능(多能)하나, 비겁이 쇠약하면 여다(女多)자소(子少)하고 다녀(多女)후에 생남(生男)한다. 만일 초산에 생남(生男)하면 부부간에 생사별 등의 문제가 발생한다.


## 2) 자식덕 없는 명

◎ 관살이 기신(忌神)에 해당되거나, 관살이 없을 때는 식상(食傷)이 기신에 해당되는 것. 또한 식상이 인성에 의하여 파극(破剋)되면 자식복이 없다.

◎ 시지(時支)가 형, 충, 파, 해되면 자식과 이별하는 수가 있다.

◎ 기신인 편인(偏印)이 시주(時柱)에 있으면 자녀의 성질이 나쁘거나, 심하면 극자(剋子)한다.

◎ 식신이 편인(偏印)에 의하여 파극(破剋)되면 자녀의 신체가 왜

소하거나 수척하다.

◎ 지지에 있는 관살(官殺)이 합(合)이 되면 여식의 품행이 좋지 못하다.

◎ 일간이 약하고 재성 및 관살이 태왕하면 자식이 없다.

◎ 일간이 약하고 관살이 중하고, 인성이 있으나 다시 재성을 만나면 자식이 없거나 있더라도 부모에게 불효한다.

◎ 일간이 약하고 관살이 중하고, 재성이 극히 미약하고 인성이 있으면 아들은 적고 딸이 많다.

◎ 일간이 약하고 편관이 중하고 식상이 미약하나 비겁이 있으면 아들이 적고 딸이 많다.

◎ 일간이 약하고 식상과 관살이 있고 비겁이 없으면 아들이 없다.

◎ 일간이 약하고 식상만 태왕하고 인성이 없으면 아들이 없다.

◎ 일간이 약하고 식상이 왕성하고 인성이 있으나 다시 재성을 만나면 아들이 있더라도 없는 것보다도 못하다.

◎ 가종격(假從格) 특히 정격(正格)과 종격(從格)의 분별이 모호한 명은 자식이 없다.

◎ 여명의 양팔동, 남명의 음팔동은 자식이 없다. 그러나 조후가 되면 생남(生男)한다.

◎ 화염토조(火炎土燥), 금한수냉(金寒水冷), 토금습체(土金濕滯)인 명은 자식이 없다.

◎ 병중(病重) 무약(無藥)한 명은 자식이 없다. 즉 비겁이 태왕하나 식상이 없어 수기(秀氣)가 불통(不通)되는 명. 또는 인중무재

(印重無財). 살중무인(殺重無印). 상중무인(傷重無印) 명. 희신(喜神) 대용(代用)하는 명은 대개 다녀(多女)후에 생남(生男)하나 용약(用弱)하면 무자지명(無子之命)이다.

◎ 길운(吉運)에 생남(生男)한다. 길운에 생녀(生女)하면 비록 딸이라 할지라도 효심(孝心)이 깊다.

◎ 자녀의 사주에 부모(父母)의 희용(喜用)이 되는 오행이 왕하면 그 자녀가 출생후에 부모가 이롭게 된다.

## 5. 처(妻)

'재성위처(財星爲妻)하고 희신위처(喜神爲妻)한다' 라고 서(書)에 이르니, 이 말은 처는 재성(財星)의 희기(喜忌)를 위주로 하되, 재성이 없거나 있더라도 용신이나 기신이 될 때는 희신(약신)으로 처의 길흉을 겸하여 본다는 것이다. 또한 일지(日支)가 배우자 자리이니 재성(財星)이나 희신(喜神)뿐만 아니라 일지(日支)의 동태를 잘 살펴야 처의 길흉을 판단할 수 있다. 대개 처의 길흉은 먼저 일지(日支)를 보고 다음에 재성(財星)과 희신(喜神)을 본다.

재가 처성(妻星)이며 정재(正財)가 본처이고, 편재(偏財)가 첩이 되나, 정재가 없고 편재만 있는 사주는 편재를 정재로 간주한다. 사주가 중화(中和)되고 희용신(喜用神)이 유기(有氣) 유정(有情)하며 격국이 청(淸)하면 좋은 명(命)이라, 처 또한 아름답고 현명(賢明)하다. 특히 처의 길흉은 재성(財星)의 청탁(淸濁)과 왕쇠(旺

衰)가 중요하다.

　재청(財淸)이란 재성이 길신(吉神)으로 출현(出顯)하고 일간 또는 용신에 인접(隣接)하여 있는 것을 말한다. 즉 인중용재격(印重用財格)에 재성이 일간에 인접(隣接)해 있거나, 관살을 쓰는데 식상이 있을 때 재성이 관살에 인접하여 식상을 유통(流通)하여 주는 경우 등을 말한다. 재가 청(淸)하면 현처(賢妻)를 얻고 처덕(妻德)으로 발영(發榮)하게 된다. 그러나 재성이 무기(無氣)하면 처가 병약(病弱)하고 다시 파극되면 현처를 극하고 빈한하게 된다.


◎ 천간에 정.편재가 모두 투출하여 혼잡(混雜)하면 이처지상(二妻之象)이다. 만일 편재(偏財)가 녹왕지나 일지에 있고, 정재가 휴수지(休囚地)에 있으면 첩이 처위(妻位)를 차지하거나 재혼(再婚)하게 되고, 반대로 정재(正財)가 왕하거나 일지(日支)에 있으면 혹 외정이 있다고 하더라도 정처(正妻)를 애호(愛護)한다.

◎ 편재가 천간에 있는데 정재운(正財運)이 오는 경우 등 행운에서 정편재가 혼잡될 때 외정(外情) 등 여자문제가 발생한다. 특히 재성이 탁기(濁氣)로 정편혼잡(正偏混雜)될 때 여자 또는 금전문제로 인해 관재구설(官災口舌)이 생기거나 극처(剋妻)한다.

◎ 천간 비겁(比劫)의 좌하(坐下)에 재성(財星)이 있으면 남녀 삼각관계 등 부부간에 변화가 일어나기 쉽다. 특히 신왕(身旺)명이 이와 같으면 부부 생사별한다. 비겁(比劫)은 동료 또는 동배가 되고 또 탈재지신(奪財之神)이 되는 연고이다.

◎ 일간이 재성(財星)과 합(合)되는 경우, 재성이 무기(無氣)하거나 탁기(濁氣)가 되면 쓸모없는 재물(財物)과 주색(酒色)을 탐하는 상이다. 그러나 일간이 중화(中和)되면 정도(正道)를 지키고, 신왕명에 재성이 유기(有氣)하면 재래취아(財來就我)라 하여 재물과 여자가 스스로 따라온다.

◎ 남자가 음(陰)일주로 신약하면 가권(家權)이 처에게 있고, 여자가 양(陽)일주로 신왕하면 중년 후 부부 생사별하는 경우가 많다.

◎ 일주가 2개의 재성(財星)과 투합하면 이처지상(二妻之象)이요, 비견과 함께 한 개의 재성을 쟁합(爭合)하면 삼각관계가 발생하기 쉽다.

◎ 일주(日柱)가 교중(交重, 일주가 갑자이면 다시 갑자가 있는 경우)되면 특히 년주(年柱)와 교중되면 전지살(剪支殺)이라 하여 부부간에 정애가 없고 일차 변동수가 있다.

◎ 재성이 길신으로 명(命) 중에 없으면 처가 완고하거나 우매하고 미현(美賢)이면 극처(剋妻)한다.


## 1) 처덕(妻德)있는 사주

◎ 재성이 용신 또는 희신이면 처덕이 있다.

◎ 재성과 길신이 서로 상극되지 아니하여도 처덕이 있다.

◎ 신왕사주에 약관(弱官)이면 재생관(財生官)하여 처덕이 있다.

◎ 신왕사주에 관살이 약하고 식상이 왕성한 경우 재성이 식상을

재(財)로 화(化)하게 하면 처덕이 있다.

◎ 인성이 중첩된 사주에 재성이 있으면 처가 현숙(賢淑)하며 처덕이 있다.

◎ 재성이 약하고 비겁이 왕성한 경우 식상이 생재(生財)하거나, 재성이 왕성하고 신약인 때 비겁이 있으면 처덕이 있다.

◎ 사주에 비겁이 많더라도 재성이 지지(地支)에 심장(深藏)되어 있으면 처가 양호하다. 지지에 심장되어 있다는 것은 진.술.축.미의 지장간(地藏干)에 있음을 말한다.

◎ 일지(日支)에 길신이 있으면 처덕이 있다.

## 2) 처덕(妻德)없는 사주

◎ 재성이 기신(忌神)이거나, 희신 또는 재성이 파극(破剋)되면 처덕이 없고 이별할 수가 있다.

◎ 재성이 경하고 관살이 없으며 비겁이 많으면 극처(剋妻)한다.

◎ 신약에 재성이 왕성하고 비겁이 없어도 극처한다.

◎ 재성이 없고 비견과 양인이 많으면 이별한다.

◎ 신약(身弱)에 관살이 왕한데 재성이 관살을 생하면 처(妻)로 인하여 화를 당한다.

◎ 관살이 많고, 인성이 있으나 재성에 의하여 파극되면 처가 누추(陋醜)하거나 처로 인하여 화(禍)를 당한다.

◎ 사주에 간합(干合)이 많으면 처연(妻緣)이 반드시 변한다.

◎ 일반적으로 재성이 왕성하여 길신인 인성을 파극할 때는 처로 인하여 손재(損財), 상신(傷身) 등을 당하는 경향이 있다.

◎ 재성이 미약한데 비겁 또는 양인 등에 의하여 파극될 때는 상처(喪妻)하는 경향이 있다.

## 3) 축첩지명(蓄妾之命)

명리학이 성립되던 초창기부터 근대초까지만 해도 축첩(蓄妾)이 예사였고 또한 축첩을 인정하였다. 그러나 지금은 대부분의 국가에서 일부일처(一夫一妻)제를 채택하고 이혼제도 등 가족법(家族法)이 잘 정비되어 굳이 축첩을 할 필요가 없게 되었다. 따라서 여기에서 말하는 축첩지명은 축첩뿐만이 아니고 음란(淫亂), 방탕(放蕩)을 포함하여 넓게 해석하여야 한다.

◎ 정재와 편재가 모두 있을 때, 특히 천간(天干)에 투출하면 첩이 있거나 재혼(再婚)한다. 정재가 왕성하고 편재가 미약하면, 첩을 오래 두지 못하거나 첩과의 관계가 밀접해지지 못한다. 반대로 정재가 미약하고 편재가 왕성하면 첩이 본처보다 더 성하여, 본처의 입장이 가정내에서 미약해지거나 심하면 본처와 이혼(離婚)하고 첩과 동거(同居)하게 된다.

◎ 사주에 재성이 많고 신약이면 첩을 둔다.

◎ 식신이 많으면 음탕하다.

◎ 인성이 많으면 다음(多淫)하고, 인성과 재성이 혼잡되어 있으면 방탕한다.

◎ 일지와 시지에 도화(桃花)가 있으면 풍류를 좋아하고, 호색다음(好色多淫)한다.

◎ 지지에 육합이 많으면 음천(淫賤)하다.

◎ 사주의 대부분이 수기(水氣)로 되어 있으면 음란(淫亂)하다.

◎ 사주에 정임(丁壬)의 간합(干合)이 여러개 있으면 음란하다.

## 4) 일지(日支)와 처명(妻命)

재성이 처성이므로 처의 길흉은 재성의 희기(喜忌)에 의하여 판단한다. 또한 일지(日支)는 배우자의 자리이므로 일지를 보고 처의 길흉을 알 수 있다. 일지(日支)의 희기(喜忌)와 왕쇠(旺衰) 그리고 충합(沖合) 등의 동태(動態)를 잘 살펴 판단하여야 한다. 일반적으로 처의 길흉은 먼저 일지(日支)를 보고 다음에 재성(財星)을 본 다음 종합적으로 판단한다.

◎ 일지가 길신이면 부부의 정애(情愛)가 깊고 내조(內助)의 덕이 있다.

◎ 일지가 기신이면 처가 완고(頑固)하거나 오만(傲慢)하며 처로 인하여 화(禍)를 당한다.

◎ 일지에 재성이 암장되고 일간과 암합되면 유첩(有妾)하는 등

탐재심(貪財心)이 많다. 즉 임오(壬午) 일주이면 임(壬)수가 오(午) 중의 정(丁)화 재성과 암합이 된다.

◎ 일지가 역마 즉 인신사해(寅申巳亥)이거나 충동(沖動)되면, 여행중(타향)이나 또는 타향인과 인연을 맺게 되거나, 처가 동분서주하여 가정을 이끌어 나가는 경향이 있다.

◎ 일지가 도화 즉 자오묘유(子午卯酉)이면 연애결혼하거나 화류계 여성과 결혼하는 경향이 많다.

◎ 병술(丙戌), 임진(壬辰) 등 일지가 자고(自庫)인 경우, 신왕하면 처가 현숙하나, 신약하면 처가 완고하거나 우매하다.

# 제15장. 여명론(女命論)

　자고로 여자와 남자는 분별(分別)이 있으니 남자는 주로 외부활동(外部活動)을 하고 여자는 가사(家事)를 한다. 여자는 배우자(남편)에게 예속되어 부(夫)의 길흉이 자기의 운명을 좌우하지만, 남자의 경우는 다르다.

　위와 같은 남자와 여자의 차이 때문에 여자의 사주를 보는 방법은 전통적으로 남자의 것과는 달랐다. 그러나 개화(開化)된 오늘날에는 남녀평등(男女平等)의 사회적 환경에 따라 여성의 사회적 진출(社會的 進出)이 활발하고 여성이 경제적으로 독립함으로서 부(夫)에 의존하는 예전의 관념이 달라지게 되었다.

　그러므로 여자의 사주도 남자의 사주와 동일하게 보아야 한다. 생극제화(生剋制化)가 잘 되어 중화(中和)되어야 수복(壽福)이 있으며 청순(淸純)해야 존귀하다. 다만 남자의 간명법(看命法)과 다른 점은, 남자의 사주는 용신과 처(妻)를 동일시하지 아니하는데 반하여, 여자의 사주에서는 남편(男便)과 용신(用神)을 동일시하며, 남자사주보다 훨씬 더 중화(中和)될 것을 요한다는 점이다. 그 이유는 일간(日干)은 용신(用神)에 의지하고, 여자는 남편에게 의지함이 많기 때문이다.

여자의 사주에서 남편은 관살(官殺)이다. 정관이 정부(正夫)이고 편관이 편부(또는 情夫)이다. 그러나 편관(偏官)이 홀로 천간에 투출해 있을 때는 편관을 정부(正夫)로 한다. 또한 일지(日支)가 배우자자리이므로 일지의 동태 역시 관찰하여야 한다. 그러므로 여자의 사주에서 남편의 길흉을 판단하는 방법은 관살(官殺)과 용신(用神) 그리고 일지(日支)의 동태를 잘 살펴 신중하게 판단하여야 한다.

# 1. 격국의 청탁(淸濁)

여성사주의 청탁(淸濁), 순잡(純雜) 등의 차이에 따라 남편의 빈부(貧富)여하가 구분되니, 사주가 중화(中和)되고 맑으며 순수하면 복인(福人)이라 남편 또한 덕이 있다. 희용신(喜用神)이 유기(有氣)하고 유정(有情)하며 연연 상생(相生)하면 역시 복이 있으니 부영자귀(夫榮子貴)하여 영화를 누리게 된다.

그러나 사주가 중화되지 못하고, 희용신이 기신(忌神)에 의하여 극파(剋破)되어 사주가 맑지 못하고 탁(濁)하면, 천인(賤人)이니 남편 또한 덕이 없다. 화염토조(火炎土燥), 금한수냉(金寒水冷), 부기태과(浮氣太過) 그리고 일간이 태왕(太旺) 태약(太弱)하여 정격(正格)과 종격(從格)의 분별이 어려울 때 등은 육친무덕(六親無德)한 사주이니 극부(剋夫) 무자(無子)하거나 음란(淫亂)하다. 혹 기생이나 첩이 되기도 하고 중혼(重婚)하는 경우도 있으나 결국 고고(孤苦) 빈한(貧寒)하게 된다.

여자의 사주는 일간이 왕하면 정신이 밝으며, 일간이 쇠약하면 유약(柔弱) 우둔(愚鈍)하다. 그러나 일간이 너무 강하면 극부(克夫)하고, 너무 약하면 치가(治家)함이 우둔하다. 그러므로 여자사주는 중화(中和)됨이 가장 길하다.

## 2 관살(官殺)의 희기(喜忌)

관살이 부성(夫星)이니 남편의 귀천(貴賤)은 관살의 희기(喜忌)에 달려 있다. 관성이 있으면 관성이 부성(夫星)이지만 관성은 없고 살(殺)만 있으면 살이 부성이다. 또한 무관살하고 유재성이면 재중장관(財中藏官)으로 재성이 부성(夫星)이 된다.

관살이 길신이며 유기(有氣) 유정(有情)하면 남편이 부귀(富貴)하고 복덕이 있다. 그러나 관살이 기신(忌神)이거나 무력(無力) 무정(無情) 또는 관살혼잡(官殺混雜)이 되면 남편덕이 없으며 심하면 극부(克夫)하거나 중혼(重婚)하고 첩이 되기도 한다.

남편은 하나만 있어야 하니 부성(夫星) 또한 관(官)이든 살(殺)

이든 하나만 있어야 한다. 그러나 관살혼잡된 상태에서 거관유살(去官留殺)이나 거살유관(去殺留官)이 되면 오히려 길(吉)하게 된다. 만일 둘 중의 하나를 거(去)하지 못하여 혼잡된 상태라면 재혼(再婚)을 면치 못하게 된다.

◎ 관성은 재(財)가 생하여야 길하므로 재왕생관(財旺生官)이면 남편이 발전한다. 이 때 상관을 보지 않으면 반드시 귀격이 된다.
◎ 여자의 사주에서 가장 길한 것은 식신이 왕하여 재(財)로 화(化)한 것이다. 그리하면 관이 약해지지 않으므로 길하다.
◎ 여자사주에 관성이 귀신(貴神)이면 귀격이므로 부귀의 징조이다. 관성이 합(合)함을 꺼리는데 만일 관성이 합하면 귀(貴)를 망각하는 것이 된다. 그러나 일간(日干)과 합(合)하는 것은 무방하다.
◎ 사주에 비견 또는 비겁이 있고 관살이 있으면 남편이 축첩(蓄妾)한다.
◎ 비겁이 관살과 합(合)이 되거나, 일간이 약하고 비겁이 왕하면 남편이 첩을 정처(正妻)로 삼거나 또는 자신이 첩이 되기도 한다.
◎ 일간이 지나치게 왕성하고 관살이 없든지, 관살혼잡이 되고 사주가 탁하든지, 상관이 태왕한 사주도 첩지명(妾之命)이다.
◎ 관살이 길신으로 일간과 멀리 있어 무정(無情)하면, 남편이 재외(在外, 해외나 타향거주)하거나 유첩(有妾) 등으로 인해 무정(無情)하게 된다.

◎ 관살이 길신으로 유정하나 쇠약(衰弱)하면 남편이 병약(病弱)하거나 무능(無能)하다.

◎ 관살이 기신이면 남편 무덕한 상이니 남편으로 말미암아 해(害)를 당하게 된다.

◎ 신약명에 재성이 관살을 도와 조귀상신(助鬼傷身)하면 돈 벌어주고 뺨 맞는 상으로, 남편과 시부모로 인해 곤고하게 되고, 결국 극부(剋夫)하여 중혼(重婚)하나 고독 불면(不免)한다. 그러나 재관인으로 유통되면 길하다.

◎ 칠살이 만일 양인(羊刃)을 얻었을 경우(예컨대 병화(丙火)가 칠살일 때 오화(午火)가 있다던가, 정화(丁火)가 칠살일 때 사화(巳火)가 있는 경우)에는 남편의 성정이 난폭(亂暴)하다.

◎ 일간과 정관이 상합(相合)의 관계(예컨대 日干이 己土라면 正官은 甲木이며, 甲己는 相合의 관계이다)라면 부부사이가 대단히 좋다. 그러나 만약 쟁합(예컨대 己土일간에 月時 두 군데 모두 甲木이 투출하여 서로 합을 하려고 다투는 상황)이라면 여러 남편을 두는 형상이니 한 남편과는 해로(偕老)하기 어렵다.

◎ 비견이나 비겁이 관성과 합(合)이 되면 남편이 소실(小室)을 두거나 달리 만나는 여자가 있다.

## 3. 용신(用神)의 희기(喜忌)

일간은 용신(用神)에 의지하고, 여자는 남편(男便)에 의지하는 바가 크므로, 여자의 사주에서는 용신(用神)이 또한 남편이 된다. 사주에 관살이 있으면 관살(官殺)을 위주로 하고 용신은 참고하는 정도이지만, 만일 관살이 없으면 용신(用神)을 위주로 남편의 길흉을 판단한다.

◎ 일간이 중화(中和)되고 용신이 유기(有氣) 유정(有情)하면 남편이 유력하고 발전하여 귀(貴)히 된다.

◎ 용신이 희신에 의하여 생조되면 남편덕이 있고, 기신에 의하여 파극되면 남편덕이 없다.

◎ 용신이 쇠약하면 남편이 병약 무능하고 다시 파극되면 극부(克夫)한다.

◎ 용신이 묘고(墓庫)나 여기(餘氣)에 심장(深藏)되면 남편이 발영하기 어려운 상이니 남편이 완고(頑固)하거나 안방군자이다.

◎ 용신이 멀리 있어 무정(無情)하거나 합화(合化) 기신이 되면, 남편이 완고(頑固)하거나 정애(情愛)가 없고 혹 재외(在外)하거나 외정(外情)이 있게 된다.

◎ 용신은 홀로 천간에 투출하여야 하며 상합(相合)하는 것은 불가하다. 만일 기신과 탐합(貪合)하거나 합화(合化) 기신이 되면 남편에게 외정(外情)이 있게 된다.

# 4. 일지(日支)의 희기(喜忌)

◎ 년월(年月)은 조상의 터요, 일시(日時)는 본신(本身)의 터이므로, 희용신이 년월(年月)에 있어서 왕하면 초년(初年)에 친정이 양호하였고, 희용신이 일시(日時)에 있으면 중만(中晚)년에 부귀하며 부가(夫家)가 부(富)하게 된다. 여자는 부(夫)와 자(子)가 중하므로 희용신이 일시(日時)에 있는 것이 가장 길하다.

◎ 일지의 육신이 용신을 생조하면 부덕(夫德)이 있고, 파극하면 부덕이 없다.

◎ 여자는 기(氣)가 고요함을 좋아하니, 형충합(刑沖合)을 싫어한다.

◎ 일지가 기신(忌神)일 때는 충극(沖剋)됨을 기뻐한다.

◎ 일지가 길신으로 충거(沖去)나 합거(合去)되면 부부가 불화(不和) 쟁론(爭論)함이 많다.

◎ 일지가 충(沖)되면 부부 해로(偕老)하기 어렵다.

◎ 일주가 간여지동(干與之同)이면 부부사이가 좋지 않다.

◎ 년주(年柱)의 간지와 일주(日柱)의 간지가 동일(전지살)하면 부부 해로가 어렵다.

# 5. 결혼(結婚)

결혼은 인간지대사라 인생에서 결혼만큼 중요한 일은 없다. 배필을 만나 완전한 인간을 이룸이니 결혼은 제이(第二)의 탄생이다. 길운(吉運)에 양연(良緣)을 만나고 흉운에 악연(惡緣)을 만나니, 길운에 양연을 만나 혼인하여야 한다. 대개는 남편을 표시하는 용신(用神)이 왕성한 대운과 행운 또는 관살(官殺)이 왕성하는 대운과 행운에 결혼하게 되며, 또는 일지(日支)와 행운(行運)이 삼합, 육합하는 해에 결혼한다.

## 1) 조혼지명(早婚之命)

◎ 관살이 초년대운에 왕성한 명

◎ 관살이 천간에 투출된 명

◎ 관살이 일지에 있어 용신을 생조하는 명

◎ 간합, 삼합, 육합이 많은 명

◎ 금수(金水)가 왕한 명

◎ 일지가 길신인 명

◎ 일간이 쟁합(爭合) 투합(妬合)되는 명

◎ 천간에 비겁이 많은 명

◎ 천간에 관살혼잡(官殺混雜)하거나 중투(重透)한 명은 조혼하여 실패하는 경우가 많다.

## 2) 만혼지명(晩婚之命)

◎ 천간에 비겁이 여러개 있는 명

◎ 관살이 혼잡된 명

◎ 관살이 전혀 없는 명

◎ 관살이 없고 사주에 합(合)이 많으면 후처(後妻)가 되기 쉽다.

◎ 초운이 흉한 명

◎ 일지가 기신인 명

◎ 부성(夫星, 관성, 용신)이 묘고(墓庫)에 심장(深藏)된 명

◎ 일간이 태왕 태약하며 용신이 무력한 명

## 3) 연애결혼지명(戀愛結婚之命)

◎ 지지에 있는 관살이 삼합(三合) 또는 육합(六合)되는 경우

◎ 도화가 있거나 목욕이 여러개 있는 경우

◎ 육합이 여러개 있는 경우

◎ 양팔동(陽八同)인 경우

◎ 수기(水氣)가 태왕한 경우

◎ 관살혼잡되고 삼합이 있는 경우

◎ 홍염살(紅艶殺)이 있는 경우

## 4) 궁합법(宮合法)

◎ 사주가 중화(中和)되고 청(淸)하며 순수하여야 한다.

◎ 남녀의 사주에 오행(五行)이 다 갖추어져야 좋은 궁합이다.

◎ 부족된 오행을 상대방이 많이 가지고 있어야 한다.

◎ 상대방에 나의 뿌리가 있으면 좋다.

◎ 사주의 결함을 서로 보완하여야 한다.

◎ 용신이 동일(同一)하거나 서로 상생(相生)이 되면 좋으며, 용신이 서로 상극(相剋)이 되면 개성의 차이 등으로 인하여 의견충돌이 많게 된다.

◎ 양자의 지지(地支)를 대조하여 삼합, 육합, 형, 충, 원진의 유무에 의하여 판단한다. 합이 되면 길하고 형.충.원진이 되면 흉하다.

◎ 년지(年支)를 대조하여 판단하는 것을 겉궁합이라 한다.

◎ 월지는 제강(提綱)의 자리이므로 사주의 중추이다. 합(合)이 되면 서로 화목하여 길연(吉緣)이 된다.

◎ 월지(月支)가 목화(木火)이면 상대방은 금수(金水)가 길하고, 월지가 금수(金水)이면 상대방은 목화(木火)가 길하다.

◎ 일지(日支)는 배우자 자리이니 합(合)되면 길연(吉緣)이고, 충이나 형되면 흉하다.

◎ 일지(日支)가 상충되면 흉하나, 본인의 일지에 기신이 있을 때는 상대의 일지가 충거(沖去)나 합거(合去)하여 줌을 기쁘게 여긴다.

# 제16장. 운행(運行)

## 1. 대운(大運)

사주원국이 나그네라면 행운(行運)은 지나는 마을이다. 인연(因緣)이 있고 인정(人情)이 있는 마을이라면, 도움을 받아 가는 길이 편하겠지만, 신행(新行)이고 악연(惡緣)인 마을이라면 가는 길이 더디고 힘들 것이다. 또한 몸이 춥다면 남방(南方)의 따뜻한 마을이 좋을 것이며, 몸이 덥다면 북방(北方)의 금수(金水)마을이 좋을 것이다.

명호불여운호(命好不如運好)라는 말과 같이 비록 사주원국이 대부귀(大富貴)할 격국(格局)이라도 행운이 불길하면 범용(凡庸)한 인생을 보내게 된다. 사람의 부귀빈천(富貴貧賤)은 사주팔자에 있고 그 궁통(窮通)은 행운에 있으니, 명(命) 좋은 것이 운(運) 좋은 것만 못하다고 한다. 그렇다고 행운(行運)의 길흉에만 치우쳐서는 아니된다.

사주원국이 최선이면 길운에는 만사여의(萬事如意)하여 대부귀할 것이며 평운에도 부귀할 것이다. 그러나 평범한 사주는 길운에는 부귀하나 평운에는 그렇지 못하니, 사주의 원국(原局)과 행운(行運)을 잘 살펴 길흉을 판단하여야 한다.

대운(大運)은 10년씩 머무르다 흘러 간다. 대운의 천간은 원국의 지장간(地藏干)이 투출하면 역량이 커져 능력을 발휘한다. 대운의 지지는 원국 천간의 뿌리가 되고, 계절을 나타낸다. 만일 원국에 없는 육신이 대운에 들어오면 지금까지 없던 새로운 인자(因子)가 나타난 것이므로 신상에 변화가 생긴다. 즉 사주에 새로운 육신이 들어오므로 기존의 신(神)들이 긴장을 하게 되고 원국의 형세가 변하므로 신상에 변동이 있게 된다.

대개 대운은 천간보다는 지지를 중(重)히 하고, 또 대운 10년 중의 앞의 5년은 간(干)이, 뒤 5년은 지(支)가 주관한다고 한다. 그러나 간지(干支)를 종합하여 판단하여야 한다.

대운이 길신이면 대운의 간지가 상부(相扶)되어 유정함을 기뻐한다. 간지가 상극되면 길흉의 변화가 일어난다. 즉 목(木)이 길신인 경우 대운이 갑인(甲寅) 을묘(乙卯)나 임인(壬寅) 계묘(癸卯), 병인(丙寅) 정묘(丁卯)가 되면 간지가 유정(有情)한 것이니 길하며, 개두 절각이 되면 길흉이 다단(多端)하게 된다.

대운의 지지가 길하나 천간에 기신(忌神)이 개두하면 길함이 반감된다. 그러나 원국이나 세운에서 대운 천간의 기신을 제화(制化)

442

해 주면 길하나, 대운의 지지가 충극되거나 대운의 지지가 원국의 왕신을 격(激)하여 쟁탈이나 반극(反克)을 당하면 대흉하게 된다.

◎ 대운은 지지(地支)가 중요하다. 대운의 지지는 계절과 뿌리를 나타낸다.

◎ 원국의 지장간(地藏干)이 대운의 천간에 투출하면 역량이 커져 능력을 발휘한다.

◎ 대운이 용신을 생조하거나, 타육신과 합하여 길신으로 화(化)하면 길운이 되는데, 만일 원국의 타육신에 의하여 극거(克去)되거나 합하여 흉신으로 변하면 불길해진다.

◎ 대운이 용신을 파극하거나 누설시키면 흉운이다. 그러나 사주의 기신을 충거하면 길해진다.

◎ 신약이면 비겁운과 인성운이 길하며, 신왕인 경우에는 사주에 재성이나 관살이 있으면 재관운이 길하고, 사주에 재관이 없으면 식상운이 길하다.

◎ 지지의 대부분을 차지하고 있는 오행을 충(沖)하면 급흉(急凶)을 당하기 쉽다.

◎ 천간에 비겁이 많고, 식상이 없거나 무력할 때에, 대운에 재운이 오면 군비쟁재(群比爭財)가 되어 재성이 길신이라도 종명(終命)하기 쉽다.

◎ 대운으로 관살혼잡되거나 인수와 편인이 교집되면 불길하다.

◎ 입묘(入墓)는 창고에 갇히는 것이니 불길(不吉)이다. 남자의 경

우에 관성입묘는 자식에게 해로우며, 정재입묘는 처가 해롭고, 편재입묘는 부친이 해롭다. 여자의 경우에는 관성입묘는 남편이 해롭고, 식상입묘는 자식이 해롭다.

◎ 대운이 일지(日支)와 형충(刑沖)되면 부부간이 이롭지 못하며, 월지(月支)와 형충되면 육친에게 해롭다.

◎ 대운의 지지에 길신이 암장되어 용신을 부조해주면 길하다.

## 2 년운(年運)

년운은 그 해의 간지(干支)이니 1년을 주관한다. 년운을 보는 법은 대운보는 법(法)과 다르지 않으니, 년의 간지가 용신을 도우면 길하고 약화시키면 불길하다. 대체로 년운은 당년의 간지 중 천간(天干)에 중점을 두어야 한다고 하나 천간(天干) 및 지지(地支)를 종합하여 판단하는 것이 이치에 합당하다. 따라서 당년의 간지가 모두 용신에게 이로우면 그 해의 년운은 대길이고, 모두 불리하면 년운은 대흉하다. 만일 천간 및 지지의 어느 한 쪽이 이롭고 한 쪽은 불리하면, 그 해 년운은 길사와 흉사가 겹친다.

◎ 대운과 년운이 상충(相沖)하면, 즉 자(子)운에 오(午)년을 만나면 전극(戰克)이 되어 불길하다. 중(重)하면 재앙도 있고, 경(輕)하면 이동손재(移動損財)하고 분주하다.

◎ 대운과 년운이 같으면, 즉 자(子)운에 자(子)년을 만나면 동지

(動止)가 미정(未定)이라 답답하다.

◎ 대운과 년운이 모두 좋으면 그 해는 대길(大吉)하고, 년운과 대운이 모두 흉하면 그 해는 대흉하다.

◎ 대운이 길하고 년운이 흉하면 길중흉소(吉重凶小)하고, 대운이 흉하고 년운이 길하면 흉중(凶重)에 소길(小吉)하다.

◎ 사주원국과 대운 및 년운이 삼합(三合) 또는 육합(六合)이 되면 타인과의 융합협력이 잘된다.

◎ 년운의 지지와 사주원국의 일지 또는 월지와 형.충이 되면 구설, 이별, 변동, 쟁투 등이 있다. 특히 일지(日支)와 형.충되면 부부간에 변동이 있고, 월지(月支)와 형.충되면 육친에게 변동이 있기 쉽다. 대운의 경우와 마찬가지로 년운이 길하더라도 월 또는 일지와 형.충되면 사사분주함은 면치 못한다.

◎ 년운 천간이 겁재(劫財)에 해당되면 손재, 투쟁, 구설, 배우자와의 이별 등이 있다.


# 3. 월운(月運) 및 일진(日辰)

  월운과 일진을 보는 법은 년운을 보는 방법과 다르지 않다. 즉 용신에게 이로운 달이나 날자는 길하고, 불리하면 흉하다. 또한 형.충이 있거나 합하여 기신이 되면 불길한 것도 마찬가지이다.
  월운과 일진은 결혼(結婚)이나 이사(移徙) 등의 택일(擇日)을 위하여 쓰이는 경우가 많다. 대체로 택일에는 천덕귀인일(天德貴人

日), 월덕귀인일(月德貴人日) 그리고 덕합일(德合日)을 택하는 방법이 있다. 덕합일(德合一)은 천덕일 또는 월덕일과 간합(干合) 또는 육합(六合)되는 날짜를 말한다. 즉 음력 미(未)월생은 천덕일이 갑(甲)일이고, 월덕일이 갑(甲)일이다. 그러므로 덕합일은 기(己)일이다. 또한 자(子)월생은 천덕일이 사(巳)일이고, 월덕일이 임(壬)일이다. 그러므로 덕합일은 신(申)일과 정(丁)일이다.

## 4. 추명(推命)하는 방법(方法)

① 월지(月支)

② 조후(調候)

③ 흐름

④ 뿌리, 인성(印星), 식상(食傷)

⑤ 천간(작용력, 밖으로 나타남, 외면, 합. 충)

⑥ 지지(내면, 합. 충))

⑦ 신강(身强), 신약(身弱)

⑧ 용신(用神), 병신(病神), 약신(藥神)

⑨ 신살(神殺)(삼재.충.형.원진.귀문관살.고.백호.양인.고신.과숙.도화.홍염.역마.귀인.탕화.)

⑩. 대운(지지 : 계절과 뿌리, 천간 : 작용력, 원국의 지장간이 천간에 투출하면 역량을 발휘한다.)

⑪ 세운

# 제17장. 명리대요(命理大要)

1. 천간은 동(動)하고 지지는 정(靜)하다.

2. 지지는 천간의 생지(生地)이고, 천간은 지지의 발용(發用)이다.

3. 천간은 하늘에서 유행(流行)하는 기(氣)이며, 지지(地支)는 시령(時令)의 순서이다.

4. 천간은 지방을 다스리는 관리(官吏)이며, 지지는 관리가 관할하는 임지(任地)이다.

5. 천간이 지지에 뿌리가 없으면 관리가 부임지(赴任地)를 얻지 못한 격이다.

6. 천간이 월령(月令)에 통근하면 당왕(當旺)한 기(氣)가 되니, 관리가 요지(要地)에 부임하는 것과 같다.

7. 지지 속에 감추어져 있는 지장간(地藏干)은 고요하게 쓰일 때를 기다리고 있는 것이므로 천간에 투출하면 청수(淸秀)해져서 족히 쓸 수가 있고, 또한 지지에서 회합(會合)하여 국(局)을 이루면 세력이 강해져서 능히 쓸 수가 있다.

8. 천간은 지지에 통근(通根)해야 좋고, 지장간은 천간에 투출(透出)해야 귀(貴)하게 된다.
  지지는 천간의 뿌리이니, 천간이 지지에 통근(通根)하지 않으면 뿌리 없는 나무와 같아 유명무실(有名無實)하다. 또한 지장간(地藏干)은 천간에 투출하여야 힘을 발휘한다. 가령 인(寅)중에는 무병갑(戊丙甲)의 지장간이 있는데 무(戊)토가 천간에 투출하면 무(戊)토가 유력(有力)하고, 갑(甲)목이 투출하면 갑(甲)목이 유력하며 병(丙)화가 투출하면 병(丙)화가 유력하게 된다.

9. 천간이 지지에 통근(通根)하지 못하여 무기(無氣)할 때 인성(印星)으로 생부(生扶)하여 준다고 하더라도 마치 화병에 꽂은 꽃과 같아서 장구(長久)하기가 어렵게 된다.

10. 천간은 동(動)하므로 발현(發顯)의 기상이 빛나고, 지지는 정

(靜)하므로 발현하기가 어렵다.

11. 천간은 동(動)하는 속성이므로 역량을 드러내어 생극제화(生剋制化)가 신속하게 나타나지만, 지지(地支)는 각자 자기의 범위를 지키고 있으므로 동(動)하지 않으면 힘을 드러내지 못한다.

12. 지지는 암장하여 정(靜)하므로 화복(禍福)을 드러내지 못하나 대운과 세운에서 인동(引動)하면 길흉이 나타난다.

13. 지지에 있는 것은 천간에 있는 것을 극(剋)하지 못한다. 그러나 지지에서 회합(會合)하여 강(强)해지면 힘을 쓸 수 있다.

14. 왕쇠강약(旺衰强弱)
 득시(得時, 월령을 얻은 것)한 것을 왕(旺)이라 하고, 실시(失時)한 것을 쇠(衰)라하며, 무리를 지은 것을 강(强)이라하고, 생조(生助)가 부족한 것을 약(弱)이라 한다.

15. 갑(甲)은 큰나무, 큰그릇, 큰사람을 의미한다.
 을(乙)은 덩쿨, 잡초, 소인(小人)을 나타낸다.
 갑을(甲乙) 모두 형상(形象)이다.
 갑목(甲木)은 소토(疏土)하여 토(土)의 영기(靈氣)를 조장한다.

16. 목화통명(木火通明) : 왕(旺)한 목(木)이 화(火)를 보면 서로 빛난다. 수기유행(秀氣流行)이 잘 되어 준수 총명하며 부귀(富貴)의 명이다. 목(木)은 화(火)가 있어야 큰다.

17. 병(丙)은 태양의 광채. 빛으로 조후의 작용을 한다.
　정(丁)은 열(熱)이며 경금(庚金)을 단련한다.
　정(丁)은 벽갑인정(劈甲引丁)을 기뻐한다.
　화(火)는 정령(精靈)으로 성장력이므로 화(火)가 없으면 죽는다.

18. 임(壬)은 강호(江湖)의 수(水)로 빛(병화)을 반짝이게 한다.
　병화(丙火)가 임(壬)수를 만나면 그 빛이 더욱 빛난다.
　임수는 신(辛)금을 씻어준다.
　계(癸)는 탁수(濁水)로 구름, 안개이다. 빛을 가리며 조후(調候)의 작용을 한다.

19. 수(水)는 생명(生命)을 잉태(孕胎)한다.
　수가 많으면 무토(戊土)로 제방(堤防)하여야 한다.
　수원(水源)은 금(金)이다. 금이 있으면 수원(水源)이 깊어 물이 끊치지 않는다.

20. 수(水)는 원래 멀리서 청정히 흐름을 정도(正道)로 하므로 임계(壬癸)수가 수원(水源, 庚辛金)을 겸비하여, 제방(戊土)에 따라

범람치 아니하고, 태양의 병화(丙火)로 따뜻함을 얻으면 크게 발영(發榮)하게 된다.


21. 무(戊)토는 성두토(城頭土)로 단단한 토이다. 제방(堤防)하여 물길을 막으며 큰 나무를 키운다.

　기(己)토는 전원(田園)의 토로 물을 담는 역할을 한다. 비습(卑濕)하므로 설화생금(洩火生金)의 기능을 한다.

　토는 생명(生命)의 바탕이 된다.

　토가 많으면 갑목(甲木)으로 소토(疎土)하여야 한다.

　무(戊)토는 계(癸)수를 좋아하고 기(己)토는 병(丙)화를 좋아한다.


22. 경(庚)금은 둔탁한 금(金)으로 정화(丁火)의 단련을 기뻐한다.

　신(辛)금은 예리한 금으로 임수(壬水)의 씻김을 기뻐한다.

　금(金)은 결실(結實)을 나타낸다.


23. 신(申)은 생수(生水)

　자(子)는 유수(流水)

　진(辰)은 장수(藏水)


24. 인(寅)은 생화(生火)

　오(午)는 중화(中火)(중천에 떠있는 화)

술(戌)은 노을(저녁에 지는 화)


25. 사(巳)는 연금(鍊金)

유(酉)는 옥금(玉金)

축(丑)은 폐철(廢鐵)(녹슨 쇠)


26. 해(亥)는 돋해(돋는 亥, 물 속에 잠긴 목)

묘(卯)는 묘목(卯木)

미(未)는 휴목(休木)


27. 천전(天戰)은 경(輕)하다.

천전은 천간의 상전(相戰)을 말하니 甲庚, 乙辛, 丙壬, 丁癸의 충(沖)이다. 그러나 상전(相戰)하는 사이를 통관(通關)하면 화해가 되고, 통관이 되지 않더라도 타신이 극(剋)하거나 합(合)이 되면 풀어진다. 예컨대 甲庚, 乙辛의 상전에 壬癸가 있으면 금생수(金生水) 수생목(水生木)하여 통관이 되어 화(和)하게 되고, 丙壬 丁癸의 상전(相戰)에 甲乙이 있으면 수생목(水生木) 목생화(木生火)하여 통관이 되니 화(和)하게 된다.

만일 통관의 신이 없는 경우에는 다른 간(干)으로 극(克)하거나 합(合)하면 역시 구(救)하게 된다. 즉 갑(甲)일간에 경금(庚金)칠살이 있으면, 병화(丙火)로서 경금을 제지하던지, 을목(乙木)으로 경금을 합(合)하게 하여 갑(甲)일간이 오히려 길하게 되는 것과

452

같다.

## 28. 지전(支戰)은 중(重)하다.

지전은 인신(寅申), 사해(巳亥), 자오(子午), 묘유(卯酉)의 4충(沖)을 말한다. 천간의 극전(剋戰)은 지지가 안정되면 큰 해(害)를 끼침이 없이 무애하나, 지지상충(地支相沖)은 천간의 힘으로는 막기 어렵다. 그것은 지지는 뿌리(根)이고, 천간은 싹(苗)이므로 싹에 결함이 있어도 뿌리가 튼튼하면 가히 쓸 수가 있되, 뿌리가 뽑히면 싹은 자연히 말라 죽기 때문이다. 그러므로 천전(天戰)은 지지가 모여서 합력하면 화해될 수 있지만, 지전(支戰)은 간(干)으로서는 말릴 수 없다.

## 29. 갑목(甲木)이 지지에서 인목(寅木)을 보면 녹근에 통근한 것이 되나 인신(寅申) 충이 되면 신금(申金)은 동요할 뿐이나 인목(寅木)은 파극되어 갑목의 뿌리가 절단되게 된다.

## 30. 왕신(旺神)을 충(沖)하면 익발(益發)하고, 쇠신(衰神)을 충(沖)하면 뿌리가 뽑힌다.

왕쇠(旺衰)는 전국(全局)의 기세(氣勢)에 의하나니 월령(月令)을 얻고 생부(生扶)하는 신이 많으면 왕하고, 실령(失令)하고 설기(泄氣)와 극제(克制)하는 신이 많으면 쇠하다.

쇠한 희신(喜神)을 충거(沖去)하면 화(禍)가 되고, 쇠한 기신(忌

神)을 충거하면 길하게 된다. 왕한 희신(喜神)을 충하면 희신이 익발(益發)하므로 길하고, 왕한 기신(忌神)을 충하면 기신이 더욱 발(發)하므로 흉하다. 그러므로 원국의 희기신(喜忌神)을 잘 가려야 한다. 만일 길운(吉運)이 와서 기신(忌神)을 충하면 길하게 되고, 흉운(凶運)이 와서 희신(喜神)을 충하면 불길이다.

31. 쇠신충왕(衰神沖旺)은 쇠약(衰弱)한 것으로 왕(旺)한 것을 충(沖)하면 쇠약(衰弱)한 것이 도리어 반극(反剋)을 당하게 되는 것을 말한다. 비유하자면 물이 불을 끄는 것이지만, 작은 물로 큰불을 끄다가는 도리어 불이 폭발하고 물이 증발되는 것과 같다.

32. 쟁탈지풍(爭奪之風)은 왕(旺)한 것이 쇠약(衰弱)한 것을 만나면 왕(旺)한 것이 약(弱)한 것을 차지하려고 서로 다투어 쟁탈(爭奪)의 바람을 일으키게 되는 것을 말한다. 군겁쟁재(群劫爭財) 등이 그것이다.

33. 군겁쟁재(群劫爭財)

　비겁(比劫)이 많아 신왕(身旺)하고, 재(財)가 약한 경우에 재성(財星)운을 만나면 비겁이 쟁재(爭財)하여 손처파재(損妻破財)한다. 그러나 원국에 식상(食傷)이 있으면, 비겁은 식상을 생하고, 식상은 재(財)를 생하므로, 재성운을 만나면 발복(發福)한다.

34. 합(合)은 유정(有情)이나 리불리(利不利)가 있다.

합(合)은 부부(夫婦)가 되는 것과 같아서 간지가 상합(相合)하면 유정유력(有情有力)하고 기화단결(氣和團結)하여 귀조(貴兆)가 된다. 그러나 합이 많으면 정(情)이 많음이니 여자는 실정(失情)하기 쉽고, 남자는 진취성(進就性)이 부족하여 뜻을 펴기가 어렵다.

합은 정(情)이 있음이니 탐합망극생(貪合忘克生)이라 하여 합을 탐하여, 생(生)하고 극(剋)하는 것을 잊어버리게 된다. 고로 길신(吉神)을 합하면 불길하고, 흉신(凶神)을 합하면 반길(反吉)이다. 예컨대 동(冬)에 생(生)한 목(木)은 병(丙)이 투출함을 기뻐하는데, 만일 신(辛)이 있어 병신(丙辛) 합(合)이 되면 병(丙)이 쓸모가 없어진다.

또한 동월(冬月)의 금수상관격(金水傷官格)은 정화(丁火)가 투출하고 지(支)에 오화(午火)가 있어 수온금난(水溫金暖)케 하는 것이 좋은데, 임수(壬水)와 더불어 해수(亥水)를 보면, 간에서 정임(丁壬)합하고 다시 지지에서 해(亥)중의 임(壬)과 오(午)중의 정(丁)이 정임(丁壬)합하니, 정(丁)의 힘을 잃게 되어 쓸모가 없게 된다.


35. 합은 간합(干合)을 중요시하고, 충은 지지충(地支沖)을 중요시한다. 간합(干合)이 중요한 것은 천간의 작용은 동적(動的)이고 강(强)하여 밖으로 확연히 드러나기 때문이다. 삼합(三合)은 친구의 모임이고, 육합은 이웃의 모임으로 육합의 힘은 약하다. 암합(暗

合)은 지장간의 합으로 子巳상합(戊癸), 巳丑상합(丙辛 戊癸), 午亥상합(甲己 丁壬), 寅丑未합(甲己), 卯申합(乙庚), 辰戌子합(戊癸)이다.

36. 삼합(三合)에서 진술축미(辰戌丑未) 토가 월지(月支)에 있으면 비록 합은 되지만, 토가 사령(司令)하여 왕하므로 그 성질은 버리지 않는다. 그러나 사왕(四旺)이나 사생(四生)이 월건(月建)을 가지고 있을 때는 토(土)가 화(化) 오행(五行)을 따라가게 된다.

37. 사유축(巳酉丑)의 삼합(三合)인 경우에는 분별함이 있어야 한다. 사화(巳火)는 본성이 병화(丙火)이므로 불 속에 있는 금(金)이 된다. 금(金)이 나오면 병화(丙火)가 극(剋)을 하는데 합(合)이 쉽게 되겠는가. 그러나 월건(月建)이 유(酉)월 금왕절이나 축(丑)월 수왕절이 되면, 화(火)가 무력하게 되니 합이 가능하게 된다.

38. 신약(身弱)일주로 재성(財星)과 탐합(貪合)하여 기신(忌神)을 화출(化出)하면 쓸모 없는 처재(妻財)의 정(情)이 그리워 탐재지심(貪財之心)이 강하게 되고 또 그로 인하여 흉(凶)하게 된다. 따라서 사리사욕(私利私慾)을 탐하여 소탐대실(小貪大失)하고 주색(酒色)을 탐하여 결국 화(禍)를 자초하게 된다.

39. 신약(身弱)일주가 정관(正官)과 탐합(貪合)하여 기신(忌神)을

화출(化出)하면 허명(虛名)을 좋아하여, 사람이 방자하고 잔꾀나 권모술수에 능하나 그로 인해 화(禍)를 자초함이 많게 된다.

40. 여명으로 신약(身弱)일주가 재관(財官)과 탐합(貪合)하여 기신(忌神)을 화출(化出)하고 다시 용신(用神)이 무력(無力)한 경우, 정관(正官)과 합(合)하는 자는, 남자로 인해 곤고(困苦)함이 많으나 그 정(情)을 버리지 못하여 부정(不貞)하거나 배부기자(背夫棄子)하여 중혼(重婚)하는 경우가 많고, 재성(財星)과 탐합하면 탐재지심(貪財之心)으로 인해 남편을 기만한다.

41. 지생천(地生天)

지지가 천간을 생하는 것은 병인(丙寅) 무인(戊寅) 임신(壬申) 무신(戊申)의 4일생으로, 일간이 지지의 장생(長生)지 위에 앉아 있다. 만일 타신의 생부(生扶)가 없을 때에는 오직 이 일점 장생만이 정신(精神)의 집처(集處)가 되는데, 충(沖)을 만나면 뿌리가 뽑혀서 그 화(禍)가 중(重)하게 된다. 고로 원국에 형충(刑沖)을 꺼리며 운(運)에서도 형충을 만나면 불길하다. 원국에 형충이 없고, 운에서 형충을 만나면 불길하기는 하나 대흉은 없다. 만일 다른 지지에 다시 일간의 녹왕(祿旺)이 있다면 영령(英靈)이 분산한다.

42. 천합지(天合地)

천간과 지지가 합(合)하는 것은 戊子(戊癸), 辛巳(丙辛), 壬午(丁

壬), 丁亥(丁壬), 甲午(甲己), 己亥(甲己), 癸巳(戊癸)의 7일이다. 합(合)함이 있으면 정신(精神)이 단결(團結)하고, 합(合)이 없으면 기세(氣勢)가 산만(散漫)하다.

예컨대 무자(戊子)일은 무계(戊癸)가 상합(相合)하니 좌하의 재성(財星)이 유정(有情)하다. 그러므로 이 재(財)는 타인에게 빼앗기지 않는다. 또 신사(辛巳)일은 병신(丙辛)이 상합하니 좌하의 관성(官星)이 유정(有情)하다. 고로 그 정(情)이 전속되고 그 기(氣)가 단결하여 정기(精氣)가 모아진다. 이것은 충동(沖動)함을 꺼리므로 정(靜)함이 마땅하다.

### 43. 살인상생(殺印相生)

육십갑자 중에 지(地)가 천(天)을 극(剋)하는 것이 12개요, 간지가 살인상생(殺印相生)하는 것 역시 그렇다. 그 중에서 甲申, 庚寅, 戊寅, 癸丑, 庚午는 특별한 의미가 있으니 다음과 같다.

甲申 庚寅은 기세가 절지(絶地)에 임했으나 申중의 壬수가 甲목을 생하고, 寅중의 戊토가 庚금을 생하니 살인상생이다. 또한 戊寅은 토가 목(木)의 녹지에 임했으므로 원래는 절(絶)에 앉은 것이다. 그러나 인(寅)중의 병(丙)화가 무(戊)토를 생하므로 역시 살인상생이 되었다. 즉 일간이 절(絶)에 임하여 신약무기(身弱無氣)이나 인수장생(印綬長生)이므로 절처(絶處)에서 봉생(逢生)되었다. 기(忌)가 희(喜)로 화(化)함인데 이는 귀(貴)히 되는 징조의 하나이다. 이것은 극(剋)이 화(化)하여 생(生)으로 되는 것이며 또 절

처봉생(絶處逢生)하여 정수(精粹)하게 되기 때문이다.

癸丑도 마찬가지이니 축(丑)중의 신(辛)금이 계(癸)수를 생하여 살인상생한다. 수(水)는 금(金)이 있어야 수원(水源)이 깊어 장류(長流)하는데 축(丑)중에 암장된 신(辛)금이 있어 토생금(土生金) 금생수(金生水)하니 원류(原流)가 끊기지 않는다. 또한 庚午는 오(午)중의 기(己)토가 경(庚)금을 생하므로 역시 살인상생(殺印相生)이다. 이와 같이 원기(元氣)가 암장되어 있으면 정신(精神)이 튼튼하므로 위의 일(日)에 생(生)한 자는 모두 대귀격(大貴格)이 많다.


## 44. 상하좌우기협(上下左右氣協)

위에서 논한 지생천, 천합지 그리고 살인상생은 모두 상하유정(上下有情)이다. 좌우기협(左右氣協)은 甲子일 己丑시나 丁亥일 壬寅시와 같이 간(干)과 간이 합(合)하고 지(支)와 지가 합(合)한 것이다. 이것을 천지덕합(天地德合)이라 한다.

또한 辛亥가 丁巳를 보면 상충(相沖)이지만 亥중 壬수가 합정(合丁)하고, 巳중 丙화가 합신(合辛)하여, 辛亥와 丁巳가 상하좌우로 상호교합(相互交合)하게 된다. 마찬가지로 丁巳가 癸亥를 보면 상충이지만 巳중의 戊가 합계(合癸)하고, 亥중의 壬이 합정(合丁)하여 상호교합(相互交合)하게 된다.

이것을 진기왕래(眞氣往來)라 하는데 월일시(月日時)가 서로 교합(交合)한 것이니 귀(貴)할 징조이다. 일월(日月) 혹은 일시(日

時)가 서로 교합하면 역시 귀기(貴氣)가 되는데 이것이 비록 격국(格局)이 되지 못하여도 마찬가지이다. 즉 격은 불문하고 간지가 정화기협(情和氣協)하면 기세(氣勢)가 단결(團結)하여 귀기(貴氣)가 되는 것이다.

45. 기해(己亥)일주에 을목(乙木)이 투출하면 태약(太弱)이다.

 해(亥)중의 임(壬)수가 해중의 갑(甲)목을 생하니 기(己)토가 신약인데 다시 을목(乙木)을 보면 신태약이다.

46. 병신(丙申)일주가 임수(壬水)를 보면 절명(絶命)한다.

 신(申)중에 경(庚)금과 임(壬)수가 있어 병화를 극하는데 다시 임(壬)수를 보면 병화가 꺼지므로 명(命)을 다하게 된다.

47. 수(水) 다(多) 가지음란
 목(木) 다 여자유기(예쁘다)
 화(火) 다 신병다유
 토(土) 다 전장만리(땅이 많다)
 금(金) 다 인물특수

48. 11월 만물이 한동(寒凍)하는 동지(冬至)에서 일양(一陽)이 시생(始生)하고, 5월 염하(炎夏)의 하지(夏至)에서 이음(二陰)이 발한다.

49. 오양(五陽) 중에 병화(丙火)가 으뜸이다.

병화(丙火)는 태양이므로 수(水)가 극함을 두려워하지 않으며, 강금(强金)이라도 능히 녹여서 단련시킨다. 따라서 무근(無根)이고 생조(生助)하는 신이 없어도 태약(太弱)이 아니며 종(從)하지 않는다.

50. 오음(五陰) 중에 계수(癸水)가 제일이다.

계수(癸水)는 비(雨)와 이슬(露)의 수(水)이니 습윤(濕潤)하다. 순음수(純陰水)로서 그 발원이 장류(長流)하나 그 성질이 고요하고 약(弱)하다. 오음(五陰)은 모두 계수(癸水)에 이른다. 계수(癸水)의 습윤(濕潤)함이 기(氣)로 화(化)하여 다시 강호(江湖)의 수(水)가 된 것이 임수(壬水)이다.

51. 오양간(五陽干)은 기(氣)를 좇을 뿐 세(勢)를 좇지 않고, 오음간(五陰干)은 세(勢)를 좇아 정의(情義)가 없다.

양간(陽干)은 남자와 같아서 성질이 강(强)하고 독립심(獨立心)이 있다. 비록 심히 쇠약(衰弱)하더라도 일점의 생부(生扶)가 있으면 종세(從勢)하시 않는다. 그러나 음간(陰干)은 유약(柔弱)하고 여성적이어서 독립성이 없으므로 왕(旺)한 기운에 따르게 된다(從勢한다).

종기(從氣)란 타신이 삼합(三合)이나 삼방(三方)이 되어 태왕(太旺)할 때 부득이 종(從)하는 것을 말하며, 종세(從勢)란 보통의 왕신(旺神)에 종(從)하는 것이다.

52. 진종진화자(眞從眞化者)는 귀(貴)하고 가종가화자(假從假化者)는 천(賤)하다.

종살(從殺), 종재(從財), 종아(從兒), 종강(從强) 등의 종격(從格)이 일점의 병(病)이 없고 순(純)한 것을 진종(眞從)이라 하고, 병(病)이 있어 순하지 못한 것을 가종(假從)이라 한다. 예를 들어 종재격(從財格)에 재(財)를 해(害)하는 비겁(比劫)이 있거나, 인성(印星)이 있어 일간을 생하면 역세(逆勢)하여 오히려 병(病)이 된다. 이와 같이 병이 있어 가종(假從)이 된 사주는 천(賤)하고, 병이 없어 진종(眞從)인 사주는 공명(功名)을 세워 귀(貴)하게 된다. 그 이유는 데릴사위가 되었으면 처가(妻家)에 전념해야지 본가(本家)를 위하면 처가로부터 미움을 받는 연고이다.

진화(眞化)는 만일 甲己가 합(合)하는 경우 해신(害神)이 없는 것이고, 가화(假化)는 乙이나 戊가 있어 합을 방해하든지 또는 甲이나 己가 둘이 있어 쟁합(爭合)이나 투합(妬合)이 되는 경우이다.

53. 사오미(巳午未)월 남방(南方) 화왕지절(火旺之節)에 생한 사람(월지가 巳午未)으로 다른 지지에 또 하나의 화(火, 巳午未)가 있으면 수(水)가 용신이고 금(金)이 희신이다. 금수(金水)운이 대길이다. 수(水)와 수를 생하는 금(金)이 천간에 투출해야 중상(中上)격으로 본다.

462

54. 신유술(申酉戌) 해자축(亥子丑)월에 생한 사람(월지가 申酉戌 亥子丑)은 병화(丙火)가 용신이고 목(木)이 희신이다. 다른 지지에 금(金)과 수(水)가 하나 더 있으면 정격(正格)으로 목화(木火)운이 대길이다. 병화(丙火)를 생하는 목(木)이 화(火)와 함께 천간(天干)에 투출해야 중상격이다.

55. 한습(寒濕)함이 병(病)이 될 때에는 병화(丙火)가 최길이고, 난조(暖燥)함이 병(病)이 될 때에는 계수(癸水)가 최길이다.

56. 만국이 한습(寒濕)한데 화(火)가 없으면 매사 불성(不成)이고, 전국(全局)이 조열(燥熱)한데 금수(金水)가 없으면 재화(災禍)가 그치지 않는다.

57. 홍수를 만나면 호랑이(寅)를 타고, 화재(火災)를 만나면 용(辰)을 타라.
  인(寅)에는 목화토(木火土)가 있어 수생목(水生木) 목생화(木生火) 즉 수납생화(水納生火)하기 때문이고, 진(辰)은 습토(濕土)라 회화생금(晦火生金)하기 때문이다.

58. 조후용신(調候用神)의 품격(品格)
  상격은 용신과 희신이 천간(天干)에 투출한 것
  중격은 용신과 희신 중 하나가 천간에 투출한 것

하격은 용신과 희신이 하나도 투출하지 않은 것

## 59. 당찰용신지유근무근(當察用神之有根無根)

마땅히 용신(用神)의 유무근(有無根)을 살펴야 하니, 용신이 유근(有根)하여 유기(有氣)하면 만사가 순조롭게 이루어지며, 용신이 무근(無根)하여 무기(無氣)하면 매사가 불성(不成)이다.

## 60. 일주(日主)가 태약(太弱)하면 정신(精神)과 기력(氣力)이 부족하여 유약(柔弱) 무능(無能)하거나 요절(夭折)할 것이요, 일주가 태왕(太旺)하면 오만 방자하여 중용(中庸)을 지키기 어려우므로 고고(孤苦) 빈천(貧賤)하게 된다. 고로 일주(日主)는 중화(中和)되어 건왕(健旺)함을 제일로 한다. 특히 남자는 신왕(身旺)함을 기뻐하고, 여자는 중화(中和)됨을 기뻐한다.

## 61. 중화(中和)란 일주(日主)가 태왕(太旺)하거나 태약(太弱)하지 않으며, 또 어느 일방의 기(氣)가 편중(偏重)되지 않고 오기(五氣)가 고르게 있는 사주를 말한다. 이와 반대가 되는 것을 편고(偏枯, 편중되어 생기가 없는 것)라 한다.

## 62. 약(弱)한 것은 부조(扶助)하여 도와주고, 왕(旺)한 것은 억제(抑制)하여 덜어주고, 태왕(太旺)한 것은 설기(泄氣)됨으로서 맑아지며, 막힌 것은 소통(疏通)시킴으로 중화(中和)를 이루게 된다.

## 63. 강(剛)은 유(柔)로 다스린다.

경신(庚辛)금 일주가 태왕(太旺)할 때 쇠약한 화(火)로서 왕금(旺金)을 억제하려고 하면 쇠신충왕(衰神沖旺)이 되어 금이 더욱 강폭하게 된다. 만일 왕금(旺金)이 목(재성)을 만나면 금(金)이 서로 다투어 쟁탈(爭奪)하게 되므로 빈천(貧賤)하게 된다. 그러나 이 때 만일 순생의 기(水)가 있어서 역신(火)을 극거하거나, 금목(金木)의 사이를 유통(流通)하여 쟁재(爭財)하지 아니 하면 화평하게 될 것이다. 다시 강금은 수기(水氣)로 씻으므로 예리함을 더하게 되어 청광(淸光)을 발하게 된다. 여기에서 금(金)은 곧 강(剛)이요, 수(水)는 유(柔)가 된다.

## 64. 중화자길흉평탄(中和者吉凶平坦), 병약자길흉신속(病藥者吉凶迅速)

중화(中和)된 사주는 순운(順運)을 만나면 복(福)을 누리고, 역운(逆運)을 만나더라도 큰 화(禍)는 없다. 병(病)이 있는 사주가 약신(藥神)을 만나면 마른 싹이 비를 만난 것처럼 돌연히 흥(興)하고 길운이 지나면 불길하다.

대저 병중(病重)하고 약중(藥重)하면 대부대귀(大富大貴)의 명이요, 병(病)이 경(輕)하고 약도 경(輕)하면 소부소귀(小富小貴)하며, 무병(無病)무약(無藥)한 명조는 일반인에 불과하다.

## 65. 경신(庚辛)일간이 동절(冬節)에 생하여(금수상관) 화토의 용

(用)이 없고 화토(火土)운을 만나지 못하면 처량(凄凉)한 운명이다.

## 66. 격국(格局)의 고저(高低)

격국(格局)의 높고 낮음은 전적으로 청탁(淸濁)에 달려 있다. 사주가 청(淸)하면 정신(精神)이 맑아서 부귀(富貴)하게 되고, 사주가 탁(濁)하면 정신(精神)이 흐려서 빈천(貧賤)하게 된다. 청(淸)한 것은 순수(順遂)하고 정수(精粹)한 것이며, 탁(濁)한 것은 괴패(乖悖)하고 혼란(混亂)한 것이다.

67. 순수(順遂)한 것은 체(體)와 용(用)의 배합이 적당하며, 상생(相生)하여 유정(有情)하고 생(生)하여 어그러지지 않는 것을 말한다.

정수(精粹)한 것은 기세(氣勢)가 단결(團結)하여 사주를 서로 보호(保護)하고 유정(有情)한 것을 말한다.

괴패(乖悖)는 어그러져 혼란한 것이다.

요약하면 청(淸)한 것은 순수정수(順遂精粹)한 것이고 탁(濁)한 것은 괴패혼란(乖悖混亂)한 것이다. 순수정수는 상생(相生)하여 유정(有情)하고 기화단결(氣和團結)하여 유력(有力)한 것이다. 즉 사주의 배합이 중화(中和)되어 충(沖)할 것은 충(沖)하고, 합(合)할 것은 합(合)하고, 극(剋)할 것은 극(剋)하고, 생(生)할 것은 생(生)해 주는 것을 말한다. 이와 반대로 서로 배반되어 어그러진 것을 괴패혼란이라 한다.

68. 천지(天地)가 순수(順遂)하여 청이유정신(淸而有精神)이면 평생부귀(平生富貴)요, 간지가 혼란(混亂)하여 탁이괴패(濁而乖悖)하면 일생빈천(一生貧賤)이라

69. 유약편고(柔弱偏枯)는 소인지상(小人之象)이요 강건중정(剛健中正)은 군자지풍(君子之風)이라

70. 재(財)는 내 기운을 분산(分散)시키고
 관(官)은 나를 직접 극하고
 식상(食傷)은 내 기운을 빼가고
 비겁(比劫)은 분쟁의 원인이 된다.

71. 양팔동(陽八同) 음팔동(陰八同)
 양팔동은 성격이 강(强)하고 조급하다. 여명이 양팔동이면 공경심(恭敬心)이 없다. 음팔동은 사려(思慮)가 깊고, 완만(緩慢)하다.

72. 정관(正官)은 생(生)하여 왕(旺)하게 하고 보호(保護)해야 한다. 칠살은 제복(制伏)하거나 화살(化殺)하거나 합살(合殺)하여야 길하다. 그러나 제살(制殺)이 태과하면 오히려 재앙이 된다.

73. 칠살(七殺)이 천간에 투출했는데 극제(克制)나 합거(合去)나 제화(制化)가 없으면 천격(賤格)이다.

74. 식신제살(食神制殺)에 효신(梟神)을 만나면 식신이 무력하고, 제(制)한 살(殺)이 다시 살아나리니 빈천(貧賤)하지 않으면 요절(夭折)한다.

75. 정관(正官)도 유(類)가 많으면 살(殺)이 되나니, 중관(重官), 관살혼잡(官殺混雜)을 꺼린다. 즉 정관이 중첩되면 귀(貴)할 수 없다.

76. 관살혼잡(官殺混雜)

 관살혼잡은 불길(不吉)이니 합(合)이나 극(克)을 하여 하나만 남겨야 한다. 그러나 다음과 같은 경우는 용(用)한다. 첫째, 인성이 있어 살인상생(殺印相生)하는 경우 둘째, 제살(制殺)이 태과한 경우 셋째는 금(金)일간이 추동월(秋冬月)에 생한 경우이다. 금(金)은 불로 연금해야 단단해지므로 정화(丁火)로 단련하고, 추동월은 한냉(寒冷)하므로 병화(丙火)로 조후해야 하기 때문이다. 이렇게 되면 귀명(貴命)이니 관살혼잡을 꺼리지 않는다.

77. 거관유살(去官留殺)에 유위권(有威權)이요 거살유관(去殺留官)은 방위복(方爲福)이라

468

관살혼잡에 거관유살이면 권력고관(權力高官)이요, 거살유관이면 복(福)이 많다.

## 78. 양신병립불병용(兩神倂立不倂用)

만일 일간이 왕(旺)하여 병(病)이라면 관살(官殺)로 극하든지 식상(食傷)으로 설(洩)해야 길하다. 이런 경우에 관살(官殺)과 식상(食傷) 중에서 어느 하나를 써야지 둘 다는 쓸 수 없다. 가령 금(金)일간이 왕한데 수(水)도 있고 화(火)도 있으면, 왕금(旺金)을 수(水)로 설기(洩氣)하고, 왕금(旺金)을 화(火)로 단련(鍛鍊)하므로 모두 길하다. 그러나 수(水)와 화(火) 중의 어느 하나를 용신으로 삼아 써야지 양신(兩神)을 모두 쓰지 못한다.

79. 인성이 부족하여 인(印)이 용신인 경우에는 직장생활(職場生活)을 해야 한다. 직장은 관(官)이 되므로 관생인(官生印) 하기 때문이다. 관(官)이 용신이면 처(妻)의 말을 들어야 한다. 처는 재(財)이므로 재생관(財生官)이 되기 때문이다.

80. 칠살은 식상(食傷)으로 억제되어야 한다. 그러나 과다억제면 좋지 않다. 편관과 식신이 있고 신왕(身旺)이면 대귀대부(大貴大富)한다.

년주에 편관(偏官)이 있고 장남이면 부모에게 불리하다.

일지에 편관이 있으면 성질이 조급하나 총명영리하다.

시주에 편관이 있으면 성질이 강직하고 불굴의 기상이 있다. 그러나 자식을 늦게 본다.

편관과 인수가 있으면 큰 일을 할 팔자다.


81. 사주에 정관(正官)이 투출해 있으면 그 용자(容姿)가 아름답고 음성이 아름답다.

정관이 있어도 인수가 없으면 명리(名利)를 얻기 힘들다.

정관이 년주에 있으면 장남으로 태어나거나, 차남으로 태어나더라도 일가의 후계자가 되며 초년부터 발달한다.

일지가 정관이면 현처와 인연이 있다.

정관이 시주(時柱)에 있으면 만년(晩年)에 발달하고 효순하고 현량한 아들을 둔다.


82. 신약(身弱)에 재(財)와 살(殺)이 투출했으면 재(재물과 처)를 써서는 안된다. 재(財)가 살(殺)을 생하여 나를 극(剋)하기 때문이다.

처(妻)를 가까이 하지 말며, 처와 다투어서도 안된다. 처가 하는 대로 내버려 두어야 한다. 또한 재물(財物)을 가까이 하거나 재물에 손을 대면 안된다. 재물로 인하여 내가 다친다.


83. 제살(制殺)보다는 화살(化殺)이 더욱 아름답고, 재봉겁인(財逢劫刃)에는 식상설기(食傷泄氣)가 더욱 좋다.

제살(制殺)은 힘으로 굴복시키는 것이고, 화살(化殺)은 인(仁)으로 베풀어 이끄는 것이니 화살(化殺)이 더욱 아름답다. 재성이 비겁을 만나면, 관성(官星)이 비겁을 극제함이 길하나, 식상(食傷)으로 비겁의 기운을 설(洩)하여 재성을 생하면 더욱 좋다.

84. 재성(財星)이 파인(破印)에 관살(官殺)이 약신(藥神), 비겁(比劫)이 희신(喜神)

재성이 인성을 극파하는데 관살(官殺)이 있으면 재와 인을 통관(通關)하므로 약신(藥神)이 된다. 비겁(比劫)은 재성을 극하여 인성을 구해 주므로 희신(喜神)이 된다.

85. 편재(偏財)가 천간(天干)에만 있으면 경재호의지심(輕財好義之心)이 있어 의(義)로운 일에 재산(財産)을 희사(喜捨)하며 술 혹은 여자를 좋아한다.

편재가 많으면 다욕 다정하고 주색(酒色)을 좋아하며, 처보다 첩을 더 사랑한다. 그리고 양자(養子)로 가거나 타향(他鄉)에 나가 성공하는 수가 많다.

년주(年柱)에 편재가 있으면 십안 재산이 반드시 자기 소유로 돌아오며, 능히 조업(祖業)을 계승(繼承)한다.

년간 년지가 모두 편재면 양자(養子)로 간다.

편재와 편관이 동주(同柱)하면 여자와 재물로 인해 손재(損財)가 많다.

편재와 비겁(比劫)이 동주하면 부모의 유산(遺産)을 물려받지 못하고 만약 물려 받아도 가산(家産)을 탕진하며 상처(喪妻)하고 여자로 인하여 손재(損財)가 많다.

86. 년간에 정재(正財)가 있으면 조부(祖父)가 부귀한 사람이다.

년과 월주에 정재(正財)와 정관(正官)이 있으면 부귀(富貴)한 집에서 출생한다.

월지(月支)에 정재가 있으면 사회적으로 인망(人望)이 높으며 성격도 온후단정(溫厚端正)하고 검소하다.

월지(月支)에 정재가 있으면 명문(名門)집의 딸과 결혼한다.

일지(日支)에 정재가 있으면 처의 내조(內助)가 있다.

천간이 정관이고 지지가 정재이면 고귀(高貴)하다.

남명에 정재가 많으면 여색으로 인하여 파재(破財)하고, 여명에 정재와 인수가 너무 많으면 음란하거나 천부(賤婦)가 된다.

87. 신왕일주에 정재가 유기(有氣)하여 일주와 합(合)되는 것을 재래취아지상(財來就我之象)이라 한다. 처재(妻財)가 스스로 따라오는 상(象)이니 현처(賢妻)를 득하고 재물이 많아 부귀를 누리게 된다. 그러나 신왕(身旺)일주가 무력(無力)한 재성(財星)과 탐합하면 쓸모없는 처재(妻財)에 집착하는 상이 된다.

88. 사주에 편인이 많으면 재난(災難)이 많고, 조별부모(早別父母)

하며, 처자와 인연이 박하다.

년주에 편인이 있으면 조업(祖業)을 파(破)하는 경우가 있다.

일지(日支)에 편인이 있으면 남녀 공히 결혼운이 나쁘다.

편인과 비견이 동주하면 계모가 있다.

편인과 장생이 동주하면 생모와 인연이 약하다.

편인과 건록이 동주면 비록 부귀의 집에서 태어났어도 십삼세를 전후하여 부친과 이별한다. 그리고 생가가 영락(零落)된다

편인과 제왕이 동주하면 계모로 인하여 고생하며, 쇠 병 사 묘 절 등과 동주하여도 편친과 이별한다.


89. 인수가 년월(年月)에 있으면 선조 부모의 음덕(蔭德)이 많음을 의미하며, 사회적으로는 웃사람 즉 직장상관이나 선배로부터 사랑을 많이 받게 된다.

월주에 인수가 있으면 부모나 형제덕이 있다. 또한 문장(文章)으로 이름을 떨치며, 총명하고 용모와 인격이 고상(高尙)하다.

시(時)에 인수가 있으면 자식복이 있으며 수(壽)도 장수(長壽)하고 만년(晩年)이 대길하다.

인수가 많고 관살이 없으면 예술로서 이름을 떨치나 고독한 경향이 있다.

여명에 관성이 약하고 인수가 왕하면 남편덕이 없다.

신왕한 사주에 인수가 많으면 자식이 적고 빈고(貧苦)하다.

인수가 너무 많으면 남자는 처와 이별하고 자식이 적거나 불효한

다. 여자는 어머니와 이별하며 자식덕이 없다.

90. 식상(食傷)은 하나만 투출하여야 한다. 2개 이상 투출하는 것을 싫어한다. 월주(月柱)에 투출하는 것이 좋다.

91. 식상용신(食傷用神)
식상이 용신인 사람은 성격이 총명하고, 재능(才能)을 잘 발휘하는데 이는 수기(秀氣)의 유통(流通)이 좋기 때문이다.

92. 상관(傷官)은 일하는 종이다.
신강(身强)하면 내가 종을 부리고
신약(身弱)하면 내가 남의 집의 종이 된다.

93. 상관(傷官)이 견관(見官)이면 위화백단(爲禍百端)
민중(民衆)이 난(亂)을 일으켜 관(官)을 축출하는 격이니 어찌 민중의 마음이 평안하리오. 연후에 관이 난을 진압(鎭壓)하고 다시 민을 지배할 시 어찌 민중들에게 화(禍)가 미치지 않으리요. 만일 재성(財星)이 있어 둘 사이를 통관하면 무사하다.

94. 금수상관(金水傷官)은 금한수냉(金寒水冷)하므로 관성인 화(火)를 만나야 조후가 되어 길하고, 목화상관(木火傷官)은 건조하므로 인수인 수(水)를 만나야 길하다. 만일 원국에 수(水)가 있으

면 관살 즉 금(金)을 만나도 무방하다. 금은 수를 생하기 때문이다.

95. 여명(女命)은 상관(傷官)을 대기(大忌)하는데 상관이 관성을 극(剋)하기 때문이다.

96. 여명에 상관(傷官)이 왕(旺)한 중에 상관이 천간에 투출해 있으면 자식이 둘 될 때부터 자식에게 치우쳐 남편을 소홀히 한다. 따라서 남편에게 쫓겨나거나 남편을 극(剋)하고 달아나는 일이 생긴다.

97. 식상(食傷)이 왕(旺)하나 관성(官星)이 없는 여자는 남편이 죽은 후에 수절(守節)하는 경우가 많다.

98. 사주에 식신(食神)이 너무 많으면 자식복이 없으며, 여자는 호색(好色)하여 과부가 되거나 첩 노릇을 한다.

99. 식상(食傷)이 전혀 없으면 대격이 되지 못하며 순평하지도 않다. 식상이 없으면 설기(洩氣)함이 없으므로 수기(秀氣)가 유통(流通)되지 못하여 갑갑하다.

100. 금수상관격(金水傷官格)은 총명하나 호색(好色)한다.

101. 근묘화실(根苗花實)

　생년, 생월, 생일, 생시는 근묘화실(根苗花實)이며, 조상궁 부모궁 부부궁 자식궁이고 초년(初年) 장년(壯年) 중년(中年) 말년(末年)을 나타낸다.


102. 년주(年柱)는 조상자리이므로 조상(祖上)이 자리잡고 있어야 하고, 월주(月柱)는 부모자리이므로 부모(父母)가 자리잡고 있어야 하며, 일주(日柱)는 나의 자리이므로 배우자(配偶者)가 있어야 하고, 시주(時柱)는 자식자리이므로 자식이 자리잡고 있어야 한다.


103. 희신과 용신이 년월(年月)의 지지에 모여 있으면 조상(祖上)과 부모(父母)의 은덕이 반드시 두터울 것이고 어릴 때 좋을 것이다.


104. 년월(年月)이 순수생아(順粹生我)하면 부모덕이 있고, 년월(年月)이 상충(相沖)하든지 월일(月日)이 상충(相沖)하면 부모덕이 박하며 초분(初分)이 불길하다.


105. 형제흥쇠(兄弟興衰)는 월제경중(月堤輕重)이라.

　월건(월지)이 형제궁(부모궁인데 형제도 본다)이므로 형제는 월건(月建)을 본다. 월일(月日)이 충극(沖剋)하든지 년월(年月)이 충극(沖剋)하면 형제가 적거나 형제무덕(兄弟無德)하다.

106. 희용신(喜用神)이 일지(日支)에 모여 있으면 처덕(또는 남편덕)이 있을 것이고, 희용신이 시지(時支)에 있으면 자손(子孫)이 필히 창성하고 만년(晚年)이 좋을 것이다.

107. 처(妻)는 재성이고 좌하가 처궁이다. 또한 희신(喜神)도 처가 된다. 재성과 처궁이 무파(無破)하고 편고함이 없으며 일간에 도움이 되면 양배유덕(良配有德)하고 그렇지 않으면 악처를 만난다.

108. 일주가 재성(財星)과 합(合)되는 경우 재성이 무기(無氣)하거나 탁기(濁氣)가 되면 쓸모없는 재물(財物)과 주색(酒色)을 탐(貪)하는 상이다.

109. 천간(天干)에 정편재(正偏財)가 혼잡(混雜)하면 이처지상(二妻之象)이다.

110. 편재(偏財)가 천간에 있는데 정재(正財)운이 오는 경우 등 행운(行運)에서 정편재가 혼잡(混雜)될 때 외정(外情) 등 여자문제기 빌생한다.

111. 천간(天干) 비겁(比劫)의 좌하에 재성(여자는 관살)이 있으면 남녀 삼각관계(三角關係) 등 부부(夫婦)간에 변화가 일어나기 쉽다.

112. 부부성(남자는 재성, 여자는 관성)이 비겁(比劫)과 합(合)되는 운(運)에 배우자에게 외정(外情)의 우려가 있다.

113. 일지재성(日支財星)과 일지관성(日支官星)은 화목가정(和睦家庭)

　일지(日支)가 재성(財星)이나 관성(官星)이면 남녀간에 양배(良配)를 만난다.

114. 일지(日支)에 재성(財星)이 암장되고 일주(日主)와 암합되면 유첩(有妾)하는 등 탐재심(貪財心)이 많다. 예컨대 임오(壬午) 일주는 임(壬)수가 오중의 정(丁)화와 암합한다.

115. 일지(日支)가 역마(驛馬, 인신사해 寅申巳亥)에 해당하면 타향(他鄕)이나 또는 타향인(他鄕人)과 인연을 맺게 되는 경향이 많다.

116. 병술(丙戌) 임진(壬辰) 등 일간이 일지(日支)에 입묘(入墓)된 경우, 신왕하면 처가 현숙(賢淑)하나, 신약하면 처가 완고하거나 우매하다.

117. 병술(丙戌) 임진(壬辰) 등 일간이 일지(日支)에 입묘(入墓)된 경우, 일간이 신약(身弱)이면 융통성이 부족하여 주변머리가 없고 잠자기를 좋아한다. 그러나 신왕(身旺)이면 이와 반대로 융통성이

좋고 매사에 적극적이다.

## 118. 일시상충(日時相沖)

일시(日時)가 상충(相沖)하면 남자는 처자(妻子)궁에 흠이 있고 여자는 남편(男便)궁에 흠이 있다. 만혼(晩婚)을 하든지 만득자(晩得子)를 두기도 한다. 기술자(技術者)나 의약가(醫藥家)도 많다.

## 119. 삼형(三刑)이 득용(得用)이면 위진변강(威振邊疆)이다

삼형(三刑)이 용(用)이 되고 일간(日干)이 왕(旺)하면 군인, 경찰, 법관 등 무관(武官)으로 성공할 수 있다. 그러나 사주의 배합이 나쁘면 기술가나 범법자도 된다. 일간이 왕(旺)하면 일간이 형(刑)을 용(用)하고, 일간이 약(弱)하면 형(刑)을 당한다.

## 120. 자묘(子卯) 상형(相刑)은 무례지형(無禮之刑)

자묘(子卯)가 월일(月日) 또는 일시(日時)에서 상형(相刑)하면 가문(家門)이 불목(不睦)한다.

## 121. 일시(日時)가 묘유(卯酉) 충(沖)이면 이사(移徙)를 자주한다.

## 122. 병자(丙子) 신묘(辛卯)는 황음지폐(荒淫之弊)

도화(桃花)와 함지(咸池)와 자묘(子卯)겸형하니 남녀간에 황음(荒淫)하거나 부부(夫婦)의 폐가 있다.

123. 술해(戌亥)는 천문(天門)

 천문(天門)은 하늘의 문(門)이니 술해(戌亥)가 있는 사람은 하늘의 문(門)을 열고 하늘의 이치(理致)를 알 수가 있다.


124. 왕자(旺者)가 입묘(入墓)하면 흉(凶)하나니, 강(强)하여 사나운 것을 창고에 가두면 가만히 있겠는가. 대개 입묘(入墓)운은 흉(凶)이 많고 길이 적다.


125. 태왕(太旺)한 것은 원래 왕(旺)함을 자랑하여 게으른 것이나, 역(逆)하거나 수장(收藏)하여 거슬리게 되면 왕신(旺神)이 난폭(亂暴)하게 되고 사람 또한 강폭하고 빈천(貧賤)하게 된다.


126. 대운(大運)

 대운은 십년(十年)간의 길흉을 보는데 천간(天干)이 선(先)5년이요 지지(地支)가 후(後)5년이다. 흔히 운(運)을 동방(東方)운 남방(南方)운이라 하는데, 이는 운은 지지(地支)가 중요하기 때문이다. 그러나 지지(地支)가 비록 길한 운이라 하더라도, 천간(天干)이 기신(忌神)이면 길기(吉氣)를 감(減)하고, 지지(地支)가 흉운이라도 천간에 길신(吉神)이 개두하면 흉함이 적다. 대개 북방(北方) 운상(運上)의 병정(丙丁)은 겨울의 화(火)요, 남방(南方) 운상의 임계(壬癸)는 여름의 수(水)라 기세가 약(弱)하다. 고로 천간과 지지를 함께 살피고 년(年)운을 참고하여 길흉을 판별하여야 한다.

127. 대운(大運)은 지지(地支)를 중(重)하게 보고, 세운(歲運)은 천간(天干)의 육신을 중(重)하게 본다.

128. 일간(日干)은 자신(自身)이고, 대운(大運)은 나의 활동지(活動地)이고, 세운(歲運)은 그 곳에서 만나는 사람이다.

129. 사주원국이 길하나 행운(行運)이 흉하면 안색(顏色)이 어둡고, 밖에서는 군자(君子) 안에서는 폭군(暴君)이 된다. 원국이 흉하나 행운(行運)이 길(吉)하면 비록 청수(淸秀)치 못하나 안색이 밝고 활달(活達)하다.

130. 대운불길(大運不吉)
1) 용신(用神)을 합거(合去)하거나 충(沖)하면 불길
2) 왕신(旺神)이 입묘(入墓)하면 불길
3) 용신(用神)이 사(死)지에 임하면 불길
4) 쇠신충왕(衰神沖旺)하면 불길
5) 불이 꺼지면 불길
6) 기신(忌神)이 왕(旺)해지면 불길
7) 약신(藥神)이 합거(合去)되거나 충(沖)되면 불길

131. 신약(身弱)하여 인수(印綬)가 용신(관이 弱)이면 관살(官殺)운과 인수(印綬)운에 발달한다. 비겁(比劫)운도 길하다.

신약(身弱)하여 인수가 용신(관이 强)이면 인수(印綬)운과 비겁(比劫)운이 길하다.

132. 재관(財官)이 왕하고 신약(身弱)이면 인수운과 비겁운이 길하다. 인수(印綬)가 투출했으면 관운(官運)도 길하다.

　재관(財官)이 약(弱)하고 신왕(身旺)이면 재(財)관(官)식상(食傷)운이 좋다.

133. 식상(食傷)이 용신(用神)일 때 재(財), 식상(食傷), 비겁(比劫)운이 길하다.

134. 정인(正印)이 용신인데 효신(梟神)운을 만나면 재앙(災殃)이 생하고 불길(不吉)하다.

　효신(梟神)이 용신인데 정인(正印)운을 만나면 수목(水木)이 화춘을 만난 격으로 길(吉)하다.

135. 용신(用神)이 투출하여 유기(有氣) 유정(有情)하면 정신(精神)이 바르고 발영(發榮)의 기상이 빛나는 상이니, 두뇌회전이 신속 명쾌하여 사람이 준수 총명하고 도량이 넓으며 대범하다. 또한 초년(初年)부터 발달한다.

136. 용신(用神)이 지지(地支)에 암장되면 명민성이 부족하여 대기

만성(大器晩成)형이다. 묘고(墓庫) 중에 암장되어 발현(發顯)하기 어려우면 사람이 보수적(保守的)이고 매사에 빈틈이 없으나 융통성(融通性)이 부족하여 주변머리가 없다.

137. 신왕(身旺)용왕(用旺)하면 담대하여 도량이 넓고 과단용단하다.

　신왕(身旺)용쇠(用衰)하면 외강내유(外剛內柔)하며

　신약(身弱)용왕(用旺)하면 외유내강(外柔內剛)하며

　신약(身弱)용쇠(用衰)하면 의지와 주관이 허약하여 일을 두려워하고 의타심(依他心)과 의심이 많으며, 도량이 좁아 불평불만이 많고 노(怒)하기도 잘하고 남의 탓도 잘한다.

138. 신약(身弱)에 관살(官殺)이 중(重)한 경우

1) 인성을 용(用)하여 살인화(殺印化)함을 진(眞)으로 한다(殺印化格)2) 인성이 없으면 식상(食傷)으로 제살(制殺)하여 일주(日主)를 구한다(食傷制殺格).

3) 인성과 식상이 없으면 비겁(比劫)을 대용(代用)하여 관살에 대항케 한다(殺重用劫格).

139. 신약(身弱)에 식상(食傷)이 중(重)한 경우

1) 인성(印星)을 용(用)하여 일주(日主)를 생조하고, 식상(食傷)을 억제하는 것을 진(眞)으로 한다(食傷用印格).

2) 인성이 없으면 비겁(比劫)으로 일주를 부조(扶助)한다(食傷用劫格).

140. 신약(身弱)에 재성(財星)이 중(重)한 경우
1) 비겁(比劫)을 용(用)하여 일주를 부조(扶助)하고, 재성을 억제(抑制)하는 것을 진(眞)으로 한다(財重用劫格).
2) 비겁이 없으면 인성(印星)으로 일주(日主)를 생조(生助)한다(財重用印格).

141. 극설교가(剋洩交加)인 경우
1) 인성(印星)을 용(用)하여 살인화(殺印化)하고, 식상(食傷)을 억제하는 것을 진(眞)으로 한다.
2) 무인(無印)에 관살이 식상보다 중(重)하면 식상(食傷)으로 제살(制殺)한다(食傷制殺格).
3) 무인(無印)에 식상이 관살보다 중(重)하면 비겁(比劫)으로 일주를 부조한다(食傷用劫格).

142. 신왕(身旺)에 인성(印星)이 중(重)한 경우
1) 재성(財星)으로 인성을 억제한다(印重用財格)
2) 재성이 없으면 식상(食傷)으로 재성을 생하고, 일주의 기를 설(洩)한다(印重用食傷格)

143. 신왕(身旺)에 비겁(比劫)이 중(重)한 경우

1) 비겁이 태왕(太旺)하면 역(逆)하는 것을 싫어하고 순(順)하는 것을 좋아하므로 식상(食傷)을 용(用)한다(劫重用食傷格).

2) 비겁이 태왕하지 않고 관살(官殺)이 유력(有力)하여 비겁을 억제할 수 있을 때는 관살(官殺)을 용(用)한다(劫重用官格)

144. 종격(從格)의 취용법

태왕(太旺)한 것은 역(逆)하는 것을 싫어하고 순(順)하는 것을 좋아하니 대개 설기(洩氣)하는 것이 용신이 되고, 생(生)하는 것이 희신(喜神)이 된다. 단, 종살격(從殺格)은 관살을 생하는 재성(財星)을 용신으로 하고 설기하는 인성(印星)을 희신으로 한다. 그러나 기세에 역(逆)하는 것 즉 탁기(濁氣)가 있을 때는 탁기를 제화(制化)하는 것을 희용(喜用)으로 하니 국(局)에 따라 적절히 응용한다.

145. 한신(閑神)

원국에 한신(閑神)이 있어 운상(運上)의 기신(忌神)을 합(合)하거나 충(沖)하면 흉운이 흉하지 않으며, 길신(吉神)을 합(合)하거나 충(沖)하면 길운이 길한 것이 아니다.

146. 진신(眞神)과 가신(假神)

진신(眞神)은 사주의 오행 조화(調和)상 일주가 가장 필요(必要)

로 하는 육신을 용신(用神)으로 삼는 것이고, 가신(假神)은 진신이 없어 사주의 배합상 부득이 용신(用神)을 대용(代用)하는 육신을 말한다. 용신이 진신(眞神)이고 월령(月令)이 진신을 생조(生助)하는 절기면 부귀(富貴)하지 않는 사람이 없고, 가신(假神)이 용신(用神)이면 비록 사주상 간지의 배합은 아름답다 하더라도 평범한 일생을 보내기 쉽다.

147. 유행간이불행지자(有行干而不行支者)

예컨대 병(丙)일에 해(亥)년 자(子)월 출생이면 병정(丙丁)운은 일간을 도우니 길(吉)하나, 사오(巳午)는 상충(相沖)되므로 평지풍파가 되어 불길(不吉)하다.

148. 유행지이불행간자(有行支而不行干者)

갑(甲)목이 유(酉)월에 생하고 신(辛)금이 투출하였는데 관(官)이 약(弱)한 경우, 신유(申酉)운은 관의 녹왕(祿旺)지이므로 길하나, 경신(庚辛)운은 관살혼잡(官殺混雜)이나 중관(重官)이 되어 나쁘다.

149. 사생지(寅申巳亥)를 충(沖)하면 중(重)하고
전왕지(子午卯酉)를 충하면 혹성혹패(或成或敗)하며
사고지(辰戌丑未)를 충하면 붕충(朋沖)이라

150. 인신사해(寅申巳亥)는 역마(驛馬)

자오묘유(子午卯酉)는 도화(桃花)

진술축미(辰戌丑未)는 숨은 도화(桃花)

151. 인신사해(寅申巳亥) 전비(全備)하면 사생국(四生局) 또는 역마국(驛馬局)이라 하여 남자는 대격(大格)으로 부귀(富貴)하나 여자는 천격(賤格)이다.

자오묘유(子午卯酉) 전비하면 사패국(四敗局) 또는 도화국(桃花局)이라 하여 남녀간에 주색황미(酒色荒迷)하다. 남자는 대격(大格)이 많으나 여자는 천격(賤格)이다.

진술축미(辰戌丑未) 전비(全備)하면 사고국(四庫局) 또는 화개국(華蓋局)이라 하여 남자는 대격(大格)으로 부귀(富貴)하나 여자는 고독(孤獨)하다.

152. 운(運)이 좋을 때 충(沖)하면 화(禍)가 가벼우나, 운(運)이 나쁠 때 충(沖)하면 화(禍)가 무겁다. 대운과 세운이 겹쳐 충(沖)하면 중(重)하게 나타난다.

153. 일충(一沖)이 양충(兩沖)

에컨대 신(申)이 둘이고 인(寅)이 하나이면, 하나인 인(寅)이 둘인 신(申)을 충(沖)할 수 없으나, 인(寅)운을 만나면 두 개의 인(寅)과 두 개의 신(申)이 충(沖)하게 된다.

154. 시(時)는 귀숙(歸宿, 돌아가 쉼)하는 곳이므로 시(時)가 좋아야 인생(人生)이 좋다.

155. 시상식상(時上食傷)은 일주왕즉자다(日柱旺則子多)하고 일주약즉자희(日柱弱則子稀)라. 시상(時上)에 식상(食傷)이 있고, 일주가 왕(旺)하면 자손(子孫)에게 방해가 없으나, 일주가 약(弱)하면 자손이 희소(稀少)하다. 그러나 시상에는 상관(傷官)이 있고 시지에 관살(官殺)이 있으면 도리어 다자(多子)하며 이복자녀(異腹子女)가 있기도 하다.

156. 시상(時上)에 인수(印綬)가 있으면 문서(文書)를 내가 가지고 있는 상이다. 즉 모든 권력(權力)을 내가 갖는다.
 시상(時上)에 편관(偏官)이 있으면 일장당권(一將當權)이라 일생에 한번 권력(權力)을 잡아본다.
 시상편관(時上偏官)에 유제(有制)하면 만자영(晚子榮)이요, 시상편관에 무제(無制)하면 노이무자(老而無子)라

157. 천을귀인(天乙貴人)이 부모(父母)궁에 있으면 조상(祖上)의 음덕(蔭德)이 있다.

158. 인수(印綬) 무(無) : 공성신퇴(功成身退)
 토(土)가 무(無) : 셋방난면(難免), 자기 자리가 없다.

애기낳기 어렵다

금(金)이 무(無) : 생식기(生殖器) 이상(異常)(고자가 많다)

남하고 사귀기 싫어한다.

뿌리(根) 무(無) : 대충대충. 근본(根本)이 없다. 허공(虛空)에 떠
있다. 부실(不實)하다. 의지할 곳이 없어 고독(孤獨)하다.


159. 사주는 인수(印綬)와 식상(食傷) 뿐이다

인수(印綬)는 문서, 명예, 도장, 학문, 인덕, 간판

식상(食傷)은 밥그릇, 나의 몸, 유방, 성기, 언권(言權), 생산, 번식

말을 할 때 생각하는 것은 인수(印綬)이고, 말이 나가는 것은 식
상(食傷)이다.


160. 인수(印綬)가 용신(用神)이면 길러내는 일을 하여야 한다. 선
생 등


161. 겁재(劫財)

겁재(劫財)는 이중성(二重性), 의심벽(疑心癖)이 있다. 탈부(脫
夫), 유부별기(有夫別居), 첩을 보거나 첩으로 간다.

겁재있는 사람은 겁재있는 사람끼리 결혼하여야 한다.

겁재가 없으면 심성(心性)이 고진하다.

162. 재통문호즉부(財通門戶則富)

부자(富者)는 재기(財氣)가 문호(門戶)에 통한 것을 보고 안다. 문호는 월령(月令)이니 재성이 득령(得令)하고 득기득지(得氣得地)하며 배합이 유정(有情)하면 부자(富者)이다. 또한 재(財)가 용신(用神)이고 유정(有情)하여야 한다.

163. 귀(貴)함은 관성(官星)이 도리(道理)에 합당한 것을 보고 안다.

정관(正官)이 왕(旺)하고 신왕(身旺)하며 인수(印綬)가 있어 관성을 지키면 귀명(貴命)이다.

왕한 재성(財星)이 정관(正官)을 생하면, 관(官)이 역량을 얻어 부귀(富貴)의 명이 된다.

신왕(身旺)하고 관(官)이 쇠(衰)한데, 재(財)가 있어 관(官)을 생하면 귀하게 된다.

재관인(財官印) 삼기(三奇)가 구비되면 귀명(貴命)이다.

164. 관성유리회(官星有理會)하면 청귀지명(淸貴之命)이요, 관성불기(官星不起)하면 한유지명(寒儒之命)이다. 또 살인쌍청(殺印雙淸)하면 청귀지명(淸貴之命)이요 재관쌍미(財官雙美)하면 부귀지명(富貴之命)이다.

165. 관성유리회(官星有理會)란 관청(官淸)하여 일주(日主)와 합되

490

는 것이다. 관청(官淸)이란 신약(身弱)에 살인(殺印)이 쌍청(雙淸)
하거나, 신왕(身旺)에 재관(財官)이 쌍미(雙美)하여 청(淸)하게 된
것이다. 고로 관성유리회는 재관인(財官印)이 모두 있고 청(淸)한
관성이 일주와 합 즉 유정(有情)한 것이다.

166. 관성유리회가 되면 정도(正道)를 중(重)히 하고 관대 온후하
여 명리(名利)가 스스로 따르게 된다. 여자는 남편이 귀현(貴顯)하
게 된다. 그러나 비견(比肩)과 함께 쟁합(爭合)하면 명리(名利)에
대한 집착이 강하여 권모술수(權謀術數)에 능한 경향이 있다. 여자
는 남편이 유첩(有妾)한다.

167. 등과지명(登科之命)은 일주(日主)가 중화(中和)되고, 용신이
일주에 인접하여 유정(有情)한 명. 특히 용신이 월간(月干) 또는
시간(時干)에 투출하고 관인쌍청(官印雙淸)하거나 재관쌍미(財官
雙美)한 명.

여명론(女命論)

168. 여명은 관(官)이 남편이니 정관(正官)이 없으면 칠살(七殺)이
남편이 되고, 관과 살이 없으면 재성(財星)을 남편으로 본다.

169. 관이나 살이 하나만 있어야 하며, 관살(官殺)이 혼잡(混雜)하

거나 중관(重官)은 꺼린다.

170. 관살혼잡(官殺混雜)일 때는 거살유관(去殺留官)하든지 거관유살(去官留殺)하여야 길(吉)하며 하나를 버리지 못하면 천격(賤格)이다. 그러나 관살혼잡일 경우에도 인성(印星)이 화살(化殺)하여 통관(通關)하면 흉이 길(吉)이 된다. 거살유관(去殺留官)격에 칠살(七殺)운을 만나면 대흉(大凶)하고, 거관유살(去官留殺)격에 관성(官星)운을 만나면 불길(不吉)하다.

171. 원국에 관성(官星)이 있는데 관살(官殺)운을 만나면, 남편이 있는데 또 남편이 생김과 같으니 흉(凶)하다.

172. 여명(女命)에서 천간의 관성(官星)이 지지에 있는 재성(財星)의 생(生)을 받고 있는 것을 명관과마(明官跨馬)라고 하는데, 이렇게 놓이면 그 부군(夫君)이 귀(貴)하게 되어 여명에서 귀격(貴格)이 된다.

173. 년월(年月)에 인수(印綬)와 재성(財星)과 관성(官星)(재관인)이 함께 있으면 반드시 부귀(富貴)한 집안에 태어나서, 귀한 여식(女息)이 되며 재능과 용모가 단정하고 현숙한 귀부인(貴婦人)이 될 것이다.

174. 희신(喜神)과 용신(用神)이 년월(年月)에 있으면 친정에 초년(初年)이 길하고, 길신이 일시(日時)에 있으면 출가 후로 중말년(中末年)이 길하며, 재성(財星)이 왕하면 남편이 흥(興)하고, 재관(財官)이 쇠약하면 남편이 졸렬하다. 또한 인성(印星)이 왕하면 자녀가 적다.

175. 자매강강(姉妹剛强) 이녀동부(二女同夫)

여명에 일지(日支)가 비겁(比劫)이거나 사주에 비겁(比劫)이 많으면 남편의 처첩(妻妾)이 많은 격이므로 주의해야 한다. 비겁(比劫)은 나와 동류(同類)이니 남편 입장에서는 처첩(妻妾)이다.

176. 여명에 좌하가 비겁(比劫)이나 식상(食傷)이 오는 것을 꺼리며, 일시(日時)상충(相沖)도 대기(大忌)한다. 좌하 비겁은 丙午일, 戊戌일 등이며 좌하식상은 丙戌일, 己酉일 등이다. 좌하가 비겁(比劫)이면 일간이 왕(旺)하여 관성이 약(弱)하게 된다. 또한 좌하가 식상(食傷)이면 관성을 극(剋)하므로 불길(不吉)하다. 일시(日時)상충(相沖)은 자식궁과 부부궁이 충(沖)하므로 역시 불길하다.

177. 여명에 재(財)가 왕하고 관살(官殺)이 혼잡(混雜)한데 신약(身弱)이면, 용모는 아름다우나 호색(好色)하여 남자를 탐하고 음란(淫亂)하다. 재(財)는 생관(生官)하므로 재(財)를 탐내면 관(官)을 만나는 것이 되어 결국 돈 생기고 애인 만나는 것이 된다.

178. 여명에 명암부집(明暗夫集)은 천간과 지지에 관살(官殺)이 많이 있는 것을 말한다. 천간(天干)에 투출한 관(官)이 명부(明夫)인데 겉으로 나타나 있는 남편이다. 지지(地支)에 암장되어 있는 관(官)이 암부(暗夫)인데 숨어있는 남편 즉 정부(情婦)를 말한다. 명암부집(明暗夫集)된 여명은 본(本) 남편과 해로(偕老)하지 못하고, 여러번 출가하여 여러 남편을 섬기게 된다.

179. 여명에서 상관(傷官)이 왕(旺)하고 관성(官星)이 미약(微弱)하면, 관식투전(官食鬪戰)하는 것이 되어 부부싸움이 끊일 날이 없고, 심하면 이별하여 재가(再嫁)하게 된다.

180. 여명에서 상관(傷官)이 왕(旺)하고 특히 상관이 천간(天干)에 투출해 있으면, 자식이 둘 될 때부터 상부(傷夫)하거나 이별하게 된다. 자식은 식상(食傷)이므로 식상이 더욱 왕해져 심히 관성(官星)을 극(剋)하기 때문이다.

181. 귀중합다(貴重合多)면 니노창기(尼奴娼妓)라
　여명에 관(官)과 합(合)이 많으면 천(賤)하다. 관(官)은 남편이요 합(合)은 정(情)이니, 여명에 정(情)과 남편(男便)이 많으면 좋을 리 있겠는가.

182. 관다(官多)면 불영(不榮)이요 재다(財多)면 불부(不富)라

494

재다(財多)면 자연히 신약하여 재다신약(財多身弱)이 되니 부옥빈인(富屋貧人)이라. 가진 것이 오히려 짐이되니 어찌 부(富)를 누릴 수 있으리오. 그러나 대운에서 인성(印星)운이나 비겁(比劫)운을 만나면 길하게 된다.

183. 일간왕이청(日干旺而淸)이면 자다(子多)하며 중흥문호(中興門戶)요, 일간약이탁(日干弱而濁)이면 자희(子稀)하며 문호쇠약(門戶衰弱)이라

184. 식상(食傷)이 있고 재성이 없는데 인성(印星)운을 만나면, 인성이 식상을 극하여 형상(刑傷)이 있게 된다.

185. 여명에 좌하 식신(食神)을 효신(梟神)이 탈식(奪食)하면 포태(胞胎)도 불능(不能)하고, 자식을 낳아도 기르기 어렵다.

186. 여명에 식신(食神)이 왕(旺)하고 일간이 태약(太弱)하면 유산(流産)을 자주하게 되며 임신을 하여도 낙태(落胎)되기 쉽다. 그러나 인성(印星)운을 만나면 식신(食神)을 제거하고 원기(元氣)를 돋우니 생산(生産)이 가능하다.

187. 여명에 일간(日干)이 왕(旺)한데, 다시 일간을 왕(旺)하게 하는 운(運)이 오면 상부(喪夫)하거나 이별(離別)하게 된다.

188. 인성(印星)과 비겁(比劫)이 왕하여 일주(日主)가 고강(高强)한 여인은 시모(媤母)에게 순종치 않아 시부모 봉양하기 어렵고 남편에게도 잘 순종치 않는다. 고로 가정에만 있는 주부(主婦)로서는 법도(法道)에 어긋남이 많으나, 자립정신(自立精神)이 강하고 사회 활동성이 강하여 대외적(對外的)인 일에는 유익함이 많다.

189. 여명에 일주(日主)가 왕(旺)하면 활발(活發)하고 자녀생산에 능하며 활동력이 유족하다. 그러나 일주가 약(弱)하면 여자의 본성(本性)을 지니게 되나, 가정사가 졸렬(拙劣)하고 잔병(殘病)이 많다.

190. 남녀가 동등(同等)한 현대사회에서 여명이 신왕(身旺)이면 자기 스스로의 힘으로 일을 개척(開拓)해 나갈 수 있으므로 활동력(活動力)과 교제력(交際力)이 있어 좋으나, 일주가 지나치게 왕(旺)하여 관성(官星)이 미약(微弱)하면 남편덕이 없고 남편이 무능(無能)해지거나 상부(傷夫)하게 된다. 이 사회에서 크게 출세(出世)한 여성들에게서 흔히 볼 수 있는 것이다.

191. 여명에 재다신약(財多身弱)이면 재(財)를 감당하지 못하여 재(財)로 인하여 오히려 화(禍)를 입게 된다. 다시 관살(官殺)이 있으면 재(財)가 관살(官殺)을 생(生)하므로 일주(日主)가 기진맥진이다. 관(官)은 남편이고, 재(財)는 재물과 시모(媤母)가 되므로 시

모(媤母)가 남편을 부추겨 일주(日主)를 구박하는 것이 된다. 또한 일주(日主)가 돈벌어다 남편 뒷바라지하고도 도리어 남편에게 욕을 먹게 된다. 이를 재다신약(財多身弱)에 생관살(生官殺)이라 한다.

192. 여명은 중화(中和)된 사주가 최길이다. 길운을 만나면 대길(大吉)하고, 길운을 만나지 못하더라도 평생이 무난(無難)하다.

193. 간명방법(看命方法)

① 월지(月支)

② 조후(調候)

③ 흐름

④ 뿌리, 인성(印星), 식상(食傷)

⑤ 천간(天干 : 作用力, 外面, 합. 충)

⑥ 지지(內面, 합. 충)

⑦ 신강(身强), 신약(身弱)(원국의 육신, 월령, 뿌리, 삼합, 충)

⑧ 용신(用神), 병신(病神), 약신(藥神)

⑨신실(神殺)(삼재.충.형.원진.귀문관살.고.백호.양인.고신.과숙.도화.홍염.역마.귀인.탕화)

⑩ 대운(지지 : 계절과 뿌리, 천간 : 작용력. 원국의 지장간이 천간에 투출하면 힘이 강하여 역량을 발휘한다)

⑪ 세운

194. 용어해설(用語解說)

◎ 간여지동(干與之同) : 갑인(甲寅)이나 경신(庚申)같이 천간과 지지가 같은 오행을 말한다. 신왕에는 흉하여 부부궁이 불길하고, 신약에는 희신(喜神)이 된다.

◎ 개두(蓋頭) 절각(截脚) : 간지가 서로 상극으로 되어 발영하기가 어려운 것. 개두는 천간이 지지의 머리를 덮어 누른다는 의미로 병신(丙申) 정유(丁酉) 등이 그것이다. 절각은 천간이 절지(絶地)에 앉아 다리 즉 뿌리가 절단된 것을 의미하는 것으로 갑신(甲申) 을유(乙酉) 등이 그것이다.

◎ 극진(剋盡) : 극하여 완전히 제거됨을 말함. 극거(克去)

◎ 기반(羈絆) : 붙들어 매었다는 뜻으로 합하여 자기의 고유한 작용을 하지 못하는 것

◎ 기제(旣濟) : 수왕(水旺)에 화(火)가 있으면 한수(寒水)가 온난(溫暖)으로 수화기제(水火旣濟)가 되고, 화왕(火旺)에 수(水)가 있으면 열화(熱火)가 윤습(潤濕)으로 상극(相剋)이 안된다.

◎ 기화정협(氣和情協) : 기화(氣和)는 천합지(天合地)와 지생천(地生天)이니 예컨대 임오(壬午)일 정해(丁亥)일 등은 천합지(天合地)요 병인(丙寅)일 갑자(甲子)일 등은 지생천(地生天)이다. 정협(情協)은 상하좌우(上下左右)가 유정상합(有情相合)이니 예컨대 기축(己丑)일 갑자(甲子)시와 정해(丁亥)일 임인(壬寅)시 등이니 전국(全局)이 정화(情和)됨을 뜻한다.

◎ 근고(根固) : 뿌리가 완고(完固)하다는 뜻이다. 즉 갑목(甲木)

이 하절(夏節)에 진(辰)을 만나면 열중(熱中)에 습토(濕土)로 뿌리가 완고해지며, 갑목(甲木)이 동절(冬節)에 인(寅)을 만나면 온목(溫木)으로 뿌리가 완고하게 된다.

◎ 도세(淘洗) : 신금(辛金)은 주옥(珠玉)과 같으므로 왕약(旺弱)을 막론하고 임수(壬水)를 만나 도세(淘洗)해야 빛이 난다. 임수(壬水)가 없고 해(亥)가 있으면 해(亥)중 임수(壬水)도 다음으로 도세(淘洗)가 된다.

◎ 득비리재(得比理財) : 비견이나 겁재를 얻어 재(財)를 다스리는 것. 형제나 친구의 도움으로 재물이나 처.첩을 다스리는 것

◎ 등라계갑(藤蘿繫甲) : 을(乙)일주는 유약(柔弱)한 음목(陰木)으로 덩굴풀에 비유되니, 천간에 갑(甲)이 있든지 지지에 인(寅)이 있으면 약한 덩굴이 받침대에 의지함과 같이 된다. 따라서 비록 추절(秋節)생이라도 태약(太弱)이 아니다.

◎ 명조(命造) : 사주(四柱)를 말함

◎ 문호(門戶) : 월건(月建)을 말한다. 월건(月建)이 일주(日主)를 상생(相生)하면 기통문호(氣通門戶)라 한다.

◎ 반합(絆合) : 반(絆)은 말의 다리를 매어 못가게 하는 줄이니, 반합은합으로 말미암아 해당 육신이 발(發)하지 못하게 되는 것을 말한다. 일명 올가미 합이라고 하며 합거(合去)와 같은 의미이다.

◎ 벽갑인정(劈甲引丁) : 갑목(甲木)이 경금(庚金)을 만나면, 도끼로 나무를 쪼개어 불을 당기게 하니 미약(微弱)한 정화(丁火)에 인화(引火)하는 것이다. 따라서 갑경(甲庚)은 양우(良友)라 한다.

벽갑인화 또는 벽갑생화라고도 한다.

◎ 병령(秉令) : 령(令)이란 월령(月令)을 말하고, 병(秉)은 권한(權限)을 잡고 있다는 의미이다. 예컨대 갑목(甲木)은 인(寅)이 병령이며, 병화(丙火)는 사(巳)가 병령이다.

◎ 사령(司令) : 월령(月令)을 말함. 월중(月中)에 월령이 권한을 행사하므로 사령이라 한다.

◎ 상관상진(傷官傷盡) : 상관을 인성이 제극시켜 약하게 하는 것

◎ 상하정협(上下情協) : 간지가 상생되는 것. 희용신이 동주(同柱)하여 천복지재가 되는 것

◎ 수화상제(水火相濟) : 천지의 수화(水火)가 조화를 이룬 상태. 즉 수(水)와 화(火)가 만나면 비록 상극이 되나 음양이 상제(相濟)하니 마치 남녀가 배우(配偶)하여 자손을 번성해 나가는 것과 같다. 즉 천지가 한열(寒熱)과 자윤(滋潤) 및 향양(向陽)의 조화를 이루어 만물이 생화(生化)되어 나가는 것을 말한다.

◎ 수화미제(水火未濟) : 수화(水火)가 아직 조화를 이루지 못한 상태.

  암합(暗合) : 암장된 지장간끼리의 합

◎ 유정견합(有情牽合) : 이기(二氣)가 합하여 길신을 일주의 곁으로 끌어드리는 것이다. 예를 들면 일주가 경금(庚金)을 좋아하는데 경금이 년간에 있어 무정(無情)할 때, 만일 을목(乙木)이 월간에 있으면 을경(乙庚) 합금하여 경금을 일주의 곁으로 끌어드리는 것과 같다.

◎ 전실(塡實) : 암합(暗合)이나 암충(暗沖)으로 데려오는 것

◎ 좌우동지(左右同志) : 용신이 일주의 좌우에 있어서 유정하거나 희신이 용신의 좌우에 인접하여 서로 비호하여 주는 것.

◎ 진법무민(盡法無民) : 법은 관성(官星)을 말함이니, 법이 없으면 사회의 질서가 없어 따르는 백성이 없다는 뜻이다. 즉 목(木)일간에 금(金)이 관성인데 화(火)가 왕한 가운데 다시 화운(火運)을 만나 관성이 허약하게 되는 경우이다.

◎ 착근(着根) : 목(木)이 수(水)가 많으면 목부(木浮)하는데 이때 토(土)가 있으면 착근(着根)이요, 금(金)이 화왕절(火旺節)에 습토(濕土)가 있으면 착근(着根)이다.

◎ 천복지재(天覆地載) : 천간이 지지를 덮어주고, 지지가 천간을 받들어 서로 비호하여 주는 것이다. 즉 간지가 상통하거나 상생하여 서로 상부상조하는 것을 말한다. 예컨대 갑인(甲寅) 을묘(乙卯) 등으로 간지가 비화(比和)되거나, 갑자(甲子) 병인(丙寅) 등으로 상생이 되는 것이다.

◎ 청고(淸枯) : 무기(無氣)하여 생기(生氣)가 없는 것. 즉 뿌리가 없거나 있어도 썩어서 쓸모가 없는 것을 말한다.

◎ 탐재괴인(貪財壞印) : 재를 탐하여 인성을 무너뜨리는 것이니 예컨대 목(木)일간이 재성인 토(土)를 탐하다 토가 인성인 수(水)를 극하는 경우이다.

◎ 태세(太歲) : 출생한 그 해를 말함. 즉 을미(乙未)년에 출생이면 을미(乙未)가 태세임

◎ 투출(透出) : 천간에 나타났다는 말이다. 투간(透干)도 같은 의미이다.

◎ 화기(化氣) : 화(化)한 오행(五行)

◎ 효신(梟神) : 편인(偏印)의 별명(別名)이다.

# 제18장. 추명실례(推命實例)

```
甲  己  癸  乙
子  亥  未  未
```

```
80  70  60  50  40  30  20  10
乙  丙  丁  戊  己  庚  辛  壬
亥  子  丑  寅  卯  辰  巳  午
```

기토(己土) 일산이 유월 토왕절에 생하고 년지에 미토(未土) 동기(同氣)가 있어 뿌리가 든든하다. 년상(年上)의 살(殺)인 을목(乙木)은 월간 계수(癸水)의 생을 받아 일간을 극하고 있다. 살(殺)인 을목(乙木)은 미토(未土)에 그리고 편재인 계수(癸水)는 자수(子水)에 뿌리를 내리고 있다. 일간의 마음은 시상(時上)의 갑목(甲

木)에게 있는데 갑목은 일지 해수(亥水)에 통근하고 있다.

기토 일간이 득령(得令)을 하고 년지에 동기(同氣)가 있어 왕한 듯 하나, 간지(干支)에 관살이 많은데다 뿌리있는 재성(財星)이 칠살을 생하니 일간은 기진맥진이다. 더구나 월지와 일지가 해묘(亥卯) 목국(木局)을 이루니 관살이 극왕(極旺)이다. 만일 인성인 화(火)가 투출했다면 일간과 관살 사이를 통관(通關)하여 살인화(殺印化)하니 좋았을 것이다. 년지와 월지의 정화(丁火)가 있지만 계수(癸水)에 의하여 극을 당하니 힘을 쓸 수 없다.

수(水)는 목(木)으로 가서 일간을 극하니, 일간인 토(土)와 관살인 목(木)과의 싸움이다. 용신은 통관용신(通關用神)이며 미(未) 중의 정화(丁火)가 용신이다. 용신을 극하는 계수(癸水)가 병신(病神)이다.

용신이 지지(地支)에 암장되어 발현(發顯)하기 어려우므로 대기만성(大器晚成)형이다. 보수적(保守的)이고 매사에 빈틈이 없으나 융통성(融通性)이 부족한 측면이 있다. 식상이 없어 오행의 흐름이 일주(日主)에서 끊기니 수기(秀氣)가 유행(流行)하지 못하여 재능을 잘 발휘하지 못한다.

정관(正官)이 투출하면 외모(外貌)가 준수(俊秀)하다고 하였다. 외모는 준수한 편이나 음일간(陰日干)에 신약(身弱)이며, 일간을 극하는 칠살(七殺)이 왕하니 신체는 좋은 편이 아니다.

성격은 기토(己土) 일간에 신약(身弱)이니 신의(信義)가 있고 유약(柔弱)하다. 겁재가 없으니 심성이 고진하며, 관살혼잡이지만 일간의 정(情)이 정관(正官)에만 향하니 바르고 명예(名譽)를 존중하며 인품이 단정(端正)하다. 또한 지혜와 재주가 있다. 그러나 이상과 꿈을 오래 간직하며 현실보다는 이상(理想)을 추구하는 경향이 있다.

년지와 월지에 동기(同氣)인 뿌리가 있고 용신인 인성(印星)이 있으므로, 고향(故鄕)에 인연이 있다. 고향에 인덕이 있으며 자리 잡고 발전할 수 있는 터전이 있고 조상의 음덕(蔭德)이 있다. 그러나 년간과 월간에 칠살(七殺)과 재성(財星)이 투출하여 용신을 극(剋)하고, 일간을 극하니 고향과는 또한 인연이 멀다. 즉 내적(內的)으로는 일간(日干)의 발판이 되고 일간을 돕는 세력이 있고 인덕이 있지만, 외적(外的)으로는 일간을 해치는 나쁜 힘이 있다. 만일 일간이 강(强)하다면 신살양정(神殺兩停)이라 하여 오히려 권력(權力)을 장악할 수 있다. 그러나 일간이 약(弱)하니 고향을 떠나야 한다.

년주(年柱)에 편관(偏官)이 있고 장남이면 부모에게 불리하다고 하였다. 부친이 완고(頑固)하였으며 명주(命主)가 21살인 을묘(乙卯)년에 세상을 떠나니 칠살(七殺)의 해인 연고이다. 월간에 편재(偏財)가 투출히였는데 편재는 새물과 저첩과 부친을 나타낸다. 칠살을 생하고, 용신인 인성을 극하니 일간에게 심히 해(害)가 된다. 재물과 여자를 조심하고 멀리하여야 한다. 물려받은 유산(遺産)이 있더라도 유지하기 어려우며 오히려 유산으로 말미암아 큰 화(禍)를 당하게 된다. 년월주(年月柱)에 재성과 칠살이 투출하여 재성

(財星)이 살(殺)을 생조하고, 시주에 정관(正官)이 투출한 경우에는 유산(遺産)이 모두 없어진 다음에야 진정한 자기의 재물을 모은다고 하였다. 물론 여자를 멀리하여야 하니 만일 여자를 만난다 해도 좋은 여자를 만나기는 어렵다.

일간의 정(情)이 정관(正官)인 갑목(甲木)에게 있는데 갑목은 바른 길이고 명예이며 큰 그릇이다. 뿌리가 일지인 해수(亥水)에 있으니 처덕이 있음이 분명하다. 그러나 해(亥) 중의 갑목(甲木)은 물먹은 나무이므로 목생화(木生火)를 하지 못한다. 일간은 용신인 화(火)가 간절히 필요하고, 일간이 정(情)을 주는 갑목 역시 화(火)가 있어야 발영(發榮)하니 화(火)가 절대적으로 필요하다.

일지가 정재(正財)이면 처의 내조(內助)가 있다고 하였다. 일지가 정재(正財)이고 갑목의 뿌리가 일지(日支)에 있으니 처덕(妻德)은 있다. 그러나 인성이 간절히 요구되는 경우에 재성은 인성을 극하니 해(害)가 된다. 더구나 재성(財星)이 천간에 투출하였고, 월지와 일지가 합(合)이 되어 살국(殺局)을 이루니, 재(財)가 살(殺)이 되었다. 재(財)는 처이니 처가 살(殺)이 되어 일간을 극해(克害)하는 상이다. 요약하면 일간에게 처덕(妻德)은 있지만 그 덕은 일간을 생조(生助)하여 발영(發榮)케 하지는 못한다는 말이다.

인성이 용신인데 재(財)가 왕하고 천간에 투출했으니 처(妻)가 득세한다. 만일 일간이 강(强)하면 괜찮지만 신약(身弱)이라면 처에게 순종(順從)하지 않으면 재생살(財生殺)하여 일간을 극하니 일간이 견딜 수 없다. 다행인 것은 기해(己亥) 일주(日柱)라 일간과 일지가 갑기(甲己)로 합(合)이 되는데, 간지(干支)가 상하로 상합(相合)하면 정신(精神)이 단결되어 좋다.

정관(正官)이 시주(時柱)에 있으면 만년(晚年)에 발달하고, 효순하고 현량한 아들을 둔다고 하였다. 자식은 시지(時支)를 먼저 보고 다음에 관살(官殺)을 본다. 시지인 자수(子水)를 보면, 자수는 일간의 천을귀인(天乙貴人)에 해당한다. 시지가 귀인(貴人)이고, 시간(時干)이 정관이며 일주(日主)와 합이 되니 좋다. 시지인 자(子)수는 12운성으로, 일간의 관성(官星)인 목(木)의 욕(浴)에 해당한다. 욕(浴)은 자식이 둘이나 중순이후가 되면 반감(半減)한다고 하였다.

행운을 보면 화목수(火木水)운으로 흐르고 있다. 화(火)인 인성이 용신이므로 목화토(木火土)운이 길하다. 목(木)은 화를 생하므로 길하나, 화가 투출하지 않았으므로 지지는 길하나 천간은 불리하다. 또한 목(木)이 너무 많으면 불이 꺼지므로 주의하여야 한다.

초운인 임오(壬午) 신사(辛巳)운은 남방 화운(火運)이므로 길하나, 금수(金水)가 개두하고 지지가 자오(子午) 충(沖), 사해(巳亥) 충(沖)하여 쇠신충왕(衰神沖旺)하니 길(吉)이 반감(半減)한다. 고향을 떠나 외로운 생활을 했으나 그래도 용신인 화(火)의 운이므로 학업은 이어갔다. 용신이 인성인 경우에 재성(財星)이 투출하면, 재성이 인성을 극하여 학업(學業)이 어렵다. 어렵게 학교를 다녔지만 고등학교때 학생들의 직접선거에 의한 전교학생회장을 했으니 오(午)운이 일간 기토(己土)의 관(官)이 되는 연고이다.

사(巳)운에 대학을 졸업하고 대학원 1년인 신유(辛酉 27세)년 말(末)에 큰 충격을 받아서 입원을 하고 휴양(休養)을 해야 했다. 물체가 이중(二重)으로 보이니 책을 볼 수가 없었으며 어지러워서 서있을 수가 없었다. 임술(壬戌), 계해(癸亥), 갑자(甲子), 을축(乙丑)년까지였으니 해자축(亥子丑) 재성(財星)운이었다.

경진(庚辰)대운인 정묘(丁卯)년(33세)에 박사과정에 들어가 신미(辛未)년(37)에 학위를 받았다. 그 사이인 무진(戊辰)년(34세)에 결혼을 하고, 이듬해인 기사(己巳)년(35세)에 딸을, 신미(辛未)년(37세)에 아들을 낳았다. 그 기간이 4년인데 진사오미(辰巳午未) 화(火)의 운이었다.

기묘(己卯)대운은 천간은 일간의 동기(同氣)인 비견이며, 지지는 을목(乙木) 칠살의 뿌리가 된다. 지지에서 해묘미(亥卯未) 완전한 목국(木局)이 되어 살왕(殺旺)하다. 일지와 월지가 대운과 합이 되어 살국(殺局)을 이루니 처가 일간을 극하는 상이다. 이러한 경우에 부부이별하는 수가 많다.

비겁운에는 재산(財産)상의 분탈(分奪)이나 쟁투(爭鬪)가 일어난다. 기묘(己卯)대운에 유산에 대한 분쟁이 있었으니 살왕(殺旺)에 비견운인 연고이다. 그해가 갑술(甲戌), 을해(乙亥), 병자(丙子), 정축(丁丑)의 해자축(亥子丑) 재성(財星)운이었다.

살(殺)은 도적과 같은 무리이다. 지지가 살국(殺局)이고 운도 재성운이어서 살을 생하니 살(殺)이 태왕하다. 일간은 마음의 정(情)이 정관(正官)에게 있으니 언제나 바르고 정도(正道)를 지키며 재

508

물보다는 명예(名譽)를 중시한다. 더구나 일간은 甲木(일간의 情이 時干의 갑목에 있으며, 그 뿌리가 일지인 亥水 중의 갑목에 있으므로)이고 살(殺)인 도적은 을목(乙木, 소인)이다.

그들은 조부님의 함자(銜字)를 부인(否認)했고, 3대를 이어온 가옥(家屋)을 특별조치법을 통하여 강탈하려고 하였으며 수십년을 지어온 텃밭을 특별조치법으로 이전하려고 하였다.

기묘(己卯)대운 다음은 무인(戊寅)대운이다. 어둠을 뚫고 광명세상에 나온 상이다. 무토(戊土)는 병신(病神)인 계수(癸水)를 합거(合去)하니, 가뭄에 고사(枯死)하는 나무가 단비를 만나 생명을 얻은 격이다. 합(合)하여 무계(戊癸) 화(火)가 되면 더욱 좋지만, 화(化)하지 않는다 하더라도 득비리재(得比理財)가 되니 일간에게는 큰 힘이 된다.

홍수를 만나면 호랑이(寅)를 타라고 하였다. 인(寅)에는 병화(丙火)가 있어 흡수(吸水) 생화(生火)하니, 일간에게는 병(病)인 수(水)를 제거하고, 용신인 화(火)를 얻게 되어 일석이조가 된다.

일간인 기토(己土)가 약하니 인성과 비겁으로 일간을 생조(生助)하는 것이 필요하다. 기토가 유월에 생하였으나 지지에 수(水)가 많고 계수(癸水)가 부출하여 수가 왕하므로, 토(土)가 붕괴되고, 갑목이 물에 뜬다. 특히 계수는, 약한 토(土)를 생하고 갑목을 성장하게 하는 병화(丙火)를 가려서 흐리게 한다. 필요한 것이 무토(戊土)와 병화(丙火)이니, 무토로 일간을 방조(幇助)하면서 병신(病神)인 계수(癸水)를 제거하고, 병화로 사주의 습(濕)한 기운을 제거하고 갑목(甲木)을 성장시키며 일간을 생(生)하게 하여야 한다.

무인대운에 무토(戊土)와 병화(丙火)가 들어오니 대길(大吉)이다. 병화는 인수인데 원국(原局)에 없는 육신이다. 고로 지금까지 없는 새로운 요소가 들어와 일간을 구(救)하고 발영(發榮)케 하는 격이다.

일간이 기토(己土)이고 용신이 인성(印星)이므로 직업은 가르치는 일이다. 년지와 월지에 인성인 정화(丁火)가 있으니 능력이 있다. 그러나 월간에 계수(癸水)가 투출하여 인성을 극(剋)하니 능력은 있으나 능력을 발휘하기가 어렵다. 무인(戊寅)대운에 병신(病神)인 계수를 합거(合去)하고 병화(丙火) 인수가 들어오면 발영(發榮)할 것이다. 시간(時干)에 갑목(甲木)이 투출했는데 갑목은 정관(正官)이다. 정관은 행정관이고 문관(文官)이다. 무인대운에 발영(發榮)하면 그것은 문관일 것이다.

정축(丁丑)대운은 인성이 투출하니 길하다. 지지가 상충(相沖)되지만 축미(丑未) 충은 생궁(生宮)이고 붕충(朋沖)이라 큰 해(害)는 없다. 병자(丙子)운도 병화(丙火)가 투출하여 길하나 자(子)운은 수(水)운이라 불길하다. 그러나 병화는 태양같은 불이라 쉽게 꺼지지 않으며 눈비를 무서워 하지 않는다.


甲　戊　乙　辛

寅　戌　未　未


510

| 77 | 67 | 57 | 47 | 37 | 27 | 17 | 7 |
|---|---|---|---|---|---|---|---|
| 丁 | 戊 | 己 | 庚 | 辛 | 壬 | 癸 | 甲 |
| 亥 | 子 | 丑 | 寅 | 卯 | 辰 | 巳 | 午 |

무토가 유월 토왕절에 생하고 년지에 미토 좌하에 술토가 있으며, 시지가 생지(生地)니 신왕(身旺)이다. 지지에 모두 인성인 화(火)가 있으며 인술(寅戌) 화국(火局)을 이루고 있다. 화토(火土)가 왕하여 조열(燥熱)하니 조후가 시급하다. 수(水)가 있어 윤습(潤濕)하게 하면 좋으련만 일점의 수(水)가 없다. 다행이도 년간에 신금(辛金)이 있어 생수(生水)의 작용을 하니 기쁘다. 년간의 신금(辛金)은 월간의 을목(乙木)을 극하여 관살혼잡을 막고 있다. 또한 신금은 왕성한 일간의 기운을 설기(洩氣)하니 용신임에 틀림이 없다. 만일 천간에 병화(丙火)나 정화(丁火)가 투출했다면, 신금(辛金)이 약하여 역량을 발휘하지 못할 것이나, 행운(行運)에도 보이지 않으니 기쁘다.

관살혼잡(官殺混雜)은 천격이지만 거관유살(去官留殺)이나 거살유관(去殺留官)은 대격(大格)으로 오히려 대부대귀(大富大貴)한다. 본명은 월간의 을목(乙木)을 신금이 충거(沖去)하고 시간(時干)의 갑목만 남으니 거관유살(去官留殺)이다. 거관유살은 권력고관으로 유위권(有威權)이라고 하였다.

지지에 술미(戌未) 형(刑)이 있으니 나를 건드렸다. 내가 권력(權力)을 가지던지, 그렇지 않으면 권력에 의하여 내가 피해를 당하든지 한다. 신왕(身旺)이므로 내가 형권(刑權)을 갖고 권력을 행사하게 된다.

또한 용신인 신금(辛金)은 판단(判斷)과 결정력을 의미한다. 생사지권(生死之權)을 의미하니 법관, 무관 또는 의사에 해당한다. 거관유살(去官留殺)에 삼형(三刑) 그리고 용신인 신금(辛金)을 미루어 판단하면 본명(本命)은 판사(判事) 검사(檢事) 등 권력계통으로 나가 권력고관(權力高官)이 될 상이다.

천간에 투출한 것이 상관과 관살이니 외면은 유약(柔弱)하게 보인다. 그러나 일간이 무토(戊土) 양간(陽干)이고, 지지에 비겁과 인성이 많으므로 신체는 건장하다. 성격 또한 외면은 유순(柔順)해 보이지만, 내적으로는 고집이 있고 난폭한 측면도 있다. 그것은 월지(月支) 겁재(劫財) 등 지지에 비겁(比劫)이 많기 때문인데, 다행인 것은 관살(官殺)이 천간에 투출하여 비겁의 나쁜 특성을 제압하고 있다. 이렇게 되면 손실(損失)이 이익이 되고, 불손이 고매(高邁)로 변하게 된다.

신금이 용신인데 년간(年干)에 투출했다. 용신이 천간에 투출하면 역량이 강(强)하고 작용력이 신속하다. 특히 년간에 투출하면 초년부터 용신이 역량을 드러내니 초년(初年)부터 발달한다. 또한 년주(年柱)는 조상대를 의미하니 조상(祖上)의 음덕(蔭德)이 있음을 알 수 있다.

용신인 신금(辛金)은 상관(傷官)이다. 일지인 술토(戊土)에 뿌리를 내리니 유기(有氣)하다. 원래 상관은 정관을 극하므로 흉신(凶

神)으로 여겨지나 만일 상관이 사주에서 희용신(喜用神)이 되면 오히려 뛰어난 재능을 발휘하여 복(福)이 되게 한다. 그것은 일간의 기를 설(洩)하여 수기유통(秀氣流通)되게 하기 때문이다. 고로 상관은 총명준수(聰明俊秀)의 신이 되어 두뇌가 명석(明哲)하고 감정이 예민(銳敏)하며 다방면에 걸쳐 두각을 나타낸다.

연지(連支)인성(印星)이면 대학총장이라고 하였다. 지지 모두에 인성이 있으니 두뇌가 명석하고 뭇사람의 애호(愛護)를 받는다. 일간인 무토의 천을귀인(天乙貴人)은 축미(丑未)이므로 년월지(年月支)에 귀인(貴人)이 임했다. 천을귀인이 조상궁과 부모궁에 있으므로 조상의 음덕과 부모덕이 있다.

토가 많으면 갑목(甲木)으로 소토(疎土)하여야 토가 영성(靈性)을 갖게 된다. 일간이 무토이고 지지에 비겁이 많으니 간절히 소토(疎土)하기를 원한다. 다행이도 시주(時柱)가 갑인(甲寅)목이니, 소토(疎土)하여 토를 영험하게 할 수 있다. 또한 갑목은 왕한 일간을 극하여 중화(中和)하게 하니 길하다.

갑목이 편관인데 시상편관(時上偏官)이므로 일장당권(一將當權)이다. 시주(時柱)에 편관이 있으면 성질이 강직하고, 불굴(不屈)의 기상이 있다. 갑목이 인(寅)에 녹(祿)이 되어 왕(旺)하고, 일간 역시 왕하니 대격(大格)이다. 시상편관에 신살양정(身殺兩停)이면 일생에 권력(權力)을 한번 잡아본다고 한다.

시주에 편관(偏官)이 있으면 자식을 늦게 본다고 하였다. 자식은 갑목이고 시지가 관(官)에 해당하므로 3자를 둔다. 자식이 갑인(甲

寅)목으로 유기(有氣)하며 희신(喜神)이므로, 말년(末年)도 좋을 것이며 자식 또한 창성(昌盛)할 것이다. 다만 일지가 비견으로 간여지동(干與之同)이니 부부운은 좋은 편이 아니다.

화토가 왕하니 화염토조(火炎土燥)여 금수(金水)가 절실히 요구된다. 또한 신왕(身旺)에 토가 많으므로 소토(疎土)하고 중화(中和)하는 갑목이 힘을 받아 왕하여야 길하다. 고로 금수목(金水木)운이 길하다. 대운이 천간은 수금토(水金土)운으로 흐르고, 지지는 화목수(火木水)운으로 흐르니 길하다.

초운인 갑오(甲午)운은 지지에서 인오술(寅午戌) 화국(火局)을 이룬다. 화(火)가 왕한데 다시 화국을 이루니, 태왕(太旺)이나 천간에 화(火)가 없어 다행이다. 지지에서 인수국(印綬局)을 이루고 천간에 재성(財星)이 없으니 두뇌가 명석하여 공부를 잘하고, 주위의 애호(愛護)를 받아 하고자 하는 일이 잘 된다. 특히 모(母)의 성원이 대단할 것이다. 그러나 용신인 신금(辛金)이 극을 받고, 관성인 목(木)의 설기가 심하게 되니 반길(半吉)이다. 속에 화(火)가 많으니 찬음식을 좋아한다.

계사(癸巳)운은 비록 여름에 내리는 비이지만 간절히 바라는 수(水)가 나타나므로 길하다. 수(水)는 화염(火炎)을 식히고, 토를 윤택(潤澤)하게 하고, 갑목(甲木)을 생하여 일석삼조의 기능을 한다. 이때부터 명예를 얻고 발영(發榮)할 것이다.

임진(壬辰)운은 대길(大吉)이니, 관성이 유력해지고, 지지에서 회화(晦火)생금(生金)하니 용신 역시 역량이 커진다. 대길하여 진출

514

(進出)할 상이나 일지와 충(沖)이 되니 배우자궁이 불길하다.

신묘(辛卯) 경인(庚寅)운은 비록 간지가 개두(蓋頭)되었으나, 간(干)의 경신금은 용신으로 왕토를 설(洩)하며 또한 생수(生水)의 근원이 되니 길하고, 지(支)의 인묘(寅卯)는 희신(喜神)인 관살의 뿌리가 되니 길하다. 만일 사주원국 지지에 사오(巳午)의 화(火)가 있다면, 목운에 화를 생하니 길(吉)하지 못했을 것이다. 경인(庚寅)운은 경금이 을목을 합거(合去)하고, 갑이 경을 만나 양붕(良朋)이 되며, 인(寅)은 갑목의 녹지(祿地)가 되므로 대길이다.

기축(己丑)운은 겁재운이라 불길하지만 한절(寒節)의 습토(濕土)이니 다행이다. 천간에 갑기(甲己) 합(合)되고, 지지에 축술미(丑戌未) 삼형(三刑)이 되니 신상에 변동이 있을 수 있다. 말년이 수운(水運)이니 길하며 왕성할 것이다.

庚 辛 壬 壬
寅 卯 子 寅

| 64 | 54 | 44 | 34 | 24 | 14 | 4 |
|----|----|----|----|----|----|----|
| 乙 | 丙 | 丁 | 戊 | 己 | 庚 | 辛 |
| 巳 | 午 | 未 | 申 | 酉 | 戌 | 亥 |

여명으로 신금(辛金)이 자월 한절(寒節)에 생하니 금수상관(金水傷官)이다. 시급한 것이 조후이니 인(寅) 중의 병화(丙火)가 조후

용신이다. 불행하게도 지지(地支)에 암장되어 있고 천간에 금수(金水)가 왕하여 발현(發顯)하기가 어려우니 기쁘지 않다.

전국(全局)이 식상과 재성이니 일간이 일점(一點)의 의지할 곳이 없다. 단지 시간(時干)의 경금(庚金)이 있으나 경금도 뿌리가 없어 허공에 떠있는 상태이니 일간은 극신약(極身弱)이다. 일간이 뿌리가 없으면 붕 떠있는 상태가 되고 하는 일이 부실(不實)하다. 의지할 곳이 없으니 고독(孤獨)하고 남과 사귀기를 싫어한다. 특히 여명이 극신약(極身弱)인 경우에는 말을 하지 않아 답답하며 대인관계(對人關係)가 나쁘다.

일간이 유일하게 기대고 있는 경금(庚金)은 겁재이다. 겁재는 형제(兄弟) 등 동기인데 이 또한 뿌리가 없으니 믿고 의지할 수 있는 존재가 아니다. 이러한 경우에 사주에 고(孤)가 있다고 한다. 인간은 사회적(社會的) 동물이므로 혼자 살 수는 없다. 더불어 함께 살아야 하는데 극신약(極身弱)이므로, 설사 남편이 있어도 남편과 단란(團欒)하게 살 수 없다. 왜냐하면 남편은 관살(官殺)로 일간을 극(剋)하는데, 자기가 극신약(極身弱)이므로 남편의 극(剋)을 받아들일 수 없기 때문이다.

이러한 여명(女命)은 자식에 매달려 사는 경우가 많다. 자기의 뿌리가 없으므로 자기의 모든 것을 자식에게 바칠 수 있다. 이렇게 되면 자식에게 과도한 사랑을 하게 되고 자식은 과보호(過保護)를 받게 되어 오히려 비교육적(非敎育的)인 결과를 가져올 수 있다.

자월(子月)에 생하고 2개의 임수(壬水)가 투출했으니 상관(傷官)

이 극히 왕하다. 상관(傷官)은 자식이니 뿌리 없는 신금(辛金)이 상관인 자식에게 정(情)을 주는 것은 당연하다. 상관은 관(官)을 상(傷)하게 하므로 여명에는 금기(禁忌)로 되어 있다. 특히 월지 (月支) 상관을 금(禁)하는데, 월지(月支)에 뿌리박은 상관은 역량 이 크기 때문이다. 특히 상관(傷官)이 왕(旺)한 중에 천간에 투출 (透出)해 있으면 자식이 둘 될 때부터 자식에게 치우쳐 남편을 소홀히 한다. 따라서 남편에게 쫓겨나거나 남편을 극(剋)하고 달아나는 일이 생긴다.

상관이 왕(旺)한 여명(女命)은 남의 말은 듣지 않고 자기의 주장만을 내세운다. 교만(驕慢)하며 안하무인(眼下無人)격이다. 만약 인성(印星)이 있어 극(剋)상관하면 흉조가 제거(除去)되지만, 비겁이 있어 상관을 생(生)하면 그 특성이 가일층 증가된다. 본명(本命)은 상관이 왕한데다 상관을 극하는 인성도 없으므로 흉하다. 다만 극신약(極身弱)이므로 소극적(消極的)이며 비활동적(非活動的)이어서 상관의 나쁜 특성을 드러내는 기회가 적다. 그래도 상관의 흉(凶)한 특성은 가지고 있으며 기회가 되면 그 특성을 드러내게 된다.

자월(子月) 한절(寒節)에 생했으므로 남편인 병화(丙火)가 간절히 요구된다. 인(寅) 중에 병화(丙火)가 있으므로 남편은 분명히 좋은 남편이다. 그러나 일간이 극신약(極身弱)이므로 남편의 극(剋)을 받아들일 수 없다. 더구나 천간이 온통 금수(金水)라서 병화(丙火)가 천간에 나타날 수가 없다. 금수상관(金水傷官)은 관희요(官喜要)라고 해서 관성을 기뻐한다. 그러나 극신약(極身弱)의 경우에는 조후(調候)와 동시에 내가 약해지니 기쁨이 줄어든다.

비겁은 '또 다른 나(일간)'가 되므로 여명(女命)에게는 남편의 또 다른 처(妻)가 된다. 사주에 비겁(比劫)이 있는 여명은 남편에게 첩(妾)이 있거나 자기가 첩이 될 수 있다. 그렇지 않으면 유부별거(有夫別居)로 남편이 있어도 남편이 없는 것과 같이 된다. 이러한 경우에 비견보다 겁재(劫財)의 작용력이 크며 천간에 투출하면 그 특성이 강(强)해진다. 본명(本命)에서 시간(時干)의 경금(庚金)이 겁재이니 여명에게는 흉(凶)한 징조이다. 만일 관살(官殺)이 있으면 경금이 극을 당하여 흉이 감소되겠는데 관살도 없다.

겁재는 또한 이중성(二重性)을 의미한다. 왜냐하면 겁재는 '또 다른 나'이기 때문에 내가 되었다 겁재가 되었다 하기 때문이다. 그러므로 겁재있는 사람의 마음은 알 수가 없다. 고로 겁재(劫財)있는 사람은 겁재있는 사람끼리 결혼해야지 그렇지 않으면 인연(因緣)이 안된다.

월지가 자수(子水)이고 일지가 묘목(卯木)이니 상형(相刑)이다. 자묘형(子卯刑)은 무례지형(無禮之刑)으로 예의(禮儀)가 없다고 하였다. 특히 월일(月日) 또는 일시(日時)에서 상형(相刑)이 되면 가문(家門)이 불목(不睦)한다고 하였다. 수(水)가 많아 수왕(水旺) 사주에, 상관(傷官)이 왕하고, 자묘는 도화(桃花)이다. 도화에 형(刑)이 있으니 좋은 것은 아니다.

극신약에 재가 많으니 재다신약(財多身弱)이다. 재다신약은 부옥빈인(富屋貧人)으로 재(財)가 오히려 화(禍)가 될 수 있다. 다행인 것은 재가 천간에 투출하지 않고 지지(地支)에 있어 쟁탈의 대상이 되지 않는 것이다. 인성(印星)이 없으니 재물이 생겨도 재물(財物)을 손에 쥐고 있을 수가 없다. 재다신약에 인성이 없으면 남에게 돈을 빌려준다거나 공동사업(共同事業)은 절대 금물(禁物)이다. 일간의 돈이 남의 손에 들어가면 다시는 돌아오지 않게 된다.

정편재(正偏財)가 혼잡되면 조부(祖父)가 바람을 피워 부친에게 이복형제가 있게 된다. 시주(時柱)에 겁재와 정재가 동주(同柱)하고 있는데 이렇게 되면 원래는 부친덕이 없고 재물복이 없게 된다. 그러나 본 명에서는 겁재(劫財)가 뿌리가 없으며 정재(正財)가 지지에 숨어 있으므로 겁재에 의한 큰 피해는 없다. 그러나 겁재가 언제든지 정재를 탈재(奪財)할려고 호시탐탐 노리는 상이니 조심하여야 한다. 즉 겁재인 경금(庚金)은 일간이 유일하게 의지하는 희신(喜神)이지만 또한 나의 재를 탈재(奪財)할 수도 있다. 그러나 인(寅) 중에 병화(丙火)가 있어 경금(庚金)이 인목(寅木)을 치면, 인(寅) 중의 병화(丙火)가 경금을 치므로 겁재의 작용은 크지 않다.

사주에 토(土)가 없으면 셋방 난면(難免)이라고 하였다. 토는 터전이고 발판인데 토가 없으니 자기의 자리가 없는 격이다. 고로 사주에 토가 없으면 후덕(厚德)한 복(福)을 누릴 수 없다.

일간이 약(弱)하니 인성운과 비겁운이 길하다. 엄동설한(嚴冬雪寒)이므로 조후(調候)가 시급하여 관성(官星)을 기뻐하므로 관성운 또한 길(吉)하다.

초운인 신해(辛亥)운은 상관운이니 추운데 더욱 춥게 하는 상이다. 수(水)가 많아 병(病)인데 임수(壬水)의 뿌리가 나타나니 불길하다. 그러나 천간에 신금(辛金)이 투출하여 약(弱)한 일간을 방조(幇助)하니 다행이다.

경술(庚戌)운은 가을의 토왕절이다. 경금 겁재가 방조(幇助)하고 술(戌) 중의 무토(戊土)가 생조하니 길하다. 또한 술토(戌土)는 일간인 신금(辛金)의 뿌리가 되니 신약에 뿌리없는 신금(辛金)이 기뻐하는 것은 당연하다.

기유(己酉)운은 인성운에 일간의 본 뿌리가 돌아오니 길하다. 문서와 명예를 갖게 되며, 약한 일간이 강하게 되니 기쁘다. 일지인 묘(卯)와 충(沖)이 되니 배우자궁이 불안하며, 인유(寅酉) 원진(怨嗔)이 되니 불화(不和)가 있을 수 있다. 기유대운인 무진(戊辰)년에 결혼을 하고, 기사(己巳)년에 딸을, 신미(辛未)년에 아들을 낳았으니, 그 해가 화토금(火土金)운으로 관성운, 인성운, 비겁운인 연고이다.

무신(戊申)대운은 인성운에, 일간이 왕한 금왕절(金旺節)이므로 길하다. 그러나 신금(申金)은 겁재의 뿌리이므로 겁재(劫財)의 특성이 강하게 드러난다. 년지와 시지의 인목(寅木)과 인신(寅申) 충(沖)이 되는데 월지의 자수(子水)와 합이 되니 다행이다. 그러나 부부사이가 원만하지 못하다.

정미(丁未) 병오(丙午) 을사(乙巳)운은 남방 화운으로 추위에 떨

고 있는 일간에게는 반갑고 기쁜 운이다. 지지의 사오미(巳午未)에
는 토(土)가 기생하니 토로 약한 일간을 돕고, 화(火)로 조후하면
길하다. 단지 일간이 약하니 관성을 받아들이기가 쉽지 않다.


己 辛 癸 己
丑 未 酉 巳


70 60 50 40 30 20 10
庚 己 戊 丁 丙 乙 甲
辰 卯 寅 丑 子 亥 戌


여명으로 신금(辛金)이 유월 녹지(祿地)에 생하여, 지지에 사유축
(巳酉丑) 금국(金局)을 이루고, 좌하(坐下)가 인성에 다시 기토(己
土) 인성이 투출하였다. 모두가 비겁과 인성이니 일간이 왕성(旺
盛)하다. 다행이도 월간의 계수(癸水)가 있어 왕기(旺氣)를 설하니
식신인 계수(癸水)가 용신이다.

식상은 하나만 투출하고 또 월주(月柱)에 투출하는 것이 좋은데,
용신인 식신이 월간(月干)에 투출하여 기쁘다. 더구나 월지가 유금
(酉金)으로 건록(建祿)이다. 서(書)에 의하면 '사주에 식신이 하나
만 있으면 팔자가 좋으며, 다시 월지(月支)에 건록(建祿)이 있으면
크게 발달한다'고 하였다.

식신이 용신이고, 용신이 천간에 투출해 있으니 발영(發榮)의 기

상이 빛나 총명(聰明) 준수(俊秀)하고 재능(才能)을 잘 발휘한다. 또한 베풀기를 좋아한다. 만일 식신이 아니고 상관(임수, 壬水)이었으면 더욱 좋았을 것이다. 왜냐하면 신왕하여 설(洩)해야 하는 명국(命局)에는 상관이 식신보다 유리하기 때문이다. 즉 상관의 기(氣)는 웅장(雄壯)하고 모의(謀議)가 많아 목표의 성취가 큰데 비해, 식신은 상황에 구애되어 삼가고 지키므로 성취가 적기 때문이다. 또한 신금(辛金)은 임수(壬水)로 씻김을 기뻐하기 때문이다.

득령(得令)하고 비겁이 왕하므로 인성은 불필요한 것이다. 년간과 시간에 편인(偏印)이 투출했는데, 특히 년간의 기토(己土)는 용신인 계수(癸水)를 극하므로 흉하다. 금(金)이 많아 수(水)가 탁(濁)한데, 토(土)가 수를 막으니 수(水)는 기진맥진이다. 다행인 것은 후중(厚重)한 무토(戊土)가 아니고 약한 기토인 점과 기토(己土)가 깔고 앉은 사화(巳火)가 사유축(巳酉丑)으로 금국(金局)을 이루어 기토를 설기(洩氣)하므로 기토가 약하게 된 것이다.

인성이 왕(旺)하므로 어머니의 사랑이 대단하다. 일간이 왕하여 인성은 오히려 일간에게 부담이 되므로, 어머니의 일간에 대한 사랑은 과보호(過保護)가 된다. 자식에 대한 사랑이 오히려 자식을 폐망의 길로 보내는 것이 된다. 그러므로 부모는 자식에게 되도록 관심을 갖지 않는 것이 좋으며, 자식은 모친의 슬하에서 벗어나는 것이 좋다. 이러한 경우에 자식을 판다고 한다. 토가 많으면 금이 매몰(埋沒)되는데 다행인 것은 무토(戊土)가 아니고 기토(己土)라서 매몰의 정도가 심하지 않아 기쁘다.

신강한데 지지에 비견국(比肩局)을 이루므로 신체는 건장하고 튼튼하다. 일간이 금(金)이고, 인성이 천간에 투출했으므로 자기 주장이 강하고 고집이 있으며 의지와 주관이 확고하다.

사주 팔자가 모두 음(陰)이니 음팔동(陰八同)이다. 여명이 음팔동이면 사려(思慮)가 깊고 완만하게 발달한다.

사주가 전부 금(金)으로 되어 있으니 단단하고 날카롭다. 금(金)은 깍고 자르는 기능이니 법관(法官)이나 사법관, 경찰 등 무관(武官)에 해당된다. 행정관(行政官)이라면 감사(監査)나 인사과(人事課) 등과 같이 정실(情實)에 치우치지 않고 공명정대(公明正大)하게 일 처리하는 곳이 적합하다. 또한 무엇을 자르고 심판(審判)하여 남을 해(害)하는 기능이므로 반대로 의사, 약사 등과 같이 남을 살려주는 일을 하면 좋다.

이와 같은 직업은 또한 편인(偏印)이 투출하고, 용신이 식신(食神)인 점에서도 알 수 있다. 편인은 의사나 변호사 또는 언론인 같은 편업(偏業)에 적합하고, 식신 또한 총명 준수의 상으로 재능을 잘 발휘하기 때문이다.

시상(時上)의 기(己)토는 축(丑)토와 미(未)토에 뿌리를 내리고 일간을 생하고 있다. 시상(時上)에 인성이 있으면 문서(文書)를 내가 가지고 있는 상이다. 뿌리 있는 인성이 있으면 내가 강해지고, 인성이 시상(時上)에 있으면 처음에는 모르지만 결과적으로 내가 문서(文書)를 갖게 된다. 그러므로 모든 권력(權力)을 일간이 갖게 되니 사회에 나가서 이름을 날리게 된다.

일간이 왕(旺)하니 인성이 불필요한데 좌하에 미(未)토가 있다. 일지는 배우자궁이므로 재성이나 관성이 있어 왕한 일간을 극제 (克制)하면 좋았을 것이다. 흔히 일지(日支)에 편인(偏印)이 있으면 남녀 공히 결혼(結婚)운이 나쁜 법이다. 년지에 정관인 사화(巳火)가 있으나 사유축(巳酉丑)으로 금국(金局)을 이루므로, 관성이 비겁이 되어버렸다. 즉 관(官)으로서의 기능을 못하는 격이니 남편의 역할이 크지 못하다는 의미가 된다.

또한 사주의 흐름이 토생금(土生金) 금생수(金生水)로 흘러 기 (氣)가 모두 월간의 계수(癸水)로 모였다. 만일 재성인 목(木)이 투출했다면 수생목(水生木) 목생화(木生火)로 관성인 남편이 생 (生)을 받겠지만, 목이 없으므로 수극화(水剋火)로 남편이 극을 받는다. 즉 음(陰)의 기(氣)로 양(陽)의 도(道)를 파괴하는 격이다.

사주에 편인(偏印)이 많으면 조별부모(早別父母)하며 재난(災難)이 많다. 년간(年干)에 편인이 있으면 조업(祖業)을 파(破)하며, 특히 여자사주에 편인이 많고 다시 식신이 있으면 자식에게 해(害)가 된다고 하였다. 다행이도 본명(本命)은 약한 기토(己土)이고 지지가 금국(金局)을 이루어 토(土)가 설기(洩氣)되므로 해(害)가 완화되어 기쁘다.

왕성한 일간에 식신을 용신으로 삼으니 가식상격(假食傷格)이다. 가식상격은 식신이 약(弱)하므로 식신이 왕(旺)하는 운에 발달한다. 흔히 가식상격에 식상(食傷)운이 오면 일보(一步)에 누각(樓閣)에 오른다고 한다. 입묘(入墓)운도 길하나, 만일 인성운이 오면 불길하다. 재성운도 길한데 재성은 식상을 유통(流通)시키고 병신(病神)인 인성을 극하기 때문이다.

초운인 갑술(甲戌)운은 인성운이므로 불길이나, 천간의 갑목(甲木)이 개두(蓋頭)하여 술토(戌土)를 억제하고, 원국의 기신(忌神)인 기토(己土)를 극(剋)하니 다행이다.

을해(乙亥)운은 상관운이므로 대길(大吉)이다. 가식상격(假食傷格)에 상관운은 장족의 발전(發展)을 하게 된다. 수기(秀氣)가 원활하게 유통(流通)되므로 총명하고 재능을 잘 발휘한다. 을목(乙木)역시 인성을 극하니 기쁘다.

병자(丙子)운은 식신운이고 용신인 계수(癸水)의 뿌리가 되니 역시 길하다. 원국의 사(巳) 중의 병화(丙火) 정관이 투출했으니 남편이 나타난 것이다. 일간인 신금(辛金)과 합(合)이 되니 일간의 정(情)이 정관에 있어 기쁘다. 그러나 용신인 계수(癸水)가 빛을 가리고 겨울의 화(火)이니 힘이 없다.

정축(丁丑)운 역시 북방 수운(水運)이므로 길하다. 정화(丁火)는 조후의 기능을 하니 길하나, 기신인 기토(己土)를 생하니 불길이다. 그러나 월상의 계수(癸水)가 회극(回剋)하니 무난하다.

무인(戊寅) 기묘(己卯)운은 동방 목운으로 재성운이므로 길하다. 그러나 무기토(戊己土)가 투출하여, 왕(旺)한 일간을 생(生)하고, 용신인 계수(癸水)를 극하니 반길(半吉)이다.

癸 戊 戊 乙
亥 寅 子 酉

70 60 50 40 30 20 10
辛 壬 癸 甲 乙 丙 丁
巳 午 未 申 酉 戌 亥

　무토가 자월 한절(寒節)에 생하고 년지가 유금에 시주(時柱)가 수(水)이니 조후가 시급하다. 월상의 일점 무토(戊土)가 일간을 방조(幫助)할 뿐 인성이 없어 신약(身弱)이다. 다행하게도 좌하에 인목(寅木)이 있어 병화(丙火)를 암장하고 있다. 병화는 엄동(嚴冬)의 무토를 해동(解凍)시킬 뿐만 아니라 신약한 일간을 생조(生助)하니 길신이다. 병화(丙火)가 용신이 되고 월상의 무토(戊土)가 희신이며 시상(時上)의 계수(癸水)가 병신(病神)이다.

　좌하의 인목(寅木)은 일간의 생지(生地)로 뿌리가 되며, 또한 병화(丙火)가 있어 조후 겸 목생화(木生火) 화생토(火生土)하여 일간을 도우니 사주의 모든 기(氣)가 좌하에 모였다. 오직 이 일점 인목만이 정신(精神)의 집처(集處)가 되니 정신력(精神力)이 강하여 총명하고 기이(奇異)한 능력(能力)을 발휘한다. 또한 용신이 일지(日支)에 있으니 현처를 맞이하고 처덕(妻德)이 있다.

　무인(戊寅)은 토(土)가 목(木)의 녹지(祿地)에 임했으므로 원래는 절(絶)에 앉은 것이다. 일간이 절(絶)에 임하여 신약(身弱)무기

(無氣)이나, 인(寅) 중에 병화(丙火)가 있어 화생토(火生土)로 일간을 생하니 절처(絶處)에서 봉생(逢生)되었다. 극(克)이 화(化)하여 생(生)으로 되니 귀(貴)히 되는 징조이다.

월지가 자수(子水)고 시주(時柱)가 수(水)인데 계수가 투출했으니 재(財)가 왕하다. 신약에 재가 왕하니 재다신약(財多身弱)으로 돈복이 없다. 용신이 인성(印星)이니, 재성을 쓰면 탐재괴인(貪財壞印)이 된다. 재물과 여자를 멀리하여야 한다. 그러나 일간이 시상(時上)의 계수(癸水)와 합(合)이 되니 일간의 정(情)이 정재(正財)한테 있다. 일간의 정(情)이 길신인 용신이나 희신에게 있어야, 수요(需要)에 합당하여 사주가 발달하는데 기신(忌神)에게 있으니 기쁘지 않다. 월상(月上)의 무토(戊土)는 재다신약에 일간을 도우니 길신이다.

무인(戊寅) 일주(日柱)로 집중력(集中力)이 탁월하여 비범한 능력(能力)을 가지고 있다. 그러나 사주에 인성(印星)이 없으니 명예가 없으며 또한 간판을 걸 수도 없다. 년상(年上)에 정관(正官)이 있지만 절지(絶地)에 앉아있어 무기(無氣)하다. 또한 월간에 비견인 무토(戊土)가 있어 정관에 유정(有情)하고, 일간은 시상의 계수(癸水)에게만 정(情)을 주니, 정관은 비견의 관(官)이지 일간의 관이 아니다. 따라서 관(官)을 먹을 수 없다. 본명(本命)은 20대에 공무원이 되었으나 적성에 맞지 않아 바로 그만 두었다.

정관(正官)이 년간(年干)에 투출했으므로 장남(長男)이며 일가(一家)의 후계자가 된다. 또한 초년(初年)부터 발달한다. 그러나 년지가 상관(傷官)이어서, 상관의 극(剋)을 받으므로 권위와 명예가 손상(損傷)된다. 관(官)은 자식이므로 상속 및 자식에게 해(害)로운 일이 일어난다. 또한 일지(日支)에 편관(偏官)이 있으므로 관살혼잡(官殺混雜)이 되어 좋은 관(官)을 먹지 못한다. 일지(日支)에 편관(偏官)이 있으면 성질이 조급하나 총명영리하다고 하였다.

정관(正官)이 투출했으므로 용모(容貌)는 준수하다. 무토 일간에 다시 비견인 무토(戊土)가 투출했으니 외면은 건장한 듯하나 신약(身弱)이므로 허약체질이다. 년주와 시주가 음(陰)이고, 월주와 일주가 양(陽)이니 외유내강(外柔內剛)이다.

해(亥)가 고신(孤辰)인데 고신이 있으면 고독(孤獨)하다고 하였다. 해(亥)는 편재이므로 부친에 해당된다. 또한 해가 시지(時支)에 있으므로 자식궁이다. 고로 부친이나 자식과 인연이 박(薄)하고 고독할 수 있다. 인(寅)과 유(酉)가 원진(怨嗔)인데 다행이도 유(酉)가 자(子)를 생하고 자(子)가 인(寅)을 생하여 금생수(金生水) 수생목(水生木)하여 원진이 해소(解消)되니 기쁘다.

일지에 인(寅)이 있고 시지에 해(亥)가 있는데, 인(寅)은 싹이 나온 것이고, 해(亥)는 싹이 나오려는 것이다. 싹이 있으므로 싹을 키워야 한다. 인(寅) 중에 병화(丙火)가 있는데 병화는 싹의 정령(精靈)이다. 정령이 꺼지면 죽으므로 병화(丙火)를 살려야 한다. 그러므로 가르치고 키우는 일을 하여야 한다.

용신이 병화(丙火) 편인(偏印)이므로 기예(技藝)의 신(神)이다. 편인은 의술(醫術), 복술(卜術) 또한 교육에 적합하다. 해(亥)는 천문(天門)으로 천문이 있는 사람은 하늘의 뜻을 안다고 하였다. 고로 역학(易學)을 할 수 있다. 본명의 명주(命主)는 스님으로 역학을 하면서 중생(衆生)을 제도(濟度)하고 있다.

년주와 월주는 일간의 기(氣)를 설(洩)하거나 극(剋)하는 것뿐이다. 일간이 약(弱)하니 윗대는 일간(日干)에게 도움이 되지 못한다. 또한 을목(乙木)이므로 소인(小人)이다. 길신(吉神)이 일지(日支)에 있으니 자기 대(代)부터 발달하며, 일지와 시지에 갑목(甲木)이 있으니 대인(大人)의 품격(品格)이다. 즉 조상과 부모는 소인(小人)이지만 일간은 군자(君子)이다.

한절(寒節)에 생하고 신약(身弱)이므로 목화토(木火土)운이 길하다. 그러나 천간(天干)의 목(木)은 원국에 화(火)가 투출하지 않았으므로 불길하다.

초운인 정해(丁亥)운은 재성운이므로 불길하나, 천간의 정화가 일간을 생(生)하고 해동(解凍)하니 길하다. 그러나 시상(時上)의 계수가 회극(回剋)하니 길(吉)이 반감된다.

병술(丙戌)운은 동기(同氣)인 토(土)운으로 신약한 일간의 뿌리가 되니 길히다. 천간의 병화(丙火)는 시상의 계수(癸水)가 병화의 빛을 가려서 흐리기는 하지만 인(寅) 중의 병화(丙火)가 투출한 것으로 역량을 발휘하므로 기쁘다. 이 대운에 두령 노릇을 했다고 한다.

을유(乙酉) 갑신(甲申)운은 식상운으로 신약한 일간을 더욱 약(弱)하게 하므로 불길하다. 또한 투출한 갑을(甲乙)목은 원국의 천간에 화(火)가 없어 일간을 극(剋)하니 좋지 않다. 을유(乙酉) 대운에 입산(入山)하여 공부를 했다. 갑신(甲申)운은 모든 기(氣)가 모여 있는 인목(寅木)을 충(沖)하니 불길이나 원국에 형충이 없으므로 대흉(大凶)은 없다. 인(寅)은 또한 역마(驛馬)인데 역마가 충(沖)이 되므로 이 대운에 집을 나가 있었다.

계미(癸未) 임오(壬午) 신사(辛巳)운은 남방 화운이므로 길하다. 그러나 임오(壬午)운은 임수(壬水)가 개두하여 화(火)를 압박하고, 자오(子午) 충하여 쇠신충왕(衰神沖旺)이니 불길하나 인오(寅午) 합화(合火)하니 다행이다. 신사(辛巳)운은, 신금이 기신인 계수(癸水)를 생하고 일간의 기를 설(洩)하여 흉하나 여름이므로 무방하다. 그러나 사해(巳亥) 충(沖)하니 좋지 않다.

본명의 명주(命主)는 작은 절의 스님으로 부친의 절을 물려 받았다. 총명(聰明)하고 집중력(集中力)이 비범(非凡)하여 학문(學問)적 경지가 높으나 명예는 없다. 일찍이 잠시 관(官)에 근무한 적이 있으나 상사하고 싸우고 그만 두었다고 한다.

```
壬 丁 戊 壬
寅 酉 申 子
```

| 69 | 59 | 49 | 39 | 29 | 19 | 9 |
|----|----|----|----|----|----|----|
| 辛 | 壬 | 癸 | 甲 | 乙 | 丙 | 丁 |
| 丑 | 寅 | 卯 | 辰 | 巳 | 午 | 未 |

여명(女命)으로 정화가 신월에 생하고 간지에 금수(金水)가 많으므로 신약이다. 시지(時支)에 인목(寅木)이 있어 생조하니 인목(寅木)이 용신이다. 월지와 일지에 있는 금(金)이 호시탐탐 용신을 극(剋)하려고 노리고 있으므로 금이 병신(病神)이다. 병을 낫게 하는 약(藥)이 없으므로 유병무약(有病無藥)하여 약운(藥運)을 만나야 발달한다. 약신(藥神)은 금(金)을 녹이는 화(火)이다. 고로 목화(木火)운이 길하다.

고서(古書)에 '사주에 유병(有病)이면 부귀지본(富貴之本)이요, 무병(無病)이면 평상지인(平常之人)이라'고 하였다. 이는 고난(苦難)을 극복하는 과정에서 대성(大成)의 기틀이 마련된다는 말이다. 유병(有病)에 무약(無藥)이면 일사무성(一事無成)하고 빈천(貧賤) 단명(短命)하게 된다.

초운이 남방 화운(火運)이므로 약운(藥運)이다. 용신을 극하는 병(病)이 낫게 되니, 초목이 가뭄에 단비를 만난 격이다. 본명은 초운(初運)부터 재능(才能)을 잘 발휘하여 발달한다. 그러나 목운(木運)이 들어오면 목운은 용신운이므로 길하지만, 지지에 병신(病神)인 신유금(申酉金)이 있어 충(沖)이 되므로 용신을 쓸 수 없다.

신약에 재(財)가 왕하니 재다신약(財多身弱)이다. 재다신약은 부옥빈인(富屋貧人)이라 돈복이 없다. 재물(財物)을 쫓다가는 용신인 인성을 극하여 탐재괴인(貪財壞印)이 된다. 재(財)를 멀리해야 한다. 다행이도 재(財)가 지지에 있어, 숨어 있는 것이 되므로 쟁탈되지 않는다. 정재와 편재가 혼잡(混雜)되어 있으니 조부(祖父)가 바람을 피워 부친에게 이복(異腹)형제가 있다. 정재가 월지(月支)에 있으면 사회적으로 인망(人望)이 높으며, 성격도 온후(溫厚) 단정(端正)하고, 검소하다. 정재인 신금(申金)이 월지(月支)에 있어 기쁘나 신자(申子) 합(合)으로 수(水)가 되니 길신의 작용이 약(弱)해졌다.

정관(正官)은 남편이니 하나만 있으면 좋다. 관살혼잡(官殺混雜)이나, 정관이 너무 많으면 해(害)가 되어 곤궁(困窮)을 면치 못하고, 여명(女命)은 일부종사(一夫從死)가 어렵다. 년지와 월지에 정관이 있고, 년상과 시상에 정관이 투출했으므로 정관이 많다. 다행하게도 월간의 무토(戊土)가 년간의 임수(壬水)를 극하여 시간(時干)의 임수만 투출한 상이 되었다.

정임(丁壬) 합(合)이 되어, 일간의 정(情)이 시간(時干)의 정관인 임수(壬水)에게만 향(向)하므로, 바르고 이상(理想)이 크며 명예를 존중한다. 원래 정임(丁壬) 합은 음란지합(淫亂之合)이라고 한다. 여명의 경우에 정임(丁壬) 합이 있으면 얼굴이 예쁘다. 만일 정화일간이 무기(無氣)한 임수와 정임(丁壬) 합이 되면 지나간 남자를 잊지 못하여 그리워하는 상이다. 그러나 본명은 정관인 임수가 뿌리가 있어 유기(有氣)하므로 허상을 쫓지는 않는다. 임수의 뿌리가 신금(申金)에 있으나 신자(申子) 합하여 수(水)가 되어 유금과 인목 사이를 통관하고 또한 임수는 좌하의 인목(寅木)을 생하므로, 일간의 임수에 향한 마음이 크면 클수록 용신인 인목이 생을 받아 길하게 된다.

정관이 투출하고 편관(偏官, 자수)이 지지에 있으니 남편의 마음에 편관이 꿈틀댄다. 즉 남편(임수)에게 다른 마음(계수 癸水)이 있음이니, 남편의 마음이 이중성(二重性)임을 의미한다. 신자(申子) 합(合)으로 편관이 세력이 커졌으므로 남편의 이중성이 더욱 확대되었다.

일간도 마찬가지이다. 인목(寅木) 중에 병화(丙火)가 있으니 겁재가 있는 것이다. 여명에 겁재는 탈부(奪夫)하거나 유부별거(有夫別居)한다. 겁재(劫財)있는 사람의 마음은 잘 알 수가 없다. 내가 되었다 겁재가 되었다 하여 잘 변(變)하기 때문이다. 고로 겁재 있는 사람과 겁재 없는 사람과는 인연(因緣)이 되지 못한다. 겁재있는 사람은 겁재있는 사람과 결혼하여야 한다. 본명에서는 일간도 겁재가 있고 남편(관성)도 겁재가 있으므로, 일간이 남편 마음을 모르고, 남편도 처의 마음을 모른다. 고(故)로 부부가 함께 살아도 일심(一心)이 되지 못하고 겉돌게 된다.

겁재있는 사람은 자기가 잘 변하므로 의심벽(疑心癖)이 있다. 확인을 하고 싶어한다. 그러므로 연애를 빨리 하며 이성(異性)을 일찍 알게 된다. 남편은 겁재가 밖으로 나와 있고, 일간은 겁재가 인(寅) 중에 숨어 있으니 겁재의 특성은 일간보다는 남편에게서 더욱 드러난다.

상관인 무토(戊土)가 월상에 투출하고 뿌리가 튼튼하니 유기(有氣)하고 유정(有情)하다. 상관은 하나만 있고 특히 월주(月柱)에 있는 것이 좋으므로 기쁘다. 더구나 관(官)이 많아 흉한데 상관이 투출하여 극관(剋官)하니 길하다. 상관은 수기(秀氣)를 유행(流行)하므로 총명준수의 신이다. 상관이 투출하면 총명하여 재주가 많고 재능(才能)을 잘 발휘한다. 본명은 창(唱)을 잘하여 을사(乙巳) 대운 신사(辛巳)년에 장관상을 받았다.

정관이 투출하여 일간과 합이 되고, 합된 목(木)을 극하는 금(金)이 천간에 없으므로 얼굴이 예쁘고 준수하다. 금수(金水)가 왕하므로 피부가 고우며, 장(腸)이 나쁘고 위(胃)가 허(虛)하다. 음간(陰干)에 신약이므로 신체는 작고 허약하며 또한 명(命)이 짧다. 인성인 인목(寅木)이 있으니 내 마음대로 하고 싶어하는 마음이 있다. 정화가 유금(酉金)을 극하니 상극하(上剋下)하여 남편을 이기려한다.

길신이 시지(時支)에 있으니 자식궁이 좋다. 자식은 식상인데 상관이 투출하여 길한 작용을 하고 있으며 또한 유기(有氣) 유정(有情)하다. 고로 자식이 좋을 것이며 창성(昌盛)한다. 일간의 식상이 토(土)이고, 시지의 인(寅)은 12운성으로 무토(戊土)의 장생(長生)이 되므로 자식은 두명은 된다.

일간인 정화(丁火)의 뿌리가 없다. 시지(時支)의 인(寅) 중 병화(丙火)가 있으나 정화의 본 뿌리는 아니다. 뿌리가 없으면 언제나 붕 떠있는 상태가 되며, 의지할 곳이 없으니 고독하다. 본명(本命)은 마음의 정(情)이 정관인 임수(壬水)에게 있으므로 임수에게 의지하며 사는 상이다. 다행이도 임수의 뿌리가 튼튼하고 임수가 용신인 인목(寅木)을 생하므로 좋다.

인목(寅木)은 생명체(生命體)이므로 키워 나가야 한다. 인(寅) 중의 병화(丙火)는 싹의 정령(精靈)이고 성장력이므로 병화를 살려야 한다. 병화(丙火)가 꺼지면 생명체(生命體)는 죽게 된다. 나무의 싹을 살려야 하므로, 남을 길러내야 하는 성품이다. 재주가 있어 창(唱)을 잘 하므로 많은 제자(弟子)를 길러 낼 것이다.

인(寅)이 고신(孤辰)인데 인(寅) 중의 갑목(甲木)은 모친이다. 부(父)가 사망했으므로 모친이 고독하다. 토(土)가 천간에만 있고 지지에 없으니 돌아다니기를 좋아한다. 인목(寅木)은 머리인데 유금(酉金)이 극하니 머리에 상처가 있다.

초운인 정미(丁未) 병오(丙午) 을사(乙巳) 대운은 남방 화운으로 병(病)이 되는 유금(酉金)을 극하니 길하다. 유병무약(有病無藥)에 약운(藥運)이 오면 대발(大發)한다. 상관이 투출하여 총명하고 재능이 많으니 이 대운에 재능(才能)을 잘 발휘한다. 사(巳)운은 인사신(寅巳申) 삼형(三刑)이 되므로 신상에 변동이 있을 수 있다.

갑진(甲辰)운은 삼월이라 화기(火氣)가 진기(進氣)한 때이고, 신자진(申子辰) 수국(水局)이 되어 유금(酉金)과 인목(寅木) 사이를 통관하니 길하다. 또한 천간의 갑목은 용신으로 일간을 생조(生助)하니 길하다. 그러나 계묘(癸卯) 임인(壬寅)운은 목운으로 길하나 지지의 신유(申酉)금과 충(沖)이 되고, 천간에 임계수가 투출하여 기신(忌神)이 더욱 왕(旺)해지니 불길하다. 신축(辛丑)운은 북방운(北方運)이고 수를 생하므로 역시 불길하다.

```
己 壬 甲 乙
酉 申 申 未
```

```
70  60  50  40  30  20  10
丁  戊  己  庚  辛  壬  癸
丑  寅  卯  辰  巳  午  未
```

임수가 신월에 생하고 지지에 인성인 금(金)이 많으니 신왕이다. 년지의 미토(未土)와 시간(時干)의 기토(己土)는 임수를 극하기 전에 금(金)을 생하므로 일간에게 도움이 되지 않는다. 년간과 월간에 투출한 식상으로 왕한 일간의 기운을 설(洩)해야 한다. 고로 식상(食傷)이 용신이고 기신(忌神)은 인성(印星)이다.

월간의 식신 갑목(甲木)은 뿌리가 없는 데다 절지(絶地)에 앉아 있고 더구나 시간(時干)의 기토(己土)와 합(合)이 되니 무기(無氣)하여 유명무실(有名無實)하다. 년간의 을목(乙木)은 미토(未土)에 통근하지만 창고에 든 나무라 힘이 없다. 따라서 설기(洩氣)를 원활하게 하지 못하므로 가상관격(假傷官格)이다. 가상관격은 상관운이 오면 길(吉)하여 일보에 누각(樓閣)에 오르지만, 인성운이 오면 불길(不吉)하여 손명(損命)한다.

재운(財運) 역시 길하니, 식상을 유통시키고 병(病)이 되는 인성을 극제(剋制)하기 때문이다. 대운이 남방 화운(火運)에서 동방 목운(木運)으로 흐르니 재성운과 식상운이다. 운을 잘 만났으니 초운

(初運)부터 길하여 발달한다.

신왕에 상관(傷官)이 용신이니 총명(聰明)하고 재능을 잘 발휘한다. 언변(言辯)이 좋아 말을 유창(流暢)하게 하며 자기의 주장이 강하고 잘난 체한다. 천간에는 식상과 관(官)만 있어 일간이 외롭지만, 지지에 생조(生助)하는 신이 많아, 외모는 유약(柔弱)하지만 체격은 건장하다. 또한 일간만 강(强)하므로 독불장군이다. 즉 일간은 금생수(金生水)로 좌하의 생(生)을 받지만, 다른 간(干)은 지지의 극(剋)을 받던지, 지지를 극하든지 그렇지 않으면 설(洩)을 하므로 약하다.

신왕에 용신이 목(木)이니, 나무에 물을 주는 격이다. 나무는 키워야 하므로 교육(敎育)하는 성품이다. 그러나 갑목(甲木)은 절지(絶地)에 앉아서 기토(己土)와 합거(合去)하니 쓸모가 없고, 을목(乙木)은 고목(枯木)이니 썩은 나무에 물주는 격이다. 즉 생기(生氣)있는 설(洩)을 하지 못한다. 그러므로 직접적으로 학생들을 가르치는 일은 하지 못한다. 본 명의 명주(命主)는 학생들에게 필요한 물품을 판매하는 일을 하다 교육에 관계되는 공직(公職)에 선출되었다.

정관(正官)이 투출했으므로 외모가 준수하다. 시간(時干)에 정관이 있고 지지에 인성(印星)이 있으므로 문관(文官)이다. 인수와 관살이 동주(同柱)하면 명리(名利)가 많다고 하였다. 지지에 인성이 있으면 음(陰)으로 일간을 도우는 것이 되어 좋은데 3개의 지지에 인성이 있으니 기쁘다. 식상이 약(弱)하여 생기(生氣)있는 설(洩)

을 하지 못하므로, 직접적인 교육은 하지 못하나, 지지에 인성이 많으므로 정계(政界)에 진출을 해도 괜찮다.

정관이 시주(時柱)에 있으면 만년(晩年)에 발달하고 현량한 아들을 둔다고 하였다. 그러나 정관인 기토(己土)가 월간의 갑목과 합(合)이 되고, 좌하에 금(金)이 있어 설기(洩氣)되므로, 정관의 기세가 무기(無氣)하니 좋지 않다. 정관의 뿌리가 년지에 있고 용신인 을목(乙木)이 년간(年干)에 있으니 조상(祖上)의 음덕(蔭德)이 있다. 따라서 만일 관(官)을 먹는다면 조상이 있는 고향이 된다.

일지(日支)에 편인(偏印)이 있으면 남녀 공(共)히 결혼운이 나쁘다. 편인이 장생(長生)과 동주하면 생모(生母)와 인연이 박한데, 월지와 일지에 있는 편인인 신금(申金)은 일간인 임수(壬水)의 장생(長生)이다.

년지의 미토(未土)와 월지의 신금(申金)은 귀문관살(鬼門關殺)이다. 고로 대학을 졸업하지 못하고 중퇴하였다. 시지(時支)인 유금(酉金)이 도화(桃花)이니 강개지심(慷慨之心)이 있고 호색(好色)하는 경향이 있다. 흔히 도화가 정관(正官)과 동주하면 복록(福祿)이 있다. 밖은 음(陰)이고 안은 양(陽)이니 외유내강(外柔內剛)이다.

가상관격(假傷官格)이므로 식상운과 재성운이 길하며 인성운은 불길(不吉)이다. 즉 목화(木火)운이 길하고 금수(金水)운이 불길하다.

초운인 계미(癸未) 임오(壬午) 신사(辛巳)운은 남방(南方) 화운

(火運)이므로 길하다. 병신(病神)인 금(金)을 녹여 인성을 약화시키고, 용신인 목(木)을 유통시키니 기쁘다. 이 대운에는 길(吉)하여 하는 일마다 잘되었다.

경진(庚辰)운은 을경(乙庚) 합금(合金)하여 용신인 을목(乙木)을 합거(合去)하고, 지지에서 진토(辰土)가 금(金)을 생하니 인성이 더욱 왕해져 일간이 태왕해졌다. 가상관격(假傷官格)에 일간이 더욱 왕해지니 불길하다. 경진(庚辰)대운 신사(辛巳)년에 사신(巳申) 형(刑)이 되어 감옥에 갔다. 원인은 인성(印星)이니 인성은 윗사람이므로 윗사람들의 잘못으로 감옥에 간 것이다.

기묘(己卯) 무인(戊寅)운은 동방 목운(木運)으로 식상운이다. 용신인 갑목과 을목의 뿌리가 되고 관성(官星)이 나타나니 길하다. 그러나 묘유(卯酉) 와 인신(寅申) 충(沖)이 되고, 상관견관(傷官見官)이 되니 행중불행이다.


乙　庚　庚　辛
酉　寅　寅　卯


| 65 | 55 | 45 | 35 | 25 | 15 | 5 |
|----|----|----|----|----|----|---|
| 丁 | 丙 | 乙 | 甲 | 癸 | 壬 | 辛 |
| 酉 | 申 | 未 | 午 | 巳 | 辰 | 卯 |


여명(女命)으로 경금이 정월에 생하여 천간에는 금(金)이, 지지에

는 목(木)이 많다. 금과 목의 양신(兩神)으로만 구성되어 있으니 금목상쟁(金木相爭)이다. 수(水)가 금과 목을 통관(通關)하니 우선 필요한 것은 수(水)이다.

봄의 금(金)은 아직 한기(寒氣)가 남아 있으므로 화기(火氣)로 조후하여 온유(溫柔)하게 되어야 비로소 발영(發榮)하여 귀하게 된다. 화(火)는 관성(官星)이니 남편이고 직장이다. 남편을 만나 남편에게 순종(順從)하거나 직장생활을 하면, 화생토(火生土)하여 화(火)와 토(土)가 생기니 기쁘다.

재(財)는 지지에 그리고 비겁은 천간에 많으니 재다신약(財多身弱)이다. 재다신약은 부옥빈인(富屋貧人)으로 재물이 있어도 자기 것이 아니다. 더욱이 겁재(劫財)가 있고 인성(印星)이 없으니 돈을 벌어도 자기가 갖고 있을 수 없으며, 남에게 뺏기게 된다. 인성이 없어 인덕(人德)이 없으므로 남에게 돈을 빌려주면 받을 수 없다. 남과의 돈거래는 절대금지이다.

인성은 문서(文書)이고 도장이므로 인성이 있어야 나의 재물을 지키게 된다. 본명(本命)에서 인성은 토(土)인데 토가 없다. 재(財)가 많으므로 재를 지키기 위하여 토(土)가 시급히 필요하다.

또한 봄은 목(木)이 왕성한 계절이므로 금(金)은 자연히 성질이 유약해져 후중(厚重)한 무토(戊土)의 보좌를 얻고자 한다. 토가 금을 생조하면 유약(柔弱)한 금이라도 쓸모가 있다. 인(寅) 중에 무토가 있으므로 운에서 무토(戊土)나 기토(己土)가 투출하면 살겠는데, 말년(末年)인 70대 이후에야 토가 있다.

인성(印星)이 절대적으로 필요하니 재(財)를 써서는 안된다. 재(財)를 취하면 재가 인성을 극하게 되어 탐재괴인(貪財壞印)이 된다. 이 경우에 돈을 벌기 위하여 장사를 하거나 사업을 하면 실패한다. 관(官)은 인성을 생(生)하니 직장을 다니거나 남편을 만나 남편에게 순종(順從)하면 괜찮다.

겁재(劫財)는 또 다른 나이므로 나의 이중성(二重性)을 나타낸다. 내가 되었다 겁재가 되었다 하므로 사람이 잘 변(變)한다. 그러므로 겁재 있는 사람은 의심벽(疑心癖)이 있으며, 겁재 있는 사람의 마음은 알기가 어렵다. 여명(女命)에게 겁재는 남편의 첩(妾)으로, 남편이 첩을 보던가 내가 첩이 된다. 남편이 있더라도 탈부(奪夫)하거나 유부별거(有夫別居)한다.

본명(本命)은 일간이 경금(庚金)이고 신금(辛金)이 겁재이므로 겉은 부드럽다. 왜냐하면 신금(辛金)은 단련된 금이기 때문이다. 그러나 속은 경금(庚金)이니, 둔탁하고 거칠고 투박하다.

일간인 경금(庚金)은 제 뿌리가 없다. 시지의 유금(酉金)은 신금(辛金)의 뿌리이지 경금의 뿌리가 아니다. 경금(庚金)은 뿌리를 내리지 못하고 유금(酉金)에 기대어 있을 뿐이다. 뿌리가 없으므로 언제나 붕 떠있는 상태가 되고, 일은 부실(不實)하고 대충대충한다. 경금이 의지하고 있는 유금(酉金)은 신금(辛金)의 뿌리이므로, 일간은 경금이 아니고 실상은 신금(辛金)이다.

유금(酉金)은 도화(桃花)이니 도화로 살면 편하다. 즉 술장사를 하거나 화류계에 진출하여 남을 위해 살면 나의 살길이 열리게 된다.

일간이 경금(庚金)이고 또한 유금(酉金)이 양인(羊刃)이니 고집이 대단하고 성격이 강(强)하다. 자존심(自尊心)이 강하고 깐깐하여 죽어도 끝까지 버틴다. 일간이 약하므로 양인(羊刃)인 유금(酉金)이 길신이다. 이러한 경우에 유금을 충(沖)하면 대흉하다.

인성(印星)이 수요(需要)되므로 남편에게 순종하면 좋은데 이러한 성격은 남편에게 순종(順從)하지 못한다. 일지가 재성(財星)이니 금극목(金剋木)으로 내가 남편을 이기려고 한다. 경금이 인목(寅木)을 치면 인(寅) 중의 병화(丙火)가 가만히 있겠는가. 양인(羊刃)이 시지(時支)에 있으면 만년(晚年)에 재화(災禍)를 만나기 쉬우며, 또한 정재(正財)와 양인이 동주(同柱)하면 재물로 인하여 사회적 오욕(汚辱)을 입는 수가 있다고 하였다.

사주가 신묘(辛卯)와 경인(庚寅)의 이주(二柱)로만 구성되어 있다. 시주(時柱)의 을유(乙酉)는 거꾸로 하면 신묘(辛卯)가 되기 때문이다. 네 기둥이 받치는 것을 두 기둥이 받치고 있으니 불안정(不安定)하다. 사주에서 같은 기둥이 있는 것을 전지살(剪支殺)이라고 하는데 전지살이 있으면 갑갑하다.

사주가 금(金)과 목(木)으로만 되어 있으니 편고(偏枯)된 사주이다. 금과 목이 상쟁(相爭)하는데 통관신(通關神)이 없으니 사주가 탁(濁)하다. 사주가 탁(濁)하고 편고(偏枯)된 여명은 과부신세를 면하지 못한다. 일지와 시지가 인유(寅酉) 원진(怨嗔)이 되니 남편이 있을 수가 없다. 만일 남편이 생기더라도 오래가지 못한다.

일지(日支)가 역마(驛馬)이니 성격이 바쁘다. 금극목(金剋木)이니 나무를 심는 것이 아니고 자르기만 한다. 정월(正月)의 열매이니 풋과일인데 경금(庚金)이라 덜 익은 과일을 따는 성품이다. 일간인 경금(庚金)만 인성인 무토(戊土)를 가지고 있으므로 주관(主觀)이 강하고 무슨 일에나 자기의 뜻대로 하려고 한다. 지살(地殺)이 중중(重重)하고 역마가 있으나 역마(驛馬)를 때리지 않았으므로 방안퉁수이다.

직장생활을 하면 인성(印星)이 생기므로 좋은데 직업은 기술(技術)계통이다. 왜냐하면 관성이 편관(偏官)이기 때문이다. 만일 경술(庚戌) 일주라면 정관(正官)에 인성(印星)이 있으므로, 행정관이 되어 자기의 부서에서는 책임자가 될 수 있다.

토금(土金)운이 길하며, 화(火)는 조후(調候)에 수요(需要)되니 역시 길(吉)하다.

초운인 신묘(辛卯)운은 동방 목운(木運)에 묘유(卯酉) 충(沖)하여 길신인 양인(羊刃)을 충하니 불길하다.

임진(壬辰)운은 토왕절에 임수(壬水)가 금목 사이를 통관하니 기쁘다.

계사(癸巳) 갑오(甲午) 을미(乙未)운은 남방 화운(火運)이므로 조후가 되어 좋으나 신약이라 길흉이 반반이다.

병신(丙申) 정유(丁酉)운은 신약한 일간의 뿌리가 생기니 기쁘나, 오행이 편고된 상이라 길운이 길이 아니다.

```
丙 庚 乙 甲
子 午 亥 午
```

```
69  59  49  39  29  19   9
壬  辛  庚  己  戊  丁  丙
午  巳  辰  卯  寅  丑  子
```

경금이 해월 한절(寒節)에 생하고 시지에 자수(子水)가 있으니 한냉(寒冷)하다. 조후가 시급하니 시상(時上)의 병화(丙火)가 길신이다. 병화는 조후뿐만 아니라 완고(頑固)한 경금(庚金)을 단련시키는 작용을 하므로 기쁘다. 간지(干支)에 목화(木火)가 많으므로 화(火)도 왕하게 되었다.

식상과 재성과 관성이 왕하니 신약(身弱)이다. 신약에 칠살인 병화(丙火)가 시간(時干)에 투출했는데 다시 재성(財星)이 투출하니 흉하다. 재성은 칠살을 생하고, 칠살은 일간을 극(剋)하기 때문이다. 인성(印星)이 있으면 칠살이 인성을 생하고, 인성은 일간을 생하여 살인상생(殺印相生)이 되므로 오히려 길하나, 인성이 없는 상황에서 재성(財星)의 투출은 칠살을 생하고, 인성을 극(剋)하므로 대단히 좋지 않다. 이를 조귀상신(助鬼傷身)이라고 한다.

재는 처와 재물이므로 처재(妻財)를 조심하여야 한다. 만일 재를 쓰면 탐재괴인(貪財壞印)이 되고 또한 칠살을 동(動)하게 하여 나를 극(剋)하니 나는 견딜 수 없게 된다. 시상편관(時上偏官)은 일장당권(一將當權)이라 하여 일생에 한번 권력(權力)을 잡아본다고 한다. 하지만 신왕(身旺)인 경우에 해당되며, 신약(身弱)은 오히려 일간을 더욱 약(弱)하게 하니 불리하다.

칠살이 투출하면 인성으로 화(化)하던가, 식상으로 제살(制殺)하여야 한다. 시지에 자수(子水) 상관이 있어 제살(制殺)하니 기쁘다. 그러나 자수는 일지의 오화(午火)와 자오(子午)충(沖)이 되니 기쁘지 않다. 일지와 시지가 충(沖)이 되면 처자(妻子)를 극하여 처와 해로(偕老)하지 못하고, 혹은 자식과 화목(和睦)하지 못하게 된다.

일간이 뿌리가 없으니 언제나 붕 떠있는 상태가 되며, 부실(不實)하고, 안정(安定)되지 못한다. 더구나 토(土)가 없으니 나의 자리가 없다. 흔히 토(土)가 없으면 셋방 난면(難免)이며, 돌아다니기 좋아하는데 그것은 자기의 터전이 없기 때문이다.

본명(本命)에서 가장 수요되는 신(神)은 인성이다. 인성(印星)인 토(土)가 있으면 신약(身弱)인 일간을 생조(生助)하고, 왕한 관살을 인화(印化)하니 좋다. 그러나 재성인 갑을(甲乙)목이 천간에 투출했으므로, 지지에 암장된 인성(印星)이 위로 나오기 어렵다. 또한 행운(行運)에서 인성이 나타나면, 재성이 인성을 회극(回剋)하므로 인성의 힘이 약화된다. 인성은 문서(文書)이고 명예(名譽)인데 인성이 없으면, 사회적 권력(權力)이나 명예는 기대할 수 없다.

인성이 절실히 요구되니 오(午) 중의 기토(己土)가 용신이 된다. 용신이 지지(地支)에 암장되어 있고, 재성이 투출하여 용신이 발

(發)하기 어려우니 대기만성(大器晚成)형이다. 근면 검소하고 매사에 빈틈이 없으나 융통성이나 주변머리가 부족하다.

용신인 기토(己土)가 일지와 년지에 있으니 조상덕(祖上德)과 처덕(妻德)이 있다. 특히 일지(日支)의 오화(午火)는 좌하에서 일간인 경금을 살인상생(殺印相生)하니 기쁘다. 원기(元氣)가 좌하에 암장되어 일간을 살인상생하면 정신(精神)이 튼튼하게 되어 이러한 일(日)에 생(生)한 자는 귀격(貴格)이 많다.

재는 식상(食傷)이 있어야 원천(源泉)이 깊어 재물이 끊이지 않는 법이다. 식상인 수(水)가 득령(得令)하여 왕하고, 재성이 투출하였으니 재성이 득세(得勢)하였다. 그러나 재성은 투출하는 것보다는 지지(地支)에 숨어 있는 것이 좋다. 왜냐하면 재성이 투출(透出)해 있으면 쟁탈(爭奪)의 대상이 되기 때문이다.

재는 처와 재물인데 재(財)가 두 개 투출하고, 정재와 편재가 혼잡(混雜)되어 있으니 남편 하나에 처(妻)가 둘인 형상이다. 이러한 경우는 형극(荊棘)을 주의해야 하는데, 다행인 것은 일간과 정재(正財)인 을목(乙木)이 합이 되고 인접(隣接)하여 유정(有情)한 것이다. 일간의 정(情)이 정재인 정처(正妻)에게 있으니 흉한 일은 벌어지지 않는다. 그러나 일간의 정(情)은 일간에게 수요(需要)되는 길신(吉神)에게 향하여야 하는데, 기신(忌神)인 재성(財星)에게 있으니 불길하다.

식신생재(食神生財)이고 재의 정(情)이 일간을 향하고 있으므로 부자(富者)의 사주이다. 만일 일간이 신강(身强)하다면 사업을 하여 거부(巨富)가 된다. 재는 또한 처첩(妻妾)이니 주위에 여자가 많다. 서(書)에서 편재(偏財)가 천간(天干)에만 있으면 경재호의지심(輕財好義之心)이 있어 의(義)로운 일에 재산(財産)을 희사(喜捨)하며, 술 혹은 여자를 좋아한다고 하였다. 일간의 정(情)이 재(財)에 있으며, 혼잡(混雜)된 재가 투출해 있고 신약(身弱)이니, 여자를 좋아하며 주위에 여자(女子)가 많지만, 좋은 여자(도움이 되는 여자)를 만날 수 없으며, 돈을 써도 헛된 돈을 쓰게 된다.

병화(丙火)가 있고 정화(丁火)가 있으니 관살혼잡(官殺混雜)이다. 좋은 관(官)은 먹지 못한다. 재다신약(財多身弱)에 인수가 용신이니 직장생활을 하여야 하고, 직장(職場)은 편관(偏官)이 투출했으므로 기술계통이다. 직장생활을 하면 관생인(官生印)하여, 직장으로 말미암아 인성(印星)이 생기므로 좋다. 그러나 만일 장사나 개인사업을 하여 돈을 좇다보면, 재가 인성을 극(剋)하여 문서(文書)가 없어지니 흉하다. 재다신약(財多身弱)은 돈이 있어도 자기 돈이 아니며, 돈으로 오히려 화(禍)를 당하게 된다.

일간이 경금(庚金)이니 강(强)하고 단단한 성격이다. 남 밑으로 가지 못하며, 흔히 죽어도 꽥하고 죽는다고 한다. 임기응변(臨機應變)이 좋으며 변화무쌍(變化無雙)한 측면이 있다. 다시 식상(食傷)이 왕(旺)하니 자기 주장이 강하고 자만심(自慢心)이 많다. 식상이 관성을 극하므로 안하무인(眼下無人)이다.

재는 처(妻)와 재물(財物)이니 내가 나의 의도대로 쓰는 것이다. 일간이 재(財)와 합(合)이 되어 일간의 정(情)이 재(財)에게로 향하면, 내가 마음대로 하고자 하는 성향(性向)이 강하다. 여자와 재물뿐만이 아니라, 인간관계(人間關係)에서도, 자기의 의도(意圖)대로 할 수 있는 사람 즉 자기보다 나은 사람보다는 비록 부족하더라도 자기가 마음대로 할 수 있는 사람을 선호하는 경향이 많다.

신약(身弱)에 인성이 용신이니 화토금(火土金)운이 길하다.

초운인 병자(丙子)운에 유복한 가정에서 출생하여 무난하게 고등학교까지 졸업했다. 대학은 가지 못하고 정축(丁丑)운에 군을 제대한 다음 대기업에 취직을 하고 결혼을 했다.

무인(戊寅) 기묘(己卯)운은 동방 목운으로 원국 지지의 수(水)와 화(火) 사이를 통관하여 수화상쟁(水火相爭)을 해소하고, 용신인 무기(戊己)토가 투출하여 일간을 생하니 길하다. 이 대운에 가정이 화평하고 창성(昌盛)하였으며 본인은 안정된 직장생활을 하였다.

경진(庚辰)운은 비견운이므로 신약한 일간을 방조(幇助)하여 길하나 을목(乙木)과 합이 되니 재(財)를 두고 동기(同氣)가 쟁탈하는 형상이다. 재는 처(妻)도 되니 처로 인하여 화(禍)가 발생할 수도 있다. 그러나 시상(時上)의 병화(丙火)가 회극(回剋)하니 무흠이다. 진(辰)운은 습토(濕土)이니 회화(晦火)생금(生金)하므로 길하다.


辛　壬　乙　丙
丑　寅　未　子

| 77 | 67 | 57 | 47 | 37 | 27 | 17 | 7 |
|---|---|---|---|---|---|---|---|
| 癸 | 壬 | 辛 | 庚 | 己 | 戊 | 丁 | 丙 |
| 卯 | 寅 | 丑 | 子 | 亥 | 戌 | 酉 | 申 |

임수가 유월에 생하고 간지(干支)에 식상과 재성과 관성이 왕(旺)하니 신약(身弱)이다. 시상(時上)의 신금(辛金)이 좌하인 축토(丑土)에 뿌리를 내리고 일간을 생(生)하니 용신이다. 년간의 병화(丙火)가 신금을 합거(合去)하여 용신을 무력(無力)하게 하려 하므로 병화가 병신(病神)이며 병화를 극하는 자수(子水)가 약신(藥神)이다. 고로 토금수(土金水)운이 길하다.

일간은 뿌리가 있어야 제자리를 잡고 안정된 생활을 한다. 임수(壬水)의 뿌리는 해수(亥水)와 신금(申金)이므로 일간은 뿌리가 없는 셈이다. 다만 년지의 자수(子水)와 시지의 축토(丑土)에 계수(癸水)가 있어 그에 의지할 뿐이다. 제 뿌리가 없으니 마음을 둘곳이 없다. 마음이 허(虛)하고 무엇엔가 기대고 싶어진다.

월지인 미토 중에 을목(乙木)이 있고, 일지가 인목(寅木)에다 을목(乙木)이 투출했으니 식상혼잡(食傷混雜)에 상관이 왕하다. 상관은 수기(秀氣)를 유행(流行)하니 총명의 신이다. 상관(傷官)이 투출하면 두뇌회전이 빠르고 언변(言辯)이 유창하다. 그러나 정관(正官)을 극(剋)하므로 성정이 오만(傲慢)하고 교만(驕慢)하여 타인의 오해와 비방(誹謗)을 받기 쉽다.

오행(五行)은 쉬지 않고 흐르므로 오행이 다 갖추어져 주류무체

(周流無滯)하여야 한다. 오행이 고루 갖추어진 사주는 오행의 상호 상생(相互相生)이 잘 되어 물 흐르듯 하므로 임기응변(臨機應變)이 좋으며 일에 막힘이 없다. 또한 불길(不吉)한 운을 만나더라도 큰 흉은 일어나지 않는다. 천간에서 금수목화(金水木火)가 차례로 있어 상호(相互)상생(相生)하고 지지에 토(土)가 있으니 오행의 흐름이 막힘이 없다. 주류무체(周流無滯)한 사주이니 대인관계(對人關係)가 좋고 언변(言辯)이 유창하며 일을 잘 헤쳐나갈 것이다.

신약하여 인성(印星)이 용신이므로 재성은 기신(忌神)이다. 재성인 병화(丙火)가 투출하여 용신인 신금을 합거(合去)할려고 호시탐탐 노리고 있다. 재성은 처와 재물이니 처재(妻財)를 주의하여야 한다. 재를 탐하면 탐재괴인(貪財壞印)이 되어 문서(文書)가 없어지게 된다.

본처(本妻)인 정재 즉 정화(丁火)는 미토(未土) 중에 숨어 있고, 편재인 병화(丙火)가 일지의 인목(寅木)에 뿌리를 두고 투출하였다. 고로 일간의 처는 정재(正財)가 아니고 편재(偏財)이다. 즉 함께 살고 있는 처가 실상은 본처가 아닌 첩(妾)인 형상이다. 일반적으로 편재(偏財)가 왕하고 천간에 투출하면 남자는 풍류심(風流心)이 있어 외첩(外妾)을 두거나 여난(女難)을 당하기 쉽다.

년간이 병화 편재(偏財)이고 년지가 자수 겁재(劫財)이니 겁재가 편재를 극한다. 년주(年柱)에 편재가 있으면 원래는 길(吉)하여 집안 재산(財産)이 반드시 자기 소유로 돌아오며, 능히 조업(祖業)을 계승한다. 그러나 편재와 겁재가 동주(同柱)하면, 겁재가 편재를

550

극하므로 처재(妻財)가 상(傷)하게 된다. 그러므로 부모유산을 물려 받지 못하고, 만약 물려 받아도 가산(家産)을 탕진한다. 그리고 상처(喪妻)하고 여자로 인하여 손재(損財)가 많다고 하였다.

임수(壬水) 일간에 년지의 자수(子水)와 시지인 축(丑) 중의 계수(癸水)가 있으니 겁재가 있다. 겁재는 또 다른 '나'이니 내가 둘 있는 셈이다. 내가 되었다 겁재(劫財)가 되었다 하니 마음의 변화(變化)가 심하고 성격이 이중적(二重的)이다. 의심벽(疑心癖)이 있어서 무슨 일이나 확인하고 싶어한다.

목(木)은 생명체(生命體)이다. 월주의 을미(乙未)는 나무가 창고에 들어가 죽은 나무가 되었다. 일지의 인목(寅木)이 활목(活木)이니 인목을 키워야 한다. 그러나 시주(時柱)에 신축(辛丑)이 있어 인목의 성장을 가로막고 있다. 신축(辛丑)은 단단한 토(土)이니 싹이 뚫고 나갈 수 없다. 목은 식상(食傷)이니 일간의 몸이 된다. 따라서 명주(命主)의 키가 작다. 식상은 또한 자식이므로 자식이 발전할 수 없다. 더구나 시지(時支)와 일지(日支)가 탕화(湯火)이므로 자식에게 애로(隘路)가 많다. 자식이 발전하기 위해서는 시지(時支)인 신축(辛丑)을 걷어내야 한다. 그러므로 부모가 자식을 위하여 많은 일을 하여야 한다.

또한 천간의 신금(辛金)은 년상(年上)의 병화를 합거(合去)하고, 지지에서 인(寅) 중의 병화(丙火)와 축(丑) 중의 신금(辛金)이 합(合)이 되니 불이 꺼지는 형상이다. 불은 처(妻)인데 처가 시주(時柱)인 신축(辛丑)으로 말미암아 큰 화(禍)를 당할 수 있다. 즉 인성(印星)을 쓰면 처에게 해(害)로우니 모친의 자식에 대한 사랑이 처에게는 좋지 않는 결과를 가져올 수 있다.

년지와 월지가 자미(子未) 원진이니 조상대(祖上代)가 원만하지 못하였다. 월지와 일지가 인미(寅未)로 귀문관살(鬼門關殺)이므로 신경이 예민하다. 또한 일지인 인목(寅木)이 고신(孤辰)이니 고독(孤獨)하고 부부(夫婦)운이 불길하다. 년지의 자수(子水)는 홍염살에 해당하므로 여자를 조심하여야 한다. 홍염살(紅艶殺)이 있으면 성격이 다정다감(多情多感)하고 이성(異性)을 끄는 매력이 있어서 상대방의 마음을 사로잡는다.

시상(時上)에 뿌리있는 인수(印綬)가 투출하여 일간을 생조(生助)하고 있다. 시상에 인수(印綬)가 있으면 문서(文書)를 내가 가지고 있는 형상이다. 즉 권력(權力)을 내가 갖는 것이다. 또한 자기 마음대로 하고 싶어하는 경향이 있으며 고집이 있다.

간지에 합(合)이 많으면 다정(多情)한 법이다. 천간에 병신(丙辛)이 합을 하고 지지에서 인미(寅未)와 축인(丑寅)이 암합(暗合)을 하니 합이 많다. 성격이 다정다감(多情多感)고 붙임성이 있어 좋으나 진취성(進就性)이 부족한 측면이 있다. 또한 임수(壬水)가 일간인데 일반적으로 수(水)가 일주(日主)인 사람은 다정다감하여 정(情)에 빠지기 쉽고 천성적으로 호색(好色)하는 경향이 있다. 또한 지혜가 있으며 변동(變動)이 심하다. 일지가 인목(寅木)인데 역마(驛馬)에 해당한다. 일지에 역마(驛馬)가 있으면 하는 일없이 언제나 바쁜 경향이 있다.

초운인 병신(丙申) 정유(丁酉)운은 용신인 금운(金運)이므로 길하다. 신약인 일간이 생조(生助)를 받으니 모친의 자식에 대한 정성이 대단했을 것이다. 병정(丙丁)이 개두(蓋頭)하여 신유금을 극하니 길조가 반감(半減)된다.

무술(戊戌)운은 토운이나 계절이 금왕절(金旺節)이고, 천간에 신금(辛金)이 투출하여 상생하니 길하다. 그러나 지지에 축술미(丑戌未) 삼형(三刑)이 되니 신상에 변동이 있을 수 있다.

기해(己亥) 경자(庚子) 신축(辛丑)운은 수운(水運)이므로 길하다. 기해(己亥)운은 수운에 길신인 정관(正官)이 투출했으므로 관운(官運)도 좋다. 경자(庚子) 신축(辛丑)운은 수운에 인성이 투출했으므로 계속 발전이고, 임인(壬寅) 대운 이후는 목운(木運)으로 처(妻)가 득세하므로 처의 말을 들으면 좋을 것이다.

甲 戊 庚 丙
寅 辰 子 申


73 63 53 43 33 23 13 3
戊 丁 丙 乙 甲 癸 壬 辛
申 未 午 巳 辰 卯 寅 丑


무토가 자월 한절(寒節)에 생하고 지지가 신자진(申子辰) 수국(水局)을 이루니 전국(全局)이 한냉(寒冷)하여 토(土)가 얼었다.

동토(凍土)는 만물의 성장(成長)이 불가능하므로 시급한 것이 조후(調候)이다. 다행이도 년간에 병화(丙火)가 있어 동토(冬土)를 녹이고 조후하니 병화(丙火)가 길신이다.

식상과 재성과 관성이 왕(旺)하고 인성과 비겁이 약(弱)하니 신약(身弱)이다. 좌하의 진토(辰土)는 신자진(申子辰) 삼합(三合)이 되어 토의 작용을 하지 못하므로, 년간의 병화(丙火)만이 약한 일간을 생조(生助)하고 있다. 고로 병화(丙火)가 용신이 되는데 병화는 조후(調候)용신을 겸한다.

병화가 년상(年上)에 떠있어 밝은 빛을 비추니 좋으나, 년지의 신금(申金)이 지지의 자수(子水) 진토(辰土)와 합(合)이 되어 수국(水局)을 이루고, 수국(水局)이 병화를 극(剋)하므로 병화의 힘이 무력하다. 병화는 편인(偏印)이니 친모(親母)가 아니고 양모(養母)이다. 편인(偏印)이 용신이니 양모의 덕(德)이 있다. 추운데 따뜻하게 하고, 약한 일간의 기운을 설(洩)하는 금(金)을 녹여서 설기(洩氣)를 방지하고, 둔탁한 경금을 단련시킨다. 그리고 약한 일간을 생조(生助)하니 병화는 일간에게는 없어서는 안되는 길신(吉神)이다. 그러나 좌하의 신금이 수국(水局)이 되어 병화를 극하니 길신이 다치게 된다. 수는 재성이니 처재(妻財)로 말미암아 길신에게 해가 되는 것이다.

년주(年柱)에 편인이 있으면 조업(祖業)을 파(破)하는 경향이 있다. 흔히 편인을 효신(梟神)살이라 하여 목매다는 살이라고 한다. 25세 이전에 편인이 있으면 약먹고 자살 한번 해본다고 한다.

554

명주(命主)는 유아시절에 양친(兩親)을 잃고 3세에 양자(養子)로 갔다. 3살에 신축(辛丑)대운을 만나 년간(年干)의 병화는 병신(丙辛)합(合)으로 그리고 시지(時支)의 인목(寅木)은 축인(丑寅)합(合)으로 용신인 불이 꺼졌기 때문이다. 어려운 환경이지만 학문(學問)에 정진하여 최고학부까지 나왔다. 양모(養母)의 도움이 컸는데 명주(命主)는 지금도 양모의 도움을 받고 있다. 편인(偏印)이 용신이기 때문이다.

지지가 수국(水局)이니 재(財)가 왕하여 재다신약(財多身弱)이다. 재다신약은 부옥빈인(富屋貧人)이라 재물이 있어도 나의 것이 아니다. 재물은 내가 강(强)하여 재(財)를 감당할 수 있을 때 나의 것이 되지, 내가 약(弱)하면 재를 감당하지 못하므로 오히려 화(禍)를 부른다. 그러므로 재물(財物)을 쫓지 말아야 한다. 여자도 재(財)이니 여자 또한 조심하여야 한다. 재(財)를 취하면 재가 인성(印星)을 극(剋)하여 문서(文書)가 없어지기 때문이다. 재다신약(財多身弱)인 사람은 장사나 사업을 해서는 안되며 직장생활(職場生活)을 하여야 한다. 그러나 만일 재다신약에 신강운(身强運)이 오면 신왕재왕(身旺財旺)이 되므로 많은 재(財)를 획득할 수 있다.

경금(庚金)은 식신인데 년지인 신금(申金)에 뿌리를 누고 월간에 투출하였다. 식신은 일간의 수기(秀氣)를 유행(流行)시키므로 총명(聰明)준수(俊秀)의 신이다. 경금이 병화(丙火)의 극(剋)을 받고 자수(子水)에 설(洩)하여 약하지만, 지지에 통근(通根)하고 일간에 근접(近接)해 있으니 약(弱)하기는 하지만 유기(有氣)유정(有情)

하다. 년상에 병화(丙火)가 있어 둔탁한 금을 단련(鍛鍊)시키니 기쁘다. 식신이 유기유정하면 총명하고 재주가 많아 창작, 문학, 예능, 기예 등에 두각을 나타낸다.

직업(職業)이나 능력(能力)은 용신에 의하는 경우가 많다. 용신은 사주에서 가장 중요한 일을 하기 때문이다. 본명(本命)에서는 편인(偏印)이 용신이다. 편인은 학자, 예술가, 문인, 의사 등 편업(偏業)에 적합하다. 명주(命主)는 서예(書藝)에 능통하고 학문(學問)에 정진하여 여러 저서(著書)를 가지고 있으며 사회사업(社會事業)을 소망하고 있으니 오행(五行)의 원리(原理) 그대로이다.

월지에 자수(子水)가 있는데 자수는 정재(正財)이다. 정재는 지지에 암장되어 있는 것이 좋고 지지 중에서도 월지(月支)에 있는 것이 제일 좋다. 서(書)에는 정재가 월지(月支)에 있으면 사회적으로 인망(人望)이 높으며, 성격도 온후단정(溫厚端正)하고 검소하다고 하였다. 또한 월지에 정재(正財)가 있으면 명문(名門)집의 딸과 결혼한다고 하였다.

부부궁은 진토(辰土)인데 간여지동(干與之同)이다. 간여지동은 일간이 강(强)하여 처를 극하므로 부부궁이 불길하다. 재혼잡(財混雜)에 재가 많으니 처첩(妻妾)이 많은 상이다. 지지에 신자진(申子辰) 수국(水局)이 되니 수(水)가 많다. 수(水)는 잉태(孕胎)를 의미하니 다정다감하여 정(情)에 빠지기 쉽고, 천성적으로 호색(好色)한다.

일지의 진토(辰土)는 또한 홍염살(紅艶殺)에 해당한다. 홍염살이

556

있으면 이성(異性)을 끄는 매력이 있다. 성격이 다정다감하고 요염(妖艶)하여 상대방의 마음을 사로잡는다. 홍염살(紅艶殺)에 수(水)가 많고 또한 재(財)가 많으니 호색(好色)하여 일찍부터 여자를 알게 된다. 명주(命主)는 십대에 여자를 알아 이십세 전에 동거(同居)하였다.

시상에 일위(一位)의 편관(偏官)이 있으면 일장당권(一將當權)으로 일생에 권력(權力)을 한번 잡아 본다고 하였다. 이 경우는 일간이 신강(身强)하여 살(殺)의 극(剋)을 감당할 때의 일이며, 만일 신약(身弱)하여 관살을 감당하지 못하면 관직(官職)은 오히려 일간에게 부담만 된다. 본명은 신약(身弱)이므로 시상(時上)의 관(官)을 먹을 수 없다.

시상의 갑목(甲木)은 왕한 재성의 생조를 받고, 좌하의 인목(寅木)에 뿌리를 내리니 유력(有力)하다. 갑인(甲寅)목은 대림목(大林木)으로 생명체(生命體)이므로 앞으로 뻗어가려는 기상(氣象)이 있다. 고로 시주(時柱)에 갑인(甲寅)목이 있으면 발현(發顯)의 기상이 있으며, 뛰어난 창조성(創造性)과 특출한 아이디어를 창출(創出)할 수 있는 능력을 갖게 된다.

일간인 무토(戊土)와 용신인 병화(丙火)의 뿌리가 시지의 인목(寅木)이니 자식궁이 길하다. 또한 일간인 무토(戊土)가 인목(寅木)에서 나왔으므로 일간의 정신(精神)이 똑바르다. 시지(時支)에 일간의 뿌리와 인성이 있으니 시지에 일간의 터전이 있는 셈이다. 자식이 좋으며 말년(末年) 또한 좋을 것이다.

자식을 볼 때는 먼저 시지(時支)를 보고 다음에 자녀성(子女星)을 본다. 자식의 수(數)는 관살(官殺)을 기준으로 시지(時支)에 해당하는 12운성을 본다. 일간인 무토의 관성은 목(木)이며 시지의 인(寅)은 목의 관(官)이다. 시지(時支)가 관(官)에 해당하면 자식이 3명이다. 관성인 갑목 또한 3이니 세명의 자식은 둘 수 있는 사주이다.

사주가 신약(身弱)이므로 몸이 허약하다. 월간의 식신 경금(庚金)이 편인인 병화(丙火)의 극(剋)을 받으므로 몸에 상처가 많으며 신체 또한 왜소(矮小)하다. 한절(寒節)에 생하고 지지에 수(水)가 많으니 몸이 얼었다. 수(水)가 많으니 위(胃)는 허(虛)하고 장(腸)은 차다. 명주(命主)는 어려서부터 병(病)으로 살았으며 현재는 위장병과 신경성 냉병(冷病)으로 큰 고생을 하고 있다. 어려서부터 재난(災難)을 많이 당하여 몸에 흉터가 많다. 일주(日柱)가 백호(白虎)이니 몸조심을 하여야 한다. 또한 비견(比肩)이 백호이므로 육친(六親)도 조심하여야 한다. 백호살이 있으면 혈광사(血光死)한다고 한다.

재(財)가 천간에 투출하지 않아 다행이지만, 지지에서 국(局)을 이루므로 세(勢)가 왕하다. 역량(力量)이 크면 힘을 발휘하니, 용신인 인성(印星)을 극(剋)하므로 불길하다. 또한 식상이 투출하여 생재(生財)하니, 재(財)의 원천(源泉)이 깊어 재(財)가 그치지 않는다. 재(財)가 왕하고 신약(身弱)이니 많은 재물을 감당하지 못한다. 여자와 재물을 조심하여야 한다.

신약에 화(火)가 용신이니 목화토(木火土)운이 길하다.

초운인 신축(辛丑)운은 북방 수운(水運)에 상관이 투출했다. 원국의 지지는 추위에 수(水)가 많아 대지(大地)가 꽁꽁 얼었는데 북방(北方)운이므로 설상가상(雪上加霜)이다. 천간에 신금(辛金)이 투출한 것은 약한 일간을 더욱 약화시키고 기신(忌神)인 수(水)를 생하니 불길하다. 더구나 용신인 병화를 합거(合去)하니 대흉이다. 명주는 신축(辛丑)대운에 양친을 잃고 3살에 양자(養子)로 갔으며, 병원과 약탕기를 끼고 살았다고 한다.

임인(壬寅)대운은 겨울이 가고 봄이 왔으니 꽁꽁 언 몸이 해동(解凍)하기 시작한다. 그러나 아직 한기(寒氣)가 남아 있는데 임수(壬水)가 투출하여 역량을 발휘하니 수세(水勢)가 극왕하다. 임수는 원국 지지의 신자진(申子辰) 수국(水局)이 투출한 것이라 역량이 크다. 수세(水勢)가 왕하여 병(病)인데 수(水)가 발동하니 일간이 기진맥진이다.

계묘(癸卯)대운은 동방운이라 추위에 떨고 있는 사람에게는 반가운 마을이다. 그러나 천간에 투출한 계수(癸水)가 용신인 병화(丙火)의 빛을 가려서 흐리게 하고, 일간과 합(合)이 되어 일간으로 하여금 기신(忌神)인 수(水)에게 정(情)을 갖게 하여 일간의 본분을 망각하게 하니 불길하다. 이 대운에 흉한 일들이 발생했으니 25세 경신(庚申)년에는 사업에 실패(失敗)하여 부도가 났다. 신유(辛酉)년에는 득병(得病)하여 사경을 헤메었는데 신금(辛金)이 용신인 병화를 합거(合去)한 연고이다. 임술(壬戌)년에는 화개인 진토

(辰土)가 충을 받아 발동하니 입산(入山)하였다. 31세 병인(丙寅) 년부터 발전하여 재물과 명예가 우뚝 솟았는데 병인(丙寅)년은 용 신인 화운이기 때문이다.

갑진(甲辰)대운은 동방에서 남방으로 가는 운이고 갑목(甲木)이 투출했으므로 길하다. 갑목은 경금(庚金)과는 붕충(朋沖)이 되는 데, 경금이 갑목(甲木)을 잘라 불에 잘 타게 하므로 용신인 병화 (丙火)가 힘을 얻어 기쁘다. 이 대운에 결혼하고 자식을 낳았다. 또한 고사찰(古寺刹)을 인수하여 불사(佛事)에 매진하였으니 길 (吉)한 운임에 틀림이 없다. 신자진 수국(水局)이 되어 불길(不吉) 할 것 같으나 반대로 길(吉)한 것은, 대운은 계절(季節)이 중요하 기 때문이다.

43세 이후인 을사(乙巳) 병오(丙午) 정미(丁未)운은 남방 화운(火 運)이므로 용신운이다. 재다신약에 인성운이 들어와 일간이 강해 지니 재물이 많을 것이다. 또한 시상편관에 살강신약(殺强身弱)이 었는데 살강신강(殺强身强)이 되면 권력을 잡아볼 수도 있다. 말년 이 좋으니 자식 또한 좋으며 많은 발전이 있을 것이다.

무신(戊申)운은 서방 금운(金運)에다 용신의 뿌리인 인목(寅木) 과 충이 되니 불길하다.

■ 참고문헌(參考文獻)

김백만, 사주보감(서울: 명문당, 1994)

김봉준, 천직(서울: 삼한, 1999)

김봉준, 통변술해법(서울: 삼한, 1997)

김상연, 만세력(서울: 갑을당, 1990)

김우제 편저, 적천수정해(서울: 명문당, 1997)

박영창 역, 자평진전평주(서울: 신지평, 1999)

박영철, 주역이야기(서울: 명문당, 1991)

박재완, 명리사전(서울: 역문관서우회, 1999)

박재완, 명리요강(서울: 역문관서우회, 2000)

박주현, 용신분석(서울: 동학사, 1999)

박주현, 적천수강의(서울: 동학사, 2000)

백영관, 사주정설(서울: 명문당, 1984)

심재열, 명리정종정해(서울: 명문당, 1973)

심재열, 연해자평정해(서울: 명문사, 1973)

예광해 역, 적천수천미(서울: 지남, 1998)

이석형, 사주첩경(서울: 한국역학교육학원, 1990)

이세진, 신사주완결(서울: 좋은글, 2001)

송월, 사주학핵심비결(서울: 관음출판사, 2000)

정성필, 명리는 천기이다(서울: 생활문화사, 2003)

최봉수, 권백철 공편, 궁통보감정해(서울: 삼신서적, 1973)

최정현, 명리철학(서울: 태성출판사, 2003)

## 적천수 정설
### 유백온 선생의 적천수 원본을 정석으로 해설

원래 유백온 선생이 저술한 적천수의 원문은 그렇게 많지가 않으나 후학들이 각각 자신의 주장으로 해설하여 많아졌다. 이 책은 적천수 원문을 보고 30년 역학의 경험을 총동원하여 해설했다. 물론 백퍼센트 정확하다고 주장할 수는 없다. 다만 한국과 일본을 오가면서 실제의 경험담을 함께 실었다. 공부하는 사람들에게는 많은 도움이 될 것이라 믿는다.

신비한 동양철학 82 │ 역산 김찬동 편역 │ 692면 │ 34,000원 │ 신국판

## 궁통보감 정설
### 궁통보감 원문을 쉽고 자세하게 해설

『궁통보감(窮通寶鑑)』은 5대원서 중에서 가장 이론적이며 사리에 맞는 책이며, 조후(調候)를 중심으로 설명하며 간명한 것이 특징이다. 역학을 공부하는 학도들에게 도움을 주려고 먼저 원문에 음독을 단 다음 해설하였다. 그리고 예문은 서낙오(徐樂吾) 선생이 해설한 것을 그대로 번역하였고, 저자가 상담한 사람들의 사주와 점서에 있는 사주들을 실었다.

신비한 동양철학 83 │ 역산 김찬동 편역 │ 768면 │ 39,000원 │ 신국판

## 연해자평 정설(1·2권)
### 연해자평의 완결판

연해자평의 저자 서자평은 중국 송대의 대음양 학자로 명리학의 비조일 뿐만 아니라 천문점성에도 밝았다. 이전에는 년(年)을 기준으로 추명했는데 적중률이 낮아 서자평이 일간(日干)을 기준으로 하고, 일지(日支)를 배우자로 보는 이론을 발표하면서 명리학은 크게 발전해 오늘에 이르렀다. 때문에 연해자평은 5대 원서 중에서도 필독하지 않으면 안 되는 책이다.

신비한 동양철학 101 │ 김찬동 편역 │1권 559면, 2권 309면 │ 1권 33,000원, 2권 20,000원 │ 신국판

## 명리입문
### 명리학의 정통교본

이 책은 옛부터 있었던 글들이나 너무 여기 저기 산만하게 흩어져 있어 공부하는 사람들에게는 많은 시간과 인내를 필요로 하였다. 그래서 한 군데 묶어 좀더 보기 쉽고 알기 쉽도록 엮은 것이다.

신비한 동양철학 41 │ 동하 정지호 저 │ 678면 │ 29,000원 │ 신국판 양장

## 조화원약 평주
### 명리학의 정통교본

자평진전, 난강망, 명리정종, 적천수 등과 함께 명리학의 교본에 해당하는 것으로 중국 청나라 때 나온 난강망이라는 책을 서낙오 선생께서 자세하게 설명을 붙인 것이다. 기존의 많은 책들이 오직 격국과 용신을 중심으로 감정하는 것과는 달리 십간 십이지와 음양오행을 각각 자연의 이치와 춘하추동의 사계절의 흐름에 대입하여 인간의 길흉화복을 알 수 있게 했다.

신비한 동양철학 35 │ 동하 정지호 편역 │ 888면 │ 46,000원 │ 신국판

## 사주대성
### 초보에서 완성까지

이 책은 과거 현재 미래를 모두 알 수 있는 비결을 실었다. 그러나 모두 터득한다는 것은 어려울 것이다.역학은 수천 년간 동방의 석학들에 의해 갈고 닦은 철학이요 학문이며, 정신문화로서 영과학적인 상수문화로서 자랑할만한 위대한 학문이다.

신비한 동양철학 33 │ 도관 박흥식 저 │ 986면 │ 49,000원 │ 신국판 양장

## 쉽게 푼 역학(개정판)
**쉽게 배워 적용할 수 있는 생활역학서 !**

이 책에서는 좀더 많은 사람들이 역학의 근본인 우주의 오묘한 진리와 법칙을 깨달아 보다 나은 삶을 영위하는데 도움이 될 수 있도록 가장 쉬운 언어와 가장 쉬운 방법으로 풀이했다. 역학계의 대가 김봉준 선생의 역작이다.

신비한 동양철학 71 ┃ 백우 김봉준 저 ┃ 568면 ┃ 30,000원 ┃ 신국판

## 사주명리학 핵심
**맥을 잡아야 모든 것이 보인다**

이 책은 잡다한 설명을 배제하고 명리학자에게 도움이 될 비법들만을 모아 엮었기 때문에 초심자가 이해하기에는 다소 어려운 부분도 있겠지만 기초를 튼튼히 한 다음 정독한다면 충분히 이해할 것이다. 신살만 늘어놓으며 감정하는 사이비가 되지말기를 바란다.

신비한 동양철학 19 ┃ 도관 박홍식 저 ┃ 502면 ┃ 20,000원 ┃ 신국판

## 물상활용비법
**물상을 활용하여 오행의 흐름을 파악한다**

이 책은 물상을 통하여 오행의 흐름을 파악하고 운명을 감정하는 방법을 연구한 책이다. 추명학의 해법을 연구하고 운명을 추리하여 오행에서 분류되는 물질의 운명 줄거리를 물상의 기물로 나들이 하는 활용법을 주제로 했다. 팔자풀이 및 운명해설에 관한 명리감정법의 체계를 세우는데 목적을 두고 초점을 맞추었다.

신비한 동양철학 31 ┃ 해주 이학성 저 ┃ 446면 ┃ 34,000원 ┃ 신국판

## 신수대전
**흉함을 피하고 길함을 부르는 방법**

신수는 대부분 주역과 사주추명학에 근거한다. 수많은 학설 중 몇 가지를 보면 사주명리, 자미두수, 관상, 점성학, 구성학, 육효, 토정비결, 매화역수, 대정수, 초씨역림, 황극책수, 하락리수, 범위수, 월영도, 현무발서, 철판신수, 육임신과, 기문둔갑, 태을신수 등이다. 역학에 정통한 고사가 아니면 추단하기 어려우므로 누구나 신수를 볼 수 있도록 몇 가지를 정리했다.

신비한 동양철학 62 ┃ 도관 박홍식 편저 ┃ 528면 ┃ 36,000원 ┃ 신국판 양장

## 정법사주
**운명판단의 첩경을 이루는 책**

이 책은 사주추명학을 연구하고자 하는 분들에게 심오한 주역의 이해를 돕고자 하는 의도에서 시작되었다. 음양오행의 상생상극에서부터 육친법과 신살법을 기초로 하여 격국과 용신 그리고 유년판단법을 활용하여 운명판단에 첩경이 될 수 있도록 했고 추리응용과 운명감정의 실례를 하나하나 들어가면서 독학과 강의용 겸용으로 엮었다.

신비한 동양철학 49 ┃ 원각 김구현 저 ┃ 424면 ┃ 26,000원 ┃ 신국판 양장

## 내가 보고 내가 바꾸는 DIY사주
**내가 보고 내가 바꾸는 사주비결**

기존의 책들과는 달리 한 사람의 사주를 체계적으로 도표화시켜 한 눈에 파악할 수 있고, DIY라는 책 제목에서 말하듯이 개운하는 방법을 제시한다. 초심자는 물론 전문가도 자신의 이론을 새롭게 재조명해 볼 수 있는 케이스 스터디 북이다.

신비한 동양철학 39 ┃ ·석오 전광 저 ┃ 338면 ┃ 16,000원 ┃ 신국판

## 인터뷰 사주학
**쉽고 재미있는 인터뷰 사주학**

얼마전만 해도 사주학을 취급하면 미신을 다루는 부류로 취급되었다. 그러나 지금은 하루가 다르게 이 학문을 공부하는 사람들이 폭증하고 있는 것으로 보인다. 젊은 층에서 사주카페니 사주방이니 사주동아리니 하는 것들이 만들어지고 그 모임이 활발하게 움직이고 있다는 점이 그것을 증명해준다. 그뿐 아니라 대학원에는 역학교수들이 점차로 증가하고 있다.

신비한 동양철학 70 ┃ 글갈 정대엽 편저 ┃ 426면 ┃ 16,000원 ┃ 신국판

## 사주특강
### 자평진전과 적천수의 재해석
이 책은 『자평진전』과 『적천수』를 근간으로 명리학의 폭넓은 가치를 인식하고, 실전에서 유용한 기반을 다지는데 중점을 두고 썼다. 일찍이 『자평진전』을 교과서로 삼고, 『적천수』로 보완하라는 서낙오의 말에 깊이 공감한다.
신비한 동양철학 68 | 청월 박상의 편저 | 440면 | 25,000원 | 신국판

## 참역학은 이렇게 쉬운 것이다
### 음양오행의 이론으로 이루어진 참역학서
수학공식이 아무리 어렵다고 해도 1, 2, 3, 4, 5, 6, 7, 8, 9, 0의 10개의 숫자로 이루어졌듯이 사주도 음양과 오행으로 이루어졌을 뿐이다. 그러니 용신과 격국이라는 무거운 짐을 벗어버리고 음양오행의 법칙과 진리만 정확하게 파악하면 된다. 사주는 음양오행의 변화일 뿐이고 용신과 격국은 사주를 감정하는 한 가지 방법에 지나지 않는다.
신비한 동양철학 24 | 청암 박재현 저 | 328면 | 16,000원 | 신국판

## 사주에 모든 길이 있다
### 사주를 알면 운명이 보인다!
사주를 간명하는데 조금이라도 도움이 됐으면 하는 바람에서 이 책을 썼다. 간명의 근간인 오행의 왕쇠강약을 세분하고, 대운과 세운, 세운과 월운의 연관성과, 십신과 여러 살이 미치는 암시와, 십이운성으로 세운을 판단하는 법을 설명했다.
신비한 동양철학 65 | 정담 선사 편저 | 294면 | 26,000원 | 신국판 양장

## 왕초보 내 사주
### 초보 입문용 역학서
이 책은 역학을 너무 어렵게 생각하는 초보자들에게 조금이나마 도움을 주고자 쉽게 엮으려고 노력했다. 이 책을 숙지한 후 역학(易學)의 5대 원서인 『적천수(滴天髓)』, 『궁통보감(窮通寶鑑)』, 『명리정종(命理正宗)』, 『연해자평(淵海子平)』, 『삼명통회(三命通會)』에 접근한다면 훨씬 쉽게 터득할 수 있을 것이다. 이 책들은 저자가 이미 편역하여 삼한출판사에서 출간한 것도 있고, 앞으로 모두 갖출 것이니 많이 활용하기 바란다.
신비한 동양철학 84 | 역산 김찬동 편저 | 278면 | 19,000원 | 신국판

## 명리학연구
### 체계적인 명확한 이론
이 책은 명리 연구에 핵심적인 내용만을 모아 하나의 독립된 장을 만들었다. 명리학은 분야가 넓어 공부를 하다보면 주변에 머무르는 경우가 많아, 주요 내용을 잃고 헤매는 경우가 많다. 그러므로 뼈대를 잡는 것이 중요한데, 여기서는 「17장. 명리대요」에 핵심 내용만을 모아 학문의 체계를 잡는데 용이하게 하였다.
신비한 동양철학 59 | 권중주 저 | 562면 | 29,000원 | 신국판 양장

## 말하는 역학
### 신수를 묻는 사람 앞에서 술술 말문이 열린다
그토록 어렵다는 사주통변술을 쉽고 흥미롭게 고담과 덕담을 곁들여 사실적으로 생동감 있게 통변했다. 길흉을 어떻게 표현하느냐에 따라 상담자의 정곡을 찔러 핵심을 끌어내 정답을 내리는 것이 통변술이다.역학계의 대가 김봉준 선생의 역작.
신비한 동양철학 11 | 백우 김봉준 저 | 576면 | 26,000원 | 신국판 양장

## 통변술해법
### 가닥가닥 풀어내는 역학의 비법
이 책은 역학과 상대에 대해 머리로는 다 알면서도 밖으로 표출되지 않아 어려움을 겪는 사람들을 위한 실습서다. 특히 실명감정과 이론강의로 나누어 역학의 진리를 설명하여 초보자도 쉽게 이해할 수 있다. 역학계의 대가 김봉준 선생의 역서인 「알기쉬운 해설·말하는 역학」이 나온 후 후편을 써달라는 열화같은 요구에 못이겨 내놓은 바로 그 책이다.
신비한 동양철학 21 | 백우 김봉준 저 | 392면 | 36,000원 | 신국판

## 술술 읽다보면 통달하는 사주학
### 술술 읽다보면 나도 어느새 도사
당신은 당신 마음대로 모든 일이 이루어지던가. 지금까지 누구의 명령을 받지 않고 내 맘대로 살아왔다고, 운명 따위는 믿지 않는다고, 운명에 매달리지 않는다고 말하는 사람들이 많다. 그러나 우주법칙을 모르기 때문에 하는 소리다.
신비한 동양철학 28 │ 조철현 저 │ 368면 │ 16,000원 │ 신국판

## 사주학
### 5대 원서의 핵심과 실용
이 책은 사주학을 체계적으로 공부하려는 학도들을 위해서 꼭 알아두어야 할 내용들과 용어들을 수록하는데 중점을 두었다. 이 학문을 공부하려고 많은 사람들이 필자를 찾아왔을 깨 여러 가지 질문을 던져보면 거의 기초지식이 시원치 않음을 보았다. 따라서 용어를 포함한 제반지식을 골고루 습득해야 빠른 시일 내에 소기의 목적을 달성할 수 있을 것이다.
신비한 동양철학 66 │ 글갈 정대엽 저 │ 778면 │ 46,000원 │ 신국판 양장

## 명인재
### 신기한 사주판단 비법
이 책은 오행보다는 주로 살을 이용하는 비법을 담았다. 시중에 나온 책들을 보면 살에 대해 설명은 많이 하면서도 실제 응용에서는 무시하고 있다. 이것은 살을 알면서도 응용할 줄 모르기 때문이다. 그러나 이 책에서는 살의 활용방법을 완전히 터득해, 어떤 살과 어떤 살이 합하면 어떻게 작용하는지를 자세하게 설명하였다.
신비한 동양철학 43 │ 원공선사 저 │ 332면 │ 19,000원 │ 신국판 양장

## 명리학 │ 재미있는 우리사주
### 사주 세우는 방법부터 용어해설 까지!!
몇 년 전 『사주에 모든 길이 있다』가 나온 후 선배 제현들께서 알찬 내용의 책다운 책을 접했다는 찬사를 받았다. 그러나 사주의 작성법을 설명하지 않아 독자들에게 많은 질타를 받고 뒤늦게 이 책 을 출판하기로 결심했다. 이 책은 한글만 알면 누구나 역학과 가까워질 수 있도록 사주 세우는 방법부터 실제간명, 용어해설에 이르기까지 분야별로 엮었다.
신비한 동양철학 74 │ 정담 선사 편저 │ 368면 │ 19,000원 │ 신국판

## 사주비기
### 역학으로 보는 역대 대통령들이 나오는 이치!!
이 책에서는 고서의 이론을 근간으로 하여 근대의 사주들을 임상하여, 적중도에 의구심이 가는 이론들은 과감하게 탈피하고 통용될 수 있는 이론만을 수용했다. 따라서 기존 역학서의 아쉬운 부분들을 충족시키며 일반인도 열정만 있으면 누구나 자신의 운명을 감정하고 피흉취길할 수 있는 생활지침서로 활용할 수 있을 것이다.
신비한 동양철학 79 │ 청월 박상의 편저 │ 456면 │ 19,000원 │ 신국판

## 사주학의 활용법
### 가장 실질적인 역학서
우리가 생소한 지방을 여행할 때 제대로 된 지도가 있다면 편리하고 큰 도움이 되듯이 역학이란 이와같은 인생의 길잡이다. 예측불허의 인생을 살아가는데 올바른 안내자나 그 무엇이 있다면 그 이상 마음 든든하고 큰 재산은 없을 것이다.
신비한 동양철학 17 │ 학선 류래웅 저 │ 358면 │ 15,000원 │ 신국판

## 명리실무
### 명리학의 총 정리서
명리학(命理學)은 오랜 세월 많은 철인(哲人)들에 의하여 전승 발전되어 왔고, 지금도 수많은 사람이 임상과 연구에 임하고 있으며, 몇몇 대학에 학과도 개설되어 체계적인 교육을 하고 있다. 그러나 아직도 실무에서 활용할 수 있는 책이 부족한 상황이기 때문에 나름대로 현장에서 필요한 이론들을 정리해 보았다. 초학자는 물론 역학계에 종사하는 사람들에게 큰 도움이 될 것이라고 믿는다.
신비한 동양철학 94 │ 박흥식 편저 │ 920면 │ 39,000원 │ 신국판

## 사주 속으로
**역학서의 고전들로 입증하며 쉽고 자세하게 푼 책**

십 년 동안 역학계에 종사하면서 나름대로는 실전과 이론에서 최선을 다했다고 자부한다. 역학원의 비좁은 공간에서도 항상 후학을 생각하는 마음으로 역학에 대한 배움의 장을 마련하고자 노력한 것도 사실이다. 이 책을 역학으로 이름을 알리고 역학으로 생활하면서 조금이나마 역학계에 이바지할 것이 없을까라는 고민의 산물이라 생각해주기 바란다.

신비한 동양철학 95 | 김상회 편저 | 429면 | 15,000원 | 신국판

## 사주학의 방정식
**알기 쉽게 풀어놓은 가장 실질적인 역서**

이 책은 종전의 어려웠던 사주풀이의 응용과 한문을 쉬운 방법으로 터득하는데 목적을 두었고, 역학이 무엇인가를 알리고자 하는데 있다. 세인들은 역학자를 남의 운명이나 풀이하는 점쟁이로 알지만 잘못된 생각이다. 역학은 우주의 근본이며 기의 학문이기 때문에 역학을 이해하지 못하고서는 우리 인생살이 또한 정확하게 해석할 수 없는 고차원의 학문이다.

신비한 동양철학 18 | 김용오 저 | 192면 | 16,000원 | 신국판

## 오행상극설과 진화론
**인간과 인생을 떠난 천리란 있을 수 없다**

과학이 현대를 설정하여 설명하고 있으나 원리는 동양철학에도 있기에 그 양면을 밝히고자 노력했다. 우주에서 일어나는 모든 일을 과학으로 설명될 수는 없다. 비과학적이라고 하기보다는 과학이 따라오지 못한다고 설명하는 것이 더 솔직하고 옳은 표현일 것이다. 특히 과학분야에 종사하는 신의사가 저술했다는데 더 큰 화제가 되고 있다.

신비한 동양철학 5 | 김태진 저 | 222면 | 15,000원 | 신국판

## 스스로 공부하게 하는 방법과 천부적 적성
**내 아이를 성공시키고 싶은 부모들에게**

자녀를 성공시키고 싶은 마음은 누구나 같겠지만 가난한 집 아이가 좋은 성적을 내기는 매우 어렵고, 원하는 학교에 들어가기도 어렵다. 그러나 실망하기에는 아직 이르다. 내 아이가 훌륭하게 성장해 아름답고 멋진 삶을 살아가는 방법을 소개한다.

신비한 동양철학 85 | 청암 박재현 지음 | 176면 | 14,000원 | 신국판

## 진짜부적 가짜부적
**부적의 실체와 정확한 제작방법**

인쇄부적에서 가짜부적에 이르기까지 많게는 몇백만원에 팔리고 있다는 보도를 종종 듣는다. 그러나 부적은 정확한 제작방법에 따라 자신의 용도에 맞게 스스로 만들어 사용하면 훨씬 더 좋은 효과를 얻을 수 있다. 이 책은 중국에서 정통부적을 연구한 국내유일의 동양오술학자가 밝힌 부적의 실체와 정확한 제작방법을 소개하고 있다.

신비한 동양철학 7 | 오상익 저 | 322면 | 20,000원 | 신국판

## 수명비결
**주민등록번호 13자로 숙명의 정체를 밝힌다**

우리는 지금 무수히 많은 숫자의 거미줄에 매달려 허우적거리며 살아가고 있다. 1분・1초가 생사를 가름하고, 1등・2등이 인생을 좌우하며, 1급・2급이 신분을 구분하는 세상이다. 이 책은 수명리학으로 13자의 주민등록번호로 명예, 재산, 건강, 수명, 애정, 자녀운 등을 미리 읽어본다.

신비한 동양철학 14 | 장충한 저 | 308면 | 15,000원 | 신국판

## 진짜궁합 가짜궁합
**남녀궁합의 새로운 충격**

중국에서 연구한 국내유일의 동양오술학자가 우리나라 역술가들의 궁합법이 잘못되었다는 것을 학술적으로 분석・비평하고, 전적과 사례연구를 통하여 궁합의 실체와 타당성을 분석했다. 합리적인 「자미두수궁합법」과 「남녀궁합」 및 출생시간을 몰라 궁합을 못보는 사람들을 위하여 「지문으로 보는 궁합법」 등을 공개하고 있다.

신비한 동양철학 8 | 오상익 저 | 414면 | 15,000원 | 신국판

## 주역육효 해설방법(상·하)
### 한 번만 읽으면 주역을 활용할 수 있는 책
이 책은 주역을 해설한 것으로, 될 수 있는 한 여러 가지 사실을 덧붙이지 않고, 주역을 공부하고 활용하는데 필요한 요건만을 기록했다. 따라서 주역의 근원이나 하도낙서, 음양오행에 대해서도 많은 설명을 자제했다. 다만 누구나 이 책을 한 번 읽어서 주역을 이해하고 활용할 수 있도록 하는데 중점을 두었다.
신비한 동양철학 38 │ 원공선사 저 │ 상 810면·하 798면 │ 각 29,000원 │ 신국판

## 쉽게 푼 주역
### 귀신도 탄복한다는 주역을 쉽고 재미있게 풀어놓은 책
주역이라는 말 한마디면 귀신도 기겁을 하고 놀라 자빠진다는데, 운수와 일진이 문제가 될까. 8×8=64괘라는 주역을 한 괘에 23개씩의 회답으로 해설하여 1472괘의 신비한 해답을 수록했다. 당신이 당면한 문제라면 무엇이든 해결할 수 있는 열쇠가 이 한 권의 책 속에 있다.
신비한 동양철학 10 │ 정도명 저 │ 284면 │ 16,000원 │ 신국판

## 나침반 │ 어디로 갈까요
### 주역의 기본원리를 통달할 수 있는 책
이 책에서는 기본괘와 변화와 기본괘가 어떤 괘로 변했을 경우 일어날 수 있는 내용들을 설명하여 주역의 변화에 대한 이해를 돕는데 주력하였다. 그러나 그런 내용을 구분할 수 있는 방법을 전부 다 설명할 수는 없기에 뒷장에 간단하게설명하였고, 다른 책들과 설명의 차이점도 기록하였으니 참작하여 본다면 조금이나마 도움이 될 것이다.
신비한 동양철학 67 │ 원공선사 편저 │ 800면 │ 39,000원 │ 신국판

## 완성 주역비결 │ 주역 토정비결
### 반쪽으로 전해오는 토정비결을 완전하게 해설
지금 시중에 나와 있는 토정비결에 대한 책들은 옛날부터 내려오는 완전한 비결이 아니라 반쪽의 책이다. 그러나 반쪽이라고 말하는 사람은 없다. 그것은 주역의 원리를 모르기 때문이다. 그래서 늦은 감이 없지 않으나 앞으로 수많은 세월을 생각해서 완전한 해설판을 내놓기로 했다.
신비한 동양철학 92 │ 원공선사 편저 │ 396면 │ 16,000원 │ 신국판

## 육효대전
### 정확한 해설과 다양한 활용법
동양고전 중에서도 가장 대표적인 것이 주역이다. 주역은 옛사람들이 자연을 거울삼아 생활을 영위해 나가는 처세에 관한 지혜를 무한히 내포하고, 피흉추길하는 얼과 슬기가 함축된 점서인 동시에 수양·과학서요 철학·종교서라고 할 수 있다.
신비한 동양철학 37 │ 도관 박흥식 편저 │ 608면 │ 26,000원 │ 신국판

## 육효점 정론
### 육효학의 정수
이 책은 주역의 원전소개와 상수역법의 꽃으로 발전한 경방학을 같이 실어 독자들의 호기심을 충족시키는데 중점을 두었습니다. 주역의 원전으로 인화의 처세술을 터득하고, 어떤 사안의 답은 육효법을 탐독하여 찾으시기 바랍니다.
신비한 동양철학 80 │ 효명 최인영 편역 │ 396면 │ 29,000원 │ 신국판

## 육효학 총론
### 육효학의 핵심만을 정확하고 알기 쉽게 정리
육효는 갑자기 문제가 생겨 난감한 경우에 명쾌한 답을 찾을 수 있는 학문이다. 그러나 시중에 나와 있는 책들이 대부분 원서를 그대로 번역해 놓은 것이라 전문가인 필자가 보기에도 지루하며 어렵다는 느낌이 들었다. 그래서 보다 쉽게 공부할 수 있도록 이 책을 출간하게 되었다.
신비한 동양철학 89 │ 김도희 편저 │ 174쪽 │ 26,000원 │ 신국판

## 기문둔갑 비급대성
### 기문의 정수
기문둔갑은 천문지리·인사명리·법술병법 등에 영험한 술수로 예로부터 은밀하게 특권층에만 전승되었다. 그러나 아쉽게도 기문을 공부하려는 이들에게 도움이 될만한 책이 거의 없다. 필자는 이 점이 안타까워 천견박식함을 돌아보지 않고 감히 책을 내게 되었다. 한 권에 기문학을 다 표현할 수는 없지만 이 책을 사다리 삼아 저 높은 경지로 올라간다면 제갈공명과 같은 지혜를 발휘할 수 있을 것이다.
신비한 동양철학 86 │ 도관 박흥식 편저 │ 725면 │ 39,000원 │ 신국판

## 기문둔갑옥경
### 가장 권위있고 우수한 학문
우리나라의 기문역사는 장구하나 상세한 문헌은 전무한 상태라 이 책을 발간하였다. 기문둔갑은 천문지리는 물론 인사명리 등 제반사에 관한 길흉을 판단함에 있어서 가장 우수한 학문이며 병법과 법술방면으로도 특징과 장점이 있다. 초학자는 포국편을 열심히 익혀 설국을 자유자재로 할 수 있도록 하고, 개인의 이익보다는 보국안민에 일조하기 바란다.
신비한 동양철학 32 │ 도관 박흥식 저 │ 674면 │ 46,000원 │ 사륙배판

## 오늘의 토정비결
### 일년 신수와 죽느냐 사느냐를 알려주는 예언서
역산비결은 일년신수를 보는 역학서이다. 당년의 신수만 본다는 것은 토정비결과 비슷하나 토정비결은 토정 선생께서 사람들에게 용기와 희망을 주기 위함이 목적이어서 다소 허황되고 과장된 부분이 많다. 그러나 역산비결은 재미로 보는 신수가 아니라, 죽느냐 사느냐를 알려주는 예언서이이니 재미로 보는 토정비결과는 차원이 다르다.
신비한 동양철학 72 │ 역산 김찬동 편저 │ 304면 │ 16,000원 │ 신국판

## 國運 │ 나라의 운세
### 역으로 풀어본 우리나라의 운명과 방향
아무리 서구사상의 파고가 높다하기로 오천 년을 한결같이 가꾸며 살아온 백두의 혼이 와르르 무너지는 지경에 왔어도 누구 하나 입을 열어 말하는 사람이 없으니 답답하다. 불확실한 내일에 대한 해답을 이 책은 명쾌하게 제시하고 있다.
신비한 동양철학 22 │ 백우 김봉준 저 │ 290면 │ 16,000원 │ 신국판

## 남사고의 마지막 예언
### 이 책으로 격암유록에 대한 논란이 끝나기 바란다
감히 이 책을 21세기의 성경이라고 말한다. 〈격암유록〉은 섭리가 우리민족에게 준 위대한 복음서이며, 선물이며, 꿈이며, 인류의 희망이다. 이 책에서는 〈격암유록〉이 전하고자 하는 바를 주제별로 정리하여 문답식으로 풀어갔다. 이 책으로 〈격암유록〉에 대한 논란은 끝나기 바란다.
신비한 동양철학 29 │ 석정 박순용 저 │ 276면 │ 19,000원 │ 신국판

## 원토정비결
### 반쪽으로만 전해오는 토정비결의 완전한 해설판
지금 시중에 나와 있는 토정비결에 대한 책들을 보면 옛날부터 내려오는 완전한 비결이 아니라 반면의 책이다. 그러나 반면이라고 말하는 사람이 없다. 그것은 주역의 원리를 모르기 때문이다. 따라서 늦은 감이 없지 않으나 앞으로의 수많은 세월을 생각하면서 완전한 해설본을 내놓았다.
신비한 동양철학 53 │ 원공선사 저 │ 396면 │ 24,000원 │ 신국판 양장

## 나의 천운 │ 운세찾기
### 몽골정통 토정비결
이 책은 역학계의 대가 김봉준 선생이 몽공토정비결을 우리의 인습과 체질에 맞게 엮은 것이다. 운의 흐름을 알리고자 호운과 쇠운을 강조하고, 현재의 나를 조명하고 판단할 수 있도록 했다. 모쪼록 생활서나 안내서로 활용하기 바란다.
신비한 동양철학 12 │ 백우 김봉준 저 │ 308면 │ 11,000원 │ 신국판

## 역점 | 우리나라 전통 행운찾기
**쉽게 쓴 64과 역점 보는 법**

주역이 점치는 책에만 불과했다면 벌써 그 존재가 없어졌을 것이다. 그러나 오랫동안 많은 학자가 연구를 계속해왔고, 그 속에서 자연과학과 형이상학적인 우주론과 인생론을 밝혀, 정치·경제·사회 등 여러 방면에서 인간의 생활에 응용해왔고, 삶의 지침서로써 그 역할을 했다. 이 책은 한 번만 읽으면 누구나 역점가가 될 수 있으니 생활에 도움이 되길 바란다.

신비한 동양철학 57 | 문명상 편저 | 382면 | 26,000원 | 신국판 양장

## 이렇게 하면 좋은 운이 온다
**한 가정에 한 권씩 놓아두고 볼만한 책**

좋은 운을 부르는 방법은 방위·색상·수리·년운·월운·날짜·시간·궁합·이름·직업·물건·보석·맛·과일·기운·마을·가축·성격 등을 정확하게 파악하여 자신에게 길한 것은 취하고 흉한 것은 피하면 된다. 이 책의 저자는 신학대학을 졸업하고 역학계에 입문했다는 특별한 이력을 갖고 있기 때문에 더 많은 화제가 되고 있다.

신비한 동양철학 27 | 역산 김찬동 저 | 434면 | 16,000원 | 신국판

## 운을 잡으세요 | 改運秘法
**염력강화로 삶의 문제를 해결한다!**

행복과 불행은 누가 주는 것이 아니라 자기 자신이 만든다고 할 수 있다. 한 마디로 말해 의지의 힘, 즉 염력이 운명을 바꾸는 것이다. 이 책에서는 이러한 염력을 강화시켜 삶에서 일어나는 문제를 해결하는 방법을 알려준다. 누구나 가벼운 마음으로 읽고 실천한다면 반드시 목적을 이룰 수 있을 것이다.

신비한 동양철학 76 | 역산 김찬동 편저 | 272면 | 10,000원 | 신국판

## 복을 부르는방법
**나쁜 운을 좋은 운으로 바꾸는 비결**

개운하는 방법은 여러 가지이나, 이 책의 비법은 축원문을 독송하는 것이다. 독송이란 소리내 읽는다는 뜻이다. 사람의 말에는 기운이 있는데, 이 기운은 자신에게 돌아온다. 좋은 말을 하면 좋은 기운이 돌아오고, 나쁜 말을 하면 나쁜 기운이 돌아온다. 이 책은 누구나 어디서나 쉽게 비용을 들이지 않고 좋은 운을 부를 수 있는 방법을 실었다.

신비한 동양철학 69 | 역산 김찬동 편저 | 194면 | 11,000원 | 신국판

## 천직 | 사주팔자로 찾은 나의 직업
**천직을 찾으면 역경없이 탄탄하게 성공할 수 있다**

잘 되겠지 하는 막연한 생각으로 의욕만 갖고 도전하는 것과 나에게 맞는 직종은 무엇이고 때는 언제인가를 알고 도전하는 것은 근본적으로 다르고, 결과도 다르다. 만일 의욕만으로 팔자에도 없는 사업을 시작했다고 하자, 결과는 불을 보듯 뻔하다. 그러므로 이런 때일수록 침착과 냉정을 찾아 내 그릇부터 알고, 생활에 대처하는 지혜로움을 발휘해야 한다.

신비한 동양철학 34 | 백우 김봉준 저 | 376면 | 19,000원 | 신국판

## 운세십진법 | 本大路
**운명을 알고 대처하는 것은 현대인의 지혜다**

타고난 운명은 분명히 있다. 그러니 자신의 운명을 알고 대처한다면 비록 운명을 바꿀 수는 없지만 향상시킬 수 있다. 이것이 사주학을 알아야 하는 이유다. 이 책에서는 자신이 타고난 숙명과 앞으로 펼쳐질 운명행로를 찾을 수 있도록 운명의 기초를 초연하게 설명하고 있다.

신비한 동양철학 1 | 백우 김봉준 저 | 364면 | 16,000원 | 신국판

## 성명학 | 바로 이 이름
**사주의 운기와 조화를 고려한 이름짓기**

사람은 누구나 타고난 운명이 있다. 숙명인 사주팔자는 선천운이고, 성명은 후천운이 되는 것으로 이름을 지을 때는 타고난 운기와의 조화를 고려해야 한다. 따라서 역학에 대한 깊은 이해가 선행함은 지극히 당연하다. 부연하면 작명의 근본은 타고난 사주에 운기를 종합적으로 분석하여 부족한 점을 보강하고 결점을 개선한다는 큰 뜻이 있다고 할 수 있다.

신비한 동양철학 75 | 정담 선사 편저 | 488면 | 24,000원 | 신국판

## 작명 백과사전
### 36가지 이름짓는 방법과 선후천 역상법 수록
이름은 나를 대표하는 생명체이므로 몸은 세상을 떠날지라도 영원히 남는다. 성명운의 유도력은 후천적으로 가공 인수되는 후존적 수기로써 조성 운화되는 작용력이 있다. 선천수기의 운기력이 50%이면 후천수기도의 운기력도50%이다. 이와 같이 성명운의 작용은 운로에 불가결한조건일 뿐 아니라, 선천명운의 범위에서 기능을 충분히 할 수 있다.
신비한 동양철학 81 | 임삼업 편저 | 송충석 감수 | 730면 | 36,000원 | 사륙배판

## 작명해명
### 누구나 쉽게 활용할 수 있는 체계적인 작명법
일반적인 성명학으로는 알 수 없는 한자이름, 한글이름, 영문이름, 예명, 회사명, 상호, 상품명 등의 작명방법을 여러 사례를 들어 체계적으로 분석하여 누구나 쉽게 배워서 활용할 수 있도록 서술했다.
신비한 동양철학 26 | 도관 박흥식 저 | 518면 | 19,000원 | 신국판

## 역산성명학
### 이름은 제2의 자신이다
이름에는 각각 고유의 뜻과 기운이 있어 그 기운이 성격을 만들고 그 성격이 운명을 만든다. 나쁜 이름은 부르면 부를수록 불행을 부르고 좋은 이름은 부르면 부를수록 행복을 부른다. 만일 이름이 거지같다면 아무리 운세를 잘 만나도 밥을 좀더 많이 얻어 먹을 수 있을 뿐이다. 저자는 신학대학을 졸업하고 역학계에 입문한 특별한 이력으로 많은 화제가 된다.
신비한 동양철학 25 | 역산 김찬동 저 | 456면 | 26,000원 | 신국판

## 작명정론
### 이름으로 보는 역대 대통령이 나오는 이치
사주팔자가 네 기둥으로 세워진 집이라면 이름은 그 집을 대표하는 문패라고 할 수 있다. 따라서 이름을 지을 때는 사주의 격에 맞추어야 한다. 사주 그릇이 작은 사람이 원대한 뜻의 이름을 쓰면 감당하지 못할 시련을 자초하게 되고 오히려 이름값을 못할 수 있다. 즉 분수에 맞는 이름으로 작명해야 하기 때문에 사주의 올바른 분석이 필요하다.
신비한 동양철학 77 | 청월 박상의 편저 | 430면 | 19,000원 | 신국판

## 음파메세지 (氣)성명학
### 새로운 시대에 맞는 새로운 성명학
지금까지의 모든 성명학은 모순의 극치를 이룬다. 그러나 이제 새 시대에 맞는 음파메세지(氣) 성명학이 나왔으니 복을 계속 부르는 이름을 지어 사랑하는 자녀가 행복하고 아름다운 삶을 살아갈 수 있도록 하는데 도움이 되었으면 한다.
신비한 동양철학 51 | 청암 박재현 저 | 626면 | 39,000원 | 신국판 양장

## 아호연구
### 여러 가지 작호법과 실제 예 모음
필자는 오래 전부터 작명을 연구했다. 그러나 시중에 나와 있는 책에는 대부분 아호에 관해서는 전혀 언급하지 않았다. 그래서 아호에 관심이 있어도 자료를 구하지 못하는 분들을 위해 이 책을 내게 되었다. 아호를 짓는 것은 그리 대단하거나 복잡하지 않으니 이 책을 처음부터 끝까지 착실히 공부한다면 누구나 좋은 아호를 지어 쓸 수 있을 것이라고 생각한다.
신비한 동양철학 87 | 임삼업 편저 | 308면 | 26,000원 | 신국판

## 한글이미지 성명학
### 이름감정서
이 책은 본인의 이름은 물론 사랑하는 가족 그리고 가까운 친척이나 친구들의 이름까지도 좋은지 나쁜지 알아볼 수 있도록 지금까지 나와 있는 모든 성명학을 토대로 하여 썼다. 감언이설이나 협박성 감명에 흔들리지 않고 확실한 이름풀이를 볼 수 있을 것이다. 그리고 아름답고 멋진 삶을 살아갈 수 있는 이름을 짓는 방법도 상세하게 제시하였다.
신비한 동양철학 93 | 청암 박재현 지음 | 287면 | 10,000원 | 신국판

## 비법 작명기술
### 복과 성공을 함께 하려면
이 책은 성명의 발음오행이나 이름의 획수를 근간으로 하는 실제 이용이 가장 많은 기본 작명법을 서술하고, 주역의 괘상으로 풀어 길흉을 판단하는 역상법 5가지와 그외 중요한 작명법 5가지를 합하여 「보배로운 10가지 이름 짓는 방법」을 실었다. 특히 작명비법인 선후천역상법은 성명의 원획에 의존하는 작명법과 달리 정획과 곡획을 사용해 주역 상수학을 대표하는 하락이수를 쓰고, 육효가 들어가 응험률을 높였다.
신비한 동양철학 96 │ 임삼업 편저 │ 370면 │ 30,000원 │ 사륙배판

## 올바른 작명법
### 소중한 이름, 알고 짓자!
세상 부모들에게 가장 소중한 것이 뭐냐고 물으면 자녀라고 할 것이다. 그런데 왜 평생을 좌우할 이름을 함부로 짓는가. 이름이 얼마나 소중한지, 이름의 오행작용이 일생을 어떻게 좌우하는지 모르기 때문이다.
신비한 동양철학 61 │ 이정재 저 │ 352면 │ 19,000원 │ 신국판

## 호(雅號)책
### 아호 짓는 방법과 역대 유명인사의 아호, 인명용 한자 수록
필자는 오래 전부터 작명연구에 열중했으나 대부분의 작명책에는 아호에 관해서는 전혀 언급하지 않고, 간혹 거론했어도 몇 줄 정도의 뜻풀이에 불과하거나 일반작명법에 준한다는 암시만 풍기며 끝을 맺었다. 따라서 필자가 참고한 문헌도 적었음을 인정한다. 아호에 관심이 있어도 자료를 구하지 못하는 현실에 착안하여 필자 나름대로 각고 끝에 본서를 펴냈다.
신비한 동양철학 97 │ 임삼업 편저 │ 390면 │ 20,000원 │ 신국판

## 관상오행
### 한국인의 특성에 맞는 관상법
좋은 관상인 것 같으나 실제로는 나쁘거나 좋은 관상이 아닌데도 잘 사는 사람이 왕왕있어 관상법 연구에 흥미를 잃는 경우가 있다. 이것은 중국의 관상법만을 익히고 우리의 독특한 환경적인 특징을 소홀히 다루었기 때문이다. 이에 우리 한국인에게 알맞는 관상법을 연구하여 누구나 관상을 쉽게 알아보고 해석할 수 있도록 자세하게 풀어놓았다.
신비한 동양철학 20 │ 송파 정상기 저 │ 284면 │ 12,000원 │ 신국판

## 정본 관상과 손금
### 바로 알고 사람을 사귑시다
이 책은 관상과 손금은 인생을 행복하게 만든다는 관점에서 다루었다. 그야말로 관상과 손금의 혁명이라고 할 수 있다. 여러분도 관상과 손금을 통한 예지력으로 인생의 참주인이 되기 바란다. 용기를 불어넣어 주고 행복을 찾게 하는 것이 참다운 관상과 손금술이다. 이 책이 일상사에 고민하는 분들에게 해결방법을 제시해 줄 것이다.
신비한 동양철학 42 │ 지창룡 감수 │ 332면 │ 16,000원 │ 신국판

## 이런 사원이 좋습니다
### 사원선발 면접지침
사회가 다양해지면서 인력관리의 전문화와 인력수급이 기업주의 애로사항이 되었다. 필자는 그동안 많은 기업의 사원선발 면접시험에 참여했는데 기업주들이 모두 면접지침에 관한 책이 있으면 좋겠다는 것이다. 그래서 경험한 사례를 참작해 이 책을 내니 좋은 사원을 선발하는데 많은 도움이 될 것이라고 믿는다.
신비한 동양철학 90 │ 정도명 지음 │ 274면 │ 19,000원 │ 신국판

## 핵심 관상과 손금
### 사람을 볼 줄 아는 안목과 지혜를 알려주는 책
오늘과 내일을 예측할 수 없을만큼 복잡하게 펼쳐지는 현실에서 살아남기 위해서는 사람을 볼줄 아는 안목과 지혜가 필요하다. 시중에 관상학에 대한 책들이 많이 나와있지만 너무 형이상학적이라 전문가도 이해하기 어렵다. 이 책에서는 누구라도 쉽게 보고 이해할 수 있도록 핵심만을 파악해서 설명했다.
신비한 동양철학 54 │ 백우 김봉준 저 │ 188면 │ 14,000원 │ 사륙판 양장

## 완벽 사주와 관상
### 우리의 삶과 관계 있는 사실적 관계로만 설명한 책
이 책은 우리의 삶과 관계 있는 사실적 관계로만 역을 설명하고, 역에 대한 관심과 흥미를 갖게 하고자 관상학을 추록했다. 여기에 추록된 관상학은 시중에서 흔하게 볼 수 있는 상법이 아니라 생활상법, 즉 삶의 지식과 상식을 드리고자 했다.
신비한 동양철학 55 | 김봉준·유오준 공저 | 530면 | 36,000원 | 신국판 양장

## 사람을 보는 지혜
### 관상학의 초보에서 실용까지
현자는 하늘이 준 명을 알고 있기에 부귀에 연연하지 않는다. 사람은 마음을 다스리는 심명이 있다. 마음의 명은 자신만이 소통하는 유일한 우주의 무형의 에너지이기 때문에 잠시도 잊으면 안된다. 관상학은 사람의 상으로 이런 마음을 살피는 학문이니 잘 이해하여 보다 나은 삶을 삶을 영위할 수 있도록 노력해야 한다.
신비한 동양철학 73 | 이부길 편저 | 510면 | 20,000원 | 신국판

## 한눈에 보는 손금
### 논리정연하며 바로미터적인 지침서
이 책은 수상학의 연원을 초월해서 동서합일의 이론으로 집필했다. 그야말로 논리정연한 수상학을 정리하였다. 그래서 운명적, 철학적, 동양적, 심리학적인 면을 예증과 방편에 이르기까지 상세하게 기술했다. 이 책은 수상학이라기 보다 바로미터적인 지침서 역할을 해줄 것이다. 독자 여러분의 꾸준한 연구와 더불어 인생성공의 지침서가 될 수 있을 것이다.
신비한 동양철학 52 | 정도명 저 | 432면 | 24,000원 | 신국판 양장

## 이런 집에 살아야 잘 풀린다
### 운이 트이는 좋은 집 알아보는 비결
한마디로 운이 트이는 집을 갖고 싶은 것은 모두의 꿈일 것이다. 50평이니 60평이니 하며 평수에 구애받지 않고 가족이 평온하게 생활할 수 있고 나날이 발전할 수 있는 그런 집이 있다면 얼마나 좋을까? 그런 소망에 한 걸음이라도 가까워지려면 막연하게 운만 기대하고 있어서는 안 된다. 좋은 집을 가지려면 그만한 노력이 있어야 한다.
신비한 동양철학 64 | 강현술·박흥식 감수 | 270면 | 16,000원 | 신국판

## 점포, 이렇게 하면 부자됩니다
### 부자되는 점포, 보는 방법과 만드는 방법
사업의 성공과 실패는 어떤 사업장에서 어떤 품목으로 어떤 사람들과 거래하느냐에 따라 판가름난다. 그리고 사업을 성공시키려면 반드시 몇 가지 문제를 살펴야 하는데 무작정 사업을 시작하여 실패하는 사람들이 많다. 그래서 이 책에서는 이러한 문제와 방법들을 조목조목 기술하여 누구나 성공하도록 도움을 주는데 주력하였다.
신비한 동양철학 88 | 김도희 편저 | 177면 | 26,000원 | 신국판

## 쉽게 푼 풍수
### 현장에서 활용하는 풍수지리법
산도는 매우 광범위하고, 현장에서 알아보기 힘들다. 더구나 지금은 수목이 울창해 소조산 정상에 올라가도 나무에 가려 국세를 파악하는데 애를 먹는다. 따라서 사진을 첨부하니 많은 활용하기 바란다. 물론 결록에 있고 산도가 눈에 익은 것은 혈 사진과 함께 소개하였다. 이 책을 열심히 정독하면서 답산하면 혈을 알아보고 용산도 할 수 있을 것이다.
신비한 동양철학 60 | 전항수·주장관 편저 | 378면 | 26,000원 | 신국판

## 음택양택
### 현세의 운·내세의 운
이 책에서는 음양택명당의 조건이나 기타 여러 가지를 설명하여 산 자와 죽은 자의 행복한 집을 만들 수 있도록 했다. 특히 죽은 자의 집인 음택명당은 자리를 옳게 잡으면 꾸준히 생기를 발하여 흥하나, 그렇지 않으면 큰 피해를 당하니 돈보다도 행·불행의 근원인 음양택명당에 관심을 기울여야 한다.
신비한 동양철학 63 | 전항수·주장관 지음 | 392면 | 29,000원 | 신국판

## 용의 혈 | 풍수지리 실기 100선
**실전에서 실감나게 적용하는 풍수의 길잡이**
이 책은 풍수지리 문헌인 만두산법서, 명산론, 금랑경 등을 이해하기 쉽도록 주제별로 간추려 설명했으며, 풍수지리학을 쉽게
접근하여 공부하고, 실전에 활용하여 실감나게 적용할 수 있도록 하는데 역점을 두었다.
신비한 동양철학 30 | 호산 윤재우 저 | 534면 | 29,000원 | 신국판

## 현장 지리풍수
**현장감을 살린 지리풍수법**
풍수를 업으로 삼는 사람들이 진가를 분별할 줄 모르면서 많은 법을 알았다고 자부하며 뽐낸다. 그리고는 재물에 눈이 어두워
불길한 산을 길하다 하고, 선하지 못한 물을 선하다 한다. 이는 분수 밖의 것을 바라기 때문이다. 마음가짐을 바로 하고 고대
원전에 공력을 바치면서 산간을 실사하며 적공을 쏟으면 정교롭고 세밀한 경지를 얻을 수 있을 것이다.
신비한 동양철학 48 | 전항수·주관장 편저 | 434면 | 36,000원 | 신국판 양장

## 찾기 쉬운 명당
**실전에서 활용할 수 있는 책**
가능하면 쉽게 풀어 실전에 도움이 되도록 했다. 특히 풍수지리에서 방향측정에 필수인 패철 사용과 나경 9층을 각 층별로 설
명했다. 그리고 이 책에 수록된 도설, 즉 오성도, 명산도, 명당 형세도 내거수 명당도, 지각형세도, 용의 과협출맥도, 사대혈형
와겸유동 형세도 등은 국립중앙도서관에 소장된 문헌자료인 만산도단, 만산영도, 이석당 은민산도의 원본을 참조했다.
신비한 동양철학 44 | 호산 윤재우 저 | 386면 | 19,000원 | 신국판 양장

## 해몽정본
**꿈의 모든 것**
시중에 꿈해몽에 관한 책은 많지만 막상 내가 꾼 꿈을 해몽을 하려고 하면 어디다 대입시켜야 할지 모르는 경우가 많았을 것
이다. 그러나 최대한으로 많은 예를 들었고, 찾기 쉽고 명료하게 만들었기 때문에 해몽을 하는데 어려움이 없을 것이다. 한집
에 한권씩 두고 보면서 나쁜 꿈은 예방하고 좋은 꿈을 좋은 일로 연결시킨다면 생활에 많은 도움이 될 것이다.
신비한 동양철학 36 | 청암 박재현 저 | 766면 | 19,000원 | 신국판

## 해몽 | 해몽법
**해몽법을 알기 쉽게 설명한 책**
인생은 꿈이 예지한 시간적 한계에서 점점 소멸되어 가는 현존물이기 때문에 반드시 꿈의 뜻을 따라야 한다. 이것은 꿈을 먹
고 살아가는 인간 즉 태몽의 끝장면인 죽음을 향해 달려가고 있는 인간이기 때문이다. 꿈은 우리의 삶을 이끌어가는 이정표와
도 같기에 똑바로 가도록 노력해야 한다.
신비한 동양철학 50 | 김종일 저 | 552면 | 26,000원 | 신국판 양장

## 명리용어와 시결음미
**명리학의 어려운 용어와 숙어를 쉽게 풀이한 책**
명리학을 연구하는 이들은 기초공부가 끝나면 자연스럽게 훌륭하다고 평가하는 고전의 이론을 접하게 된다. 그러나 시결과
용어와 숙어는 어려운 한자로만 되어 있어 대다수가 선뜻 탐독과 음미에 취미를 잃는다. 그래서 누구나 어려움 없이 쉽게 읽고
깊이 있게 음미할 수 있도록 원문에 한글로 발음을 달고 어려운 용어와 숙어에 해석을 달아 이 책을 내게 되었다.
신비한 동양철학 103 | 원각 김구현 편저 |300면 | 25,000원 | 신국판

## 완벽 만세력
**착각하기 쉬운 서머타임 2도 인쇄**
시중에 많은 종류의 만세력이 나와있지만 이 책은 단순한 만세력이 아니라 완벽한 만세경전으로 만세력 보는 법 등을 실었기
때문에 처음 대하는 사람이라도 쉽게 볼 수 있도록 편집되었다. 또한 부록편에는 사주명리학, 신살종합해설, 결혼과 이사택일
및 이사방향, 길흉보는 법, 우주천기와 한국의 역사 등을 수록했다.
신비한 동양철학 99 | 백우 김봉준 저 | 316면 | 24,000원 | 사륙배판

## 정본 ┃ 완벽 만세력
### 착각하기 쉬운 서머타임 2도인쇄
시중에 많은 종류의 만세력이 있지만 이 책은 단순한 만세력이 아니라 완벽한 만세경전이다. 그리고 만세력 보는 법 등을 실었기 때문에 처음 대하는 사람이라도 쉽게 볼 수 있다. 또 부록편에는 사주명리학, 신살 종합해설, 결혼과 이사 택일, 이사 방향, 길흉보는 법, 우주의 천기와 우리나라 역사 등을 수록하였다.
신비한 동양철학 99 ┃ 김봉준 편저 ┃ 316면 ┃ 20,000원 ┃ 사륙배판

## 원심수기 통증예방 관리비법
### 쉽게 배워 적용할 수 있는 통증관리법
『원심수기 통증예방 관리비법』은 4차원의 건강관리법으로 질병이 악화되는 것을 예방하여 건강한 몸을 유지하는데 그 목적이 있다. 시중의 수기요법과 비슷하나 특장점은 힘이 들지 않아 어린아이부터 노인까지 누구나 시술할 수 있고, 배우고 적용하는 과정이 쉽고 간단하며, 시술 장소나 도구가 필요 없으니 언제 어디서나 시술할 수 있다.
신비한 동양철학 78 ┃ 원공 선사 저 ┃ 288면 ┃ 16,000원 ┃ 신국판

## 운명으로 본 나의 질병과 건강
### 타고난 건강상태와 질병에 대한 대비책
이 책은 국내 유일의 동양오술학자가 사주학과 정통명리학의 양대산맥을 이루는 자미두수 이론으로 임상실험을 거쳐 작성한 자료다. 따라서 명리학을 응용한 최초의 완벽한 의학서로 질병을 예방하고 치료하는데 활용하면 최고의 의사가 될 것이다. 또한 예방의학적인 차원에서 건강을 유지하는데 훌륭한 지침서로 현대의학의 새로운 장을 여는 계기가 될 것이다.
신비한 동양철학 9 ┃ 오상익 저 ┃ 474면 ┃ 26,000원 ┃ 신국판

## 서체자전
### 해서를 기본으로 전서, 예서, 행서, 초서를 연습할 수 있는 책
한자는 오랜 옛날부터 우리 생활과 뗄 수 없음에도 잘 몰라 불편을 겪는 사람들이 많아 이 책을 내게 되었다. 이 책에서는 해서를 기본으로 각 글자마다 전서, 예서, 행서, 초서 순으로 배열하여 독자가 필요한 것을 찾아 연습하기 쉽도록 하였다.
신비한 동양철학 98 ┃ 편집부 편 ┃ 273면 ┃ 16,000원 ┃ 사륙배판

## 모든 질병에서 해방을 1·2
### 건강실용서
우리나라는 아주 오랜 옛날부터 건강과 관련한 약재들이 산천에 널려 있었고, 우리 민족은 그 약재들을 슬기롭게 이용하며 나름대로 건강하게 살아왔다. 그러나 오늘날 현대의학에 밀려 외면당하며 사라지게 되었다. 이에 옛날부터 내려오는 의학서적인 『기사회생』과 『단방심편』을 바탕으로 민가에서 활용했던 민간요법들을 정리하고, 현대에 개발된 약재들이나 시술방법들을 정리했다.
신비한 동양철학 102 ┃ 원공 선사 편저 ┃ 1권 448면·2권 416면 ┃ 각 29,000원 ┃ 신국판

## 참역학은 이렇게 쉬운 것이다② ─ 완결편
### 역학을 활용하는 방법을 정리한 책
『참역학은 이렇게 쉬운 것이다』에서 미처 쓰지 못한 사주를 활용하는 방법을 정리한다는 의미에서 다시 이 책을 내게 되었다. 전문가든 비전문가든 이 책이 사주라는 학문을 이해하는 데 도움이 되고, 사주에 있는 가장 좋은 길을 찾아 행복하게 살았으면 합니다. 특히 사주상담을 업으로 하는 분들도 참고해서 상담자들이 행복하게 살도록 도와주었으면 한다.
신비한 동양철학 104 ┃ 청암 박재현 편저 ┃ 330면 ┃ 23,000원 ┃ 신국판

## 인명용 한자사전
### 한권으로 작명까지 OK
이 책은 인명용 한자의 사전적 쓰임이 본분이지만 일반적으로 통용되는 기본적인 것 외에 7가지를 간추려 여러 권의 작명책을 대신했기에 이 한 권만으로 작명에 관한 모든 것을 충족하고도 남을 것이다. 그리고 작명하는데 한자에 관해서는 다양하게 활용할 수 있도록 하였고, 일반적인 한자자전의 용도까지 충분히 겸비하도록 하였다.
신비한 동양철학 105 ┃ 임삼업 편저 ┃ 336면 ┃ 24,000원 ┃ 신국판

## 바로 내 사주
### 행복한 인생을 만들어 갈 수 있는 방법을 소개하는 책

역학이란 본래 어려운 학문이다. 수십 년을 공부해도 터득하기 어려운 학문이라 많은 사람이 중간에 포기하는 일이 많다. 기존의 당사주 책도 수백 년 동안 그 명맥을 유지해왔으나 적중률이 매우 낮아 일반인들에게 신뢰를 많이 받지 못했다. 그래서 지금까지 30여 년 동안 공부하며 터득한 비법을 토대로 이 책을 내게 되었다. 물론 어느 역학책도 백 퍼센트 정확하다고 장담할 수는 없다. 이 책도 백 퍼센트 적중률을 목표로 했으나 적어도 80% 이상은 적중할 것이라고 자부한다.

신비한 동양철학 106 │ 김찬동 편저 │ 242면 │ 20,000원 │ 신국판

## 주역타로64
### 인간사 주역괘 풀이

타로카드는 서양 상류사회의 생활상을 담은 그림으로 되어 있다. 그 속에는 자연과 인간이 겪을 수 있는 경험과 역사가 압축되어 있다. 이러한 타로카드를 점(占) 목적으로 사용하는 것인데, 주역타로64점은 주역의 64괘를 64매의 타로카드에 담아 점 도구로 사용한다. 64괘는 우주의 모든 형상과 형태의 끊임없는 변화의 원리로 나타난 것이다. 그리고 주역타로는 일반 타로의 공통적인 스토리와는 다른 점이 많으나 그 기본 이론은 같다. 주역타로의 추상적이며 미진한 정보에 더해 인간사에 대한 주역 괘풀이를 보탰으니 주역타로64를 점 도구로 활용하는 데 도움이 되었으면 한다.

신비한 동양철학 107 │ 임삼업 편저 │ 387면 │ 39,000원 │ 사륙배판

## 주역 평생운 비록
### 상수역의 하락이수를 활용한 비결

하락이수의 평생운, 대상운, 유년운, 월운은 주역의 표상인 괘효의 숫자로 기록했고, 그 해석 설명은 원문에 50,000여 한자 사언시구로 구성되어 간혹 어려운 글자, 흔히 쓰지 않는 낯선 글자, 주역의 괘효사를 인용한 것도 있어 한문 문장의 해석은 녹녹치 않은 것이어서 원문 한자 부분은 제외시키고 한글 해석만을 수록했다.

신비한 동양철학 109 │ 경의제 임삼업 편저 │ 872면 │ 49,000원 │ 사륙배판

## 사주 감정요결
### 세운을 판단하는 방법

사주를 간명하는 데 조금이라도 도움이 되었으면 하는 마음에서 『정법사주』에 이어 이 책을 내게 되었다. 여기서는 사주를 간명하는 데 근간이 되는 오행의 왕쇠강약을 세분해서 설명하고, 대운과 세운, 세운과 월운의 연관성과 십신과 여러 살이 운명에 미치는 암시와 십이운성으로 세운을 판단하는 방법을 설명했다.

신비한 동양철학 110 │ 원각 김구현 편저 │ 338면 │ 36,000원 │ 신국판

## 명리정종 정설(1·2)
### 명리정종의 완결판

이 책의 원서인 명리정종(命理正宗)은 중국 명대의 신봉(神峰) 장남(張楠) 선생이 저술한 명리서(命理書)다. 명리학(命理學)의 5대 원서는 어느 것 하나 귀하지 않은 것이 없지만 명리정종(命理正宗)은 연해자평(淵海子平)을 깊이 분석하며 비판한 것이 특징이다. 따라서 초학자는 연해자평(淵海子平)을 공부한 후 이 책을 공부하는 것이 좋다.

신비한 동양철학 108 │ 역산 김찬동 편역 │ 648/400면 │ 49,000/39,000원 │ 신국판

## 팔자소관
### 역학의 대조인 하락(河洛)에서 우주와 사람의 운명이 변하는 원리를 정리한 책

이 책은 역학의 대조 하락(河洛)에서 우주가 변화는 원리를 정리한 것으로, 이는 만물의 근본과 인간의 운명은 한 치의 오차도 없이 맞물려 돌아간다는 내용을 담았다. 이는 즉 우리가 생활 속에서 흔하게 쓰는 "팔자 못 고친다", "팔자소관이다", "팔자 탓이다" 등등 많은 말로 팔자를 뛰어넘을 수 없다고 하는데, 이는 마지막 체념의 말인가 하여 이 책의 제목도 『팔자소관』으로 했으며, 이를 증명하는 데 주력했다. 운(運)은 시간이요 명(命)은 공간이다. 이를 주제로 누구나 알기 쉽고 이해하기 쉽도록 쓴 글이니 필독을 권하는 바다.

신비한 동양철학 111 │ 김봉준·안남걸 공저 │ 292면 │ 30,000원 │ 신국판

## 실용 인명한자 작명
**수준높은 작명과 감명에 손색이 없는 국내 유일의 실용 인명한자 작명**

이 책은 이름에 부적당(不適當) 부적정(不適正) 부적절(不適切) 불부합(不符合) 부적격(不適格)한 한자는 한겹에 두고, 작명상 실용적인 한자 4,250자를 인명 한자로 삼았다. 인명 한자마다 구체적인 명세[明細, 음령·천간오행·동속자·한자 부수·세 종류(원획·실획·곡획)의 획수 자원오행]를 붙였다. 인명 한자 외의 한자를 포함한 8,142자는 음별로 작성한 인명용 한자표에 한자마다 원획(原劃)을 넣어 음가(音價)와 성명에 사용하는 원획을 한눈에 볼 수 있게 하여 성명 한자의 길수리를 구성하는 데 편리하게 하였다.

신비한 동양철학 112  |  임삼업 편저  |  448면  |  49,000원  |  사륙배판